启子国学

启子国学丛书

孟子浅说

杨　军／著

「上」

長春出版社
国家一级出版社
全国百佳图书出版单位

图书在版编目(CIP)数据

孟子浅说：全二册 / 杨军著. -- 长春：长春出版社, 2020.6(2023.8 重印)
(启予国学丛书)
ISBN 978-7-5445-5946-1

Ⅰ. ①孟… Ⅱ. ①杨… Ⅲ. ①儒家②《孟子》-研究
Ⅳ. ①B222.55

中国版本图书馆 CIP 数据核字(2020)第 041842 号

孟子浅说

著　　者：杨　军
责任编辑：孙振波
封面设计：宁荣刚

出版发行：長春出版社　　总编室电话：0431-88563443
编辑室电话：0431-88561184　　发行部电话：0431-88561180
地　　址：吉林省长春市建设街 1377 号
邮　　编：130061
网　　址：www.cccbs.net
制　　版：荣辉图文
印　　刷：吉林省科普印刷有限公司
经　　销：新华书店

开　　本：880 毫米×1230 毫米　1/32
字　　数：404 千字
印　　张：16.25
版　　次：2020 年 6 月第 1 版
印　　次：2023 年 8 月第 2 次印刷
定　　价：65.00 元(全二册)

导言

《孟子》与《论语》《大学》《中庸》，在古代并称为儒家四书。孟子被儒家誉为“亚圣”，地位仅次于孔子。从历史上看，自孔子去世以后，孟子是战国时期儒家两个最有影响力的学者之一，另一个是荀子。

不论是生前还是身后，孟子的影响力早期是不如荀子的，孟子的地位是在后世逐步上升的。在比较早的古籍里提到荀子和孟子的时候，都是合称“荀孟”而不是“孟荀”，是把荀子排在前面。原因之一，经过现代学者考证，荀子活到 90 多岁，孟子活到 84 岁，孟子在那个年代也算高寿，但他没有荀子长寿。另一方面，荀子影响力更大，《荀子》这本著作涉及的领域多，在延续着儒家思想的同时，又形成了自己的思想体系。荀子的思想里不仅涵盖儒家的思想，还涵盖先秦诸子百家中其他家的思想。孟子的特点是其思想是纯正的儒家思想，完全本着孔子的思想。按孟子自己的表述，他最大的愿望是学孔子。后代孔孟连称，而不再说荀孟，这在学术的传承上是有一定道理的。但在当年孟子的影响力远没有荀子大。

早期，《孟子》这本书被视为儒家十三经之一。《诗》《书》《易》《三礼》（《仪礼》《周礼》《礼记》）《三传》（《左传》《公羊传》《穀梁传》）《论语》《孟子》《尔雅》《孝经》被称为儒家十三经。唐代韩愈提倡道统说，认为存在一个道的传承谱系，上自尧、舜、禹、汤、文、武，下至孔子，再到孟子。孟子以后道统失传，就已经把孟子的地位抬得非常高了。到了宋代，学者将《大学》《中庸》《论语》《孟子》放在一起，合称“四书”，孟子的地位进一步提升。

将这四本著作编排在一起的原因是，孔子去世以后一直到战国时期，儒家分裂为八派，即所谓的“八家之儒”，当年可能并没有一个所谓正统的问题，但后人认为八家里面的“思孟学派”才是儒家的正统。所谓“思”是指孔子的孙子子思，“孟”就是指孟子，而子思的老师是曾子。《论语》记载的是孔子的言论，《大学》传说是孔子的弟子曾子所做，《中庸》传说是子思而做。孟子传统上认为是子思的学生，选了这四本著作合在一起称为“四书”，也是体现着儒家的正统思想。

现代学者考证，孟子应该不是子思的学生，因为年代不对，孟子出生的时候子思已经去世很多年了。现在学者一般认为孟子应该是子思的门人的学生，是子思的徒孙。不管怎么说，“四书”出现之后，孟子的地位提高到了无以复加的程度。

明清两朝的科举考试，国家规定科举考试从“四书”中出题。因此明清两朝的读书人，凡是要参加科举考试的，第一件事都是要把“四书”背下来，不仅背《大学》《中庸》，还要背《论语》《孟子》。《孟子》这部著作的影响力也达到了无以复加的程度。

中间有一个小插曲。明太祖朱元璋不喜欢孟子，因为孟子说过：“民为贵，社稷次之，君为轻。”把老百姓、国家、君主放在一起讨论谁更重要，孟子的看法很清楚——老百姓最重要，其次是国家，君主排最后。据说朱元璋读《孟子》读到这一句的时候非常生气。所以朱元璋曾经让手下的文臣重新编辑

《孟子》，目的是把这句话从《孟子》里面删出去，甚至朱元璋一度把孟子从孔庙中撤出去不再祭祀。当然，这仅仅是朱元璋时代的一个插曲。总体来讲，明清两代孟子“亚圣”的地位是不可撼动的。

孟子作为儒家排名第二的伟人，其生平却不详，出生及去世的时间也存在争议。笼统地说，孟子是战国时期人，但具体时间学者间有不同的说法。在民间一直有传言，孟子活到了84岁，然而学者的看法却不一致。“孟母三迁”“子不学断机杼”的故事大家都知道，《三字经》中说“惜孟母，择邻处，子不学，断机杼”，然而孟子的家庭、出身、父母的名字都不清楚。

孟子一生的经历跟孔子非常像，周游列国想找一个可以实现自己政治理想的地方，但最终也没有找到，到晚年转而著书立说。但孟子面临的环境比孔子还要恶劣。孔子生活在春秋末期，礼崩乐坏，虽然没有人重用孔子，可传统的影响还在。但到孟子的时代，中国进入战国时期，法家思想成为主流，各国都用法家思想治国，大力开展变法运动，各国都强调把军事放在首位，打败敌人，孟子这套仁者无敌的思想在当时就更加不受关注，没有人用孟子的理念治国。

《孟子》七篇：《梁惠王》《公孙丑》《滕文公》《离娄》《万章》《告子》《尽心》。篇名并无特殊含义，都是从第一段里摘出两字作为篇名，这也是先秦古书惯用的做法，所以《孟子》各篇的标题无须深度解读。

最后一点，《孟子》这本书到底是孟子自己写的还是孟子的弟子整理的，学术界也存在不同的看法，关于这方面我们就不展开说明了。

目　录

卷一　梁惠王上

1·1　孟子见梁惠王。王曰："叟！不远千里而来，亦将有以利吾国乎？"

孟子对曰："王！何必曰利？亦有仁义而已矣。王曰：'何以利吾国？'大夫曰：'何以利吾家？'士庶人曰：'何以利吾身？'上下交征利而国危矣。万乘之国，弑其君者，必千乘之家；千乘之国，弑其君者；必百乘之家。万取千焉，千取百焉，不为不多矣。苟为后义而先利，不夺不餍。未有仁而遗其亲者也，未有义而后其君者也。王亦曰仁义而已矣，何必曰利。"

梁惠王，名罃（yīng），惠是他的谥号。春秋时期，晋国后来分裂为韩、赵、魏三个国家，史称"三家分晋"。梁惠王是魏国的国君，他在位期间将魏国的都城由安邑迁到大梁（今河南开封西北），所以他也被称为梁惠王。本篇第一句是"孟子见梁惠王"，当然不能把孟子作为篇名，就用梁惠王的名字做了篇名。

孟子周游列国，来到魏国并求见梁惠王。梁惠王对孟子说（"叟"就是老人家），您不远千里而来，有什么能够对我的国家有利的东西吗？梁惠王第一个核心问题就是想要利。一开口就是利，对他有什么好处，没利他不做。孟子回答，“何必曰利，亦有仁义而已”，你何必要谈利呢？只有仁义而已。孟子的思想核心就是仁义，也是孔子思想的核心。所以《三字经》里讲“孟子者，七篇止，讲道德，说仁义”。开篇就提出了孟子的核心概念，开宗明义。

“王曰何以利吾国，大夫曰何以利吾家”，作国君的直接就讲怎么才能对国家有利，那么当大夫臣子的就考虑怎么对家有利。这里的“家”不仅指贵族的家族，也包括贵族的领地。

先秦时期对“君”字的理解也和后代不一样。后代的君指国家最高领导，而先秦时期拥有领地的都可以称君。周朝实行分封制，周天子把土地分封给诸侯，这些诸侯都可以称君。诸侯在其国内又把他的土地分封给自己手下的卿大夫，这也就是所谓的“家”。凡是有封地的都可以称“君”，诸侯的领地叫“国”，卿大夫的领地叫“家”。因此，君有不同的等级。作为诸侯国君直接就问怎样对自己的“国”有利，那他手下的贵族自然就会考虑怎样对自己的“家”有利。孟子的这句话要放在当时的体制里才能准确理解。

孟子劝梁惠王，如果你作为诸侯只考虑怎样对你的“国”有利，那么上行下效，你手下的卿大夫就只考虑如何对他的“家”有利，谁还会为你出力？这样你的“国”就要分崩离析了。这种思考问题的思路对国君反而是不利的。

“士庶人”，从后世看可以说是两个阶层，“士”可以理解为统治阶级的最低层，“庶人”是平民百姓，也称“民”。在先秦记载中如果单称“人”是指有一定社会身份的人，不是平民百姓，“民”才是普通老百姓，人和民含义是不一样的。统治阶层的下层和平民百姓会受上层影响，“何以利吾身？”我虽没有采邑，但是我和统治者一样思考问题，也从利出发，那我可以思考怎么对我自身有利。

孟子这段话实际是在给梁惠王讲一个道理，就是上行下效。作为最高统治者总说利，下面的贵族也都会从利的方面来思考问题，最下层的普通老百姓也都会从利来思考问题，这就会把全民的社会风气给带坏了。“上下交争利而国危矣”，社会的上层和下层相互之间都要给自己争利，那国家就危险了。这是孟子的观点。至此我们已经可以看出，《孟子》的思想与《大学》是一以贯之的，这才是儒家的思想。

“万乘之国，弑其君者必千乘之家。”“乘”指兵车一辆，当时的战争以车战为主，战车有标准配置，一辆战车上有三个人，一个人驾驭马车，左右各一个人，一个负责射箭、一个负责拿长矛击刺。每辆车再配上 72 名步兵，组成一个战斗小组，这个配置叫一乘。当时以能动员多少辆战车，来衡量一个国家的实力。所谓“万乘之国”是能出动一万辆战车的诸侯国，一万辆车就需要很大的财力才能置办得起，每一辆车还要配备步兵，出兵的总数就需要达到一定的标准，这是国家综合实力的体现。战国时期能出动万乘战车的国家是标准的大国，所以通常“万乘之国”指大国。孟子说，能出动一万辆战车的大国，杀害其君主的人一定是能出动千辆战车的大贵族。因此，如果统治者思考问题从利出发，这个国家就危险了，危险不是来自境外的敌人，而是来自内部，贵族会推翻君主。“千乘之国，弑其君者必百乘之家。”能出动一千辆战车的国家，把国君杀掉的一定是能出动百辆战车的贵族。“千乘之国”是小国。不论大国小国，如果统治者完全以利出发来考虑问题的话，那么国家最大的灾难就会来自国家内部，而不是外来的敌人。

“万取千焉，千取百焉，不为不多矣。”万乘之国杀掉君主的是千乘之家，其在万乘之国中占一千，十分之一，占比例已经不小了。国家的武装力量的十分之一都掌握在这个贵族的手里，这叫“万取千焉”。下面“千取百焉”，指千乘之国和百乘之家也是十分之一的关系。“不为不多矣”，所拥有的不能说不多了。从这两个例子来看，大贵族手里掌握的资源、权利比重是很大的。为什么国家的十分之一掌握在自己手里还不知足、还造反呢？是因为利。如果君主把利作为思考问题的唯一标准，那么追求利就会变得没有止境，掌握得越多反而越贪婪，得到的越多反而越不知足，这是从古至今的普遍性规律。

“苟为后义而先利，不夺不餍。”假如思考问题时先利后义，把利放在最重要的位置，把义放在后面，那就会造成争夺，总是不会满足的后果。假如国家从仁义的角度出发考虑问题，大力提倡仁义的话，“未有仁而遗其亲者也，未有义而后其君者也”。仁是儒家的核心理念，“仁者爱人”，没有一个对他人充满仁爱的人会把自己父母丢在一边不管的，也没有在生活中践行义的人会把君主扔在一边不理的。“王亦曰仁义而已矣，何必曰利”，所以大王您作为国家的最高领导人，应该高喊仁义而已，何必去说利。

儒家政治学说的核心是以仁义治国，“国不以利为利，以义为利”。《大学》这句话在《孟子》这里做了展开论述。统治者应该以仁义为导向，而不能以利作为导向。今天所有管理者都应该思考孟子的这个观点，管理团队和企业，如果完全以利为导向，最后的结果就会是孟子说的“不夺不餍”。

1·2　孟子见梁惠王。王立于沼上，顾鸿雁麋鹿，曰：“贤者亦乐此乎?”

孟子对曰：“贤者而后乐此，不贤者虽有此，不乐也。《诗》云：‘经始灵台，经之营之，庶民攻之，不日成之。经始

勿亟，庶民子来。王在灵囿，麀鹿攸伏，麀鹿濯濯，白鸟鹤鹤。王在灵沼，于牣鱼跃。’文王以民力为台为沼，而民欢乐之，谓其台曰灵台，谓其沼曰灵沼，乐其有麋鹿鱼鳖。古之人与民偕乐，故能乐也。《汤誓》曰：‘时日害丧，予及女偕亡。’民欲与之偕亡，虽有台池鸟兽，岂能独乐哉？”

孟子去见梁惠王，梁惠王站在湖边，湖面鸿雁嬉戏，湖边麋鹿漫步，王转头欣赏，一边问孟子：“贤者亦乐此乎？”贤人也对这种事情感到快乐吗？孟子您作为儒家的大贤，是不是也会有享受风景的乐趣和爱好呢？梁惠王的问话充满着挑衅。

孟子思想的核心是仁义，梁惠王无论问什么问题孟子都可以用仁义回答。孟子说“贤者而后乐此”，只有成为贤人而后才能享受这种乐趣，“不贤者虽有此，不乐也”。不贤的人即使拥有这些东西，也不会感受到快乐。孟子把梁惠王的问题提升到理论的高度：别问贤者有没有这种快乐，我想告诉你的是，只有贤者才能体会到这种快乐，不贤者是体会不到这种快乐的。

从修行的角度可以引申，比如什么叫快乐？快乐是一种心态，一种感觉，能找到这种感觉才是快乐的，跟有没有鸿雁麋鹿没有关系。贤者，需要修心，作为儒家的贤者，他的修养和心智使其心态能够一直处在喜悦平和之中，能一直感受和体会到这种快乐。例如颜回，贫穷到“一箪食，一瓢饮，在陋巷”的程度，“人不堪其忧，回也不改其乐”。若是其他人在这种生存状态下已经忧愁死了，颜回却仍旧能够体会到人生的快乐。如果国君没有修为，也不是贤者，即使有花园、有湖、有鸿雁麋鹿，可是站在湖边忧心忡忡，也依然体会不到快乐。引申一下，只有贤者才能够通过修养享受和感受到人生的一切快乐，没有这种修养，物质的东西再多也感觉不到这种快乐。

接下来孟子引《诗经》：“经始灵台，经之营之，庶民攻之，不日成之。经始勿亟，庶民子来。王在灵囿，麀鹿攸伏，麀鹿濯濯，白鸟鹤鹤。王在灵沼，于牣鱼跃。”开始修灵台，经营它，普通老百姓负责修建，没用几日就修成了。开始修的时候国君说不着急，但参加工程的老百姓像儿子对父亲一样，都跑来修建。国君的后花园很漂亮，动物和鸟都很漂亮，湖里有鱼在跳跃。诗中提到的修灵台的是周文王，周文王用民力来修灵台、修湖，老百姓对这件事非常高兴，踊跃参加，因此把台子称灵台，把湖称为灵沼，在这样的状态下才能体会到有麋鹿鱼鳖的快乐。孟子强调的是统治者要和老百姓同乐，才能享受到这种人生的快乐。为什么老百姓修灵台这样踊跃？如果修完是个园子，只有国君自己用，那老百姓肯定不愿意。周文王能够与民同乐。百姓都知道，灵台、灵沼修成之后，他们也可以享用，所以才踊跃参与修建，因为等于是给自己修。

孟子又举了一个反面的例子，引《尚书・汤誓》：“时日害丧？予及女偕亡。”夏朝最后一个君主夏桀实行暴政，当时有臣下劝谏，这样下去容易导致国家灭亡。夏桀说，作为君主我就好比天上的太阳，太阳不灭亡，我就不会灭亡。夏桀以太阳做比喻，第一突出自己高高在上，唯我独尊；第二太阳是周而复始的，形容老百姓扳不倒我，我还能出来。这句话传开之后，老百姓就编了一个民谣，老百姓指着太阳说：“时日害丧？予及女偕亡”。孟子引的就是这句，天上的太阳，你什么时候灭亡呢？我愿意和你一起灭亡。老百姓对统治者的态度达到愿意与之同归于尽的程度，那这个统治是无法持续的，所以夏朝灭亡了。“民欲与之偕亡，虽有台池鸟兽，岂能独乐哉”，老百姓想和你一起灭亡，即使有台、有池、有鸟兽，难道还能独自享受这个快乐吗？

孟子举了一个正面的例子，周文王与民同乐，举了一个反面的例子，夏桀遭到老百姓的痛恨。借着梁惠王问的一个不靠谱的问题，引申出来儒家的政治主张，统治者必须与民同乐统治才能持久。这也是“得民心者得天下，失民心者失天下”。

1·3 梁惠王曰：“寡人之于国也，尽心焉耳矣。河内凶，则移其民于河东，移其粟于河内，河东凶亦然。察邻国之政，无如寡人之用心者，邻国之民不加少，寡人之民不加多，何也？”

孟子对曰：“王好战，请以战喻。填然鼓之，兵刃既接，弃甲曳兵而走。或百步而后止，或五十步而后止。以五十步笑百步，则何如？”

曰：“不可；直不百步耳，是亦走也。”

曰：“王如知此，则无望民之多于邻国也。不违农时，谷不可胜食也；数罟不入洿池，鱼鳖不可胜食也；斧斤以时入山林，材木不可胜用也。谷与鱼鳖不可胜食，材木不可胜用，是使民养生丧死无憾也。养生丧死无憾，王道之始也。五亩之宅，树之以桑，五十者可以衣帛矣。鸡豚狗彘之畜，无失其时，七十者可以食肉矣。百亩之田，勿夺其时，数口之家可以无饥矣。谨庠序之教，申之以孝悌之义，颁白者不负戴于道路矣。七十者衣帛食肉，黎民不饥不寒，然而不王者，未之有也。狗彘食人食而不知检，涂有饿莩而不知发；人死，则曰：‘非我也，岁也。’是何异于刺人而杀之，曰：‘非我也，兵也。’王无罪岁，斯天下之民至焉。”

梁惠王说：“寡人之于国也，尽心焉耳矣。”寡人对于国家也可以称得上尽心了。河内、河东都是魏国的地名，“凶”指灾年。“河内凶，则移其民于河东，移其粟于河内。”河内地区受灾了，就把河内的老百姓迁移到河东地区，将河东地区多余的粮食运到河内去。“河东凶亦然”，河东地区如果发生灾年也这么办。这是梁惠王救灾的方法。梁惠王想表达自己对治理国家很尽心，哪个地方受灾，想尽一切办法赈灾，首先转移灾民，再调运粮食救灾。“察邻国之政，无如寡人之用心者，邻国之民不加少，寡人之民不加多，何也?”但观察一下邻国，邻国国君并没有像我这样用心，可是邻国的百姓没有减少，我的百姓也没有增多，这是为什么呢？实际上梁惠王这是对孟子仁政思想的质疑，言外之意是孟子的理论在实践上没有效果。

孟子说：“王好战，请以战喻。填然鼓之，兵刃既接，弃甲曳兵而走。或百步而后止，或五十步而后止。”您喜欢战争，请让我用战争来打个比喻。咚咚咚敲起战鼓来，两军对峙，擂鼓冲锋。有人抛弃了铠甲，拖着兵刃逃跑，有的人撤退了一百步才停下来，有的人跑了五十步就停了下来。“以五十步笑百步”，是说逃跑五十步这个人嘲笑逃跑一百步这个人，您觉得怎么样？“不可，直不百步耳，是亦走也。”梁惠王说不可以这么做，虽然只跑了五十步，也是跑了，性质是一样的，只是步数少点儿。“王如知此，则无望民之多于邻国也。”大王您要是明白这个道理，就别指望您的老百姓比邻国多了。这个比喻虽然很含蓄，但实际上暗指梁惠王觉得尽心了，实际上没做到位。邻国不如您，他们是一百步，您是那五十步，反正性质是一样的，都不怎么样。

下面是孟子论述他的仁政思想的具体措施。

“不违农时，谷不可胜食也。”不要违背农时，农忙的时候别抓老百姓出劳工或者去打仗，不要影响农业生产。只要国家的政策法规各方面不影响农业生产，那么粮食就吃不过来，还有多余的。

“数罟不入洿池，鱼鳖不可胜食也。”“数罟”读 shù gǔ，是一种网眼很小很密的渔网。政府规定打鱼不允许用网眼特别小的渔网，因为那样就把小鱼都打捞上来了，一次都捞绝了，会导致水产品的枯竭。显然，孟子已经具有明确的保护自然资源的意识。“洿”读 wū，大或深的意思，“洿池”就是大湖。不允许在大的湖泊里用密网打鱼，这样鱼鳖等水产品就能够正常繁殖，鱼鳖就多的吃不过来了。

“斧斤以时入山林，材木不可胜用也。”斧和斤都是一种斧头，是砍伐树木的工具，“以时”指有规定时间。斧头只能在规定时间进入山林，是指砍伐树木有固定的时间，除此之外，封山育林，这也是一种资源保护的政策。中国古代很早就有保护资源、保护环境的想法，孟子的观点就体现出来了，对山林持一种保护的政策。砍伐树木都有规定的时间，禁令期间不允许砍伐，这样的话木材就多的用不过来了。

前一句讲发展农业生产，后两句讲保护生态环境，说完发展生产接着就说保护环境，暗示梁惠王不能为了发展就不顾环境。就是从今天的角度来看，孟子的思想也是很先进的。

“谷与鱼鳖不可胜食，材木不可胜用，是使民养生丧死无憾也。养生丧死无憾，王道之始也。”整个国家是这样的状态，粮食和鱼鳖吃不完，木材用不完，这就会使老百姓可以休养生息，安葬死人，不会留下什么遗憾。说得更直白点，是老百姓日子能过得去，活的都能有粮食、鱼鳖吃，死的都有木头做棺椁下葬。老百姓活的、死的都能照顾过来，最低生活需求得到保障，没有什么遗憾的，能做到这一点才是“王道之始”，这是行王道的起点，最低生活保障线。

我们归纳一下，孟子认为仁政、王道的最低要求是，统治者要重视发展农业生产、保护资源环境，以保障老百姓最基本的物质需求。孟子实际上是在暗示，他的仁政思想不仅仅是救灾，是梁惠王的理解有偏差，所以梁惠王觉得自己已经做得很好了，实际上还远远不够。

下面孟子谈更高层次的仁政的具体措施。

“五亩之宅”指的是宅基地，当时民间的状况是老百姓自家的小院周围应该有五亩地。一直到今天农村还是这样，每家都有自家的小院，叫“自留地”。“树之以桑”，在自家的房前屋后的五亩地里，让老百姓种上桑树，养蚕、纺织。能做到这一点，“五十者可以衣帛矣”，那 50 岁以上的人就可以穿上丝绸衣服了。这是自家生产的，房前屋后栽上桑树，产量是有限的，不能保证人人穿上丝绸，本着长者优先的原则，50 岁以上的人应该可以保证得到供应。

“鸡豚狗彘之畜，无失其时，七十者可以食肉矣。”自己家里养点鸡、养点猪，只要别妨碍它，给它时间生长，那么 70 岁以上的人就可以吃上肉了。毕竟饲养时间长，能保证供应岁数大的吃上肉已经不容易了。

在当时，“民非大事不食肉”，普通老百姓没有大事吃不上肉。什么叫“大事”？《左传》讲“国之大事，在祀与戎”，祀是祭祀，戎是战争。祭祀得用牛、羊、猪供祖先，祭祀结束以后大家分着吃了，这时候老百姓能吃上肉。还有发动战争之前，统治者会给士兵吃点肉来保持体力。那是冷兵器时代，为了战争的胜利就要想办法提升士兵的体力。所以说战争前能吃上肉，祭祀后能吃上肉。除此之外，老百姓在日常生活中基本是吃不上肉的，只有统治者才能吃上肉。《左传》上有一段“曹刿论战”，其中有一句是“肉食者鄙”，用“肉食者”指统治者，就是因为当时只有社会的上层才能吃上肉。按孟子的想法，让老百姓家家户户都养点牲畜的话，那 70 岁以上的老人就能吃上肉了，也就是过上上流社会的生活了。这在当时是一个巨大的进步，可以说是小康的标志。

前面讲的 50 岁以上的人可以穿上丝绸做的衣服了，实际上也具有同样的意义。因为当时的统治阶级才能穿得起丝绸，普通百姓是穿麻布衣服的。孟子这里是以吃、穿两个方面为例，讲统治者如何提高普通百姓的生活质量。当然，他的解决办法是激发每家每户的生产积极性，自家种桑养蚕，自家养鸡养猪，也就是发展家庭副业、手工业。

“百亩之田，勿夺其时，数口之家可以无饥矣。”这是当时的耕种能力决定的，一家一户大概能耕种 100 亩耕地，只要统治者不妨碍农时，也足以养活自己了，这个数口之家，就可以不挨饿了。100 亩地才能供养一个数口之家，可见当时的农业生产还是比较粗放的，单位面积产量比较低。孟子这里是在强调，不能只重视发展副业，粮食生产也不能放松。既要考虑提高百姓的生活质量，也要注意保障百姓的基本物质需求。

“谨庠序之教”，庠、序都是指学校，“谨”是谨慎、认真。谨慎认真地对待学校，也就是要重视教育。“申之以孝悌之义”，在学校教育里提倡孝悌之义。“颁白者不负戴于道路矣”，“颁白”是指花白，头发花白的老人就不会在道路上背着东西了。中国古代有一个携带重物的习惯，用头顶着，就是所谓的“戴”，“负”是背着。头发花白的老人就不会在道路上背着顶着负重了。言外之意，大家都知道孝悌，都知道敬老，年轻人都帮老年人干体力活，老年人不用干体力活，可以安度晚年了。

“七十者衣帛食肉，黎民不饥不寒，然而不王者，未之有也。”按照孟子前面说的去做，70 岁以上的老人能穿着丝绸衣服，能吃上肉，享受着贵族的生活条件，还不用干活，普通老百姓既不会挨饿也不会挨冻，能达到这一点，却不能称王于天下，这是从来没有过的事。换句话说，能做到这些就肯定能称王于天下了。这是孟子讲的另一个境界。

归纳一下孟子的想法，仁政的高层次追求，不仅仅要保障百姓的基本物质需求，还要通过激发每家每户的生产积极性，提高百姓的生活质量，使全体老年人的生活至少在吃穿两个方面接近当时贵族阶层的生活水平。重视教育，也就是抓好道德风尚的建设，形成良好的社会风尚，以孝悌为核心的教化，让老百姓知道礼仪，知道敬老，通过教化提高全民的道德素质，体现社会的一种和谐的精神。这才是仁政的较高境界，与梁惠王说的救灾真的是不可同日而语，达到这种境界，这个国家就可以称王于天下了，而不仅仅是百姓人口增加的问题。

孟子的仁政学说集中体现为国家政治怎样才能做好。孟子没有直接批评梁惠王，而是提出了什么才叫“尽心”。灾年才出手管一管，不受灾就不管，这不是尽心。领导的职能体现在抗震救灾是次要的，最重要的是把全民生活水平搞上去，这才是最关键的。所以梁惠王现在的做法是“五十步笑百步”，想你的老百姓比别国多那是不可能的。孟子没有展开讲，但言外之意是，上面说的这些作为国君如果能实现，那么周边国家的老百姓就会纷纷来投奔你。梁惠王现在没觉得邻国百姓减少，本国百姓增加，是因为他远远没做到位。

孟子没有公开指责梁惠王，而是谈了一个反面的现象，让梁惠王自己去警醒、去对照。

“狗彘食人食而不知检，涂有饿莩而不知发，人死，则曰：‘非我也，岁也’。”狗和猪都吃人吃的东西，这不是指老百姓家，是贵族家的狗和猪都吃着人吃的东西，贵族家宠物的生活水平比老百姓还高，都发展到这种程度了，却还不知道检点。路边就有饿死的人的尸体，但君主并没有开仓赈济，等到老百姓饿死了，还说：这不是我的问题，而是年头不好。把责任推到发生灾年上去。因为前面梁惠王提到了他应对灾年的措施，这里孟子又提到这个问题，与前面的话相联系，我们可以看出这是对梁惠王的讥讽。“是何异于刺人而杀之，曰：‘非我也，兵也。’”统治者的这种做法，与把人刺杀了然后说不是我杀的而是兵器杀的又有什么区别？

孟子最后总结，“王无罪岁”。大王您不要把罪过推到年景上，这样的话天下老百姓就都来投奔你了。不要找客观理由，要知道努力，如果不知道努力，出现问题就找客观理由，那政治永远搞不好。

从孟子的论述中我们可以看出，孟子对统治者的期望有两种，最低要求是保障百姓的基本物质需求，这仅仅是指及格分，远未达到孟子期望的仁政的水平。孟子的仁政是指，统治者不仅能够保障百姓的基本物质需求，还致力于提高百姓的生活水平，提升全民的生活质量，至少使部分百姓达到当前贵族的生活水平，还要重视教育，抓好道德建设，搞好社会风气。做到这些方面，才是孟子心目当中的仁政，达到这种境界，也才能实现孟子所说的“仁者无敌”，就可以无敌于天下了。

1·4　梁惠王曰：“寡人愿安承教。”

孟子对曰：“杀人以梃与刃，有以异乎？”

曰：“无以异也。”

“以刃与政，有以异乎？”

曰：“无以异也。”

曰：“庖有肥肉，厩有肥马，民有饥色，野有饿莩，此率

兽而食人也。兽相食，且人恶之；为民父母，行政，不免于率兽而食人，恶在其为民父母也？仲尼曰：‘始作俑者，其无后乎！’为其象人而用之也。如之何其使斯民饥而死也？”

梁惠王对孟子说：“寡人愿安承教。”我很愿意接受您的教诲。然后孟子谈了下面一番话。

孟子先是问梁惠王：“杀人以梃与刃，有以异乎？”“梃”是大棒子，“刃”是刀。孟子问，用大棒子杀人和用刀杀人有区别吗？梁惠王回答，没有区别。孟子又问：“以刃与政，有以异乎？”用刀杀人和用政治杀人，用政令法规来害人，有区别吗？梁惠王也回答没有。然后孟子讲“庖有肥肉，厩有肥马”，贵族厨房里有肥肉，马圈里有肥马。“民有饥色，野有饿莩”，百姓有饥色，野外有饿死的人。贵族家的马都比老百姓吃得好，最后马养得很肥，老百姓却饿死了，“此率兽而食人也”，这等于领着牲口来吃人。“兽相食，且人恶之”，禽兽互相之间吃，人类都讨厌这种行为。“为民父母，行政，不免于率兽而食人”，现在作为老百姓的父母官，推行的政治却无异于率领禽兽来吃人。“恶在其为民父母也”，那又怎么能称得上是老百姓的父母官呢？

然后孟子引用了孔子说的话。“仲尼曰：“始作俑者，其无后乎。”俑是将陶土做成人的形状，用来陪葬，这在历史上是一个进步。早期是用活人陪葬，后来用陶器陪葬取缔了用活人陪葬。但孔子对这件事也很排斥。孟子解释为什么孔子排斥。“为其象人而用之也”，因为陶俑是做成人的形象然后用其陪葬的，虽然不是用真人陪葬，但毕竟是做成人的形状去陪葬，这种理念和心态就不好。孔子诅咒这种人无后。想一想孔子因为那个人发明陶俑做成人的形象的心态和做法都诅咒他，那你现在的做法呢？率领禽兽来吃人，最后你的国家政治没做好，老百姓饿死了。言外之意，这种做法和用活人陪葬有什么区别，到这种程度是在杀人，老百姓被饿死，是因你而死，和你用兵刃杀人没什么区别。

孟子在前面提出了两个问题，把梁惠王引导到仁政这个方面来。从这里我们可以看出，孟子的仁政观、人本思想是具有一定高度的。

1·5　梁惠王曰："晋国，天下莫强焉，叟之所知也。及寡人之身，东败于齐，长子死焉；西丧地于秦七百里；南辱于楚。寡人耻之，愿比死者壹洒之，如之何则可？"

孟子对曰："地方百里而可以王。王如施仁政于民，省刑罚，薄税敛，深耕易耨；壮者以暇日修其孝悌忠信，入以事其父兄，出以事其长上，可使制梃以挞秦楚之坚甲利兵矣。彼夺其民时，使不得耕耨以养其父母。父母冻饿，兄弟妻子离散。彼陷溺其民，王往而征之，夫谁与王敌？故曰：'仁者无敌。'王请勿疑！"

晋国后来分裂为韩、赵、魏三个国家，魏就是梁。梁惠王说："晋国，天下莫强焉，叟之所知也。""莫"是没有。梁惠王说，当年没有比晋国更强大的，后来分裂成三国，这是您老人家所知道的。"及寡人之身"，到我执政的时候，"东败于齐，长子死焉"。在东边被齐国打败，我的长子战死了。"西丧地于秦七百里，南辱于楚"，西边被秦国侵略了七百里土地，南边被楚国打败。梁惠王向孟子诉苦，说明魏国面临的状况，东边被齐国打败，西边被秦国打败，南边被楚国打败，强敌环伺。

这是战国时期魏国的尴尬。战国七雄之中魏国处于中间的位置，秦在西，齐在东，楚在南，燕在北，四面都是强大的国家，还无险可守，这叫“四战之地”，四面都是战场。秦国在西边，所以它的敌人都在东边，戎人的部落没有能力挑战秦国的强势地位，所以它只要防住东边就可以了。守住函谷关、殽山一带，秦国就不存在外来的威胁。北方的燕国也一样，北面没有哪个势力具有抗衡它的实力。而齐国的东方是大海，也没有后顾之忧。梁惠王所说，已经体现出魏国在战略上的不利地位，四面受敌。

“寡人耻之”，梁惠王认为，接连被三个国家打败，简直是奇耻大辱。“愿比死者壹洒之”，是希望给死者报仇。“如之何则可”，我怎么做才能达到目的？

孟子回答：“地方百里而可以王。”哪怕你有一百里的疆域都可以称王于天下。这个“百里”古人说的是周长，周长一百里的一块地方，实际上很小了。春秋时代的小国叫“百里之国”，比今天的县都要小得多。孟子认为，哪怕是这么小的地方，只要做好，也能称王于天下。

“王如施仁政于民，省刑罚，薄税敛，深耕易耨，壮者以暇日修其孝悌忠信，入以事其父兄，出以事其长上，可使制梃以挞秦楚之坚甲利兵矣。”大王如果施行仁政于民，减省刑法、轻徭薄赋，提倡老百姓深耕易耨地发展农业生产，然后壮者在闲暇的日子里来修孝悌忠信，让他们具有孝悌忠信的理念，回到家去可以侍奉父亲哥哥，从家里出来能够侍奉领导。达到这个效果之后，老百姓就可以拿着棍子把秦国披着坚硬铠甲的精兵给打败。孟子这种理想化的状态在现实生活中是做不到的。

接下来孟子解释了为什么会这样。“彼夺其民时，使不得耕耨以养其父母”，因为那些国家都妨碍老百姓的农时，使老百姓不能好好地种地来养活他们的父母。“父母冻饿，兄弟妻子离散”，他的父母处在挨冻挨饿的状态，兄弟妻子离散。“彼”是那些国家。“彼陷溺其民，王往而征之，夫谁与王敌？”那些统治者把老百姓置于水深火热之中，在这种状态下大王去征伐，去讨伐那些国家，谁能与您相对抗呢？所以说“‘仁者无敌。’王请勿疑”，请您不要怀疑这一点。但事实上统治者对这一点历来都是怀疑的。孟子提出了一个很重要的理念，即“仁者无敌”。这一段对仁者无敌的表述从逻辑上也许是行得通的，但恐怕没有任何实践的价值。

笔者觉得孟子的表述不具备可操作性。古人就评价孟子这种仁者无敌的观念有点迂腐，不切合实际。但是，孟子的闪光点在于他的民本思想，以老百姓为本，从老百姓出发来考虑问题，让老百姓过上好日子、对老百姓进行教化才是决定国家兴亡的根本。孟子这些思想在今天仍旧是具有积极意义的。孟子提出的具体方法似乎不具备可操作性，所以需要我们辩证地去学习，我们应该学习的是把着眼点放在老百姓身上。事实上，历代统治者也吸取了孟子这方面的精神，所以古人讲“民犹水也，水可以载舟，亦可以覆舟”，就是对孟子思想的引申和解读。国家的兴衰、统治是否稳定取决于老百姓。统治者应该以老百姓为执政的出发点，以考虑民生为第一要务，这个国家才能够治理好，国家才能走向强盛。从这个角度说，孟子的思想是对的，从今天看也是正确的，但孟子所提到的具体落实方案，不仅在古代不具备可操作性，在当代也不具备可操作性。说得更直白些，孟子的思路是正确的，问题出在具体操作方法上。

1·6　孟子见梁襄王，出，语人曰：“望之不似人君，就之而不见所畏焉。卒然问曰：‘天下恶乎定？’”

“吾对曰：‘定于一。’

“‘孰能一之?’

“对曰：‘不嗜杀人者能一之。’

“‘孰能与之?’

“对曰：‘天下莫不与也。王知夫苗乎? 七八月之间旱，则苗槁矣。天油然作云，沛然下雨，则苗浡然兴之矣。其如是，孰能御之? 今夫天下之人牧，未有不嗜杀人者也。如有不嗜杀人者，则天下之民皆引领而望之矣。诚如是也，民归之，由水之就下，沛然谁能御之?’”

前面5章孟子的谈话对象都是梁惠王，本章的谈话对象是梁襄王。梁襄王是梁惠王的儿子，名嗣。

这段仍旧是在阐释孟子的仁政思想。孟子看见梁襄王出来之后“语人曰”，孟子跟别人讲，“望之不似人君，就之而不见所畏焉”。远远地看梁襄王不像个君主，靠近了也看不出有什么威严的地方。这是孟子对梁襄王的评价，总而言之不像领导人。

突然间梁襄王问孟子“天下恶乎定”? 天下怎样才能安定呢? 孟子回答“定于一”。“一”是统一，统一才能带来安定，这是孟子针对当时的局势给出的一个结论。当时是战国时期，各国之间战事频仍，国家尚未统一，所以孟子说统一才能安定。梁襄王接着问“孰能一之”，谁能统一呢? “不嗜杀人者能一之”，不嗜好杀人的那个统治者能够统一各国。“孰能与之”，谁能跟随他、追随他呢? 这都是梁襄王的问题。梁襄王的几个问题都是有关治理国家的，这几个问题同时也是当时的统治者普遍关心的问题。孟子回答“天下莫不与也”，天下没有人不跟随他的。

接下来孟子用禾苗来作比喻："王知夫苗乎？七八月之间旱，则苗槁矣。"您知不知道庄稼禾苗，在七八月之间如果天旱，苗儿就枯萎了。"天油然作云，沛然下雨"，天上突然兴起了云，哗啦啦地下起了大雨，这个时候苗就"浡然兴之"，枯萎的苗儿就一下子立起来了。如果是这样的话，谁能够抵御它呢？以禾苗做比喻，禾苗都是期盼着雨水，它能抵御雨水吗？"人牧"是统治者，用牧羊人来比喻管理者。"今夫天下之人牧，未有不嗜杀人者也"，现在天下的统治者，没有不以杀人为嗜好的，没有不喜欢杀人的。"如有不嗜杀人者，则天下之民皆引领而望之矣"，如果有一个不喜欢杀人的统治者，那么天下老百姓就都会伸长脖子来盼望着。"引领而望之"，"领"是脖子，老百姓都盼着这样的统治者来。"诚如是也"，真是这样的话，"民归之由水之就下"，老百姓归附他就像水向低处流那样，"沛然谁能御之"，那个洪大的状况，谁能抵御他呢？

这还是在谈仁政的思想，关键是对老百姓怎么样。对老百姓来说如果是及时雨，保证老百姓的利益，老百姓就会盼着你来，如果各国的老百姓都盼着你来，那么各国的统治者都没有办法与你抗衡，没办法抵御你的到来，你就能统一各国，天下也就安定了。

1·7　齐宣王问曰："齐桓、晋文之事可得闻乎?"

孟子对曰："仲尼之徒无道桓文之事者，是以后世无传焉，臣未之闻也。无以，则王乎?"

曰："德何如则可以王矣?"

曰："保民而王，莫之能御也。"

曰："若寡人者，可以保民乎哉?"

曰："可。"

曰："何由知吾可也?"

曰："臣闻之胡龁曰，王坐于堂上，有牵牛而过堂下者，王见之，曰：'牛何之?'对曰：'将以衅钟。'王曰：'舍之!吾不忍其觳觫，若无罪而就死地。'对曰：'然则废衅钟与?'曰：'何可废也? 以羊易之!'——不识有诸?"

曰："有之。"

曰："是心足以王矣。百姓皆以王为爱也，臣固知王之不忍也。"

王曰："然；诚有百姓者。齐国虽褊小，吾何爱一牛? 即不忍其觳觫，若无罪而就死地，故以羊易之也。"

曰："王无异于百姓之以王为爱也。以小易大，彼恶知之?王若隐其无罪而就死地，则牛羊何择焉?"

王笑曰："是诚何心哉? 我非爱其财而易之以羊也。宜乎百姓之谓我爱也。"

曰："无伤也，是乃仁术也，见牛未见羊也。君子之于禽兽也，见其生，不忍见其死；闻其声，不忍食其肉。是以君子远庖厨也。"

王说，曰："《诗》云：'他人有心，予忖度之。'夫子之谓也。夫我乃行之，反而求之，不得吾心。夫子言之，于我心有戚戚焉。此心之所以合于王者，何也?"

曰："有复于王者曰：'吾力足以举百钧，而不足以举一羽；明足以察秋毫之末，而不见舆薪。'则王许之乎?"

曰："否。"

"今恩足以及禽兽，而功不至于百姓者，独何与? 然则一羽之不举，为不用力焉；舆薪之不见，为不用明焉；百姓之不见保，为不用恩焉。故王之不王，不为也，非不能也。"

曰："不为者与不能者之形何以异?"

曰："挟太山以超北海，语人曰：'我不能。'是诚不能也。为长者折枝，语人曰：'我不能。'是不为也，非不能也。故王之不王，非挟太山以超北海之类也；王之不王，是折枝之类也。

"老吾老，以及人之老；幼吾幼，以及人之幼。天下可运于掌。《诗》云：'刑于寡妻，至于兄弟，以御于家邦。'言举斯心加诸彼而已。故推恩足以保四海，不推恩无以保妻子。古之人所以大过人者，无他焉，善推其所为而已矣。今恩足以及禽兽，而功不至于百姓者，独何与？

"权，然后知轻重；度，然后知长短。物皆然，心为甚。王请度之！

"抑王兴甲兵，危士臣，构怨于诸侯，然后快于心与？"

王曰："否，吾何快于是？将以求吾所大欲也。"

曰："王之所大欲可得闻与？"

王笑而不言。

曰："为肥甘不足于口与？轻暖不足于体与？抑为采色不足视于目与？声音不足听于耳与？便嬖不足使令于前与？王之诸臣皆足以供之，而王岂为是哉？"

曰："否；吾不为是也。"

曰："然则王之所大欲可知已，欲辟土地，朝秦楚，莅中国而抚四夷也。以若所为求若所欲，犹缘木而求鱼也。"

王曰："若是其甚与？"

曰："殆有甚焉。缘木求鱼，虽不得鱼，无后灾。以若所为求若所欲，尽心力而为之，后必有灾。"

曰："可得闻与？"

曰："邹人与楚人战，则王以为孰胜？"

曰："楚人胜。"

曰："然则小固不可以敌大，寡固不可以敌众，弱固不可以敌强。海内之地方千里者九，齐集有其一。以一服八，何以异于邹敌楚哉？盖亦反其本矣。

“今王发政施仁，使天下仕者皆欲立于王之朝，耕者皆欲耕于王之野，商贾皆欲藏于王之市，行旅皆欲出于王之涂，天下之欲疾其君者皆欲赴愬于王。其若是，孰能御之？”

王曰：“吾惛，不能进于是矣。愿夫子辅吾志，明以教我。我虽不敏，请尝试之。”

曰：“无恒产而有恒心者，惟士为能。若民，则无恒产，因无恒心。苟无恒心，放辟邪侈，无不为已。及陷于罪，然后从而刑之，是罔民也。焉有仁人在位罔民而可为也？是故明君制民之产，必使仰足以事父母，俯足以畜妻子，乐岁终身饱，凶年免于死亡；然后驱而之善，故民之从之也轻。

“今也制民之产，仰不足以事父母，俯不足以畜妻子；乐岁终身苦，凶年不免于死亡。此惟救死而恐不赡，奚暇治礼义哉？

“王欲行之，则盍反其本矣：五亩之宅，树之以桑，五十者可以衣帛矣。鸡豚狗彘之畜，无失其时，七十者可以食肉矣。百亩之田，勿夺其时，八口之家可以无饥矣。谨庠序之教，申之以孝悌之义，颁白者不负戴于道路矣。老者衣帛食肉，黎民不饥不寒，然而不王者，未之有也。”

前面各章都是孟子在魏国与梁惠王、梁襄王两代君主之间的对话。本章则是孟子在齐国与齐宣王之间的对话。一般认为，孟子在见梁襄王之后就离开了魏国，来到齐国，此时齐宣王即位还不到两年。

齐宣王问孟子：“齐桓、晋文之事可得闻乎？”我能不能听您讲一讲齐桓公和晋文公的事情呢？齐桓公、晋文公、楚庄王、吴王阖闾、越王勾践被称作“春秋五霸”，是春秋时期的五个霸主，齐桓公和晋文公是春秋五霸的前两霸，这些都是孟子之前的历史人物。齐桓公是齐国从前的君主。在春秋时期，齐国是第一个称霸的国家，作为齐国君主的齐宣王对此段历史非常感兴趣，因此向孟子请教。也就是说，齐宣王想让孟子讲一讲齐桓公和晋文公是怎么称霸的。

孟子回答说：“仲尼之徒无道桓文之事者，是以后世无传焉。”孔子的徒子徒孙没有谈齐桓公和晋文公的事迹的，因此后代的儒家学者间没有流传下来有关他们的事迹。“臣未之闻也”，我也没有听说过。“之”是代词，指这件事，“未之闻”是倒装句，就是“未闻之”，没听说过这件事儿。言外之意是，本门派内部不谈这个，其实这是孟子的托词、借口。像孟子这样博学的学者，不可能不知道齐桓公和晋文公的事迹。孟子知道但是不想说，因为齐桓公和晋文公是典型的霸主，与孟子提倡的王道、仁政思想不吻合，所以他不想说，于是找了个借口。“无以，则王乎”，如果你想听我谈些什么的话，那么我跟你说说怎样称王于天下好不好？

孟子换了一个话题。这也是可以激起齐宣王兴趣的话题，因为称王是比称霸更大的成就。孟子借此就把谈话的主题转到他想宣扬的仁政问题上去了。

齐宣王问“德何如则可以王矣”，君主的品行修养要达到怎样的境界才可以称王于天下呢？孟子说“保民而王，莫之能御也”，要做到保民，通过这种方式去称王天下，就没有谁能够抵御你。齐宣王问：“若寡人者，可以保民乎哉？”像我这样的人可以做到保民吗？孟子回答，可以。齐宣王又问，你怎么知道我可以呢？先问我可不可以，又问怎么知道我可以，显然是对孟子的质疑。

孟子接下来说的这段故事是很有名的。孟子下面讲的事情是他听胡龁说的。

“王坐于堂上”，有一天您坐在堂上。古代的建筑结构是前堂后室，建筑物的前半部分是堂，后半部分是室。室是卧室，是私密空间，堂相当于今天的厅，是公共活动场所。堂的三面有墙，正面对着院子的部分是开放式的，三面墙的后面是室。有一天，齐宣王在堂上坐着，“有牵牛而过堂下者”，有一个人牵着一头牛，从堂下的院子里走过。齐宣王看见了问“牛何之”？你要把这头牛牵到哪儿去？回答说“将以衅钟”，就是要把这头牛杀了，把牛血涂到钟上。这是当时的一种礼俗，祭祀的一种，用牛来祭祀。接下来齐宣王说“舍之”，放了它。“吾不忍其觳觫”，“觳觫”是颤抖的样子，看见牛哆嗦的样子，我很不忍心。“若无罪而就死地”，就好像人没有罪过而却要被处死一样。这头牛没有罪过就要杀它，我看它很可怜，所以放了这头牛，不要杀了。人问，“然则废衅钟与”？那么这种杀牛祭祀的仪式就废除了吗？齐宣王说“何可废也”，这种祭祀仪式怎么能废除呢？“以羊易之”，换头羊。这是齐宣王做过的一件事。孟子问齐宣王“不识有诸”，不知道有没有这件事。这是我听别人讲的，是不是真的有这件事？齐宣王回答说有。

孟子说“是心足以王矣”，齐宣王您有这样的心就足以称王天下了。接下来孟子解释了原因。“百姓皆以王为爱也”，老百姓听说这件事都认为大王您是吝啬，舍不得牛，换了个羊，以小换大。“臣固知王之不忍也”，但我知道，你是不忍心才这么做，不是吝啬。齐宣王说“然，诚有百姓者”，是这样的，确实有这么误解的老百姓。“齐国虽褊小”，齐国虽然小，但我作为国君哪里会舍不得一头牛呢？是不忍心它那个恐惧颤抖的样子，就像没有罪的人要被处死，所以我才用羊来换它，而不是因为吝啬。

孟子说："王无异于百姓之以王为爱也。以小易大，彼恶知之？王若隐其无罪而就死地，则牛羊何择焉？"不要责备老百姓以为你吝啬，原因就在于用一个小的换下来一个大的，大家会如何看待这个事情呢？大王您如果是因为可怜它没有罪而被处死，那么牛和羊又有什么区别呢？牛没有罪被处死，那么羊有什么罪过？所以百姓才会说您吝啬。齐宣王尴尬地笑了。"是诚何心哉"，我这是个什么心态呢？"我非爱其财而易之以羊也。宜乎百姓之谓我爱也。"我不是爱财，才用羊来换，百姓确实应该说我是吝啬的。齐宣王承认了百姓说他吝啬是有道理的。

孟子说"无伤也"，没有什么伤害，不要着急。"是乃仁术也"，这是仁的体现。"见牛未见羊也"，因为您看见了牛，而没有看见羊，看见牛可怜的样子，心里生出一个仁爱的心，可怜它，把它放了。羊也这样，只是您那天没看见羊，所以仁爱之心体现在牛上，而没有体现在羊上。"君子之于禽兽也，见其生，不忍见其死；闻其声，不忍食其肉。是以君子远庖厨也。"君子对于禽兽，看见它的活着的样子，就不忍心看见它死，听见它的声音，就不忍心吃它的肉。所以君子远离"庖厨"，就是远离厨房。这也是古代贵族的生活习惯，厨房同时是屠宰场，烹饪所用的肉类都是在厨房宰杀。孟子总结，为什么君子的住处要远离厨房，因为在厨房进行屠宰，能听见动物的叫声，最后会不忍心吃它的肉，看见活着的动物，就不忍心让它死，这是仁爱精神的体现。孟子解释，齐宣王这种做法正是仁爱精神的体现。

"王说，曰：《诗》云：'他人有心，予忖度之'。"齐宣王特别高兴，引了一句《诗经》说"他人有心，予忖度之"。他人是什么样的心态，我可以去猜测、推测。“夫子之谓也”，您老人家把我的心态分析得比我自己都清楚，《诗经》的这句话说的就是您啊！“夫我乃行之，反而求之，不得吾心。”我做完这件事，回过头想一想，却不知道自己是什么心态。“夫子言之，于我心有戚戚焉。”您这么一分析，我深有同感，您把我的心态分析得太对了。“此心之所以合于王者，何也？”您说我因此就可以称王，又是什么原因呢？

“有复于王者曰：‘吾力足以举百钧，而不足以举一羽’。”现在如果有个人对你说，我的力气足以举起来一百钧，钧是重量单位，一钧等于三十斤，一百钧相当于三千斤，但是却不足以举起来一根羽毛。“明足以察秋毫之末，而不见舆薪”，“明”是视力，我的视力足以看见春天的鸟新长出来的小羽毛的末梢，但是却不足以看见一大车的柴火。如果有人跟您这么讲，那么您认为他说的对吗？您觉得可能吗？齐宣王说“否”，显然不可能。

“今恩足以及禽兽，而功不至于百姓者，独何与？”现在齐宣王您的恩泽足以及禽兽，但是这个仁爱精神却没有在治理国家时体现在老百姓身上，这是为什么呢？“然则一羽之不举，为不用力焉；舆薪之不见，为不用明焉。”这一根羽毛举不起来，是因为不使劲，这一车柴火看不见，是因为不想看，没用你的眼睛去看。“百姓之不见保，为不用恩焉。”现在您没有做到保民，是因为没有把您的恩泽用在这上面，您不是没有仁者爱人的心，关键是没有把这个爱心用到政治上，用到百姓身上。“故王之不王，不为也，非不能也。”大王您没有称王于天下，是大王您不肯去做，而不是不能。

齐宣王问，不做和不能，这两种情形有什么区别？孟子讲：“挟太山以超北海，语人曰：‘我不能。’是诚不能也。为长者折枝，语人曰：‘我不能。’是不为也，非不能也。故王之不王，非挟太山以超北海之类也；王之不王，是折枝之类也。”孟子的意思是，如果让你挟着泰山从北海上跳过去，你对人讲你不能，这是真做不到，是真的没这个能力。如果让你为年长的人去折一根树枝，让他拄着当拐杖，你也对人讲你不能，这就是不肯做而不是做不到。大王您没有称王于天下，不是挟着泰山跳过北海那类情况，而是给老者折树枝这种情况。

“老吾老以及人之老；幼吾幼以及人之幼。”这两个“老”词性不一样，后面的“老”是老人，“吾老”是我的老人。孝敬自己家的老人，然后将这种对老人的孝心和爱心，推及别的老人的身上。就是第一步要孝顺自己家的老人，行善要由近及远，之后将这种对老人的爱心扩展开，对别人家的老人也去恭敬、慈爱，这是“以及人之老”。“幼吾幼”，爱护善待自己的孩子，然后把这种爱心推及到爱别人家的孩子。这两句是排比句，讲的是爱心的向外扩展。上对老，下对小，体现对老人和小孩的爱。首先爱自己的老人、自己的孩子，然后将这个爱心逐渐扩大，去爱所有的老人、所有的孩子。能够做到这一点，“天下可运于掌”，天下对于你来说，就像在手掌上来运转那样容易，一切尽在掌握中。

“《诗》云：‘刑于寡妻，至于兄弟，以御于家邦’。”孟子引了《诗经》的一句话，“刑于寡妻”，“刑”是为谁做榜样，“寡”是唯一的，给唯一的妻做好榜样。这就涉及古代的婚制。古人是一夫一妻多妾制，强调给妻做好榜样，但是没有提到妾，原因在于妾的身份是奴隶。什么叫妻？古人讲“妻者，齐也”。妻子和丈夫的地位是对等的，是平起平坐的，丈夫没有理由要求她，不能给她立规定、立规矩，因为丈夫没那个权力。而对于妾来讲，妾是花钱买来的，可以要求她，而妻子是明媒正娶来的，跟你的地位对等，没有办法要求，那么怎么办呢？就得你来给她做个榜样，称为“刑于寡妻”。“齐家”的第一步，先给妻子做好榜样，而后是给兄弟做好榜样，这称为“至于兄弟”，“以御于家邦”。把这种榜样的精神向外扩展，先是给妻子做好榜样，进一步给弟兄做好榜样，最后给自己的家族，给自己统治的范围做好榜样。这是孟子引《诗经》上的一句话。接着孟子进行解释，“言举斯心加诸彼而已”，拿出这种心态来对待别人，对所有的人都要反求诸己，自己先做好榜样。“己所不欲，勿施于人”，“己欲立而立人，己欲达而达人”。

“故推恩足以保四海”，所以这种恩泽向外推广的方式，就足以保有四海。“不推恩无以保妻子”，不向外推广你的恩泽，都没有办法保住你的妻子、孩子。“古之人所以大过人者，无他焉，善推其所为而已矣。”为什么说古代的人远远超过别人呢？为什么比别人强那么多呢？没别的原因，他善于把自己的所作所为向外推广而已。

“今恩足以及禽兽，而功不至于百姓者，独何与？”现在齐宣王您的恩泽都足以落到禽兽身上了，而您的功德却落不到百姓身上，这是为什么呢？孟子又一次拿这句话来反问。原因很简单，就是“不为”，没有把这种仁爱之心用到百姓身上，而不是“不能”，做不到。从孟子举的例子来看，齐宣王的恩泽用到牛的身上，是无意的偶然碰见，齐宣王内心的明德和良知偶然显露，只是一个瞬间没有受到后天的蒙蔽，先天的良知和仁爱精神偶然地表现出来。这段话是孟子提醒齐宣王要修身，要有意地唤醒心中的仁爱，唤醒先天的大爱，并向外推广，就足以保有四海。这是一个有意识的行为，是一个有意识的修炼，而不能自动自觉地达到那个境界，所以孟子又一次反问，刺激齐宣王思考这个问题。

“权，然后知轻重。”“权”的本义是秤砣，在这里是称的意思。要称一下之后才知道东西是轻是重。“度”是尺子，拿尺子量一下后才知道东西是长是短。所有的事物都是这样，心是最典型的。“王请度之”，请您思考这件事，您要有意地去思考这个事儿，要去发现先天的善和爱，因为它不能自动实现，需要思考。如果齐宣王不去思考自己是什么心态，那么老百姓评价您吝啬，你确实就不知道是什么原因了。

然后孟子直接提了一个问题：“抑王兴甲兵，危士臣，构怨于诸侯，然后快于心与？”也许您动员部队，使您的臣下冒着生命的危险，这是指动员部队发动战争。“构怨于诸侯”，结怨于其他诸侯，这么做是因为您心里感觉到快乐吗？齐宣王说“吾何快于是”，这件事儿对我有什么快乐可言？“将以求吾所大欲也”，我为什么要这么做呢？我要追求我那个最大的愿望，不是说这么做我享受到了快乐。

接着孟子问：“王之所大欲可得闻与？”您那个最大的愿望能不能说来让我听听呢？“王笑而不言”，齐宣王笑着不说。孟子就接着猜。“为肥甘不足于口与？轻暖不足于体与？抑为采色不足视于目与？声音不足听于耳与？便嬖不足使令于前与？王之诸臣皆足以供之，而王岂为是哉？”是因为肥的、甜的、好吃的不能满足您的口吗？是因为轻的、暖的衣服不足以暖和您的身体吗？还是因为看的色彩不足以满足您的眼睛吗？这些美好的声音不足以满足您的耳朵吗？“便嬖”指伺候的人，身边这些侍奉您的人不够吗？孟子一项一项推导后自己总结，“王之诸臣皆足以供之”，这些需求，您手下的大臣都足以给您提供，都能满足您。王哪里是因为这些呢？

齐宣王认为孟子的分析是对的，他不是为这些原因发动战争。“然则王之所大欲可知也”，那么您那个最大的欲望我就可以知道了。“欲辟土地，朝秦楚，莅中国而抚四夷也。”您最大的愿望是开辟领土，使秦、楚两大强国都来朝见您。您要统治全中国，并且要安抚四夷。孟子直接指出来齐宣王的目的了。为什么发动战争，打别的国家？追求统一中国、抚有四夷。这才是齐宣王的追求和愿望。

孟子总结：“以若所为，求若所欲，犹缘木而求鱼也。”以您的所作所为，想去追求愿望、实现梦想，就好比是爬上树去找鱼。“缘木求鱼”这个成语就出自孟子这句话。爬上树去找鱼，完全不可能得到。鱼这种水产品不可能生活在树上。孟子做了个比喻，形容按照现在的做法去实现您的愿望，那是完全不可能的。

齐宣王问：“若是其甚与?”这件事如此严重吗？“殆有甚焉”，恐怕比这还要严重。“缘木求鱼，虽不得鱼，无后灾。”爬上树去找鱼，虽然找不着鱼，后面也没什么灾难。“以若所为，求若所欲，尽心力而为之，后必有灾。”以你的所作所为去追求实现你的愿望，尽心尽力地去做了，后面一定会有灾难。

齐宣王说“可得闻与”，我能不能听你给我讲一讲？孟子说：“邹人与楚人战，则王以为孰胜。”邹是山东的一个小国，是孟子的故乡。如果邹国人跟楚国人打仗，你以为谁会获胜呢？齐宣王说楚人获胜。两国实力悬殊，结果是毫无悬念的。“然则小固不可以敌大，寡固不可以敌众，弱固不可以敌强。”那么小固然不可以抵挡大，寡固然不可抵挡众，弱固然不可以抵挡强。为什么说邹打不过楚，楚是大国，人多强大，邹国是小国，人少国弱，这两个国家间若是发生战争，肯定是楚国胜，邹国肯定不行。“海内之地方千里者九，齐集有其一，以一服八，何以异于邹敌楚哉?”“海内”是指中国。方圆千里的国家有九个，齐国全加起来，不过占其中的一个，就是九分之一。现在靠着您一个国家的力量，却想征服那八个，跟邹国想要抵抗楚国又有什么区别呢？您是做不到的。

“盖亦反其本矣”，我们为什么不从根本上解决问题呢？“王发政施仁，使天下仕者皆欲立于王之朝，耕者皆欲耕于王之野，商贾皆欲藏于王之市，行旅皆欲出于王之塗，天下之欲疾其君者皆欲赴愬于王。其若是，孰能御之？”如果您现在发布施令，实行仁政，使天下的仕者（就是当官的人），都想站在您的朝廷上，给您当官；使天下耕种的人，都想要在您的土地上耕种；使天下的商人，都想要在您的市场上经商；使天下的行旅，都想出自您的道路；天下想抱怨他的君主的人都跑到您这里来诉苦。如果是这样的话，又有谁能抵御您呢？这还是孟子仁政的思想。

从中我们可以看出孟子的谈话艺术。先形容一个美好的效果，让你向往，之后再告诉你怎么达到这个效果。

齐宣王说“吾惛”，我昏庸。“不能进于是矣”，不能达到这个境界。“愿夫子辅吾志”，“夫子”是尊称，希望您能辅佐我实现我的志向。“明以教我”，明明白白地来教诲我。“我虽不敏，请尝试之”，我虽然不够聪明，请让我来尝试着去做。孟子先形容出一个美好的结果来，然后齐宣王动心了，向孟子请教怎么能达到这个美好的效果，他想试试。

“无恒产而有恒心者，惟士为能。”“恒产”是固定的财产，家里没有固定的财产而又有恒心做事，只有士这个层面的人才能做得到。“若民”是对于普通的老百姓来说。“则无恒产，因无恒心”，如果他没有固定的财产，就没有恒心做事，如果没有恒心，“放辟邪侈，无不为已”。简单地说，如果没钱，就什么都能干了。“放”是放纵，“辟”是邪恶，“邪”是不正，

"侈"是过分，各种不恰当的行为就都能干了，为什么？因为没钱，但想要活下去。"及陷于罪，然后从而刑之，是罔民也"，等到他犯法了，犯罪了，然后您来处罚他，这是坑害老百姓。"焉有仁人在位罔民而可为也？"怎么可以仁人在位，而做出坑害百姓的事情呢？

"是故明君制民之产，必使仰足以事父母，俯足以畜妻子，乐岁终身饱，凶年免于死亡。"英明的君主会让老百姓拥有财产，一定对上足以侍奉父母，对下足以养活妻子儿女，好的年景一直吃饱，不好的年景也能免于死亡。这是孟子理解的最低的社会保障。"然后驱而至善，故民之从之也轻。"先保证了老百姓有这么多的财产，再去驱使他行善，让他向好的方面发展，那么老百姓跟随你也很轻松。

孟子先形容出理想的状态，接下来开始批判现实了。"今也制民之产，仰不足以事父母，俯不足以畜妻子，乐岁终身苦，凶年不免于死亡。"现在老百姓的财产，对上不足以养活父母，对下不足以养活妻子儿女，好年景还劳累终身，到年成不好的时候，不免于死亡。"救死而恐不赡"，老百姓就连想办法活下去恐怕都不容易了。"奚暇治礼义哉"，哪还有时间考虑礼仪？哪还有时间和精力去从事道德建设？现在都活不下去了，你还跟他讲道德？跟他讲法律？那老百姓是不会听的。所以，不能埋怨老百姓道德水准低，是为生活所迫。在孟子看来，在这种情况下，责任在统治者不在老百姓。是统治者没做好，老百姓活不下去了，老百姓的一切做法都有道理了。"放辟邪侈"，干什么都正常了，因为他活不下去了。作为统治者，应该达到上面的那个境界，要使民有恒产，这是第一步。想要施仁政，首先使老百姓有一个最低保障，没有生存危机，才能讲道德、讲礼仪、讲法治。"王与行之，则盍反其本矣"，如果您想施仁政，那么为什么不回到根本问题呢？

“五亩之宅，树之以桑，五十者可以衣帛矣。鸡豚狗彘之畜，无失其时，七十者可以食肉矣。百亩之田，勿夺其时，八口之家可以无饥矣。谨庠序之教，申之以孝悌之义，颁白者不负戴于道路矣。老者衣帛食肉，黎民不饥不寒，然而不王者，未之有也。”这是孟子给齐宣王讲的施行仁政的具体方法，与讲给梁惠王的一模一样，可见是孟子的一贯主张。

前面说的是“数口之家”，这里是“八口之家”，由此推断，当时的标准户型可能是一家八口。“八口之家可以无饥矣”，父母带三儿三女，这是一个理想的标准户型。《周易》讲乾坤六子，以八卦代表一个八口之家，也是父母带三儿三女，可见这是当时最理想的户型。这是中国古人的生育观，三儿三女正好。我们需要理解，古代医疗水平低下，婴儿死亡率很高，所以需要多生育子女。

可以说，孟子仁政思想的核心是与民同乐。从今天的角度说，最大的意义是要求统治者关注民生，关注老百姓的生活，这样才能仁者无敌。把所有的爱，用到全体百姓身上，推广爱、扩展爱，这样的统治者才能叫作仁者。仁者才能无敌于天下。这是孟子仁义思想的核心，仁政思想的核心。这个仁政思想的核心在我们今天看来，从以民为本的角度来讲，仍是有闪光点的、有积极意义的。

孟子以民为本的思想特别好，但是怎么能达到预期效果，他拿出的方案却是苍白无力的，当然孟子后面还有补充，除了这些，他还要求统治者减税。在当时的生产条件下，统治者一再收税，老百姓就很难保证有温饱的日子了，所以孟子强调统治者应该轻徭薄赋、降低税收。但这就是仁政吗？这就能做到仁者无敌吗？前面还有实现的可能，后面好像根本实现不了。

因为孟子舍弃了很多的东西，如果统治者可以降低税收，保证农民可以过上温饱的日子，那么国家的武装力量从哪里来？部队、军需物资从哪里来？政府运转需要的经费从哪里来？这样的话，就要部队裁员、政府裁员，行政管理就会降到一个非常低的水平，根本没有办法抵抗外来的侵略。在这种情况下，老百姓过上温饱的生活，恰恰会吸引外来的侵略，要是不足以抵抗的话，马上就被别人给消灭了，还谈什么仁政，什么仁者无敌？如果保证武装力量，保证政府运转的话，就会有一个最基本的需求，税收就不能降到太低。在当时的生产力条件下，孟子没有提出解决这一两难问题的方案，怎么能既在保证国家正常运转、保证军备力量的情况下，还能让老百姓过上温饱的日子。

此外，即使孟子的这套方案能够实现，恐怕也达不到他所说的效果，即“使天下仕者皆欲立于王之朝，耕者皆欲耕于王者野”。如果老百姓都过上温饱的日子，其他国家的老百姓就都能来投奔？其他国家的官员都来投奔？商人都来投奔？能做到吗？就算这些人有心，看别人国家生活水平比我们高，想去投奔，他所在的国家能不控制吗？所以这套施行仁政的方案，实在不具备可操作性。所以古人评价孟子的思想比较迂腐、迂阔、不切实际，或者不接地气。想法是美好的，理想是美好的，但现实是残酷的，很难做到。

在孟子这种理想化的仁政里面，有一点在今天来看也是真实的。国家的强大，一个重要的参数是其他国家的人都往你这里来。“使天下仕者皆欲立于王之朝，耕者皆欲耕于王之野，商贾皆欲藏于王之市，行旅皆欲出于王之涂。”全天下的人都往这个国家来，这是国家强盛的一种外在的表现。从这个角度去看孟子的思想，他的仁政、仁者无敌的思想是有一定合理性的。如果哪个国家能做到这一点，全世界的人都想往那里去，国家的强大肯定是没有人能跟他对抗的。孟子这点说的是对的。

但最关键的问题在哪儿？孟子没有提出具体的方案。从逻辑上讲是成立的，如能达到这个效果的话，是仁者无敌，但是怎么才能达到这个效果？孟子提供的方案并不具备可操作性，这才是问题所在。

卷二　梁惠王下

2·1　庄暴见孟子，曰："暴见于王，王语暴以好乐，暴未有以对也。"曰："好乐何如？"

孟子曰："王之好乐甚，则齐国其庶几乎！"

他日，见于王曰："王尝语庄子以好乐，有诸？"

王变乎色，曰："寡人非能好先王之乐也，直好世俗之乐耳。"

曰："王之好乐甚，则齐其庶几乎！今之乐由古之乐也。"

曰："可得闻与？"

曰："独乐乐，与人乐乐，孰乐？"

曰："不若与人。"

曰："与少乐乐，与众乐乐，孰乐？"

曰："不若与众。"

"臣请为王言乐。今王鼓乐于此，百姓闻王钟鼓之声，管籥之音，举疾首蹙頞而相告曰：'吾王之好鼓乐，夫何使我至于此极也？父子不相见，兄弟妻子离散。'今王田猎于此，百姓闻王车马之音，见羽旄之美，举疾首蹙頞而相告曰：'吾王之好田猎，夫何使我至于此极也？父子不相见，兄弟妻子离散。'此无他，不与民同乐也。

"今王鼓乐于此，百姓闻王钟鼓之声，管籥之音，举欣欣

然有喜色而相告曰：'吾王庶几无疾病与，何以能鼓乐也?'今王田猎于此，百姓闻王车马之音，见羽旄之美，举欣欣然有喜色而相告曰：'吾王庶几无疾病与，何以能田猎也?'此无他，与民同乐也。今王与百姓同乐，则王矣。"

庄暴对孟子说他去见齐国的国君，"王语暴以好乐，暴未有以对也"。国君对庄暴说喜欢音乐，庄暴不知道怎么回答了。然后庄暴问孟子"好乐何如"，国君喜欢音乐这个事儿怎么样呢？好还是不好呢？孟子说："王之好乐甚，则齐国其庶几乎！"如果他非常喜欢音乐的话，那齐国可能就差不多治理好了。

另一天，孟子见齐王，对他讲："王尝语庄子以好乐，有诸？"您曾经跟庄暴说您喜欢音乐，有没有这回事儿？"王变乎色"，王变了脸色。"寡人非能好先王之乐也，直好世俗之乐耳。"寡人不是喜欢先王传下来的这些音乐，只是喜欢世俗的音乐罢了。

当时存在两种不同的音乐。雅乐，是周天子制定的等级森严、级阶正统的音乐，一般是节奏比较慢的；而民间兴起一些新乐，节奏比较欢快。所以齐王有点儿不好意思，因为他喜欢的是新兴的流行音乐，而不是正统音乐。这在当时被认为是不太合适的，国君应该喜欢先王之乐、正统的音乐，而不应该喜欢世俗的乐音，所以他向孟子解释。

孟子说"今之乐由古之乐也"。今天的音乐和古代的音乐是一样的。"由"通"犹"，是一样的，没有区别，你喜欢什么音乐没有区别。齐王问："可得闻与？"能不能听您说说这个事儿呢？孟子反问："独乐乐，与人乐乐，孰乐？"自己欣赏音乐快乐？还是与他人一起欣赏音乐更快乐？哪一个更快乐？齐王回答，“不若与人”，不如跟人一起。“与少乐乐，与众乐乐，孰乐？”与少数人一起？还是与多数人一起？哪一种更快乐？齐王回答，多数人、众人。

孟子说“臣请为王言乐”，请让我给您讲一讲音乐问题。“今王鼓乐于此”，现在您在这儿演奏音乐。“百姓闻王钟鼓之声，管籥之音”，老百姓听见国君您这里的钟鼓之声，管籥之音。“举疾首蹙颁而相告曰”，老百姓全都皱着眉头相互说这个事情。“吾王之好鼓乐，夫何使我至于此极也？父子不相见，兄弟妻子离散。”我们的国君这么喜好演奏音乐，为什么却使我达到如此极端的状况？使得父子不能相见，兄弟、妻子离散？国家没治理好，老百姓妻离子散，而国君还在奏乐，所以老百姓一听见音乐响起，大家都皱着眉头抱怨。“今王田猎于此，百姓闻王车马之音，见羽旄之美，举疾首蹙颁而相告曰：‘吾王之好田猎，夫何使我至于此极也？父子不相见，兄弟妻子离散。’”现在国君在这里打猎，百姓听见国君车马的声音，见到仪仗队的羽毛，用鸟羽来装饰的旗子，看见仪仗队的华美，也都皱着眉头相互说，国君怎么这么喜欢打猎呢？却使我们搞得父子不能想见，妻离子散，达到极端悲惨的状况。为什么国君演奏音乐、打猎，百姓就如此抱怨呢？“此无他，不与民同乐也。”没别的原因，是你没有与民同乐。这是反面的情况，接下来说正面的。

假如大王您在这里演奏音乐，百姓听见了钟鼓之声，管籥之音，全都欣欣然有喜色，非常高兴，之后相互转告，我们的国君应该是没有生病，不然为什么能够在这里演奏音乐，百姓们都为国君身体健康而高兴。如果您现在打猎，百姓听见车马的声音，看见羽毛之美，全都欣欣然有喜色，相互转告说，我们的国君看来没有疾病，不然怎么能够出来打猎呢？这也没有别的原因，因为您与民同乐。

最后，孟子总结道：“今王与百姓同乐，则王矣。”现在您若是能做到与民同乐，您就能称王于天下了。

2·2 **齐宣王问曰：“文王之囿方七十里，有诸？”**

孟子对曰：“于传有之。”

曰：“若是其大乎？”

曰：“民犹以为小也。”

曰：“寡人之囿方四十里，民犹以为大，何也？”

曰：“文王之囿方七十里，刍荛者往焉，雉兔者往焉，与民同之。民以为小，不亦宜乎？臣始至于境，问国之大禁，然后敢入。臣闻郊关之内有囿方四十里，杀其麋鹿者如杀人之罪。则是方四十里为阱于国中。民以为大，不亦宜乎？”

齐宣王问，周文王的囿方圆七十里，有没有这回事？孟子回答，从传记记载来看，有这回事。齐宣王问，有这么大吗？孟子说，老百姓还以为小呢。齐宣王说，寡人的囿才方圆四十里，老百姓都认为大，这又是为什么？

囿是指皇家的猎场，圈出来一个国君打猎的地方。文王的囿方圆七十里。“刍荛者往焉，雉兔者往焉”，但是不禁止老百姓去里头去打柴，打野兔的、打野鸡的也能进里面去打猎。“与民同之”，周文王和老百姓一同使用这个猎场。“民以为小，不亦宜乎？”所以老百姓认为小，这不是很正常吗？不是应该的吗？

孟子接着说，为什么齐宣王的猎场才四十里老百姓却嫌大。“臣始至于境”，我最开始进入您国家的边境。“问国之大禁，然后敢入”，问清楚你们齐国禁令是什么，然后我才敢进入。“臣闻郊关之内有囿方四十里”，我听说，在城郊有一个方圆四十里的猎场。“杀其麋鹿者如杀人之罪”，老百姓如果杀了其中的麋鹿，就如同犯了杀人的罪。这是不与民同乐，圈出来四十里的地方只供国君打猎，禁止老百姓进入，更不用说去里边砍柴打猎了。如果老百姓敢到这里来打猎，与杀人同罪，这是相当严酷的法律了。不让老百姓进，好把这里的禽兽都留着，供国君来打猎，这是他的一种消遣方式。“则是方四十里为阱于国中”，那么就好比在你的国家里设了一个方圆四十里的陷阱坑老百姓，谁要不小心在这里砍柴猎兽就犯罪了。“民以为大，不亦宜乎？”那老百姓认为你这个囿太大，也是应该的。

这一章与上一章的中心都是提倡与民同乐，下面连续几章讲的都是怎样实现仁政。

2·3　齐宣王问曰：“交邻国有道乎？”

孟子对曰：“有。惟仁者为能以大事小，是故汤事葛，文王事昆夷。惟智者为能以小事大，故太王事獯鬻，勾践事吴。以大事小者，乐天者也；以小事大者，畏天者也。乐天者保天下，畏天者保其国。《诗》云：‘畏天之威，于时保之。’”

王曰：“大哉言矣！寡人有疾，寡人好勇。”

对曰：“王请无好小勇。夫抚剑疾视曰：‘彼恶敢当我哉！’此匹夫之勇，敌一人者也。王请大之！

“《诗》云：‘王赫斯怒，爰整其旅，以遏徂莒，以笃周祜，以对于天下。’此文王之勇也。文王一怒而安天下之民。

“《书》曰：‘天降下民，作之君，作之师，惟曰其助上帝宠之。四方有罪无罪惟我在，天下曷敢有越厥志？’一人衡行于天下，武王耻之。此武王之勇也。而武王亦一怒而安天下之

民。今王亦一怒而安天下之民，民惟恐王之不好勇也。”

“交邻国有道乎？”齐宣王请教孟子，与邻国交往有没有特殊的方法，特定的方式？“道”是指方式方法，这是最低层面的内涵，较高层面的理解是指客观规律、宇宙本源等。

与邻国交往有没有一个固定的方式方法，孟子回答说：“有，惟仁者为能以大事小。”只有仁者才能做到以大事小。大小指的是国家。统治者是仁者，才能够以一个大的国家去侍奉一个小的国家，作为大国能把自己的姿态摆得比小国还低，这称为“以大事小”。古代的国与国之间的交往是不平等交往，不像今天提倡国家间平等交往。在古代国与国之间平等交往是个案、例外，不平等交往是常态，所以会有以谁为主导的问题。“以大事小”是大国把小国放在上面。在外交中主动把自己摆在小国的下面，只有仁者能做到这一点。之后孟子举了两个以大事小的例子。“是故汤事葛，文王事昆夷”，当年商朝的开国君主汤，曾经侍奉过葛国，周文王曾经侍奉过昆夷，但这两个案例更具体的介绍史书没有记载，细节不清楚。“惟智者为能以小事大”，只有国君是智者，才能做到以小国去侍奉大国。接下来孟子又举了两个例子，“故太王事獯鬻，勾践事吴”。

獯鬻，现在历史学家一般认为是蒙古草原上匈奴人的祖先。太王，周朝的先祖。周朝的太王曾经侍奉过獯鬻，当时的獯鬻族势力比周人要大，这称为以小事大。另一个案例，勾践曾经侍奉过吴国。吴国、越国打仗，因为吴国势力比越国要强，越国战败之后，越王勾践投降，侍奉吴国，这是“勾践事吴”。后来才有卧薪尝胆的故事，最后越国反过来打败了吴国。这是孟子举的两个以小事大的例子。

“以大事小者，乐天者也；以小事大者，畏天者也。”能够做到以大事小的，这个人是乐天的人，能够做到以小事大的，是畏天的人。乐是安于这种状态，所谓“乐天者”，对天道自然法则的安排不纠结，非常安于这种状态，是发自内心地认同这种自然安排。用今天的话说，发自内心地认为一切都是最好的安排，这称为“乐天者”。“畏天者”，则未必认为这是一个好的安排，也未必认同这种现实，但是能够敬畏天道法则。孟子举出了统治者的两种心态，抱着乐天的心态才能以大事小。作为小国肯定打不过大国，若还不侍奉大国，那很容易给自己招来敌人，招来灭顶之灾。但是对这种状态，畏天者未必心里满意，就像勾践事吴，是不得已，因为小国打不过大国。

“乐天者保天下，畏天者保其国。”有乐天精神的统治者，能够保有天下，有畏天精神的统治者能够保住自己的国家。“《诗》云：‘畏天之威，于时保之’。”孟子引《诗经》上的话来证明自己的观点。“时”通“是”，能够敬畏上天的威严，才能够保住你的国家。

齐宣王说：“大哉言矣。”“大”是重要，您说的这番话太重要了。齐宣王接着讲，但是我做不到，齐宣王给自己做不到找了个借口。原文这句话有省略，是齐宣王直接说了做不到的原因。“寡人有疾，寡人好勇”，有毛病、缺点，喜欢争强好勇。齐宣王为自己不能落实仁者、智者的治国原则找了一个借口。

孟子回答说：“王请无好小勇。”孟子没有否定好勇，而是因势利导，顺着齐宣王的话继续劝导他。您既然那么好勇，我请大王您不要好小勇。接下来孟子阐释什么叫“小勇”，什么叫“大勇”。孟子把“勇”分成了不同的类型。

“夫抚剑疾视曰”，“夫”是发语词，没有意义，“抚剑”是手按着剑，“疾视”是瞪着眼睛看。手按着剑瞪着眼睛盯着对方说。“彼恶敢当我哉”，“彼”是那个，在这里指对方，也可以指你；“恶”是疑问词，怎么；“当”是抵挡、匹敌，一对一。你怎么敢抵挡我呢？“此匹夫之勇”，这是普通百姓的勇，是小勇。孟子给这种勇或者说勇敢起了个名叫“匹夫之勇”，我们今天还在使用这个成语。为什么说这种行为是匹夫之勇？“敌一人者也”，这样的勇敢只能抵挡或者对抗一个人，只能一对一。

“王请大之”，请求王把这个勇敢扩大，向外扩充。“《诗》云：‘王赫斯怒，爰整其旅’。”“赫斯”是生气的样子，国君发怒了，“爰”是发语词，没有意义，“整其旅”，整顿他的部队。“以遏徂莒”，“遏”是制止，有人要攻打莒国，周王的部队来干涉来制止，这称为“遏”；“徂”是去，莒是国名。周王一动怒，整顿部队阻止了敌人对莒国的进攻。“笃”是加深加厚，“祜”是福泽，通过这种方法增加了周王朝的福泽。“以对于天下”，“对”是报答，周王来报答天下对他的归顺。孟子引这句《诗经》的大意是，周王动怒，整顿部队，保全了莒国，打退了敌人对莒国的进攻。这种做法从神秘主义的意义出发，可以加强周王朝的福泽，那么从现实的意义来讲，周王可以对得起天下诸侯对周王朝的归顺。然后孟子评价，“此文王之勇也”。这首诗说的是周文王的勇敢，“文王一怒而安天下之民”。文王的勇敢达到的境界是，他一怒就使天下老百姓得到了安定，这是孟子心目中的大勇。

接下来孟子又举了一个例子，引自《尚书》。“天降下民”，老天降下了民众百姓。这句话有点神秘主义的色彩，是讲人类社会的起源，人从哪里来的？老天造的。因为人是天造的，所以老天要管理人，要保护人。因此“作之君，作之师”，“作之君”是给万民树立一个君主，“作之师”是给万民确定老师。从古人这种神秘主义的观点来看，君和师都是上天树立的，是上天对下民的恩泽、恩惠。给老百姓立一个国君，有君主，有各级的领导，这是确立了统治秩序、政治秩序。“作之师”，有老师来教化民众，这实际上是确立了道德秩序或者说文化秩序。《尚书》中的这两句话，可以这样理解，老天降下了万民，并且给万民树立了君主，给万民确定了老师，以便建立政治秩序、道德秩序、文化秩序，总之，让人类社会有秩序，要不然人类社会将一团混乱。

“惟曰其助上帝宠之。”君和师是上天所立，其作用是帮助上帝宠爱下民的。君和师的作用是帮助老天来恩泽百姓、造福万民，这是君和师要发挥的功能。“四方有罪无罪惟我在”，因为君是老天立的，而且君的功能是帮助老天来管理万民，所以四方之人，就是天下所有的人，不管有罪还是无罪，只有我在，这是对君主而言，你要想着只有我在这，言外之意是，管理的责任都在君主身上。老百姓无罪，政绩是你的，老百姓有罪，责任也是你的，君主要有这种意识，以天下为己任，就必须把这事管理好。因为有君主在发挥这个作用和功能，所以“天下曷敢有越厥志”，“曷”是疑问副词，反问，有谁敢，“越”是超越，“厥”是他的，“志”是志向，或者说心智。天下人又有谁敢超越他的心智呢？以上是孟子引《尚书》的内容。

下面是孟子的话。“一人衡行于天下，武王耻之，此武王之勇也。”哪怕天下有一个人横行霸道不守规矩，周武王都会认为这是自己的耻辱，这是周武王的勇，“而武王亦一怒而安天下之民”。像周文王那样，周武王也是一怒而使天下之民得到了安定。

“今王亦一怒而安天下之民，民惟恐王之不好勇也。”现在大王您如果能做到一怒就使天下之民得到安定，那么老百姓唯恐您不好勇。这是孟子劝导或者说劝诱齐宣王行仁政。既然您好勇，就要好大勇，能达到周文王、周武王的境界，就能达到古代圣人的境界了。您怎么能说您达不到呢？

2·4　齐宣王见孟子于雪宫。王曰：“贤者亦有此乐乎?”

孟子对曰：“有。人不得，则非其上矣。不得而非其上者，非也；为民上而不与民同乐者，亦非也。乐民之乐者，民亦乐其乐；忧民之忧者，民亦忧其忧。乐以天下，忧以天下，然而不王者，未之有也。

“昔者齐景公问于晏子曰：‘吾欲观于转附、朝儛，遵海而南，放于琅邪，吾何修而可以比于先王观也?’

“晏子对曰：‘善哉问也！天子适诸侯曰巡狩。巡狩者，巡所守也。诸侯朝于天子曰述职。述职者，述所职也。无非事者。春省耕而补不足，秋省敛而助不给。夏谚曰：“吾王不游，吾何以休？吾王不豫，吾何以助？一游一豫，为诸侯度。”今也不然：师行而粮食，饥者弗食，劳者弗息。睊睊胥谗，民乃作慝。方命虐民，饮食若流。流连荒亡，为诸侯忧。从流下而忘反谓之流，从流上而忘反谓之连，从兽无厌谓之荒，乐酒无厌谓之亡。先王无流连之乐，荒亡之行。惟君所行也。’

“景公悦，大戒于国，出舍于郊。于是始兴发补不足。召大师曰：‘为我作君臣相说之乐!’盖《徵招》《角招》是也。其诗曰，‘畜君何尤?’畜君者，好君也。”

“齐宣王见孟子于雪宫”，齐宣王在雪宫这个地方接见孟子。齐宣王说：“贤者亦有此乐乎？”贤者也有这种乐趣吗？雪宫是齐宣王的一处离宫。齐宣王问孟子，这地方是不是挺好，像您一样的贤人是不是也能享受生活的这种乐趣呢？

孟子回答说“有”，不仅贤者有，每个人都有追求享乐的愿望。“人不得”，如果人得不到这种享乐，这种人生的享受。“则非其上矣”，“则”是就会，“非”是指责，“上”是上级。如果不能享受到这种人生的乐趣，他就会指责上级，指责他的领导，认为是领导的原因导致我的日子过得不好。“不得而非其上者”，因为没有得到人生的享受，就把责任记到领导身上，指责上级。“非也”，这种心态是不对的。“为民上而不与民同乐者，亦非也”，作为老百姓的上司、上级，作为领导，不能够与民同乐，这也是不对的。

孟子指出了社会的上层和下层的两种错误心态，这是值得我们当下反思的。作为社会的下层，自己的生活不理想就指责上层有毛病，没管理好或者领导不力，这是不对的。按儒家思想，首先要反求诸己，先看看自己努力没努力，做没做到位。而作为社会的上层，精英阶层、领导阶层，如果不能关心民众的疾苦，不能与百姓同乐，那种做法也是不对的。如果社会的底层是“不得则非其上”，社会的上层不与民同乐，那么社会上层和下层的矛盾就会越来越激烈，下层会越来越仇视上层，上层会越来越用高压统治，社会秩序最终就会崩溃。如果上层与民同乐，下层不因为自己生活不理想去指责上层，这样的社会各阶层之间才能和谐相处。

“乐民之乐者，民亦乐其乐；忧民之忧者，民亦忧其忧。”孟子正在同一个国君对话，所以这里重点谈上层应该怎样，并没有讲下层。作为统治者，老百姓喜欢的您去喜欢，反过来，老百姓才能喜欢您喜欢的。老百姓忧愁的，您也去忧愁，老百姓才能忧愁您所忧愁的。你给人快乐，别人才能考虑到你的快乐，你替人忧虑，别人才能替你忧虑。人与人之间的交往是相互的，民众和统治者的这种感情也是相互的。

这也是孟子的思想核心，是孟子民本思想的体现。孟子始终要求统治者与民同乐，要关心百姓的疾苦忧愁，反过来百姓才能拥护领导，才能考虑领导的疾苦。总说老百姓没有为国尽忠的，那作为国家的领导到底有没有在乎百姓死活？不管老百姓死活反过来总想让老百姓为国家去拼命，那是肯定做不到的。

“乐以天下，忧以天下，然而不王者，未之有也。”你的乐，你的忧，都与天下人一致，然而却不能够称王于天下，这样的情况是从来没有的。如果用肯定语句来表达，能做到“乐以天下，忧以天下”，就能称王于天下。

接下来孟子举了个例子。“昔者齐景公问于晏子曰”，从前齐景公向晏子询问。因为孟子在与齐国的国君谈话，所以他举的就是齐国从前的事例，不仅让齐宣王觉得亲切，而且也是齐宣王熟悉的，因此更有说服力。

晏子名晏婴，是齐国著名的相，后代所说的先秦诸子之一。《晏子春秋》传说就是晏婴的作品。齐景公问晏子：“吾欲观于转附、朝儛，遵海而南，放于琅邪。吾何修而可以比于先王观也？”“观”是游玩，“转附、朝儛”一般认为是两个地名或者两个山名，具体地点不详。齐景公说，我现在想要出游，从转附、朝儛这两个地方，沿着海岸向南走，最后走到琅邪。我怎样做才可以和先王、古代那些圣王的出游相提并论？简单地说，齐景公想出去游玩一圈，还不想因此导致负面的评价，所以向晏子请教，怎样能够完成这次出游，还能让老百姓给我一个好的评价？古代那些圣王，老百姓评价非常高的那些王，他们的出游是怎么做的，为什么他们出游，老百姓对他们的评价还那么高呢？

晏子回答“善哉问也”，您这问题问得太好了。“天子适诸侯曰巡狩”，天子去诸侯国，这个行为叫巡狩。“巡狩者，巡所守也”，所谓巡狩，是巡查所守卫的，所管理的地方。“诸侯朝于天子曰述职”，诸侯国君去朝见天子这个行为叫述职。“述职者，述所职也”，述职是去报告一下你所负责的事情。“无非事者”，他总结一下，不管是巡狩还是述职，都要从事情上看。

巡狩也好、述职也好，主要关注哪些事情呢？“春省耕而补不足，秋省敛而助不给。”“省”是视察，春天出去出游，是视察春耕，这称为“春省耕”，看看老百姓家里头缺什么少什么，给补助，这称为“补不足”。春天出来视察春耕状况，就会发现这家地还没种，缺粮食，缺种子，缺农具，还是缺牲口，视察后要“补不足”，没有种子的政府提供种子，没有农具的政府帮着解决农具，这是春天出游做的工作。秋天出游是视察秋收状况，帮助那些能力不足的人。

“夏谚曰”，夏朝的谚语说。“吾王不游，吾何以休”，我们的国君不出来巡游了，我们怎么能够达到美好的状况？“休”是美好。“吾王不豫，吾何以助”，“豫”是安乐，我们的王已经不安乐了，可能有病了或者有事了，我又能从哪里得到帮助呢？“一游一豫，为诸侯度”，王的出游，王的安乐，为诸侯们确定了法度，给诸侯们树立了榜样，这是古代圣王的出游。

“今也不然”，现在不是这样。“师行而粮食”，现在国君是怎么出游的呢？带着一大堆人出行，仪仗队、侍卫、宫女、太监，很多人，这称为“师行”。出行的队伍所需日常开支都得由所到的地方提供，结果导致各地“饥者弗食，劳者弗息”。由于国君的出行，导致各地老百姓，饿的人吃不上，劳累的人得不到休息。“睊睊胥谗”，“睊睊”是怨恨的样子，“胥”是相互，“谗”是谗言。那么老百姓就会很不满意地相互说这个国君的坏话了。“民乃作慝”，老百姓因此开始作恶。国君的出行让老百姓活不下去了，所以老百姓才有一个不好的反弹，开始做一些不好的事情。

“方命虐民”，“方命”是影响了正常的秩序，影响了天命，“虐民”是虐待老百姓。“饮食若流”，国君吃的喝的像流水一样，说明开支太大了。“流连荒亡，为诸侯忧”，造成了这几个现象，成为诸侯的忧愁。一听周王要到这个地方来视察，就马上发愁了，愁怎么接待。

晏子接着解释“流连荒亡”四个字的概念。“从流下而忘反谓之流”，沿着河往下游走，都忘记了回去，玩得太高兴了没想回去，这称为“流”；“从流上而忘反谓之连”，顺着河流往上游走，忘了回去，这称为“连”；“从兽无厌谓之荒”，从兽是打猎，追逐野兽没有厌倦的时候，这称为“荒”；“乐酒无厌谓之亡”，喜欢喝酒没有厌倦的时候，这称为“亡”。如果国君出游处于这四种状态之一，那就给老百姓造成麻烦了，不知道如何接待了。

“先王无流连之乐，荒亡之行。”古代那些圣王，没有流、连这两种乐趣，也没有荒、亡这两种行为。晏子将古代圣王的出游和当代统治者的出游做了一个比较，“惟君所行也”，两种就看您照着哪种做了。

齐景公听完之后高兴了。“大戒于国”，非常重视，告诫全国，“出舍于郊”，先在城郊驻扎，告诫出行不要提供什么，不要给地方造成不必要的骚扰。“于是始兴发补不足”，“兴”是起，“发”是开。这两部分连起来是拿出政府的财务，打开政府的仓库，来救济贫民。“召大师曰”，太师在先秦是乐官，负责音乐事宜的，把负责音乐的太师找来对话。“为我作君臣相说之乐”，现在为我创作一首歌曲，以表现君臣相互之间的喜悦。“盖《徵招》《角招》是也”，盖是推测之词，大概太师后来创作的音乐就是《徵招》《角招》这两首乐曲。“其诗曰”，乐师创作的这首音乐，歌词里唱到“‘畜君何尤?’畜君者，好君也”。歌词里有这样一句，喜欢君主、爱戴君主，有什么不应该的呢。

这一章主要是孟子给齐宣王讲齐景公和晏子之间的故事，中心思想实际还是在劝统治君主要实行仁政。

2·5　齐宣王问曰：“人皆谓我毁明堂，毁诸? 已乎?”

孟子对曰：“夫明堂者，王者之堂也。王欲行王政，则勿毁之矣。”

王曰：“王政可得闻与?”

对曰：“昔者文王之治岐也，耕者九一，仕者世禄，关市讥而不征，泽梁无禁，罪人不孥。老而无妻曰鳏，老而无夫曰寡，老而无子曰独，幼而无父曰孤。此四者，天下之穷民而无告者。文王发政施仁，必先斯四者。《诗》云，‘哿矣富人，哀此茕独。’”

王曰：“善哉言乎!”

曰：“王如善之，则何为不行?”

王曰：“寡人有疾，寡人好货。”

对曰：“昔者公刘好货，《诗》云：‘乃积乃仓，乃裹𫗦粮，于橐于囊。思戢用光。弓矢斯张，干戈戚扬，爰方启行。’故居者有积仓，行者有裹囊也，然后可以爰方启行。王如好货，与百姓同之，于王何有?”

王曰：“寡人有疾，寡人好色。”

对曰：“昔者太王好色，爱厥妃。《诗》云：‘古公亶父，来

朝走马，率西水浒，至于岐下，爰及姜女，聿来胥宇。’当是时也，内无怨女，外无旷夫。王如好色，与百姓同之，于王何有？”

齐宣王问孟子，“人皆谓我毁明堂”，“皆”是全部，“毁”是销毁，损毁，明堂是古代的一种宫殿。现在大家全都劝我毁掉明堂。“毁诸？已乎？”我是拆了它还是停止拆？

孟子说：“夫明堂者，王者之堂也。”明堂制度是称王于天下的制度，明堂的宫殿是王者的宫殿。“王欲行王政，则勿毁之矣”，假如想要实行王政，那么就不要毁了它。齐宣王说：“王政可得闻与？”那我能不能听您讲一下什么是王政呢？

孟子说：“昔者文王之治岐也，耕者九一。”九一指古代的井田制度，把土地分成九块，像井字似的，这叫井田制度。周边这八块分给老百姓，中间这块是公家的，周边的八块地给老百姓耕种，收获归百姓自己，但附加条件是，老百姓得帮着种中间这块地，收获归公家。给老百姓划分完土地之后，要求老百姓在春天播种的时候，其余八家就一起把中间这块地种出来，除草的时候就把中间这块除了，到了秋天收割，也要把中间这块收割，但是收获是分开的。这八家土地的收获是各家的，中间这块地的收获是政府的，相当于税收，这称为“耕者九一”。孟子说，从前周文王治理岐地的时候，开始实行这种“九一”的井田制度。

齐宣王问孟子王政是什么样子，孟子描述，第一点，“耕者九一”。农业上实行井田制度，九分之一的土地作为税收，收获物上缴政府，这是实物税。第二点，“仕者世禄”，怎么把政治做好。“仕者”是当官的，世世代代当官，早期很多重要的官职是世袭的，这称为“仕者世禄”。第三点，商业，“关市讥而不征”。“关”是路中间设的卡子，“市”是市场，“讥”是稽查，“征”是征税。道路上的关口和市场，政府都负责稽查而不征税，这称为“稽而不征”。稽查是一种管理，以免出现违法乱纪的事情，但政府只管稽查，保持正常的商业秩序，而不征税。第四点，“泽梁无禁”。“泽”是湖泊，“梁”是指山。国有的山地湖泊没有禁令，谁去山里砍柴都行，谁去山里打猎都行，谁去湖里捕鱼都行，资源全民共享，国家不加以禁止，这称为“泽梁无禁”。这谈的是一种对社会资源的态度。第五点，“罪人不孥”。“孥”读 nú，指妻子和儿女。犯罪的人不把他的妻子儿女一起抓起来，是罪人只罪本身，家人不连坐。

齐宣王问孟子：能不能给我讲讲古代王者之政是什么样子？然后孟子就从农业、官制、商业、公共资源的管理、司法等五个方面谈了周文王的做法。这也是孟子心目中的理想状态。

“老而无妻曰鳏，老而无夫曰寡，老而无子曰独，幼而无父曰孤。”古书上认为这四种人，往往会是生活上比较艰难的四种人，是政府尤其要照顾的四种人，叫鳏寡孤独。“此四者，天下之穷民而无告者。”“穷”是陷入困境。这四种人往往生活陷入困境却没有地方去求助。“文王发政施仁，必先斯四者。”周文王每发布一个政令，每施行一个仁政，一定会先考虑这四种人，优先考虑保证这四种人的生活。“《诗》云：‘哿矣富人，哀此茕独’。”“哿”是可的意思，“哿矣”就是可以，是一种肯定。《诗经》上讲，富人能够怜悯这些孤苦的人才是可以的。

齐宣王说：“善哉言乎。”你说得太好了。“王如善之，则何为不行？”孟子接着问，您如果觉得我说得好，那为什么不照着做呢？“寡人有疾，寡人好货。”寡人有毛病，寡人我爱财。这是齐宣王为自己找的借口。

孟子说：“昔者公刘好货。”“昔”是从前，公刘也喜欢财。

公刘是周朝的先王。“《诗》云：‘乃积乃仓，乃裹餱粮，于橐于囊，思戢用光。弓矢斯张，干戈戚扬，爰方启行。’”《诗经》上的这段话是讲公刘的故事，说当年公刘有钱、有货。“乃积乃仓”，“乃”是发语词，没有意义，“积”是货物、物品露天存放，“仓”是在仓库里。公刘太有钱了，仓库是满的，还有东西露天堆着。“裹餱粮”是干粮。仓库里满了，还能包出来干粮带着走，用什么装干粮？“于橐于囊”，橐和囊都是口袋，按照古人的解释，囊是有底的，一边有口一边有底，橐是没底的，两边打通的，装满了之后两头系上。“思戢用光”，“思”是发语词，没有意义，“光”是发扬光大。靠着这些东西，才能发扬光大，国家发展得越来越好，然后才有对外征服的实力。下面谈到军事，“弓矢斯张”，即张开弓箭。“干戈戚扬”是四种武器。“干”相当于盾牌，“戈”是长把的像矛一样的武器，“戚”是一种斧头，“扬”是一种类似斧头的武器，也有人说戚是短把斧头，扬是长把斧头，总之都是武器，弓矢也是武器。把这些武器都搬出来了，然后才能启行，去征服敌人。

“故居者有积仓，行者有裹粮也，然后可以爰方启行。”孟子总结，正是因为公刘好货，国家的物资非常丰富，平时的物资堆满了仓库，还有的露天囤积，出行的人还能装满口袋粮食，然后才能出征，有进一步的发展。“王如好货”，假如王您好货；“与百姓同之”，您跟百姓来共同拥有；“于王何有”，这对您来说又算个什么事呢？就不是个毛病，不影响您行王政、行仁政。

孟子劝国君行仁政，国君百般找借口推脱，说他不行，他干不了，孟子坚定地说他行。

跟齐宣王解释完好货不是毛病，齐宣王又拿出一个借口来。“寡人有疾，寡人好色”，我还有个毛病，好色，孟子您还能做何解释？

孟子说“昔者大王好色”，周人的一个祖先，喜欢他的妻子。“《诗》云：‘古公亶父，来朝走马，率西水浒，至于岐下，爰及姜女，聿来胥宇’。”孟子的语言最大的特点是经常引《诗经》《尚书》来证明。为什么这么讲？大王好色有《诗经》为证，“古公亶父”是大王的名字，他是周文王的爷爷。古公亶父第二天早上“走马”，骑着马跑。“率”是沿着，“浒”是水岸、水边，沿着西方水边一直到岐山下，“爰及姜女”，“爰”是发语词，没有意义，“及”是和谁在一起，跟他在一起的还有姜姓的美女，也就是他的妻子。“聿来胥宇”，“宇”是居住，“胥”是一起，他们一起到这里来并且定居在岐山下。“当是时也”，正当那个时候，在古公亶父统治的时候。“内无怨女，外无旷夫”，向内说，没有心怀怨恨的妇女，向外说，没有闲着的男人。这句话古书中经常这么说，形容都已经结了婚。怨女是没嫁出去，没找到合适的人，旷夫是没娶到媳妇的，一个人独自生活。古公亶父虽然“好色”，指的是爱他自己的妻子，但在他的统治下，女的都嫁出去了，男的都娶到媳妇了，这还是与民同之。“王如好色，与百姓同之，于王何有？”如果您好色，您也能考虑到老百姓都有结婚的需求，然后与百姓同之，那么对您来说这又算什么呢？

按孟子的理论，只要实行仁政，什么都不是问题。这一段我们能看出来，孟子给齐宣王讲什么叫仁政，举周文王的例子，从农业、政治制度、商业、自然资源、司法、社会救助等几个方面，讲了实行仁政应该做到什么。齐宣王说他做不到，孟子就坚定地劝他，认为他能做到。

我们看完孟子劝齐宣王的话，感觉到孟子劝得已经相当到位了。但为什么齐宣王坚决不干，还说他做不到？我个人认为，“寡人好货、寡人好色”都是借口，齐宣王感觉做不到的实际原因是经济不发达。税太低不够用，商业税不让征，自然资源大家共用，政府也没有收入，山林湖泊不加以禁止，谁去打鱼、打猎、砍柴都行，全民公有，自然资源收不来税，商业收不来税，那国家的税收从哪里来？还要负责鳏寡孤独、养兵、养官，还有自己享受，这些都需要财力投入。我认为，齐宣王坚决不干的原因是按照孟子的这套方法资金不够用，这是问题的关键，所以两人的对话是空对空的。齐宣王没有说出他的真正想法，因为这些根本不是他的真实想法，不是好货、好色的问题。孟子的劝说对齐宣王而言也不起作用。

2·6　孟子谓齐宣王曰：“王之臣有托其妻子于其友而之楚游者，比其反也，则冻馁其妻子，则如之何?”

王曰：“弃之。”

曰：“士师不能治士，则如之何?”

王曰：“已之。”

曰：“四境之内不治，则如之何?”

王顾左右而言他。

孟子问齐宣王，假如您现在有一个臣子，把他的妻子和孩子托付给他的一个朋友，之后自己去楚国游玩，等到他回来却发现他的妻子和孩子都在挨冻受饿。那应该怎么办？齐宣王回答得很明确，“弃之”，抛弃他，这种朋友不能交。

“士师不能治士，则如之何？”“士师”是官名。你手下的官不能把相关问题管理好、治理好，怎么办呢？齐宣王说得也非常干脆，“已之”，罢免了。前面这两句实际是铺垫，是圈套，最后一句才是关键。“四境之内不治，则如之何？”国家得不到一个很好的治理，那怎么办呢？“王顾左右而言他”，“顾”是转头看，齐宣王转过脑袋向左右看看，聊别的事了，换了个话题。非常明确，国家治理不好责任在国君。

你把妻子孩子托付给你的朋友，他不管，让他们受冻受饿，这是你的朋友没有尽到职责；交给手下官员的事他没处理（管理）明白，是他没尽到职责。但是现在老天立你做国君，把这一国的老百姓都托付给你，你却叫老百姓挨冻受饿，自己尽到国君的职责了吗？言外之意，老天爷会收拾你的。这里面既包括了孟子对统治者责任的界定，还隐含着对齐宣王及后代不尽职责的统治者的恐吓和威胁。齐宣王您自己琢磨琢磨，这样做的话老天会不会收拾你，你的结局恐怕也是“弃之”“已之”。

2·7　孟子见齐宣王，曰：“所谓故国者，非谓有乔木之谓也，有世臣之谓也。王无亲臣矣，昔者所进，今日不知其亡也。”

王曰：“吾何以识其不才而舍之？”

曰：“国君进贤，如不得已，将使卑逾尊，疏逾戚，可不慎与？左右皆曰贤，未可也；诸大夫皆曰贤，未可也；国人皆曰贤，然后察之；见贤焉，然后用之。左右皆曰不可，勿听；诸大夫皆曰不可，勿听；国人皆曰不可，然后察之；见不可焉，然后去之。左右皆曰可杀，勿听；诸大夫皆曰可杀，勿听；国人皆曰可杀，然后察之；见可杀焉，然后杀之。故曰国人杀之也。如此，然后可以为民父母。”

孟子对齐宣王说：“所谓故国者，非谓有乔木之谓也，有世臣之谓也。”什么叫“故国”？孟子先界定了一个概念，故国不是指有高大的树木，而是有世臣。换一种解释，故国是旧国，有年头、有传承、有故事，这个国家存在时间很久了，评判的标准不在自然，不是指国内树长得有多粗，不在物而在人，要有世世代代扶保你的大臣，这才叫故国。手下的大臣在国家任职已经十二代了，这可以证明这个国家历史悠久。这番话是为了刺激齐宣王，先把概念界定一下，之后对齐宣王说“王无亲臣矣”，您身边没有一个亲近的大臣。“昔者所进，今日不知其亡也”，从前您提拔起来的那些人，现在不知道哪去了，更别说世臣了。言外之意，官员换得太快，公务员队伍不稳定。

齐宣王问：“吾何以识其不才而舍之？”怎么能认识到这个人才干不行，之后再把他罢免呢？齐宣王不承认自己的做法有问题，他认为罢免这些人是因为他们才能不足。他的官员换得快，原因在于他发现他们能力不足，他不得不罢免。这是在找借口。所以他接下来问孟子，他也想提拔能力足的，可是怎么能提前发现呢？

“国君进贤如不得已，将使卑逾尊，疏逾戚，可不慎与？”孟子强调提拔人才要慎重，国君引进贤能的人就好像不得不做那样，为什么？因为对人才的选拔，将会使原来地位低的超过了地位高的，使原来和你关系疏远的超过了和你关系亲近的，这是选拔人才造成的结果，这称为“卑逾尊，疏逾戚”。

孟子接下来讲如何评判人。“左右皆曰贤，未可也。”“左右”是指君主身边的人。你身边的人都说这个人贤能，还不可以提拔他。“诸大夫皆曰贤，未可也。”手下的官员都说这个人贤能，还不可以提拔他。“国人皆曰贤。”当时有国野之分，简单说，国人是城里的，野人是农村的，所以国人指的是首都里的人，不是全体公民。首都里的人都说他贤能。“然后察之”，然后你要考察他。“见贤焉”，发现他真的贤能，“然后用之”。

“左右皆曰不可，勿听；诸大夫皆曰不可，勿听；国人皆曰不可，然后察之；见不可焉，然后去之。”身边人都说这人不行，不要听；朝中大臣都说这人不行，你也不要听；首都里的人都说这人不行，之后你去考察，发现这人真不行，才将他罢免。“左右皆曰可杀，勿听；诸大夫皆曰可杀，勿听；国人皆曰可杀，然后察之，见可杀焉，然后杀之。故曰，国人杀之也。如此，然后可以为民父母。”左右的人都说这人可杀，不要听；朝中的人都说这人可杀，不要听；国都的人都说这人可杀，之后你去考察，发现这人真的该杀，才把他杀了，所以说是“国人杀之也”。谁把这人杀了，不是你杀了，是国人杀了他，因为国人都想让他死，之后你才杀他。“如此”是像这样。“然后可以为民父母”，做到这一步，然后才可以成为老百姓的父母官，才是一个合格的统治者。

孟子这一段是在讲用人，不论是提拔、罢免还是处死，都要极其慎重，广泛听取各个阶层的意见。

2·8　**齐宣王问曰：“汤放桀、武王伐纣，有诸?”**

孟子对曰：“于传有之。”

曰：“臣弑其君，可乎?”

曰：“贼仁者谓之‘贼’，贼义者谓之‘残’，残贼之人谓之‘一夫’。闻诛一夫纣矣，未闻弑君也。”

齐宣王问孟子：“汤放桀、武王伐纣，有诸?”“放”是流放。商汤把夏桀给流放了，周武王曾经讨伐商纣王，有没有这回事？孟子回答“于传有之”，在史书记载上是有的。齐宣王问：“臣弑其君，可乎？”臣子杀了他的君主，可以这么做吗？建立商朝的君主汤，最开始是夏桀的臣子，周武王也曾是商纣王的臣子，他们的上位相当于颠覆了原来的统治，所以齐宣王有这么一个疑问。他们本来都是臣下，但是他们都是把自己的君主推翻了，这可以吗？

孟子回答说“贼仁者谓之贼”，第一个“贼”字是妨害或者说破坏的意思，破坏了“仁”这个基本原则的人，我们称为“贼”；“贼义者谓之残”，破坏了“义”这个基本原则的人，我们称为“残”。“残贼之人谓之一夫”，具有残和贼这两个缺点的人，我们称他为“一夫”。“闻诛一夫纣矣，未闻弑君也。”我只听到杀了一个商纣王，我没听说是杀了国君。

在这里，仁义是统治者的道德标准，如果统治者不能实行仁义，他的统治就不具备合法性，他是“一夫”。是谁都可以颠覆，谁都可以诛杀的。孟子的王政思想、仁政思想，确立了道德标准仁和义，作为统治者必须遵循仁和义，统治才具备合法性。如果统治者体现不出仁义，甚至违背了仁义，那就违背了合法性，颠覆他才是正义的。

正是从这个意义上讲，儒家把夏桀被流放，周武王讨伐商纣王，称为“革命”。这个革命和我们今天说的“革命”内涵不一样。“命”指上天的命，君主都是上天立的，但是如果不尽职尽责，老天会把你拿下的。老天原来给你的命，原来给你的委任，就不作数了，把命革了，就是被免职了，下面的人会把你推翻。老天把这个命降到了别人身上，委任别人建立新的王朝，所以古代改朝换代一般叫“革命”。这是儒家的思想。

按照孟子的思想，统治者若想继续统治，就必须守着仁义，如果不能遵守仁义这个基本原则，那是“一夫”，颠覆你的革命是正当的。也正是从这个意义上讲，儒家对于汤和周武王是持歌颂态度的，而不是说他们杀了自己的国君。商汤、周武王和尧、舜、禹一样，都是古代圣王、贤王，而桀、纣则是古代著名的昏君。

这是儒家对统治者合法性的一种认识，也是儒家对君主，对改朝换代的一种评判。这段话里体现的是儒家的一种政治理念。

2·9 **孟子见齐宣王，曰："为巨室，则必使工师求大木。工师得大木，则王喜，以为能胜其任也。匠人斫而小之，则王怒，以为不胜其任矣。夫人幼而学之，壮而欲行之。王曰：'姑舍女所学而从我。'则何如？今有璞玉于此，虽万镒，必使玉人雕琢之。至于治国家，则曰：'姑舍女所学而从我。'则何以异于教玉人雕琢玉哉？"**

孟子见齐宣王说："为巨室，则必使工师求大木。""巨"是"大"，"巨室"是"大房子"。要想盖个大房子，就必然要派工匠去寻找大木料。古代的房子都是木结构的，盖大房子要有大的房梁。"工师得大木则王喜"，工匠找到了大木料，王就高兴了。"以为能胜其任也"，认为他能胜任。"匠人斫而小之则王怒"，工匠砍这个大木头，把它砍得越来越小，王就会生气。"以为不胜其任矣"，认为他不能胜任。

"夫人幼而学之，壮而欲行之。"人在幼年的时候就开始学习，等到他壮年的时候，想要把所学到的东西推行开去。这个时候王又说"姑舍女所学而从我"。"姑"是姑且，"舍"是放弃，"女"是通假字，通"汝"，是你。姑且舍弃你所学的东西而顺从我，言外之意，别管你以前学的是什么，现在你都放在一边，完全听我的。"则何如"，那又怎么样呢？您让他按照您的要求去做，而没有考虑到他以前学的是什么。本来经过小时候的学习，已经养成了很强的能力素质，就好比是一根大木料，结果现在让他把之前学的都抛在一边，按照您的要求去做，就等于把这个大木料砍小了。

“今有璞玉于此”，未经雕琢的玉叫“璞玉”，现在这里有一块未经雕琢的玉。“虽万镒，必使玉人雕琢之。”万镒是指它的价值，形容它价值之高。价值一万镒的一块未经雕琢的美玉，您也一定会让玉人来雕琢它。“玉人”是制玉的工匠。不管这块玉价值多么高，您不会自己去雕琢它，一定会把它交给专业人士去雕琢。“至于治国家”，至于治理国家，您却说姑且舍弃之前所学的而顺从我。“则何以异于教玉人雕琢玉哉”，这和你指导玉人去雕琢玉又有什么区别呢？这块玉不管多么值钱，你需要让专业的工匠去雕琢它，不能因为很值钱怕他弄坏了，你自己去指导玉人怎么雕，这是外行指导内行，你绝不会这样做的。但到治国的时候，为什么不让这些从小学习的人，这些会治理国家的人来治，反而要求他们顺着你呢？这是不是矛盾？这种做法和你去指导玉人雕琢美玉有什么区别呢？

这段话的中心思想是，治理国家要选贤才，选贤任能后要充分地授权给他，不要独断专行。不要让这些人才什么事都听你的，完全顺着你来，而应让他们把所学的专业知识充分发挥出来，这样才能把国家治理好。如果国君专断，什么事都按照自己的意思办，不听这些能人的，那国家是治理不好的。在这里，孟子已经有了一个治理国家需要专业人才的理念，这应该说是很先进的。

2·10　齐人伐燕，胜之。宣王问曰：“或谓寡人勿取，或谓寡人取之。以万乘之国伐万乘之国，五旬而举之，人力不至于此。不取，必有天殃，取之，何如？”

孟子对曰：“取之而燕民悦，则取之。古之人有行之者，

武王是也。取之而燕民不悦，则勿取。古之人有行之者，文王是也。以万乘之国伐万乘之国，箪食壶浆以迎王师，岂有他哉？避水火也。如水益深，如火益热，亦运而已矣。”

“齐人伐燕”，这是当时的一件大事。因为燕国的国君发现古人都歌颂尧舜禹的禅让制，他就想模仿尧舜禹禅让，把国家让给他的臣下，结果导致了燕国的内乱。齐国趁机攻打燕国，几乎把燕国灭了。下面这两段对话，都是在这样一个大的历史背景下进行的。

“齐人伐燕，胜之。”齐国进攻燕国，打了胜仗。齐宣王问孟子：“或谓寡人勿取，或谓寡人取之。”“勿取”是不要取，即不要占领燕国，不要吞并燕国。有的人对我说不要吞并燕国，有的人对我说应该吞并燕国，我拿不定主意。“以万乘之国伐万乘之国”，“万乘之国”指能出动一万乘兵车的国家，指大国，燕、齐都是当时的大国，两国的国力本来相当，可是齐国进攻燕国。“五旬而举之”，一旬是十天，五旬是五十天，齐国五十天就将燕国彻底击溃。“人力不至于此。不取，必有天殃”，这不是人力所能及的，应该是老天的安排。如果是老天的安排，不吞并燕国，必然将受到老天的降灾。“取之，何如?”吞并燕国会怎么样？从这句话里可以看出，齐宣王是想吞并燕国的，只是想找一个冠冕堂皇的借口。老天是这么安排的，要不然我不可能五十天就打败燕国，说明这是天意。齐宣王表面上是向孟子咨询这件事，实际上是希望得到孟子的支持。

“取之而燕民悦则取之”，如果吞并了燕国，燕国的老百姓都很高兴，那就应该吞并它。“古之人有行之者”，古代的人有这么做的。“武王是也”，周武王是这么做的。周武王灭了商纣王建立了周朝。“取之而燕民不悦则勿取”，如果吞并了燕国，燕国的老百姓不高兴，就不应该吞并。“古之人有行之者，文王是也”，古代的人也有这么做的，是周文王。史书记载，周文王已经占领了三分之二的天下，但他依然臣服于商纣王，没有灭掉商纣王，所以说周文王是“勿取”，没有这么做。

“以万乘之国伐万乘之国，箪食壶浆以迎王师”，齐国是一个万乘之国，是一个大国，去讨伐另一个万乘之国燕国。“箪”，用竹子编的一种像小筐箩的器皿，是装主食的；“箪食”，用这个小筐箩装着食物；“壶浆”是用壶装着水。燕国的老百姓主动地拿着吃的、拿着水来迎接齐国的部队。燕国的百姓这样做，“岂有他哉”，哪里有其他的原因呢？“避水火也”，老百姓是为了逃避水火。也就是说燕国的统治极其不好，燕国的老百姓生活在水深火热之中，这个时候有人攻打燕国，老百姓非常高兴，迎接别的国家的部队，目的不外是可以逃避这种水深火热的生活。这是孟子说的“避水火也”。

“如水益深，如火益热”，如果新的统治者统治了燕国之后，老百姓感觉水更加深了，火更加热了，新的统治者还不如原来的燕国。“亦运而已矣”，“运”是转，转变，那么老百姓也就会发生变化了。起初老百姓可能是带着吃的喝的来迎接齐国的部队，占领之后，却发现齐国的统治更差，那老百姓的态度就会变化，就会反抗了。

2·11　齐人伐燕，取之。诸侯将谋救燕。宣王曰：“诸侯多谋伐寡人者，何以待之？”

孟子对曰：“臣闻七十里为政于天下者，汤是也。未闻以千里畏人者也。《书》曰：‘汤一征，自葛始。’天下信之，东面而征，西夷怨；南面而征，北狄怨，曰：‘奚为后我？’民望

之，若大旱之望云霓也。归市者不止，耕者不变，诛其君而吊其民，若时雨降，民大悦。《书》曰：‘徯我后，后来其苏。’今燕虐其民，王往而征之，民以为将拯己于水火之中也，箪食壶浆以迎王师。若杀其父兄，系累其子弟，毁其宗庙，迁其重器，如之何其可也？天下固畏齐之强也，今又倍地而不行仁政，是动天下之兵也。王速出令，反其旄倪，止其重器，谋于燕众，置君而后去之，则犹可及止也。”

“齐人伐燕，取之。”齐国攻打燕国，并占领了燕国。显然齐宣王并没有听取孟子前面的意见，最终还是按照他自己的计划，占领了燕国。“诸侯将谋救燕”，各个诸侯国计划着要来救燕国。齐宣王得到消息之后问孟子：“诸侯多谋伐寡人者，何以待之？”现在诸侯谋划着要讨伐我，这事我怎么应对呢？

孟子说：“臣闻七十里为政于天下者，汤是也。”我听说靠着七十里的领土就能够统治天下的，这是汤，商朝的建立者。“未闻以千里畏人者也”，我从来没听说过有一千里的领土却害怕别人的。有一千里领土的国家是大国了，商汤靠七十里领土起家，现在齐国有千里领土，还怕别人讨伐，这不正常啊。

“《书》曰”，《尚书》上说。“汤一征，自葛始。”汤的第一次对外征伐，是从征伐葛国开始的。这时商朝的势力开始上升。为什么汤的征伐能够成功，最终取得了天下？是因为“天下信之”，天下的老百姓都信任他。“东面而征，西夷怨”，商汤向东面出征，西方的各民族就抱怨了。“南面而征，北狄怨”，他向南面出征，北方的各民族就抱怨了。他们都说“奚为后我”，为什么把我们放后面，不先讨伐我们这里？为什么呢？是老百姓信任商汤。商汤的到来，把原来这个国家的统治者推翻，老百姓就能过上好日子。老百姓盼望着，一听说去攻打别的国家，老百姓就抱怨说怎么把我们放在后面，不先讨伐我们的国家。“民望之，若大旱之望云霓也。”“霓”是彩虹。老百姓盼望商汤的到来就像大旱的季节盼望云彩、盼望彩虹、渴望下雨那样。

“归市者不止，耕者不变”，“归市”是指商人，做买卖的照旧做买卖不停下来，种地的照旧在种地也没什么变化。这里形容的是商汤进行的战争不会影响百姓的生活。“诛其君而吊其民”，商汤讨伐一个国家最主要的是把原来的君主除掉后安抚这里的百姓。商汤主要针对统治者，不针对老百姓。“吊其民”是慰问老百姓，安抚老百姓。老百姓该经商的经商，该种地的种地，日常生活没有受到任何影响，所以商汤才能得到人民的拥护，老百姓才盼望着他。“若时雨降”，商汤这种征伐就好比大旱的时节下雨了，老百姓非常高兴。《尚书》上讲“傒我后，后来其苏”，“傒”是等待，“后”是指君主。《尚书》表达的是老百姓对商汤的期待，他们早已经把商汤看成自己的君主，而没有把自己国家的君主看成自己的君主，因为现在的君主统治得不好。所以老百姓说，等待着我的那个君主来，他会来拯救我，等商汤来了我们就能过上好日子了。

孟子举商汤的例子来评价当下的事情：“今燕虐其民，王往而征之，民以为将拯己于水火之中也，箪食壶浆以迎王师。”现在燕国的国君虐待他的百姓，大王您前往征伐燕国，老百姓认为您是要拯救他们于水火之中，所以拿着吃的喝的来迎接您的部队。“若杀其父兄，系累其子弟，毁其宗庙，迁其重器。”“系累”是抓起来。如果杀了他的父兄，抓了他的子弟，摧毁了他的宗庙，搬走了他的重器，指国家一些重要的礼器，比如青铜器，大鼎之类，就是把这个国家的珍宝都给搬走了。“如之何其可也”，怎么可以这么做呢？这样做让老百姓觉得“如水益深，如火益热”，生活困苦胜于以前那就会反过来反对你了。

“天下固畏齐之强也”，天下本来就害怕齐国的强大，对齐国的强大充满了恐惧。“今又倍地而不行仁政”，现在您的土地又翻了一番，多了一倍，燕国的领土面积和齐国的大小差不多，若是齐国把燕国吞并了，相当于齐国的国土面积翻了一番，您不施行仁政，“是动天下之兵也”，结果是全天下各个国家就会联合起来对齐国发动战争。这是因为齐国让大家感到恐惧了。

“王速出令”，速是快速，尽快地发布命令。“反其旄倪”，“旄”指老人，“倪”指儿童，现在应该马上发布命令，把俘虏燕国的老人孩子送回去。“止其重器”，停止搬走燕国的重器；“谋于燕众”，和燕国的民众来商量，讨论立一个君主而后撤出部队。“置君而后去之”，立谁做国君听取燕国老百姓的意见。“则犹可及止也”，这样做的话还来得及制止，使大家不发兵来攻打你，使大家停止。

这是孟子劝齐宣王的一段话，怎么使大家不攻打齐国。现在大家攻打齐国的原因是齐国吞并了燕国，齐国变得更加强大，却又不施行仁政，所以大家都对齐国充满了恐惧，没有安全感，之后各国就要联合起来对付齐国了。

以上两章都反映了孟子的仁政精神、民本精神。讨伐其他国家，占领或不占领，关键看老百姓的态度，而百姓的态度取决于你是否施行仁政。老百姓感觉比原来国君统治下生活好了，自然就欢迎你、拥护你，这个时候才能吞并这个国家，政权才能稳固。反之是占领不了的，老百姓群起而攻之，你还是不得不撤出来。另外，如果不施行仁政的话，国家越大，国力越强，其他国家越会充满恐惧，就会联合起来对付你，那你的国家就危险了。

从这一点看，孟子的这种理念是有道理的，这都是孟子仁政学说的组成部分，都是他民本思想的具体体现。

2·12　邹与鲁哄。穆公问曰："吾有司死者三十三人，而民莫之死也。诛之，则不可胜诛；不诛，则疾视其长上之死而不救，如之何则可也？"

孟子对曰："凶年饥岁，君之民老弱转乎沟壑，壮者散而之四方者，几千人矣；而君之仓廪实，府库充，有司莫以告，是上慢而残下也。曾子曰：'戒之戒之！出乎尔者，反乎尔者也。'夫民今而后得反之也。君无尤焉。君行仁政，斯民亲其上，死其长矣。"

邹是山东的一个小国，在今山东邹城一带。鲁国从规模上看是中等国家，不是大国，比齐国小，但是邹国比鲁国还小。孟子就是邹国人。这里的穆公一般认为是邹穆公，当时邹国的国君。

邹穆公问孟子，在与鲁国的战斗中，"吾有司"，就是有关部门，这里指相关部门的领导，在这场战斗中死了 33 人。"民莫之死也"，老百姓却没一个死的，死的都是当官的。老百姓都跑了，谁都不去救这些官员。所以邹穆公非常生气，怎么会出现这种现象？"诛之"，我想要处理这件事，把这些抛弃官员的老百姓都杀了。"则不可胜诛"，人太多杀不过来。"不诛，则疾视其长上之死而不救"，如果不杀这批人，这些老百姓以后还是会对官员见死不救。"如之何则可也"，怎么处理才是合适的呢？

孟子说："凶年饥岁"，灾年的时候；"君之民"，您的老百姓；"老弱转乎沟壑"，年老的、年弱的死在沟里边的；"壮者散而之四方者”，年轻力壮的还能逃亡的，逃散到其他国家去谋生的；“几千人矣”，“几”是将近，几乎有上千人。一到灾年，邹国的老百姓连死带逃就达到上千人，对于邹这样一个小国来说，这规模已经相当大了。孟子的意思是，当官的不管老百姓，到灾年救灾措施不力，看着老弱的在这里饿死，年轻的逃亡其他国家，这显然是政府的相关官员没有尽职尽责。“君之仓廪实，府库充”，而国君的仓库充实，库房充实，怎么不开仓救济呢？“有司莫以告”，因为有关部门没报告受灾。

孟子先把国君的责任免除，救灾不力不是您最高领导的事，是因为有关部门没汇报，您不知道老百姓受灾。这是孟子的谈话艺术。如果直接把责任归到国君身上，谈话就进行不下去了，但实际上就是邹国国君的责任。

“是上慢而残下也”，有关部门没有汇报灾情，这是当上级的傲慢而且残忍地对待下民。然后孟子引了曾子的一句话，“戒之戒之”，要警惕啊要警惕。“出乎尔者，反乎尔者”，今天有句成语叫“出尔反尔”是从这里来的。从你这里出去的是会返回到你这里的，言外之意，如果从你这里发出的是爱，那么其他人也就会爱你；如果从你这里发出的是阴谋，其他人也会算计你。实际这也是老子说的“天道好还”。

然后孟子说：“夫民今而后得反之也。”你的老百姓从今天开始，才找到了把这东西还过来的机会。什么原因？你的官员死了 33 个，老百姓没去救，老百姓当年受灾的时候，有关官员也没救老百姓，所以这回老百姓终于找到机会报复了。灾年不想着救老百姓，到战场上却还想着让老百姓救他？那不可能！“君无尤焉”，您不要批判老百姓了，这是必然的，这是因果报应。“君行仁政，斯民亲其上，死其长矣。”如果施行仁政，那么老百姓就会亲近他的上司，会为他的长官而死。

这是社会学上的一个道理，但这也是人生的一个定律。统治者怎么对民众，民众就会怎么对统治者，人与人之间也是这样。我们要把这个观念放到宏观的政治学理念上去思考，想让民众爱国，国家首先得爱自己的人民，这是双向的。如果这个国家做不到爱人民，那么人民也不会爱这个国家，到国家有危难的时候，还想让老百姓站出来，发扬爱国精神，那是做不到的。平常日子虐待老百姓，等到战争期间老百姓也不会保家卫国，肯定会“箪食壶浆”迎接敌人去了。

2·13　**滕文公问曰：“滕，小国也，间于齐、楚。事齐乎？事楚乎？”**

孟子对曰：“是谋非吾所能及也。无已，则有一焉：凿斯池也，筑斯城也，与民守之，效死而民弗去，则是可为也。”

滕文公，滕国的君主。滕国也是一个小国，在今山东滕州一带。滕文公问孟子：“滕，小国也，间于齐、楚。”滕国是一个小国，在齐楚两大国之间，是侍奉齐国还是侍奉楚国？投靠谁？

“是谋非吾所能及也”，孟子拒绝回答，这个谋划不是我力所能及的。说得再直白点，是投靠齐国还是投靠楚国，这事我也想不明白，我智力达不到这一点，不能给你拿这个主意。“无已，则有一焉”，实在迫不得已的话，我有一个办法。“凿斯池也，筑斯城也”，开凿你的护城河，修筑你的城墙，和老百姓一起来镇守你的国家。一直干到死，老百姓不抛弃你，不离你而去，那么你的事情是可为的，这个国家就能立得住。

这句话的深刻含意是，作为小国在大国之间，如果不投靠大国，就担心大国攻打自己，想给自己找个靠山，与其这样莫不如行仁政。只要行仁政，老百姓就愿意为你而死，等到敌人来进攻的时候，老百姓和你一起坚守国家，老百姓一直到战死都不离去，就说明仁政深得民心。得民心者得天下，能做到这一点，至死老百姓都不会抛弃你，那你这个国家谁能消灭得了呢？

2·14　**滕文公问曰："齐人将筑薛，吾甚恐，如之何则可？"**

孟子对曰："昔者大王居邠，狄人侵之，去之岐山之下居焉。非择而取之，不得已也。苟为善，后世子孙必有王者矣。君子创业垂统，为可继也。若夫成功，则天也。君如彼何哉？强为善而已矣。"

滕文公提问，"齐人将筑薛"。薛是一个城名，离滕国比较近。齐国人将要在薛地筑城，在离滕国比较近的齐国开始修筑防御工事，所以滕国感觉恐惧了。"吾甚恐"，我很担心。"如之何则可"，我应该怎么办才可以？

孟子说"昔者太王居邠"，周人的先王太王，就是我们前面提到的古公亶父，当年他居住在邠这个地方的时候；"狄人侵之"，狄人侵略他；"去之岐山之下居焉"，太王离开原来生活的地方，迁到岐山之下。"非择而取之，不得已也"，不是选择了岐山之下，到这个地方来居住，是不得已。

"苟为善，后世子孙必有王者矣。"因为这段历史大家都熟知，孟子认为没有必要叙述完整，古公亶父住在邠地的时候，受到敌人的侵略后他主动迁走，因为他行仁政，老百姓都跟着他迁走，之后到岐山之下重新兴盛，一步步发展起来，最后发展到周文王、周武王的时候，灭了商朝占有了天下，这是"称王于天下"。所以，只要为善、行善，后世的子孙一定会称王于天下的。

“君子创业垂统，为可继也。”“垂”是留下。君子开创一番事业，留下一个体系，为什么这样做？因为这才是可以被继承的，可以被发扬光大的。“若夫成功，则天也。”至于这事能不能成功，要看天意。“君如彼何哉？强为善而已矣。”对齐国筑薛城这事又能怎么样呢？作为一个小国是没有办法可想的，你能够做的只是努力为善罢了。这样将来你的子孙后代就能发扬光大。

2·15　**滕文公问曰：“滕，小国也；竭力以事大国，则不得免焉，如之何则可？”**

孟子对曰：“昔者大王居邠，狄人侵之。事之以皮币，不得免焉；事之以犬马，不得免焉；事之以珠玉，不得免焉。乃属其耆老而告之曰：‘狄人之所欲者，吾土地也。吾闻之也，君子不以其所以养人者害人。二三子何患乎无君？我将去之。’去邠，逾梁山，邑于岐山之下居焉。邠人曰：‘仁人也，不可失也。’从之者如归市。

“或曰：‘世守也，非身之所能为也，效死勿去。’

君请择于斯二者。”

滕文公问孟子，滕国是小国，我竭尽全力去侍奉这些大国，还不能幸免于难。言外之意，我努力地讨好这些大国，可是这些国家还是要把我灭了，我怎么办才行？

孟子详细地讲述了古公亶父的往事。“昔者大王居邠，狄人侵之。”太王居住在邠地的时候，狄人来侵略他。“事之以皮币”，皮是动物的皮毛，“币”是丝织品，太王用“皮”和“币”来侍奉狄人，献给他皮革、丝绸等。“不得免焉”，也不能够避免狄人的侵略。“事之以犬马”，献狗、献马。“事之以珠玉”，献珍珠美玉，也“不得免焉”。用各种方法讨好狄人，结果狄人还是侵略他。

“乃属其耆老而告之曰。”“耆老”是老人。老人在当时是有社会地位的，有影响力，在今天则指头面人物。于是把手下的这些长老们召集起来，告诉他们说：“狄人之所欲者，吾土地也。”我给狄人任何东西他都侵略我，说明不是贪图我们的东西，他贪图的是我们的土地，是要占有我们的土地。“吾闻之也”，我听说过这样的话。“君子不以其所以养人者害人”，君子不会为了他用来养人的那个东西把人害了。这是太王听说的一句俗话。土地是用来养人民的，如果我为了保有这块土地和人发生战争，老百姓死伤惨重，这不就是把老百姓害了吗？土地是用来养人民的，太王表示，不能因为土地而把人民害了，这是“君子不以其所以养人者害人”。“二三子何患乎无君”，“二三子”是一种对大家的尊称，“何患乎无君”，你们不必担心没有君主。“我将去之”，太王表示不跟狄人作战，放弃抵抗。如果太王坚持要土地，要抵抗，那么老百姓会受到伤害，所以放弃抵抗。狄人要我的土地，我都给他，百姓们还用担心没有君主吗？谁给你们这些百姓做君主都行，不一定非得我来做，太王主动退位，战争就打不起来了。这是古公亶父的做法。

“去邠”，离开了邠地。“逾梁山”，翻越梁山。“邑”是定居。“邑于岐山之下居焉”，迁到岐山之下，定居在那里。古公亶父主动放弃了原有的土地和人民，自己迁走了。邠地的这些老百姓呢？大家都说“仁人也，不可失也”。好人啊，我们不能失掉这个好的君主。结果是“从之者如归市”，老百姓纷纷跟着迁徙，追随他，就好比赶集一样，扶老携幼跟着古公亶父迁走了，说明他的政治是深得人心的。

滕文公现在也是受到大国侵略，问孟子应该怎么办，孟子先讲了古公亶父的往事，给滕文公提供一种选择。“或曰”，有人说。但是孟子也提到，古人对古公亶父这种做法也有不同的评价，有人认为古公亶父这种做法是不对的。为什么？“世守也”，这块土地是家族世世代代所拥有的。“非身之所能为也”，这件事不是你自己能做出决定的，因为这块地是祖先一辈辈传到你手里的。为什么不守了？说走就走，这是不对的。正确的做法应该是“效死勿去”，应该至死也不离开，应该率领老百姓坚持抗战，一直打到死，不应该走，这是另一种评价。然后孟子对滕文公说“君请择于斯二者”，请您在这两个方案里选一个吧。

滕文公问，滕国不能避免大国的侵略，应该怎么办？孟子给出两个办法：第一，惹不起躲得起；第二，率领老百姓“效死勿去”，坚决抵抗。但是这两个方案的前提条件是同一个，要行仁政，不然这两个方案都不会见效。若是不行仁政，老百姓盼着你走，也不会跟你死守这片国土。所以这两个方案，孟子让滕文公选一个。其实根本没得选，孟子的观点是必须行仁政，得到老百姓的拥护，那才有选择的可能，才有出路、有前途。

2·16　鲁平公将出，嬖人臧仓者请曰：“他日君出，则必命有司所之。今乘舆已驾矣，有司未知所之，敢请。”

公曰：“将见孟子。”

曰：“何哉，君所为轻身以先于匹夫者？以为贤乎？礼义由贤者出；而孟子之后丧逾前丧。君无见焉！”

公曰：“诺。”

乐正子入见，曰：“君奚为不见孟轲也？”

曰：“或告寡人曰：‘孟子之后丧逾前丧。’是以不往见也。”

曰：“何哉，君所谓逾者？前以士，后以大夫；前以三鼎，而后以五鼎与？”

曰：“否；谓棺椁衣衾之美也。”

曰：“非所谓逾也，贫富不同也。”

乐正子见孟子，曰：“克告于君，君为来见也，嬖人有臧仓者沮君，君是以不果来也。”

曰：“行，或使之；止，或尼之。行止，非人所能也。吾之不遇鲁侯，天也。臧氏之子焉能使予不遇哉？”

“鲁平公将出”，鲁平公将要会见孟子。“嬖人”是宠信的人，臧仓是人名。“嬖人臧仓者请曰”，鲁平公宠信的臧仓提出申请。“他日君出”，假如某一天您要出去。“则必命有司所之”，请您一定指示有关部门要去哪里。“今乘舆已驾矣”，现在您的车马都已经准备好了。“有司未知所之”，而有关部门却不知道您要去哪儿。“敢请”，敢是一种谦辞，我斗胆向您请示一下，您要去哪儿？

鲁平公说：“将见孟子。”我将要去见孟子。“何哉”，为什么？“君所为轻身以先于匹夫者？”您为什么把自己看得很轻，要先去拜访一下普通老百姓？“匹夫”指的是普通老百姓，没有任何官职，没有任何爵位的普通人。“以为贤乎？”这是因为您认为孟子是贤人吗？“礼义由贤者出”，臧仓不认为孟子贤，之后举理由证明，如果孟子是贤者的话，那么在贤者的身上要表现出礼和义来，贤者的所作所为必须合理合义。臧仓接着说，孟子的做法不合理、不合义，所以他不是贤者。“孟子之后丧逾前丧”，孟子父亲先去世的，即“前丧”，母亲是后去世的，叫“后丧”。孟子操办父亲的葬礼比较简单，操办母亲的葬礼比较隆重，所以说孟子“后丧逾前丧”。而按照礼仪，应该更重视父亲的丧礼，或者至少母亲和父亲应该是对等的，一个厚一个薄，这不符合当时的礼仪。臧仓认为孟子对待父母的丧葬事宜不符合理，不符合义。“君无见焉”，因此孟子不是贤人，您不应该降低身份去见他。“诺”，好吧。鲁平公就没有去。

乐正子是孟子的弟子，拜见鲁平公时说：“君奚为不见孟轲也?”您为什么不去见孟子了？孟轲是孟子的名字。“或告寡人曰：‘孟子之后丧逾前丧’。”有人告诉我，孟子母亲的丧事超过了父亲的丧事，因此我不去见他。“何哉”，这是为什么呢？“君所谓逾者?”您所说的超越指什么呢？作为孟子的弟子，他对孟子的做法进行解释。“前以士，后以大夫”，前丧，在孟子的父亲去世的时候，孟子的身份是士，后来孟子当官了，母亲去世的时候，他的身份是大夫。按照当时的礼仪规定，不同的级别享受的规格是不一样的，士的父母去世是一种规格，大夫的父母去世是另一种规格。孟子父亲去世的时候，是按照士的规格举办的葬礼，而他的母亲去世的时候，是按照大夫的规格举行的葬礼。因此，后面的规格比前面的高，这恰恰是符合礼的规定。

乐正子说，您说孟子“后丧逾前丧”，“前以三鼎，而后以五鼎与”，是不是因为前面送他父亲用了三个鼎，而后来送他母亲用了五个鼎？是不是因为这个原因呢？葬礼使用几个鼎也是当时的礼制规定。士人三鼎，大夫五鼎，诸侯七鼎，天子九鼎，规格是不一样的。

鲁平公说不是。“谓棺椁衣衾之美也”，我指的是棺椁衣服美好的程度。孟子给父亲用的棺材和寿衣不如给母亲用的棺材和寿衣好，鲁平公指的是这个。乐正子说：“非所谓逾也，贫富不同也。”这不能说他是后丧超过前丧，因为孟子前后贫富不同。父亲去世的时候没钱，母亲去世的时候有钱了，所以当然就用好的。

乐正子来见孟子。克是乐正子的名字。“克告于君”，我对国君讲，鲁平公为什么要来见孟子，是因为乐正子在鲁平公面前推荐了他的老师孟子，鲁平公才想来见孟子。“嬖人有臧仓者沮君”，却被嬖人臧仓劝阻了。“君是以不果来也”，因此国君最终还是没有来。

孟子说：“行，或使之；止，或尼之。”人的行止不是人定的，是天定的。人要做一件事，必然有一个力量使他做了这件事。“止”是人停止做这件事，也一定有一种力量使他停止。“尼”是阻止。“行止，非人所能也”，是行是止，不是人所能说了算的。“吾之不遇鲁侯，天也”，我没有遇见鲁侯这是天意。“臧氏之子焉能使予不遇哉?”姓臧的小子怎么能使我遇不到鲁国的国君呢？这里体现了孟子的一种人生观、天道观。

卷三　公孙丑上

3·1　公孙丑问曰："夫子当路于齐，管仲、晏子之功，可复许乎？"

孟子曰："子诚齐人也，知管仲、晏子而已矣。或问乎曾西曰：'吾子与子路孰贤？'曾西蹵然曰：'吾先子之所畏也。'曰：'然则吾子与管仲孰贤？'曾西艴然不悦，曰：'尔何曾比予于管仲？管仲得君如彼其专也，行乎国政如彼其久也，功烈如彼其卑也；尔何曾比予于是？'"曰："管仲，曾西之所不为也，而子为我愿之乎？"

曰："管仲以其君霸，晏子以其君显。管仲、晏子犹不足为与？"

曰："以齐王，由反手也。"

曰："若是，则弟子之惑滋甚。且以文王之德，百年而后崩，犹未洽于天下；武王、周公继之，然后大行。今言王若易然，则文王不足法与？"

曰："文王何可当也？由汤至于武丁，贤圣之君六七作，天下归殷久矣，久则难变也。武丁朝诸侯，有天下，犹运之掌也。纣之去武丁未久也，其故家遗俗，流风善政，犹有存者，又有微子、微仲、王子比干、箕子、胶鬲——皆贤人也——相与辅相之，故久而后失之也。尺地，莫非其有也；一民，莫非其臣也；然而文王犹方百里起，是以难也。齐人有言曰：‘虽有智慧，不如乘势；虽有镃基，不如待时。’今时则易然也；夏后、殷、周之盛，地未有过千里者也，而齐有其地矣；鸡鸣狗吠相闻，而达乎四境，而齐有其民矣。地不改辟矣，民不改聚矣，行仁政而王，莫之能御也。且王者之不作，未有疏于此时者也；民之憔悴于虐政，未有甚于此时者也。饥者易为食，渴者易为饮。孔子曰：‘德之流行，速于置邮而传命。’当今之时，万乘之国行仁政，民之悦之，犹解倒悬也。故事半古之人，功必倍之，惟此时为然。”

公孙丑是孟子的弟子。夫子是指孟子。“当路”是指掌权。公孙丑问孟子，假如您在齐国掌了权，您能不能让齐国重现管仲和晏子那时候的辉煌？

孟子说“子诚齐人也”，你真是齐国人。“知管仲、晏子而已矣”，就知道管仲、晏子，言外之意是公孙丑视野极小。“或问乎曾西曰”，曾西是曾参的儿子，有人问曾西。“吾子与于路孰贤”，您和子路比哪一个更贤能？“曾西蹵然曰”，曾西很忧愁的样子说。“吾先子之所畏也”，我父亲很敬畏子路，觉得自己比不上子路，我哪敢跟子路比。接着又问，“然则吾子与管仲孰贤”？您和管仲谁更优秀呢？“曾西艴然不悦”，不高兴的样子。“尔何曾比予于管仲”，怎么竟拿我跟管仲相比？言外之意是曾西瞧不起管仲。“管仲得君如彼其专也”，管仲得到君主的信任是那样地专一，齐桓公是如此专一地信任管仲。“行乎国政如彼其久也”，管仲掌握国家的政治是那样地长久，据说管仲在齐国担任相四十多年。“功烈如彼其卑也”，结果他取得的功绩却是那么小。可见曾西瞧不起管仲。“尔何曾比予于是”，怎么竟拿我跟他相比？孟子接着说：“管仲，曾西之所不为也，而子为我愿之乎？”曾西都不屑于成为管仲那样的人，你竟然认为我愿意成为管仲那样的人吗？

接着公孙丑说：“管仲以其君霸，晏子以其君显，管仲、晏子犹不足为与？”管仲让他的国君称霸于天下，晏子让他的国君扬名于天下，管仲和晏子还不值得效仿吗？孟子说：“以齐王，由反手也。”孟子还是很自信的，让国君称霸，让国君扬名于天下，或者让齐国称王于天下，就像翻一下手那么容易，易如反掌。

公孙丑说：“若是，则弟子之惑滋甚。”假如真是这样，那作为弟子的我就更加困惑了。“且以文王之德，百年而后崩”，传说周文王统治天下 97 年，将近百年了，凭着周文王的美德，他做了一百年的国君而后才驾崩。“犹未洽于天下”，周文王也没能统一天下。“武王、周公继之”，周武王、周公接着做。“然后大行”，然后才真正地统一了天下。这是公孙丑对孟子的质疑。从周文王，到周武王、周公，经历了两代人的努力，经过了一百多年，最后才称王于天下。“今言王若易然”，您说称王于天下是如此容易，那么难道“文王不足法与”？周文王不值得效仿吗？

孟子说：“文王何可当也？”文王怎么能比得上？“由汤至于武丁”，周文王、周武王他们灭的是商朝，所以孟子从商朝的历史说起。商王朝从开国的君主商汤一直到武丁。“贤圣之君六七作”，“作”是兴起，这中间商朝出现过六七个贤圣之君。“天下归殷久矣”，天下归属商朝已经很久了。“久则难变也”，因为时间长久了，所以难于改变。“武丁朝诸侯，有天下，犹运之掌也。”武丁是商纣王之前的君主，商朝在武丁的时候，各国诸侯都来朝贡，武丁统治天下，就像在手掌上运行那样，非常容易。“纣之去武丁未久也”，商纣王的时代离武丁的时代还不久。“其故家遗俗，流风善政，犹有存者”，“故家”是世臣，那些世代的臣下还在，世世代代扶保商朝的这些大家族还在。“遗俗”，好的风俗还在。“流风善政”，好的风俗、美好的政治。“犹有存者”，都有留存下来。“又有微子、微仲、王子比干、箕子、胶鬲——皆贤人也——相与辅相之”，这些贤人相互来辅佐商纣王。“故久而后失之也”，所以过了很长时间之后，商朝才失去了天下。

周文王、周武王灭商为什么经历了一百多年？因为商朝存在时间太久了，又经历过若干个贤圣的王，而且到武丁的时候商朝的势力还很强大，美好的政治、美好的风俗以及一些世家大臣还都在，还有微子等等一系列贤人辅佐商纣王，因此周文王要颠覆商朝难度非常大。

接下来孟子讲周文王的起家。“尺地，莫非其有也；一民，莫非其臣也。”一尺的土地没有不是商朝的，任何一个平民百姓没有不是商朝臣子的。在这种情况下，周文王从方圆百里的疆域开始兴起，因此说他太难了。孟子这是解释为什么周取代商经历了那么长的时间，因为难度大。

“齐人有言曰”，齐国人有句俗话。“虽有智慧，不如乘势”，即使你有智慧，也不如乘势而起。“虽有镃基，不如待时”，镃基是一种农具，即使农具都齐全，也不如等待时机再种地。这两句话，前一句讲的是势，后一句讲的是时。

“今时则易然也”，为什么说今天称王很容易？现在的时势与周文王那时不一样了，那时候难，此时候容易。为什么这样说？“夏后、殷、周之盛”，夏朝、商朝、周朝最强盛的时候。“地未有过千里者也”，这些国家的领土面积没有超过一千里的。“而齐有其地矣”，而齐国现在已经有这么大的土地了。“鸡鸣狗吠相闻，而达乎四境”，是形容人口密度高，村子与村子之间距离近，村子密集，从统治中心地区一直到边境，村子挨着村子，鸡鸣狗吠邻村都能听到。“齐国有其民矣”，齐国有如此之多的民众。“地不改辟矣，民不改聚矣，行仁政而王，莫之能御也。”土地也不用再开辟了，老百姓也不用再聚集了，齐国土地够大了，民众也够多了，只要行仁政，称王于天下，没有人能抵抗。

“且王者之不作，未有疏于此时者也。”没有王者兴起，没有比当下间隔时间更长的，言外之意是隔了很久没有出现一位施行仁政的君主了。“民之憔悴于虐政，未有甚于此时者也。”老百姓被虐政、暴政搞得很憔悴，也没有比当下更严重的了。“饥者易为食，渴者易为饮。”人饿着的时候，给他准备吃的容易，渴着的时候，给他准备喝的容易，为什么？因为饿到极致，渴到极致，就不挑了。

接下来孟子引孔子的话：“德之流行，速于置邮而传命。”美德的流行，比设立驿站去传布命令还要快。孔子的意思是，人一旦具有美德，传播的是非常快的，大家很快就都知道他具有这个美德。

“当今之时，万乘之国行仁政，民之悦之，犹解倒悬也。”当今这个时代，万乘之国这样的大国，如果能推行仁政，那么老百姓就非常高兴。就好比“倒悬”，倒着被吊起来的人，你把他解救下来那样，这称为“犹解倒悬”。老百姓那种喜悦，那种高兴程度、拥护程度，就好比老百姓本来被倒着吊起来，现在你把他解救下来了，老百姓将会以一种感恩之心喜欢你、拥护你。“故事半古之人，功必倍之。”事半功倍的成语是从这来的。当下施行仁政，称王于天下，做出的努力只是古人的一半，而取得的功绩却是古人的一倍。

也就是说，周文王那个时代，想称王于天下，因为时机不好，所以他们得付出更多的努力，而现在时机好，所以稍微努努力，就能称王于天下。“惟此时为然”，因为这个时代是这样的。各国统治者都在虐待老百姓，老百姓已经忍无可忍了，一旦有一个对老百姓好的君主，马上就会得到百姓的拥护，称王于天下。

3·2　公孙丑问曰：“夫子加齐之卿相，得行道焉，虽由此霸王，不异矣。如此，则动心否乎?”

孟子曰：“否，我四十不动心。”

曰：“若是，则夫子过孟贲远矣。”

曰：“是不难，告子先我不动心。”

曰：“不动心有道乎?”

曰：“有。北宫黝之养勇也：不肤桡，不目逃，思以一毫挫于人，若挞之于市朝；不受于褐宽博，亦不受于万乘之君；视刺万乘之君，若刺褐夫；无严诸侯，恶声至，必反之。孟施舍之所养勇也，曰：‘视不胜犹胜也；量敌而后进，虑胜而后会，是畏三军者也。舍岂能为必胜哉? 能无惧而已矣。’孟施舍似曾子，北宫黝似子夏。夫二子之勇，未知其孰贤，然而孟施舍守约也。昔者曾子谓子襄曰：‘子好勇乎? 吾尝闻大勇于夫子矣：自反而不缩，虽褐宽博，吾不惴焉；自反而缩，虽千万人，吾往矣。’孟施舍之守气，又不如曾子之守约也。”

曰：“敢问夫子之不动心与告子之不动心，可得闻与?”

“告子曰：‘不得于言，勿求于心；不得于心，勿求于气。’不得于心，勿求于气，可；不得于言，勿求于心，不可。夫志，气之帅也；气，体之充也。夫志至焉，气次焉；故曰：‘持其志，无暴其气。’”

“既曰‘志至焉，气次焉。’又曰，‘持其志，无暴其气’

者，何也？”

曰：“志壹则动气，气壹则动志也，今夫蹶者趋者，是气也，而反动其心。”

“敢问夫子恶乎长？”

曰：“我知言，我善养吾浩然之气。”

“敢问何谓浩然之气？”

曰：“难言也。其为气也，至大至刚，以直养而无害，则塞于天地之间。其为气也，配义与道；无是，馁也。是集义所生者，非义袭而取之也。行有不慊于心，则馁矣。我故曰，告子未尝知义，以其外之也。必有事焉，而勿正，心勿忘，勿助长也。无若宋人然：宋人有闵其苗之不长而揠之者，芒芒然归，谓其人曰：‘今日病矣！予助苗长矣！’其子趋而往视之，苗则槁矣。天下之不助苗长者寡矣。以为无益而舍之者，不耘苗者也；助之长者，揠苗者也——非徒无益，而又害之。”

“何谓知言？”

曰：“诐辞知其所蔽，淫辞知其所陷，邪辞知其所离，遁辞知其所穷。——生于其心，害于其政；发于其政，害于其事。圣人复起，必从吾言矣。”

“宰我、子贡善为说辞，冉牛、闵子、颜渊善言德行。孔子兼之，曰：‘我于辞命，则不能也。’然则夫子既圣矣乎？”

曰：“恶！是何言也？昔者子贡问于孔子曰：‘夫子圣矣乎？’孔子曰：‘圣则吾不能，我学不厌而教不倦也。’子贡曰：‘学不厌，智也；教不倦，仁也。仁且智，夫子既圣矣。’夫圣，孔子不居——是何言也？”

“昔者窃闻之：子夏、子游、子张皆有圣人之一体，冉牛、闵子、颜渊则具体而微，敢问所安。”

曰：“姑舍是。”

曰："伯夷、伊尹何如？"

曰："不同道。非其君不事，非其民不使；治则进，乱则退，伯夷也。何事非君，何使非民；治亦进，乱亦进，伊尹也。可以仕则仕，可以止则止，可以久则久，可以速则速，孔子也。皆古圣人也，吾未能有行焉；乃所愿，则学孔子也。"

"伯夷、伊尹于孔子，若是班乎？"

曰："否；自有生民以来，未有孔子也。"

曰："然则有同与？"

曰："有。得百里之地而君之，皆能以朝诸侯，有天下；行一不义，杀一不辜，而得天下，皆不为也。是则同。"

曰："敢问其所以异。"

曰："宰我、子贡、有若，智足以知圣人，污不至阿其所好。宰我曰：'以予观于夫子，贤于尧、舜远矣。'子贡曰：'见其礼而知其政，闻其乐而知其德，由百世之后，等百世之王，莫之能违也。自生民以来，未有夫子也。'有若曰：'岂惟民哉？麒麟之于走兽，凤凰之于飞鸟，太山之于丘垤，河海之于行潦，类也。圣人之于民，亦类也。出于其类，拔乎其萃，自生民以来，未有盛于孔子也。'"

公孙丑问："夫子加齐之卿相，得行道焉，虽由此霸王，不异矣。如此，则动心否乎？"公孙丑是孟子的弟子；"夫子"是对老师的尊称；"加"是居，引申为担任；"道"是思想、方法；"由"是通过。"此"是这个；"霸王"是称霸、称王；"如此"是像这样。公孙丑问，如果您担任了齐国的卿相，推行您的政治主张，使齐国称王、称霸于天下，在我看来也没什么奇怪的。假如是这样的话，您是不是会动心呢？

"否。我四十不动心。"孟子说不会，他 40 岁以后就不动心了。公孙丑说："若是，则夫子过孟贲远矣。""若是"是像这样，"则"是那么，像这样那您超过孟贲就很远了。孟贲是古代一个著名的勇士。

"是不难，告子先我不动心。""告子"是与孟子同时代的一位思想家。孟子说做到不动心并不难，告子修到不动心这个境界比我还要早。

公孙丑说："不动心有道乎？"修到不动心这种境界有一定的方法吗？孟子说有，然后举例子，讲不动心的修炼。

第一个例子，"北宫黝之养勇也"。"北宫黝"也是著名的勇士，他是如何培养他的勇敢精神的呢？"不肤桡，不目逃"，"肤"是指他的皮肤受到外来的刺激，"桡"是躲避。身体的本能会躲避伤害，当遇到外来刺激的时候，保持身体不动、眼睛不逃避是非常难的。北宫黝培养自己勇敢精神的时候，他先从这两项做起。第一，保证身体不躲闪；第二，保证眼睛不逃避，不管什么东西迎面飞来，他眼睛都不眨，用这种方法来培养他的勇敢精神。"思以一毫挫于人，若挞之于市朝。""思"是想着，是给自己提醒；"一毫"是很细微的东西；"挞"是鞭挞；"市朝"，古代市和朝是不同的概念，市是市场，朝是朝廷，总之是指大庭广众之下。如果有一个小刺儿来扎你，如果被它打败了，为之逃避了，那么就好比是在大庭广众之下受到鞭挞那样，是一种公开的耻辱。北宫黝保持这样一种意念，去练"不肤桡，不目逃"。

"不受于褐宽博，亦不受于万乘之君。""不受于"是指不接受；"褐宽博"是一个形容词，指普通老百姓穿的一种麻布做的衣服，代指普通人。如果普通人给他屈辱他不能忍受的话，即使是大国的君主给他这种屈辱他也不能忍受。如果是普通人这样对我，我不能忍受的话，那么再大的领导，这样对我同样不能忍受，必须进行同样的反击。“视刺万乘之君，若刺褐夫。”“视”是看，看待。看待刺杀大国的君主跟刺杀一个普通人一样。“无严诸侯”，不把他的地位放在眼里，也不存在胆怯。“恶声至，必反之”，这些诸侯国君要是用不好的语言来说他，也一定会反击。这是讲北宫黝是怎样培养他的勇敢精神的。

第二个例子，“孟施舍之所养勇也”。孟施舍培养他的勇敢精神是另一个类型了。孟施舍说“视不胜犹胜也”，把打了胜仗看成跟没有打胜仗是一样的，关键在于“量敌而后进，虑胜而后会”。“量”是考虑、掂量；“会”是指两军相合。考虑一下敌人的情况然后再前进，再进攻，考虑一下能不能打胜而后才跟敌人会战。“是畏三军者也”，这是对部队的一种敬畏精神。“舍岂能为必胜哉?”“舍”是孟施舍的自称，“岂能”是哪里能，“为必胜”是保证打胜仗。我哪里能够保证每回都能打胜啊?“能无惧而已矣”，能不恐惧罢了。

这两个例子的区别在哪里？第一个例子是典型的匹夫之勇。谁要敢攻击我，一定反击，不考虑后果，反正不能忍。第二个例子是得考虑敌人的情况，然后再决定进不进攻。我没把握打胜仗，但是我不惧怕，心里没有对敌人的恐惧。第一个是感性的，第二个是理性的，都是培养勇敢精神，但是两个人的思路是不一样的。

孟子评价：“孟施舍似曾子，北宫黝似子夏。”用两个孔门弟子来打比喻，孟施舍有点像曾子，北宫黝有点像子夏。“夫二子之勇，未知其孰贤”，“孰”是哪一个，“贤”是更好，这两个人的勇敢精神，我不知道哪一个更好。“然而孟施舍守约也”，但是孟施舍坚守的这种方法更简约，或者说简单易行。

“昔者曾子谓子襄曰”，曾经曾子对子襄说。“子好勇乎?”你喜欢勇敢吗?“吾尝闻大勇于夫子矣。”“夫子”，是指孔子，

“闻”是听说，“大勇”是最大的勇敢。曾子说，我曾经在我的老师那里听说过什么是最大的勇敢。曾子这段话，可以视为孟子举出的第三个例子。

“自反而不缩”，“缩”是直，正直；“不缩”是不直；“自反”是自我反省。对这个事情我自己反思一下，我觉得不占理，这叫“不缩”。“虽褐宽博，吾不惴焉”，那么即使是一个普通人我也不会恐吓他。“自反而缩”，自我反省认为自己是对的，我是站在正义的一方的。“虽千万人吾往矣”，哪怕对手有一千人、一万人，那也直往无前，这才是真正的勇。

以上孟子举的三个例子，第一个是匹夫之勇，不计后果、不计是非；第二个是相对理性的，要量力而行，考虑后果，但也没有涉及是非；第三个曾子的话，重点不是后果，而是是非。所以，站在正义的基础上，为正义所鼓舞的勇，才是真正的勇。孟子举的三个例子是三个层面的事情。

然后孟子总结道：“孟施舍之守气，又不如曾子之守约也。”孟施舍坚守的这种勇气，又不如曾子坚守的简单易行。

我们把这段话读完，怎么觉得有点所答非所问呢？公孙丑的问题是“不动心有道乎”？修不动心有没有方法？而孟子说了一大段，论述的是勇，是不是跑题了？实际上要想修到不动心，首先要知道，不动心有不同的层面，有不同的种类。孟子和告子都修到不动心了，但他们俩的不动心是不一样的，这是第一个层面的内涵。以培养勇气为例，真正的不动心是建立在勇的基础上的，如果没有勇就会动心，要想真正修到不动心得先做到勇。修不动心的勇有三种方法，通过这三种修法修出来都能达到不动心，但这三种不动心的效果、结果是截然不同的。儒家追求的不动心应该是第三种，不动心是建立在正义的基础上。孟子回答这个问题，表面上看好像说跑题了，但是在暗示他的弟子修不动心的正确方法。只有像曾子那样，建立在自我反省的基础上，建立在坚守正道的基础上，才是最应该追求的，即“虽千万人吾往矣”。这样的不动心才是儒家推崇的。

显然公孙丑听明白了，他接着问：“敢问夫子之不动心，与告子之不动心，可得闻与？”我斗胆问一下，您的不动心和告子的不动心区别是什么？我能不能听您讲一讲呢？

孟子开始阐释。他先是引用告子的话，“不得于言，勿求于心”。“不得”是得不到。在语言上得不到，就不要在心上去追求。如果这件事情你在语言上站不住理，就不要想从心上征服别人，那是不可能的。“不得于心，勿求于气”，如果你在心里头不能认同，那么就不要追求在气势上能够达到。

孟子引告子的话，然后加以评价。孟子用“可”表示赞同，用“不可”表示反对。“不得于心，勿求于气，可；不得于言，勿求于心，不可。”孟子认为，告子说的“不得于心，勿求于气”是对的，“不得于言，勿求于心”是不对的。之所以说“不得于心，勿求于气”是对的，因为他表达的是一种状态。如果内心不是坚定地认为自己是对的，你是不可能勇敢地表现出来的，你的气势就没有了。按曾子的话，“虽千万人吾往矣”，必须经过自我反省之后，坚定地认为自己是对的，是站在正义和真理的一边，然后才能表现出这种气势。如果内心当中自己都含糊，都不敢肯定自己是对的，那你是拿不出这种气势来的。

但前面告子说的那句“不得于言，勿求于心”，如果在语言上还不能树立起来，就不要追求心理上的认同，孟子说这句话是不对的。因为他说的是一种价值判断，它不是一种状态。在语言上树立不起来，就导致心里对这件事产生疑问，这是错误的观点。价值判断和你的语言表达能力不成正比或者说没有必然的联系。可能你这个人说不明白，由此就要质疑你内心的价值判断吗？你自己究竟占不占理，取决于你能不能说过别人吗？我能把你驳倒，我就坚定地相信我是对的，我若是驳不倒你，我就质疑自己是不是错了，这种做法不可取！因为这两者没有必然联系。所以，孟子说告子这半句的说法是不对的。

按孟子的评价，“夫志，气之帅也；气，体之充也”。什么叫“气”？它是充满身体的东西。什么叫“志”？它是统帅气的东西,。是很抽象的两个概念。“夫志至焉，气次焉”，“志”要能树立起来，“气”随后才能跟上。孟子引用一句他人的话，“故曰：‘持其志，无暴其气’”，要坚守你的“志”，同时不要滥用你的“气”。不能每天出去都拿出“虽千万人吾往矣”的劲头来，不要滥用你的“气”。

孟子这段话比较抽象，不是很好理解，所以公孙丑接着问，“既曰‘志至焉，气次焉’，又曰‘持其志，无暴其气’者，何也?”孟子回答，“志壹则动气，气壹则动志也。今夫蹶者趋者，是气也，而反动其心”，如果你的“志”非常专注的话，那么它就能引动你的“气”，使你的“气”动起来。若是你的“气”很专注的话，也能使你的“志”发动，发生变化。这讲的是“气”和“志”的关系。对孟子来说这是两个概念，志指的是思想，而气指的是状态。如果我们从这个角度去理解，那么志是关键，你的思想决定你的状态，所以说“志至焉，气次焉”。

只有你坚定了这种思想，然后才能拥有那种状态。在修炼的时候，既然志是关键，气是次要的，那么重点要修志。志修到了以后，气自然就能表现出来，所以要“持其志”，在平常修炼的时候要坚守自己的思想。但同时也不要滥用你的气，这样才是对状态的培养。滥用指什么呢？就是不要把它用在一些无关紧要的事情上，要把这种状态用于重大的事件上。就拿前面说的勇来讲，只要志向坚定就能表现出那种勇，但是这种勇要体现在追求人生的理想和境界上，体现在保卫正义、坚守正道上，而不体现在跟人理论上，那是“暴其气”，就是把这种状态滥用了。

从自我修炼的角度来讲，要“持其志，无暴其气”。首先要解决思想问题，然后才能找到状态。那它们之间是什么关系呢？孟子讲“志壹则动气，气壹则动志”，如果你的思想专注在一个点上，它会引动你的气，然后你就会进入那样一种状态。但是反过来也成立，如果你坚守某一种状态的话，也会影响你的思想。如果你的人生一直坚守一种非常高尚的状态，你的思想也会高尚起来；如果你每天坚守一种非常猥琐的状态，那么你的思想也会变得非常龌龊。孟子这段话实际上是讲志和气之间是会相互影响的。虽然我们强调，志是重要的，气是次要的，但在打造自己思想的时候，同时也要注意自己是什么状态，因为状态会对你的思想产生影响。

然后孟子举了个例子。“今夫蹶者趋者，是气也，而反动其心。”“蹶”是摔个跟头，“趋”是小步快走。你现在摔了一个跟头还是正常行走着，这是气，是状态，但是它会反过来牵动你的心，你的想法会发生变化。你正常走路没摔的时候，脑子里是一种想法，摔倒之后爬起来，恐怕脑子里的想法就完全不一样了吧。孟子举这个例子证明“气壹则动志”。

“敢问夫子恶乎长?”“长”是擅长。公孙丑说，我斗胆问一下，您老人家擅长什么呢？言外之意是想知道孟子的不动心跟告子的区别在哪里。

孟子说他有两个强项：第一，“我知言”；第二，“我善养吾浩然之气”。第二句话也是孟子的名言。第一，我明白别人的话是什么含义，擅长语言；第二，我善于培养我的浩然之气。第一句好理解，第二句不好理解，所以公孙丑又问“敢问何谓浩然之气”？我再斗胆问一下，什么叫浩然之气？

孟子说“难言也”，这个很难说清楚。“其为气也”，它作为一种气，“至大至刚”，是非常伟大的，非常刚健的。“以直养而无害”，用正直去培养它而不要妨害它。“则塞于天地之间”，那么它就会充满天地之间。“其为气也”，作为这种气；“配义与道”，和义、道是相互配合的；“无是”是没有，如果没有道和义；“馁也”，浩然之气也就萎缩了。

浩然之气难以说清楚，所以孟子没有下一个定义，而是在描述。这是一个至大至刚的气，要用正直去培养它，不要妨害它，另一方面必须和道义相配合，然后它就会慢慢地增长，最后这种气会充满天地之间。这样人格就非常伟大了，它容易对所有人产生一种感召。

“是集义所生者”，“集”是不断地积累，不断地集中，是把“义”不断地集中，通过这种方式才能生成浩然之气。这部分内容说得很抽象，若是按照“义者宜也”去理解这里孟子所说的“集义”，就是处理问题时追求每一件事都处理得妥当、问心无愧，那么浩然之气就会增长，慢慢地你身上就有了浩然之气，再往下发展，养成人格魅力，就会有感召力。这种理解可能相对肤浅一点。实际上“义”是包含“道”的。这里的“义”一方面包含适宜、妥当的意思，另外一方面也是正义、正道。是要去积累和集中正义、道义，去追求妥当、追求问心无愧，这样在你心里就会滋生出浩然之气，慢慢地你的气质就会发生变化。“非义袭而取之也”，“袭”是指偶然的，不是你偶然的实行“义”就可以得到浩然之气的，要通过长期的积累才能产生浩然之气。“行有不慊于心，则馁矣”，你的行为如果使你的心不安，那么这个气就会萎缩。

孟子非常清楚公孙丑为什么追问这些内容，所以下面又谈到告子。“我故曰，告子未尝知义，以其外之也。”因此我才认为告子并不了解什么是义，因为他将义看成外在的东西。而孟子认为，仁、义、礼、智都是人先天具有的美好素质，不是后天附加到人身上，义是内在的、不是外在的。这是孟子和告子的最大区别。从这个角度理解，孟子说的浩然之气是靠着积累义形成的，而义又是人内在的先天素质，可以说，浩然之气源自人的内心，靠人的先天本性支撑。那么，修浩然之气，也就是《大学》上说的“明明德”的过程。

“必有事焉，而勿正”，一定要通过事情来磨炼、来修炼，才能修出来浩然之气。“正”是指预期。我们要通过事情来磨炼，但是不要有一个期望值，不要有一个预设。“心勿忘，勿助长也”，你的心始终别忘了这个事，要始终提醒自己修炼，但不要有什么预期，也不要拔苗助长。

下面这个例子是拔苗助长成语的出处。孟子说“无若宋人然”，你不要像宋国的人那样。“宋人有闵其苗之不长而揠之者”，宋国有一个人嫌他家地里的苗儿长得慢，就到地里挨棵往上拔了一拔。“芒芒然归”，拔了一天苗，很疲劳地回家了。“谓其人曰”，跟别人讲；“今日病矣，予助苗长矣”，今天把我累坏了，我帮助苗成长了。“其子趋而往视之”，他儿子赶紧跑去看；“苗则槁矣”，所有的苗都枯萎了。

孟子说修浩然之气有三个注意事项，勿正、勿忘、勿助。我们不要拔苗助长，欲速则不达，着急结果适得其反。然后孟子评价“天下之不助苗长者寡矣”，天下不去“拔苗助长”的人是很少的。也就是说，大多数人在修炼上、修行上，都急于求成，最后欲速则不达，效果反而不好。

“以为无益而舍之者，不耘苗者也；助之长者，揠苗者也。”孟子指出了修行人经常犯的两种错误。第一种，自己认为没有益处，就把它抛弃了。修行没有见到他预期的效果，他就会认为修行对自己没有什么益处，然后就不修了。孟子说，这种人就好比“不耘苗者”，虽然播下了种子，但是完全不进行田间管理，最后很难有好的收获。第二种，着急想要速成，马上见效果，就是拔苗助长的人。“非徒无益，而又害之”，不仅是没有益处，反而有害处。孟子说拔苗助长不仅没有益处，反而有害处，所以我们在修行时不要急于求成。

公孙丑非常会提问题，孟子把浩然之气解释清楚了，公孙丑再问孟子“何谓知言”？什么叫知言呢？

孟子说“诐辞知其所蔽”，“蔽”是蒙蔽，对于那些偏颇、偏激的言辞，我知道它所受的蒙蔽在哪一点。“淫辞知其所陷”，“淫”是过分，对于那些过分的言辞，我知道它是陷入了某个缺点和错误。“邪辞知其所离”，对于那些歪门邪道的话，我知道它是在哪一点上偏离正道的。“离”是指离开，离开正道。“遁辞知其所穷”，“遁辞”是托词，是回避的话，我知道是在哪一点上使它陷入困境。“穷”是陷入困境。孟子举了四个反面的例子，都是言辞当中的毛病。一种是偏执，一种是过分，一种是邪，一种是逃避。孟子说，对于这四种不正确的语言，我都知道其错误的根源是什么。

孟子做了个总结：“生于其心，害于其政；发于其政，害于其事。”这些语言上的弊端、毛病，根源都在你的心，心动了，心就不正了，然后语言上才会出现问题，才会妨碍你的具体做法。“发于其政，害于其事”，如果在做法上产生了错误，就会危害到你所做的事情。孟子这段话我们可以反着往回推，事情为什么没办明白呢？是因为你的做法有问题。那你的做法为什么有问题呢？是因为你心动了。所以儒家才强调要修不动心。“圣人复起”是圣人重新活过来；“必从吾言矣”，他也一定会赞同我这句话。孟子表现出一种自信的精神，甚至有点自负。

“宰我、子贡善为说辞；冉牛、闵子、颜渊善言德行。”公孙丑提到的 5 个人都是孔子的弟子。宰我和子贡善言辞，冉牛、闵子、颜渊善于表达德行。“孔子兼之”，上面这几个人的优点，孔子全都具备。孔子曾说“我于辞命，则不能也”，即孔老夫子谦虚，说自己对于言谈并不擅长。“然则夫子既圣矣乎？”那么我们说孔老夫子是不是达到了圣人的境界呢？公孙丑提出了一个非常敏感的问题：孔子是不是圣人？

公孙丑的思路是，既然说孔子具备他这些弟子的美德，那么他就应该擅长言辞，而孔子却说自己不擅长言辞，到底哪一种说法才符合实际情况呢？若是孔子兼备弟子们的诸种美德的话，孔子是不是已经达到圣人的境界了呢？对于公孙丑的想法，我觉得是他自己想多了。孔子当然具备这些弟子的美德，他自己说不擅长言辞，只是谦虚。

孟子的真实想法恐怕是认同孔子是圣人的，所以后面他才讲“乃所愿，则学孔子也”。孟子人生最大的愿望就是学习孔子。但他对公孙丑的回答，却没有肯定孔子是圣人。

“恶”是感叹词，“是何言也？”孟子说，唉，你说的这是什么话？“昔者子贡问于孔子曰”，从前子贡问孔老夫子；“夫子圣矣乎？”先生您现在达到圣人的境界了吧？这不好直接承认，那显得太不谦虚了。所以孔子讲“圣则吾不能”，圣人那个境界我还不能做到。“我学不厌而教不倦也”，圣人的境界我达不到，但是我能做到学习不厌倦，教学不厌倦。然后子贡评价“学不厌，智也；教不倦，仁也”。学习不厌倦是智慧的体现，教学不厌倦是仁者爱人的体现，得有仁者爱人的精神才能诲人不倦。子贡心里的圣人的标准就是仁和智，圣人是仁者、智者的综合，“仁且智，夫子既圣矣”。孔子既仁且智，既是仁者又是智者，所以孔子已经达到圣人的境界了。这是子贡的看法。孟子引子贡这段话后又说“夫圣，孔子不居”，孔子并不认为自己是圣人，没有把自己摆在圣人的位置。“是何言也?”你说的是什么话呀？换句话说，这事不要探讨了。子贡认为孔子是圣人，孔子自己认为不是，你说孔子是不是？

公孙丑还在纠结于这个问题。“昔者窃闻之”，从前我听过这样的说法。“子夏、子游、子张皆有圣人之一体”，孔子的三个弟子——子夏、子游、子张，都在某一个方面达到了圣人的标准。“冉牛、闵子、颜渊则具体而微”，冉牛、闵子、颜渊这三位孔子的弟子在所有方面都达到了圣人的标准，只是规模小一些而已。“敢问所安”，对这种说法我们怎么理解才是正确的？公孙丑前面问孔子是不是圣人，孟子的回答模棱两可，子贡认为是、孔子自己认为不是，孟子没有表态是不是。公孙丑想要明确孟子是什么态度，所以这里的问题就容不得孟子再模糊处理了。孔子这些弟子是否像通常所说的那样已经在某些方面达到了圣人的标准？如果说是，那作为老师的孔子也应该达到圣人的境界了。

“姑舍是。”孟子说，先抛弃这个说法。换个话题，把这个问题放在一边，谈点儿别的吧。

公孙丑又换了个问法：“伯夷、伊尹何如?”这两位古代的大圣人怎么样呢？您如何评价？伯夷和叔齐是商朝末年人，他们曾劝谏周武王不要伐纣，后来武王伐纣建立周朝，他们认为周武王以臣伐君，做法不恰当，所以他们不肯吃周朝的粮食，在首阳山采薇而食，最后饿死了。伊尹是商朝一位著名的宰相，辅佐商王达到了天下大治。公孙丑提出两位历史人物，问孟子怎么评价。

孟子回答："不同道。"他们的道不同。"非其君不事，非其民不使"，不是他的君主就不侍奉，不是他的人民就不去使用。"治则进，乱则退"，天下大治的时候就进，就出来当官，天下大乱的时候就隐退。这是伯夷的做法。"何事非君，何使非民，治亦进，乱亦进"，有什么君主是不可以侍奉的呢？有什么人民是不可以使用的呢？天下大治也出来当官，天下大乱也出来当官。这是伊尹的做法。

孟子评价完伯夷、伊尹两大圣人之后，对孔子进行评价。"可以仕则仕，可以止则止，可以久则久，可以速则速，孔子也。"孟子这段话是历史上评价孔子的名言，后世因此认为孟子是最懂孔子的。孔子在可以出来当官的时候就出来当官，应该辞官不做的时候就辞官，这才是孔子。"皆古圣人也"，伯夷、伊尹、孔子都是古代的圣人；"吾未能有行焉"，我还不能够把这些圣人的做法落实到实践上；"乃所愿"，至于说到我的愿望；"则学孔子也"，我的志向在于学习孔子，效仿孔子。

公孙丑又有疑问了："伯夷、伊尹于孔子，若是班乎？"因为孟子把三大圣人放在一起论述，所以公孙丑问，伯夷、伊尹和孔子是可以等量齐观的吗？显然公孙丑并不认同，作为儒家学者，在他们的心目当中显然孔子的位置要高。孟子把孔子和伯夷、伊尹放到一起来说，公孙丑觉得不合适。

孟子说："否。自有生民以来，未有孔子也。"不是的，自从有人类以来，就没有出过孔子这么伟大的人。孟子因为担心弟子误解，对孔子进行了高度评价。

公孙丑又问："然则有同与？"既然如此，他们之间有没有共同点呢？孟子说有。他们的共同点在哪里？"得百里之地而君之，皆能以朝诸侯，有天下。”这些大圣人和孔子的共同点，第一，给他一百里的疆域，让他来做君主，他们都能使诸侯来朝见，都能够统一天下。第二，“行一不义，杀一不辜，而得天下，皆不为也”。做一件不道义的事，杀一个无辜的人，就能够得到天下。他们也都不会做，但他们会坚持道义。“是则同”，在这些方面，这些圣人都是一样的。孟子认为所有的大圣人都是共同的。

公孙丑又问：“敢问其所以异?”我斗胆问一下他们之间的差异是什么？孟子说：“宰我、子贡、有若智足以知圣人。”这三位孔子的弟子，他们的智慧是足以理解圣人的，他们的智慧足以使他们理解孔子。“污不至阿其所好”，这三位孔门弟子再怎么样也不至于阿谀奉承其所喜爱的人，言外之意，他们对孔子的评价应该是准确的。下面孟子分别引用这三位孔子弟子对孔子的评价。

宰我的评价是，“以予观于夫子”，要我来看孔老夫子的话；“贤于尧、舜远矣”，他比尧、舜强多了。

子贡的评价是“见其礼而知其政，闻其乐而知其德，由百世之后，等百世之王，莫之能违也。自生民以来，未有夫子也”。孔子见到这个国家的礼仪，就知道这个国家的政治情况；听到其音乐，就知道这个君主的品德如何。即使经历一百世之后，这一百代的君主虽然有差距，谁也不能够违背孔子的学说。自有人类以来，没有人能比得上孔子。

有若对孔子的评价：“麒麟之于走兽，凤凰之于飞鸟，太山之于丘垤，河海之于行潦，类也。”麒麟和走兽是同类，即麒麟属于兽，凤凰属于鸟，泰山也是山丘，河海也是水。但是，“丘垤”指小山包，“行潦”指下完雨之后地上出现的水坑。虽然都是水，它们怎么可能与江海相比，都是土，小土丘怎么能和泰山相比。虽然都是鸟，家雀儿怎么能跟凤凰相比？都是兽，狗怎么能和麒麟相比？它们虽然是同类，但是差距太大了。“圣人之于民，亦类也。”圣人和普通人也是同类，都是人类。但普通人和圣人的差距也实在是太大了，圣人是“出于其类，拔乎其萃”，远远地超出了他的同类，这就是今天的成语出类拔萃的出处。“自生民以来，未有盛于孔子也。”自从有人类以来，没有人能超过孔子。孔子三位弟子对孔子的评价一个比一个高。

公孙丑的问题是，这些圣人之间的差异是什么。孟子引了三位孔子弟子对孔子的评价，言外之意是，虽然他们与孔子一样都被称为圣人，可以说他们是一类，但在这一类里差别还是相当大的。性质相同，都是圣人，但是体量不一样，孔子是一个体量最大的圣人。孔子和其他圣人的区别，就像凤凰与其他鸟的差别、麒麟与其他兽的差别那样大。

3·3　孟子曰：“以力假仁者霸，霸必有大国；以德行仁者王，王不待大——汤以七十里，文王以百里。以力服人者，非心服也，力不赡也；以德服人者，中心悦而诚服也，如七十子之服孔子也。《诗》云：‘自西自东，自南自北，无思不服。’此之谓也。”

“以力假仁者霸，霸必有大国。”靠实力，靠着武力，再假借仁义的名义，这样的人能称霸于天下。想称霸天下一定要依托于一个大国。“以德行仁者王”，靠着德来推行仁，而不是假借仁的名义，这样的人能称王于天下。“王不待大”，能称王的仁者，他不用疆域、国家很大。商汤凭着七十里疆域起家，周文王靠着一百里的领土起家。

“以力服人者，非心服也”，靠着暴力征服他人，他人不是内心的服从。“力不赡也”，是因为他的力量不够，表面上服从但心里不服。“以德服人者，中心悦而诚服也”，靠着品德去征服他人，他人的内心充满喜悦，这才是真正的服从。是以力服人还是以德服人，区别就在这里。“如七十子之服孔子也”，就好像是孔子的弟子们对孔子的那种佩服，“中心悦而诚服”。“《诗》云：‘自西自东，自南自北，无思不服。’此之谓也。”《诗经》上说，从西到东，从南到北，没有不服的。说的就是这个意思。

本章的核心是，以力服人是不可行的，要追求以德服人。要想真正服人，得让他人内心对你充满喜悦，真正地佩服你，这才是最佳的结果。

3·4　孟子曰：“仁则荣，不仁则辱；今恶辱而居不仁，是犹恶湿而居下也。如恶之，莫如贵德而尊士，贤者在位，能者在职；国家闲暇，及是时，明其政刑。虽大国，必畏之矣。《诗》云：‘迨天之未阴雨，彻彼桑土，绸缪牖户。今此下民，或敢侮予？’孔子曰：‘为此诗者，其知道乎！能治其国家，谁敢侮之？’今国家闲暇，及是时，般乐怠敖，是自求祸也。祸福无不自己求之者。《诗》云：‘永言配命，自求多福。’《太甲》曰：‘天作孽，犹可违；自作孽，不可活。’此之谓也。”

“仁则荣，不仁则辱”，追求仁就会荣耀，不追求仁就会受到侮辱。“今恶辱而居不仁，是犹恶湿而居下也”，现在你讨厌受到侮辱，却又处在不仁的状态，就好比是你讨厌潮湿，却专门找地势低的地方去住。“如恶之，莫如贵德而尊士”，如果你真正讨厌被侮辱，那就莫不如推崇德，尊重士人。“贤者在位，能者在职；国家闲暇，及是时，明其政刑。虽大国，必畏之矣。”作为领导者也好，国君也好，若是真正讨厌受到侮辱，就应该推崇道德，尊重有才华的人，使贤者在位，能者在职。做到这一点，在朝中有位置、有职位的人，不是贤者就是能者，不是贤明的就是能力很强的。“国家闲暇”，“闲暇”指没有事，国家无事；“及是时”，这个时候；“明其政刑”，把你的政治和法律都弄得明明白白，达到这个境界，即使对方是大国，他也一定会畏惧你。

孟子引用《诗经》的话来证明他的观点。“迨天之未阴雨，彻彼桑土，绸缪牖户。” “彻彼桑土”是桑树下面的那个土，“牖”是窗户，“户”是门。趁着天还没下雨，在桑树下面挖点土和点泥，把门窗都好好修修。这是成语未雨绸缪的出处，意思是提前做好准备。“今此下民，或敢侮予？”现在这些老百姓，又有谁敢侮辱我呢？如果提前把自己修理好，那么又有谁能侮辱你呢。“孔子曰：‘为此诗者，其知道乎！’”孔子说，写这句诗的人，恐怕是知道大道是什么了。“能治其国家，谁敢侮之？”能够治理好你的国家，又有谁能侮辱你呢。

现在国家无事，就趁着这个时候“般乐怠敖”。“般”是乐，“乐”也是乐，“怠”是傲堕，“敖”是游。这个统治者趁国家无事时及时享乐；“是自求祸也”，这是你自己追求灾难。“祸福无不自己求之者”，祸和福没有不是自己求来的。换句话说，好事是你求来的，坏事也是你求来的。

“《诗》云：‘永言配命，自求多福’。”“永”是长，“配命”是符合天命。要追求长久的符合天命，自己去追求更多的福。“《太甲》曰：‘天作孽，犹可违；自作孽，不可活。’”老天要惩罚你的话，也许还能够违背他的意志；自己要惩罚自己的话，那可就活不了了。这句话现在也是成语。《太甲》是《尚书》中的一篇。孟子先引《诗经》后引《尚书》，然后总结，“此之谓也”，说的都是这个意思。

本章的核心是，统治者应该推崇道德、任用贤能，使国家政治、刑罚清明，这样才会给自己带来荣耀、避免耻辱，反之，灾难、耻辱都是自找的。人生的幸福和灾难都是自己求来的，只不过有人很清楚自己的所作所为是在为自己求福，很多人却不明白，他的所作所为是在给自己求祸。

3·5　孟子曰：“尊贤使能，俊杰在位，则天下之士皆悦，而愿立于其朝矣；市廛而不征，法而不廛，则天下之商皆悦，而愿藏于其市矣；关讥而不征，则天下之旅皆悦，而愿出于其路矣；耕者助而不税，则天下之农皆悦，而愿耕于其野矣；廛无夫里之布，则天下之民皆悦，而愿为之氓矣。信能行此五者，则邻国之民仰之若父母矣。率其子弟，攻其父母，自有生民以来未有能济者也。如此，则无敌于天下。无敌于天下者，天吏也，然而不王者，未之有也。”

“尊贤使能，俊杰在位”，尊重贤能的人，任用贤能的人，让俊杰都有一个职位，使各类精英人物都有职位；“则天下之士皆悦，而愿立于其朝矣”，那么天下的士，人才、知识分子都高兴了，愿意到朝廷中来做官。

“市廛而不征，法而不廛，则天下之商皆悦，而愿藏于其市矣。”“市”是市场、集市，“廛”是露天堆放货物的处所。市场上堆放货物的地方不征税，有管理办法，但是也不加税，那么天下的商人就都喜欢了，都愿意在你的集市里面做买卖。

“关讥而不征，则天下之旅皆悦，而愿出于其路矣。”“关”是道路上的关口。稽查而不征税，那么天下的旅行者就都高兴了，而愿意在你的国家的道路上出行。

“耕者助而不税，则天下之农皆悦，而愿耕于其野矣。”对于耕田的人，采用助这种方法而不收税。就是我们前面说过的井田制度，八家共耕公田，收获物归公。这实际上也是一种税收形式，我们一般称为力役税，用出力代替交税。若是采用这种制度，那么天下的农民就都高兴了，而愿意在你的田野里耕种。

“廛无夫里之布，则天下之民皆悦，而愿为之氓矣。”“廛”是市面上，“布”是钱。除了这之外没有额外的税收，天下的老百姓都高兴，而愿意做你们国家的臣民。

“信能行此五者，则邻国之民仰之若父母矣。”如果真的能推行这些政策，那么邻国的老百姓就都仰望着你，像仰望着父母那样。“率其子弟，攻其父母，自有生民以来未有能济者也。”他们国家的老百姓对你都像对父母那样仰慕，他们国家的君主若是想侵略你，就等于率着孩子去攻击别人父母，从有人类以来，没有能够达到的。

“如此”，达到了这个境界；“则无敌于天下”，就无敌于天下了。“无敌于天下者，天吏也”，“天吏”就是老天任命的官，若能无敌于天下，这个人就是老天任命的，谁都颠覆不了他。“然而不王者，未之有也”，达到这个境界还不能统一天下，那是从来没有过的。

本章的核心是孟子的仁政思想、民本思想。统治者要推行仁政，以老百姓为本，让老百姓都拥护你，那么你的地位就好比是受到老天委任那样，是不可撼动的，必然能够称王天下。但我们不得不说，孟子的出发点是好的，但具体方案却是理想主义的，不具备可操作性。

3·6　孟子曰："人皆有不忍人之心。先王有不忍人之心，斯有不忍人之政矣。以不忍人之心，行不忍人之政，治天下可运之掌上。所以谓人皆有不忍人之心者，今人乍见孺子将入于井，皆有怵惕恻隐之心；非所以内交于孺子之父母也，非所以要誉于乡党朋友也，非恶其声而然也。由是观之，无恻隐之心，非人也；无羞恶之心，非人也；无辞让之心，非人也；无是非之心，非人也。恻隐之心，仁之端也；羞恶之心，义之端也；辞让之心，礼之端也；是非之心，智之端也。人之有是四端也，犹其有四体也。有是四端而自谓不能者，自贼者也；谓其君不能者，贼其君者也。凡有四端于我者，知皆扩而充之矣，若火之始然，泉之始达。苟能充之，足以保四海；苟不充之，不足以事父母。"

"人皆有不忍人之心"，每个人都有对他人不忍的心。"先王有不忍人之心，斯有不忍人之政矣。"因为这些古代的圣王有这种不忍之心，所以他才能有一种不忍心的政治。"以不忍人之心，行不忍人之政，治天下可运之掌上。"抱着一个不忍心的出发点，去行使政策、政治，那么你对天下的治理就像在手掌上运行一样容易。

"所以谓人皆有不忍人之心者"，说每个人都有不忍人之心的原因。下面是孟子举例证明。"今人乍见孺子将入于井"，若是我们突然间看见有小孩子将要掉到井里了；"皆有怵惕恻隐之心"，每个人面对这个场景都会有担忧恐惧之心，这就是所谓的恻隐之心。"怵惕"是恐惧、担忧的样子。那么他产生恻隐之心的原因是什么呢？"非所以内交于孺子之父母也"，并不是因为他和这个小孩子的父母有交情；"非所以要誉于乡党朋友也"，也不是为了在亲戚朋友、同乡里边给自己沽名钓誉，使自己有一个好名声；“非恶其声而然也”，也不是讨厌孩子掉井里之后的叫声，才有这个心的。孟子排除了这几种可能，那么面临这个场景你为什么揪心呢？这就证明这种恻隐之心是人的本能。

“由是观之”，从这个例子来看。“无恻隐之心，非人也；无羞恶之心，非人也；无辞让之心，非人也；无是非之心，非人也。”这就是非常著名的孟子的“四心”：恻隐之心，羞恶之心，辞让之心，是非之心。孟子说，没有恻隐之心就不能称为人，没有羞恶之心就不能称为人，没有辞让之心就不能称为人，没有是非之心就不能称为人。“四心”在孟子看来都是人先天的本能，如果你不具备人的先天本能，那你就不具备人的特点，所以说就不能称为人。“恻隐之心，仁之端也”，恻隐之心是仁的发端，是儒家提倡的仁的起点。“羞恶之心，义之端也”，羞恶之心是义的起点。“辞让之心，礼之端也”，辞让之心是礼的起点。“是非之心，智之端也”，是非之心是智的起点。

“人之有是四端也，犹其有四体也。”人因为有四心，所以他就具有了仁、义、礼、智四种美德。换句话说，仁、义、礼、智四种美德都是人先天本能，都是每一个人先天具有的美好素质。人有这四种美德，就好比人有四肢一样。“有是四端而自谓不能者，自贼者也。”有四肢却说自己不能行动，这是自己害自己。有“四端”，具有仁、义、礼、智的起点，却说自己做不到仁、义、礼、智，这也是自己害自己。“谓其君不能者，贼其君者也。”认为自己的君主做不到仁、义、礼、智，这就是坑害他的君主。

“凡有四端于我者，知皆扩而充之矣。”凡是有“四端”，自己具备这四个起点，然后知道从这四个起点出发，将这四种美德加以扩充的人，从恻隐之心、羞恶之心、辞让之心、是非之心开始，把“四心”向外扩充，就具有了儒家提倡的仁、义、礼、智四种美德。“若火之始然，泉之始达”，就好比火开始燃烧，泉水开始通达。火开始燃烧时，火焰很小，但知道去扩充它，它就越燃越旺。泉水刚流出来的时候也很细小，若是扩充它，最后就能汇聚到长江大河，就达到一个不可思议的状态。等到达到那个境界之后，它就无所不能了。火扩充起来之后，原始森林都能烧掉；水扩充起来之后变成大海，什么都能容纳。所以人先天的四种美德，要去培养它，扩大它，扩充仁、义、礼、智这几种美好的素质，最终能使你无所不为，使你人生中所有事情都能迎刃而解。

“苟能充之，足以保四海”，“苟”是假如，假如能够扩充四心，就足以保有四海，能成为最高统治者。“苟不充之，不足以事父母”，假如你不去扩充它，它一点点消亡，你的心就被蒙蔽了，那么你连侍奉父母都做不到。

这是孟子提出的一个非常重要的概念，对后代影响非常大。所谓的“四端”“四心”，人先天具有仁、义、礼、智四种美德，是去蒙蔽还是去扩充的问题，构成宋明理学提倡的儒家修行方法的理论前提。宋明大儒们的修身方法虽然不尽相同，但出发点都是要去掉后天对心的蒙蔽，以便使人先天具有的仁、义、礼、智等美好素质重新焕发出光明，这也就是《大学》上说的“明明德”。

3·7　孟子曰：“矢人岂不仁于函人哉？矢人唯恐不伤人，函人唯恐伤人。巫匠亦然。故术不可不慎也。孔子曰：‘里仁为美，择不处仁，焉得智？’夫仁，天之尊爵也，人之安宅也。莫之御而不仁，是不智也。不仁、不智、无礼、无义，人役

也。人役而耻为役，由弓人而耻为弓，矢人而耻为矢也。如耻之，莫如为仁。仁者如射：射者正己而后发，发而不中，不怨胜己者，反求诸己而已矣。”

“矢”是箭，造箭的工匠叫“矢人”。“函”是铠甲，制造铠甲的工匠叫“函人”。孟子反问道：“矢人岂不仁于函人哉?”造箭的人比造铠甲的人不仁义啊？为什么这么说？“矢人唯恐不伤人，函人唯恐伤人。”造箭的人在生产箭的时候，唯恐他造的箭不能伤人，他一直在琢磨怎样能把箭打造得锋利，射出去能把人射死。造铠甲的人却唯恐伤到人，他打造铠甲的时候，一直在琢磨怎样能使铠甲坚固，让人不受伤。看表面现象，你会觉得好像造铠甲的人仁义。他脑子里想的是怎样让人不受伤，而造箭的人缺德，脑子里专门琢磨怎么伤人。但实际上这和他本人的道德素质没有关系，是职业导致的这种思路，这种心态。

“巫匠亦然”，孟子说，巫人与匠人之间的关系也是这样。“巫”是巫医。使用巫术给人治病的，他一心想让自己的巫术见效，治好人的病，他盼望着病人痊愈；“匠”在这里特指制造棺材的工匠。他为了自己的生意着想，是盼望着病人不治去世。所以给人的印象是，巫医是仁义的，匠人不是。然后是孟子的感慨，“故术不可不慎也”。“术”是职业。所以选择职业时不能不慎重啊，因为职业会对你的心态和思想产生影响。

“孔子曰：‘里仁为美，择不处仁，焉得智?’”这句话见于《论语》。孔子说，你和仁者做邻居才是美好的，选择地点却不能让自己处在仁者之中，这怎么能说你具有智慧呢？“昔孟母，择邻处”，就是一个典型的例子。选择职业要慎重，因为它会对你的心态有影响；选择圈子、选择邻居也要慎重，因为它对你也会有影响。总之，孟子是在强调人生选择的重要性，我们对待人生的每次选择都应该持慎重态度。

“夫仁，天之尊爵也，人之安宅也。”仁是老天最尊贵的爵位，是人最安稳的住宅。这是比喻，孟子将仁比喻为爵位、比喻为住宅，爵位不仅带给人相应的权力、资源、享受，更带给人荣耀，使人得到他人的尊重；住宅不仅使人可以在其中休息，也给人提供舒适与安全。仁是老天给人的最尊贵的爵位，意味着，如果你做到了仁，老天保证你得到相应的权力、资源、享受，并使你得到他人的尊重，享有名誉与社会地位。仁是人的最好的住宅，意味着，如果你做到了仁，不仅会使自己心安，享受到一种心安理得的非常舒服的人生状态，提升幸福指数，而且你还会得到舒适与安全，总之在现实生活中过得非常愉快、非常安稳。

“莫之御而不仁，是不智也。”没有人去抵抗，就是没有人拦着你、没有谁强迫你，你却不去追求仁，这是没有智慧的体现。选择不仁不是迫不得已，是你自动的选择，就是没有智慧的体现。为什么？“不仁、不智、无礼、无义，人役也。”如果没有仁，没有智慧，又没有礼，又不符合义，那你就会被他人所奴役，社会地位就会比较低了。

“人役而耻为役，由弓人而耻为弓，矢人而耻为矢也。”好比造弓的人把制造弓作为耻辱，造箭的人把制造箭当成耻辱。你认为这件事是可耻的，但还不得不去做，因为这是你的职业，这是多么的纠结。如果你自己不选择仁，那你的耻辱就是自找的，你每天生活在纠结之中也是自找的，怪不得别人。“如耻之，莫如为仁。”如果你认为这种生存状态是可耻的，你不愿意生活在耻辱之中，那么你莫不如去实行仁。

“仁者如射”，怎么去修养仁呢？就好比是练习射箭一样。

“射者正己而后发”，射箭的人，先要端正自己的姿势和态度，不能很随意就射出去，那是射不中的，把自身调整好之后才会射。“发而不中”，箭射出去没中。“不怨胜己者”，如果与别人比赛失败了，不去恨赢了你的人。“反求诸己而已矣”，应该回来反思自己失败的原因，仅此而已。孟子用射箭来比喻如何修仁。首先要端正自己，要把每件事情都处理到位，如果还是失败了，不要怨天尤人，而是要反求诸己，到自己身上找原因和解决问题的方法。

这段话是孟子的名言，不仅告诉我们怎样修仁，而且还提到了两个注意事项：第一，选择职业；第二，选择社交圈子。修仁的时候要注意，端正自己，反求诸己，同时要注意你的职业，注意你的社交圈子，也就是要注意环境对修行的影响。孟子这里说的“反求诸己”，成为后代儒家修行的一个基本原则。

3·8 **孟子曰：“子路人告之以有过则喜，禹闻善言则拜。大舜有大焉，善与人同，舍己从人，乐取于人以为善。自耕稼、陶、渔以至为帝，无非取于人者。取诸人以为善，是与人为善者也。故君子莫大乎与人为善。”**

“子路人告之以有过则喜”，孔子的弟子子路，如果有人指出他的缺点和错误的话，他就很高兴。“禹闻善言则拜”，治水的大禹，听到别人说一些美好的言语，就要下拜表示感谢。

“大舜有大焉”，舜比子路和大禹的格局还要大。“善与人同”，他善于和别人达成共识。“舍己从人”，他为什么能跟别人达成共识呢？他是舍弃自己的观点，顺从别人的观点。“乐取于人以为善”，乐于把别人的优点拿过来作为一件善行，就是乐于学习别人的优点，善于把他人的优点变成自己的优点。

“自耕稼、陶、渔以至为帝，无非取于人者。”这说的是舜的人生经历，舜在没有接受尧禅让来治理天下之前，做过很多不同的职业。“耕稼”是种过地，“陶”是制过陶器，“渔”是打过鱼。古书上记载，舜每到一处，不管他从事什么职业，他的美德都能感化身边的人，所以尧才选他做接班人。“以至为帝”，到后来他成为最高领导人了。“无非取于人者”，他的任何优点，无非都是从别人那里学来的，从别人那里吸取过来的。

孟子所说的舜的优点，司马迁《史记》中有更细致的描述：

> 舜耕历山，历山之人皆让畔；渔雷泽，雷泽之人皆让居；陶河滨，河滨器皆不苦窳。一年而所居成聚，二年成邑，三年成都。

不管是在历山种田的时候，还是在雷泽捕鱼的时候，舜都能靠着自己的修养使当地兴起礼让之风。他在河滨制陶器的时候，这个地方的陶器就没有不好的，质量非常过硬，由此也可以看出舜对当地民风的影响。不论舜去哪里居住，人们都受到他的影响和感召，纷纷搬去和他一起生活，他所在的地方很快就会成为居民点、乡镇，甚至是都市。

“取诸人以为善，是与人为善者也。”把别人的美德拿过来加以发挥，加以发扬，是和别人一起来行善。“故君子莫大乎与人为善”，所以对于君子来讲，最大的美德是与人为善。今天“与人为善”的成语好像和孟子的本意有一点出入了。孟子这里“与人为善”的“与”是协同的意思，指和别人一起来行善；今天的“与人为善”，是指我们用善来对待别人。

君子最大的美德是协同别人一起来行善，这是一种教化，可以用你的修行去感染身边的人，这是君子最大的美德，也是君子最大的功绩。能够通过自我修养将美德向外扩充，影响到身边的人，和大家一起走向行善的道路，这才是一个真正的君子。正是因为君子都能做到这一点，那么社会上君子多了之后，就能达到移风易俗的效果，能从整体上改变社会的风俗，使这个社会充满正能量，形成美好的社会风气。

可以说，协同别人一起行善，这是君子应有的社会责任。换句话说，君子不能追求独善其身，必须追求兼善天下。怎么样做到兼善天下？不是硬性地去改造别人，那是做不到的，而是通过反求诸己，加强自身的修养，和别人一起来行善。这才是与人为善。君子最大的美德，这就是“兼善天下”，这也是君子对社会的贡献。

3·9　**孟子曰：“伯夷，非其君不事，非其友不友，不立于恶人之朝，不与恶人言；立于恶人之朝，与恶人言，如以朝衣朝冠坐于涂炭。推恶恶之心，思与乡人立，其冠不正，望望然去之，若将浼焉。故诸侯虽有善其辞命而至者，不受也。不受也者，是亦不屑就已。柳下惠不羞污君，不卑小官；进不隐贤，必以其道；遗佚而不怨，厄穷而不悯。故曰：‘尔为尔，我为我，虽袒裼裸裎于我侧，尔焉能浼我哉？’故由由然与之偕而不自失焉，援而止之而止。援而止之而止者，是亦不屑去已。”**

孟子曰：“伯夷隘，柳下惠不恭。隘与不恭，君子不由也。”

本章孟子评价了两位历史人物。

首先是伯夷。“伯夷，非其君不事，非其友不友，不立于恶人之朝，不与恶人言。”这个人相当坚持原则，相当清正。不是好的君主他不侍奉，不是好的朋友他不交。他不会站在恶人的朝廷里，不会与恶人说话。你道德修养不好，我根本不理你；君主道德修养不好，我不会做你的官。这是伯夷。“立于恶人之朝，与恶人言，如以朝衣朝冠坐于涂炭。”若是给品德不好的君主去做官，或者是跟品德不好的人说话，在伯夷看来，就好比穿着上朝时穿的衣服，戴着上朝时戴的帽子，坐到泥堆里去一样。说白了就是不爱惜自己。“推恶恶之心，思与乡人立，其冠不正，望望然去之，若将浼焉。”“推”是扩充、推广，“浼”是侮辱，“若”是将要，“立”是站在一起。把这种讨厌恶人的心态向外推广，即使与乡下人站在一起，他的帽子没有端正，也会很快地离开他，就好像自己将要受到他的污染一样。这说的是伯夷的心态。“故诸侯虽有善其辞命而至者，不受也。”正是因为伯夷有这种心态，诸侯即使有好的命令，即使用很好的语言请他出来当官，他也不接受。“不受也者，是亦不屑就已。”之所以不接受，这也是因为他不屑于去接受。以上是对伯夷心态的描写。

其次是柳下惠。“柳下惠不羞污君，不卑小官。”“羞”是羞耻，在这里是动词，以什么为羞耻的意思。柳下惠不把给一个污秽的君主当官视为可耻，不将担任小的官职看成卑下。他跟伯夷正好相反。柳下惠什么君主都可以侍奉，不管给个什么官都可以做。“进不隐贤”，柳下惠当官的时候，不隐瞒贤者。他知道推荐贤者，能够提拔那些贤能的人。“必以其道”，一定要守着他的“道”。“遗佚而不怨，厄穷而不悯。”“遗”是当他被遗忘的时候。他没有当官的时候，不会怨恨，陷入困境的时候，也不会感到忧愁。“厄穷”是指陷入困境的时候，“悯”是忧愁。柳下惠不考虑君主好不好，也不考虑官职大小，只要有了位置，就有了帮助别人的资源，然后才能把贤人提拔起来。这是柳下惠当官的宗旨和做法。

“故曰：‘尔为尔，我为我，虽袒裼裸裎于我侧，尔焉能浼我哉?’”“袒裼裸裎”就是裸体。对于伯夷来讲，旁边的人即使帽子没戴正，他都会远离，怕影响到自己。柳下惠正相反，什么都影响不了他。别说帽子没戴正，就算在他旁边脱光了衣服，也影响不了他。柳下惠有这个自信，不管别人多么不好，也影响不了他，他能坚守住自己的道德底线。

“故由由然与之偕而不自失焉”，“由由然”是很高兴的样子，“与之偕”是与他一起，“而不自失焉”，而不丧失自我。柳下惠正是因为有这样一种心态和信念，所以他不受负能量的影响，不管处在什么样的环境里，都能够很高兴地与别人在一起，同时又不失去自己的道德操守，不丧失自己的人生原则。“援而止之而止者，是亦不屑去已。”“援”是攀缘、抓住。如果有外在的阻力让他停止，他就停止，不强求。这是一种随遇而安的心态，原因是他不屑于跟阻止他的力量做斗争，不屑于和人争执。

以上孟子说的是儒家对伯夷、柳下惠的评价，也是大多数儒家学者的认识，指出了二者的不同，但所说基本都是正面的。下面则是孟子自己的看法，就是负面的了。

孟子说“伯夷隘，柳下惠不恭”。伯夷有点狭隘，柳下惠做不到恭敬，没有恭敬心。“隘与不恭，君子不由也。”不管是心胸狭窄，格局狭隘，还是丧失恭敬心，君子都不会这么做。孟子对这两人持批判态度，说得很苛刻。

伯夷那种做法，君子不要学，因为比较狭隘。水至清则无鱼，若是保持伯夷那种心态和做法，简直是自绝于人类。柳下惠的做法呢？缺乏恭敬心，君子也不应该效仿。伯夷是伯夷，柳下惠是柳下惠，他们能做到，我们做不到。如果你去学伯夷，恐怕你做不到他的境界，反而人际关系处理不好；如果你去学柳下惠，恐怕你也做不到他的境界，反而会使自己同流合污了。所以孟子评价，君子不应该模仿这两种做法。

孟子给我们指出修行上不要走两种极端。伯夷固然是清、廉，但走极端了，在社会上很难生存，所以他最终饿死在首阳山。柳下惠呢？你如果没有对自己的信心，也不要去学这种方式，很容易同流合污。我们应该在修行上避免这两种极端，需要掌握好度。

卷四　公孙丑下

4·1　孟子曰：“天时不如地利，地利不如人和。三里之城，七里之郭，环而攻之而不胜。夫环而攻之，必有得天时者矣；然而不胜者，是天时不如地利也。城非不高也，池非不深也，兵革非不坚利也，米粟非不多也；委而去之，是地利不如人和也。故曰：域民不以封疆之界，固国不以山溪之险，威天下不以兵革之利。得道者多助，失道者寡助。寡助之至，亲戚畔之；多助之至，天下顺之。以天下之所顺，攻亲戚之所畔；故君子有不战，战必胜矣。”

“天时不如地利，地利不如人和。”这是孟子的名言，一直传诵至今。“三里之城，七里之郭，环而攻之而不胜。”“郭”是外城。古代的大城往往有两重城墙，里边的城墙叫城，外边的城墙叫郭。孟子举了个例子，里边的城墙周长三里，外边的城墙周长七里，这种有两重城墙的城，防御能力是比较强的。“环而攻之而不胜”，你来围攻他，最后打不下来。他防御能力比较强，这就证明“天时不如地利”。“夫环而攻之”，能够来围攻他；“必有得天时者矣”，证明你能够得天时，才能够把部队推进到城下；“然而不胜者”，但最后还是没打下来，所以说“是天时不如地利也”。

“城非不高也，池非不深也，兵革非不坚利也，米粟非不多也，委而去之，是地利不如人和也。”还是以战争为比喻，城墙不是不够高，池是护城河，护城河不是不够深，兵器不是不够锋利，储备的粮食也不是不多，这四项都是防御的必备条件。“委而去之”，最后却将这一切丢在这里撤离了，将防御条件这么好的一座城放弃了，由此可见，“是地利不如人和也”。

“故曰：域民不以封疆之界，固国不以山溪之险，威天下不以兵革之利。”这是孟子的名言。“域”是指划定一个区域。你能把老百姓划到一个区域里，能够控制住这些老百姓，但靠的不是国家的边界；能够固守你的国家，靠的也不是山河的险阻；你能够威胁天下，靠的不是你武器的锋利。这是孟子进一步阐释“天时不如地利，地利不如人和”，既然如此，统治者重点应该追求“人和”，不应该追求天时地利，没有“人和”，天时地利最后都是没有用的。

“得道者多助，失道者寡助。”能够守住道义，帮助你的人就会多，丧失了道义，帮助你的人就少。“寡助之至，亲戚畔之。”帮助你的人少到极点的时候，就连你的亲戚都会背叛你。“多助之至，天下顺之。”帮你的人多到极点的时候，全天下的人都顺从你。“以天下之所顺，攻亲戚之所畔，故君子有不战，战必胜矣。”若是能达到多助的极致，去进攻寡助的极致，那胜负的结果是不言而喻的，凭着天下人的顺从去进攻那个连亲戚都背叛他的人，所以君子除非不打仗，打就一定能取得胜利。作为统治者，首先要守着“道”，帮你的人才会多，你在战争中就必然获胜。

这里孟子讲的还是仁政精神。统治者怎么能够仁者无敌呀？追求“人和”，天时地利都不是关键。统治者如果守着道，所作所为符合道义，就能得到更多的人的帮助，就能战无不胜。

统治者治理国家的这个道理，也可以应用到人生的其他方面。如果你为人处事守着正道，那么帮你的人就会多，事业就会一帆风顺，你若是不守正道，最后连你的亲戚都会离你远去，那你的事业还怎么发展呢?

4·2　孟子将朝王，王使人来曰："寡人如就见者也，有寒疾，不可以风。朝将视朝，不识可使寡人得见乎?"

对曰："不幸而有疾，不能造朝。"

明日，出吊于东郭氏。公孙丑曰："昔者辞以病，今日吊，或者不可乎?"曰："昔者疾，今日愈，如之何不吊?"

王使人问疾，医来。孟仲子对曰："昔者有王命，有采薪之忧，不能造朝。今病小愈，趋造于朝，我不识能至否乎?"使数人要于路，曰："请必无归，而造于朝。"不得已而之景丑氏宿焉。

景子曰："内则父子，外则君臣，人之大伦也。父子主恩，君臣主敬。丑见王之敬子也，未见所以敬王也。"

曰："恶！是何言也。齐人无以仁义与王言者，岂以仁义为不美也? 其心曰'是何足与言仁义也'云尔，则不敬莫大乎是。我非尧舜之道不敢以陈于王前，故齐人莫如我敬王也。"

景子曰："否，非此之谓也。礼曰：'父召，无诺；君命召，不俟驾。'固将朝也，闻王命而遂不果，宜与夫礼若不相似然。"

曰："岂谓是与！曾子曰：'晋楚之富，不可及也；彼以其富，我以吾仁；彼以其爵，我以吾义，吾何慊乎哉?'夫岂不义而曾子言之? 是或一道也。天下有达尊三：爵一，齿一，德一。朝廷莫如爵，乡党莫如齿，辅世长民莫如德。恶得有其一

以慢其二哉？故将大有为之君，必有所不召之臣；欲有谋焉，则就之。其尊德乐道，不如是，不足与有为也。故汤之于伊尹，学焉而后臣之，故不劳而王；桓公之于管仲，学焉而后臣之，故不劳而霸。今天下地丑德齐，莫能相尚，无他，好臣其所教，而不好臣其所受教。汤之于伊尹，桓公之于管仲，则不敢召。管仲且犹不可召，而况不为管仲者乎？”

“孟子将朝王”，孟子将要去朝见齐王。正好齐王派人来说：“寡人如就见者也，有寒疾，不可以风。”我计划去见你的，可是感冒了不能够受风。我将在朝廷里处理政务，“不识可使寡人得见乎”，不知道可不可以让我见到你？这是齐王的客气话。本来孟子准备去朝见齐王，恰巧齐王派个人来跟他说了这番话，孟子的回答很生硬：“不幸而有疾，不能造朝。”很不幸我也生病了，不能到朝廷里去。孟子直接拒绝了齐王的请求。

“明日，出吊于东郭氏。”第二天孟子就去东郭家里吊丧。孟子的弟子公孙丑说：“昔者辞以病，今日吊，或者不可乎？”昨天你告诉齐王你生病了，今天却出门去吊丧，这样做也许不合适吧？让齐王知道了不好吧？孟子说：“昔者疾，今日愈，如之何不吊？”昨天是生病了，今天好了，为什么不可以去吊丧？孟子显然是强词夺理，什么病好得这么快？昨天都病得上不了朝了，今天就可以出门吊丧了。实际上孟子就是想让齐王知道，他并没有生病，他就是以生病为借口拒绝见齐王。

“王使人问疾”，齐王派人来探病；“医来”，并且带着大夫来的。孟仲子，传统认为是孟子的昆弟，就是孟子的本家弟弟，也是孟子的弟子。“采薪之忧”，也叫采薪之疾，是小病的文雅说法。齐王派人来探病，并带着医生来要为孟子治疗，孟子却不在家，出门吊丧去了，所以孟仲子出来接待，孟仲子对来人说："昔者有王命，有采薪之忧，不能造朝。今病小愈，趋造于朝，我不识能至否乎?"昨天王有命令来，孟子得了小病。今天孟子病刚好了一点，就已经赶紧去朝廷了，但是我不知道他能否到达。孟仲子的话纯粹是应付。实际我们可以看出来，齐王派人探病并带着医生，显然已经知道了孟子并没有生病，而是出门吊丧了，只不过派人来孟子这里再核实一下，看看孟子到底在不在、病没病。不管孟仲子怎么对付，来人也明白了，孟子没在家。

"使数人要于路"，孟仲子又派人在路上去拦孟子并转告孟子："请必无归，而造于朝。"请不要回家，一定要赶快上朝廷去。"不得已而之景丑氏宿焉"，孟子没办法，去到景丑氏家里住下了。孟子没回家，但也没去见齐王。

景子是对景丑的尊称。孟子住在他家，他与孟子聊天，谈起这件事。景丑的看法是："内则父子，外则君臣，人之大伦也。"景子说，对内来讲父子关系，对外来讲君臣关系，这是人与人最重要的关系。"父子主恩，君臣主敬。"父子关系，你要抓住的是"恩"，恩情；而君臣关系，你要把握住一个"敬"字，恭敬。景子和孟子谈的恰恰是儒家的主张。"丑见王之敬子也，未见所以敬王也。""丑"是景丑的自称。景丑说，现在我只看见了王对你的尊敬，却没看见你对国君的恭敬。景丑不理解了，齐王邀请你，你不仅不去见，还跑到我家躲起来，这是怎么回事，这能说是对君主的尊敬吗?

孟子说："恶，是何言也。齐人无以仁义与王言者，岂以仁义为不美也？其心曰'是何足与言仁义也'云尔，则不敬莫大乎是。我非尧舜之道不敢以陈于王前，故齐人莫如我敬王也。"哎，这是什么话。齐国人中没有一个对王谈仁义的，难道他们觉得仁义不好吗？他们心里的潜台词是，这样的王哪里值得和他谈论仁义呢？和他谈仁义也是白谈，他也不会实行。这才是对齐王最大的不恭敬。不是尧舜之道我不敢在王的面前陈述，我和齐王谈的都是仁义方面的事情，因此说，齐国人没有一个像我这样尊敬齐王的。孟子是在给自己辩解。

“否，非此之谓也。礼曰：‘父召，无诺；君命召，不俟驾。’”景子说，不是的，我说的不是这件事。按儒家的礼经上说，父亲招呼你，不等到应诺，国君召唤，不能等到车马备好才起身。“诺”是古人答应的一句话。“唯”“诺”都是应答词。父亲召唤不能只顾着答应，而是要马上过去。国君召唤的时候，不能坐着等马夫套完马、套完车，这就不够尊重。接到君主的命令应该马上就往外走，让车随后去追你，这才表示重视。总之，景子所说的是儒家的礼，就是君主或父亲召唤的时候，应该马上动身，这才符合礼。而现在孟子呢？“固将朝也，闻王命而遂不果，宜与夫礼若不相似然。”他本来是准备去朝见齐王的，但听到齐王召唤之后反而不去了。面对国君的召见，不是俟驾不俟驾的问题，连去都不去，这哪里是对国君的敬？孟子对这件事的处理好像和礼的要求不一样。言外之意说孟子不符合儒家礼的要求。

“岂谓是与！曾子曰：‘晋楚之富，不可及也；彼以其富，我以吾仁；彼以其爵，我以吾义，吾何慊乎哉？’夫岂不义而曾子言之？是或一道也。”孟子说，原来你说的是这件事！孔子的弟子曾子曾经说过，晋国、楚国的富有我们是比不上的，但他有他的富，我有我的仁；他有他的爵位，我有我的义，我又有什么比不上他的地方呢？言外之意，看拿什么来评价一个人？财富不是唯一的标准，权力也不是唯一的标准，至少还应该有仁义这种道德标准。所以曾子不觉得他比晋王、楚王身份低。以财富为标准我比不上他，但他有他的富，我有我的仁，他有他的高官爵位，我有我的义，从仁义的角度评判的话，那我比他强，我没有什么比不上他的地方。孟子引曾子的话，然后说，难道这件事不符合道义，而曾子偏要这么说吗？大概还是有点道理的吧。

“天下有达尊三：爵一，齿一，德一。”孟子说，天下公认的最值得尊敬的是三个方面，或者说有三个尊重人的标准。官当得大确实值得尊敬，这称为尊爵，是其中的一个标准。年纪大的应该尊敬，这称为尊齿，是其中的一个标准。品德修养好，也值得尊敬，也是其中的一个标准。简单说，官大的我们应该表示尊重，年纪大的我们应该表示尊重，还有品德修养好的我们也应该表示尊重。这三个标准适用的场所不一样。“朝廷莫如爵”，在朝廷里采用哪个标准？“爵”，就是官位。在朝廷里，在政府机关，比的是官大小，官小的尊敬官大的，级别低的尊敬级别高的。这在今天也是通用的原则。这时候就不比年龄了，虽然他比我年龄小，但他是我的直系领导，也要对他表现出恭敬来，因为这是在朝廷里，评判尊重人的主要标准是爵，是官位。“乡党莫如齿”，“乡党”是乡里乡亲、街坊邻居，我们也可以把它扩大一点，是指社会。在社会交往中，最重要的评判标准就是年纪。所以在公交车上，是给老人让座，不是给厅长让座。若是在政府机关呢？那就要先给领导弄个座，因为那时候是“朝廷莫如爵”。不同的场合使用不同的标准。

孟子说的应该是社会规范，直至今天，中国人还在执行这个规范。在社会上看年纪，在政府里看官职。接下来还有第三点，即“辅世长民莫如德”。如果谈到有助于世道，能够成为老百姓的上级，从这个角度去评判的话，最应该尊重的是德。这句话就不如前两句清晰，在什么场合适用“德”？在政府里用的是“爵”，在社会上用的是“齿”，这两点是从场所的角度讲的，或者说是空间的转换。但第三点不是场所，而是指一类人，这一类人追求什么？追求有助于世道，追求成为万民之长，我们也可以说得更宽泛，如果你追求事业有成，追求治国平天下，那你就应该敬重那些有德的人，也就是贤能的人，这样贤人才能为你所用，才能帮着你打天下，你的事业才能做大。笼统地说，你若是想干一番事业，就应该尊重有德的人。

人凭什么获得他人的尊重？凭职务、凭年纪、凭道德。孟子讲完这个道理，才解释他为什么不去见齐王。“恶得有其一以慢其二哉”，哪里有你占一条，却慢待我占两条的？尊重人的标准有三条，齐王占一条，就是“爵”，他级别高；孟子占两条，“齿”和“德”，他比齐王年纪大，比齐王有德。所以孟子认为应该是齐王尊重他才对。齐王若是想把国家治理好，应该尊重有德的人才对，应该尊重孟子才对。

我们现在想一下，孟子的不满从哪里来的？他本来想去见齐王，中间出了状况反而不去了。齐王这一番表述在我们今天看来有没有问题？可能今天按照世俗的评判标准看齐王的做法没什么问题，今天的领导若是能做到这样已经非常不错了，但孟子为什么还不满意，原因在哪儿？第一，齐王不诚。他真生病了吗？他是为不去拜访孟子，让孟子到他这儿来找借口。所以孟子的态度是以不诚对不诚，也说自己生病了，把这个谎言原封不动地送回齐王。这是孟子对齐王的第一个不满。

孔子也做过这样的事。孺悲想见孔子，孔子不想见，于是找个生病的借口推辞了。转达口信的人刚走，孔子在房间里弹上琴了，边弹边唱，就为了让外边的人听到，明明白白让他知道孔子没病，就是不想见你。

孟子为什么也要这么做？把这个谎言原封不动地给国君送

回去，第一表示自己的不满，第二也是刺激他，让齐王自己反思一下。齐王说生病了不能见孟子，孟子把谎话原封不动地还回去，让齐王将心比心，自己去体会一下是什么感觉。齐王也反思了，所以第二天派人来邀请孟子。那孟子为什么还是没去？他认为齐王是认识到了错误，但是没有改正错误。齐王的问题就出在这儿。如果齐王认识到自己错了，那么第二天就应该登门去拜访孟子，这才是一个正确的尊重贤人的态度，但是齐王没做到。那既然他没有做到，孟子就不去见，可以说孟子的这种做法也是坚持着他的一个底线。

孟子认为，齐王若是认识不到自己的错误，或者认识到了也坚决不改，这样的王他见与不见就没有什么意义了。这种人和他谈儒家的思想，辅佐他治国，是达不到目的的。孟子的理想是不可能实现的，所以不见也罢，孟子是抱着这样一种心态。

在这里我们要注意一个问题，孟子也好，孔子也好，实际都坚守着自己的人生理念，绝不是为达到目的“无所不用其极”，什么办法都使的。这是孔孟一个重要的共同特点。在乱世，孔子、孟子都周游过列国，也都没有人用他们，因为他们坚守着为人处世的原则，不苟同，不同流合污。为什么要这样做呢？能不能变一变，接近领导，让领导重用后，有权了再向领导建议，不就能贯彻他的思想和主张了吗？实际不是。如果齐王对孟子没有这种尊重，即使能落实孟子的主张，恐怕也不可能持久，一旦有人进谗言就会动摇。所以尊重是一个基本点，没有这个孟子宁可不见。这种国君辅佐他没有什么意义，他会半途而废。

孟子给我们的启示是，跟领导也要三思而后行，所谓良臣择主而事，食禽择木而栖。要先看看这个领导值不值得去保孟子给我们一个具体的案例，如果他不是很看重你，那就算了，这样下去也不会有什么结果。

接下来孟子讲：“故将大有为之君，必有所不召之臣。”将要大有作为的君主，一定会有他不召见的大臣。“欲有谋焉，则就之”，君主要和他商量事情，就去见这个大臣，而不是把这个大臣叫来商量。这是一种尊重。“其尊德乐道，不如是，不足与有为也。”君主尊重有德的人，喜欢道义。如果不是这样的话，这个君主就不值得你和他有所作为。孟子把他的心里话说出来了。

“汤之于伊尹，学焉而后臣之，故不劳而王。”汤是商朝的君主，伊尹是他的宰相。商汤先向伊尹学习，之后才能把伊尹作为自己的臣子，所以不用辛劳而称王于天下。“桓公之于管仲，学焉而后臣之，故不劳而霸。”齐桓公对管仲也是一样，先是向他学习，而后才将他作为自己的臣下，因此齐桓公也没有付出什么劳动，就称霸于天下了。言外之意是，你得有对能人、对贤人的尊重，向他学习，拿出这个态度来，而不是拿出一个领导高高在上的态度来。

“今天下地丑德齐”，“丑”和“齐”是同义词，现在天下各国的土地都差不多，君主的德行也都不相上下，是谁也不比谁强。“莫能相上”，是谁也不比谁高。“无他”，是没有别的原因。“好臣其所教，而不好臣其所受教”，“所教”，是他教育别人，“所受教”，是他从别人那里接受教育。现在这些国家土地面积差不多，国君德行差不多，那是因为国君都喜欢把那些听他教训的人当大臣，要求他的手下都要听从他的教导，都不喜欢找到一个大臣，是国君到他那里去接受教诲。这就跟商汤、齐桓公都不一样了。商汤受教于伊尹，接受伊尹的教诲，齐桓公受教于管仲，这两个人都是他们的臣下。做君主的能听臣下的教诲，所以一个称王了、一个称霸了。

“汤之于伊尹，桓公之于管仲，则不敢召。”商汤对伊尹，桓公对管仲，都是不敢召见的。君主有事情都是去他们家商量。“管仲且犹不可召，而况不为管仲者乎?”，我们在前面讲过，别人把孟子比作管仲，孟子不乐意。所以连管仲都不是招之即来的，更何况我这个连管仲都看不上眼的人呢?

本章的核心在于，君主若想治理好国家，就应该“臣其所受教”，要虚心地向臣下学习。首先要对臣下拿出一个尊重的态度来，而不是随便召唤，要把贤能的大臣当成老师去对待，才能把贤能的大臣的优势充分发挥出来。一方面君主能学到东西，另一方面能把贤臣的才华发挥出来，把贤臣的能力充分调动出来，才能把国家治理好。

这是孟子讲的君臣相处的原则，引申一下，也可以说是人与人之间相处的原则。为什么要讲礼?礼的核心是敬，对人要有恭敬心，对事要有敬畏心，这是我们提倡的。保持恭敬心、敬畏心，大家才会全力地帮你，才会有人给你献计献策。

4·3　陈臻问曰：“前日于齐，王馈兼金一百而不受；于宋，馈七十镒而受；于薛，馈五十镒而受。前日之不受是，则今日之受非也；今日之受是，则前日之不受非也。夫子必居一于此矣。”

孟子曰：“皆是也，皆适于义也。当在宋也，予将有远行，行者必以赆；辞曰‘馈赆’，予何为不受?当在薛也，予有戒心；辞曰‘闻戒，故为兵馈之’，予何为不受?若于齐，则未有处也。无处而馈之，是货之也。焉有君子而可以货取乎?”

孟子的弟子陈臻问，齐王赠送你金一百镒（一镒是二十两，百镒是两千两)，你不接受。可是你在宋国，宋君馈赠你七十镒，你接受了，在薛地，薛君馈赠五十镒，你也接受了。如果说以前不接受是对的，那么这两次接受是错的。如果后面这两次接受是对的，那么前一次不接受是错的，那么老师您肯定有一次办得不对。这是孟子的弟子质疑老师来了。

孟子说两种做法都是正确的，都是妥当的做法。当初在宋国的时候，我将要出远门，对远行的人理应赠送些盘缠。这是宋国国君赠给孟子金七十镒时的说法。出门的人是可以接受朋友馈赠的，宋君是赠送我出远门用的路费，我为什么不接受？这是正常的人情礼往。“当在薛也，予有戒心”，孟子在薛地的时候，有人要害他，要刺杀他，他正是要搞防范、戒备。武装戒备也是要花钱的，送东西的人的说法是，听说您在搞戒备，所以送一些钱给您买一些武器，这也是正常的人情礼往。“予何为不受”，我为什么不接受呢。“若于齐，则未有处也”，在齐国没有这样的情况。“无处而馈之，是货之也”，没有任何理由就拿来一笔钱财给我，这等于是收买我。“焉有君子而可以货取乎”，哪里有君子是可以被贿赂收买的？

前两次，一次是路费，一次是军费，这是正常的人情礼往，没有理由拒绝。可是在齐国那次，没有任何理由，就给了一大笔钱，这是收买、贿赂。

儒家提倡的八德，孝悌忠信礼义廉耻，廉是清廉，但不意味着什么都不接受，正常的人情礼往要接受，不能拒绝，否则你就和所有人都格格不入了，这是维持人际关系的必要方式。但不能任何理由都没有，就突然给我拿一笔钱，那等于被人收买，被人无条件拿下了。这是到今天都仍旧适用的一个处事标准。

上一章讲的是见谁不见谁的问题，这一章讲的是别人给你东西要不要接受的问题，都是儒家的修身在日常生活中非常强调的问题。

4·4 孟子之平陆。谓其大夫曰："子之持戟之士，一日而三失伍，则去之否乎?"

曰："不待三。"

曰："然则子之失伍也亦多矣。凶年饥岁，子之民，老羸转于沟壑，壮者散而之四方者，几千人矣。"

曰："此非距心之所得为也。"

曰："今有受人之牛羊而为之牧之者，则必为之求牧与刍矣。求牧与刍而不得，则反诸其人乎? 抑亦立而视其死与?"

曰："此则距心之罪也。"

他日，见于王曰："王之为都者，臣知五人焉。知其罪者惟孔距心。"为王诵之。

王曰："此则寡人之罪也。"

"孟子之平陆"，孟子去平陆这个地方，对当地长官孔距心说："子之持戟之士，一日而三失伍，则去之否乎?"你手下的拿着戟的战士，一天之内三次站队都没站明白，罢免他不? 如果我们引申一下的话，你手下的人，一天有三次失职的行为，那么你是开除他? 还是留着他? 孔距心的回答是"不待三"，不等到第三次就罢免了。

孟子接着说"然则子之失伍也亦多矣"，可是你自己失职的地方也是很多的。下面是孟子举的例子。"凶年饥岁，子之民，老羸转死于沟壑，壮者散而之四方者，几千人矣。"碰到灾年，你手下的百姓，老的、体弱多病的，在沟里辗转死亡，强壮的逃亡到四方去，将近千人，这不是你的失职吗?

孔距心说："此非距心之所得为也。"这不是我所能管的事情。他想要推卸责任。"距心"是他的名字，说话的时候为表示谦逊，不说"我"，而是叫着自己的名字。

孟子说："今有受人之牛羊而为之牧之者，则必为之求牧与刍矣。求牧与刍而不得，则反诸其人乎？抑亦立而视其死与？"现在有这么一个人，接受了别人的牛羊，替别人去放牧，就一定要去寻找牧场或者草料，没有找到牧场和草料，那么是把牛羊还给原来的主人，还是看着牛羊饿死呢？孟子的比喻很尖刻，作为官员，老百姓是你的牛羊，所以老天给你这个权力，就是为了让你把老百姓管好，发生灾荒的时候你要负责将百姓安顿好，如果做不到就是失职。当然你也有另外一个选择，做不到就辞职，把职位让给更有能力的人。你管理不善还不辞职，就等于看着牛羊饿死还不给主人送回去。孟子这个比喻说完之后，孔距心说这确实是他的罪过。我们不知道他是真心意识到自己的问题了，还是因为辩论不过孟子而认错了。

"他日，见于王"，过了几天，孟子见到了齐王，对他说"王之为都者"，您手下治理城池的人；"臣知五人焉"，我一共认识五个；"知其罪者惟孔距心"，知道自己过错的只有一个孔距心。"为王诵之"，于是对王复述了他与孔距心之间的对话。孟子显然是要拿这件事来刺激齐王，齐王也明白，因此说"此则寡人之罪也"。这是我的罪过。齐王主动承认了错误。

这是孟子讲的统治者应有的责任，领导者应有的责任。作为一个领导者，要时时刻刻想着你的责任和义务是什么，要尽职尽责，不能每天考虑这个位置带给你什么好处。孟子认为，领导者如果没有完成职责，就是失职，就应该辞职。

4·5　孟子谓蚔鼃曰："子之辞灵丘而请士师，似也，为其可以言也。今既数月矣，未可以言与？"蚔鼃谏于王而不用，致为臣而去。

齐人曰："所以为蚔鼃则善矣；所以自为，则吾不知也。"

公都子以告。孟子曰："吾闻之也：有官守者，不得其职则去；有言责者，不得其言则去。我无官守，我无言责也，则吾进退岂不绰绰然有余裕哉？"

蚔鼃，齐大夫。鼃即今蛙字。

孟子对蚔鼃说"子之辞灵丘而请士师，似也"。"灵丘"是地名。您辞去了灵丘这个地方长官的职务，请求担任士师这个职务，士师是王身边的官。我觉得你的选择好像是对的，因为在这里可以有机会见到国君。"为其可以言也"，有机会和国君面谈，可以劝国君行善。"今既数月矣，未可以言与？"现在已经过去几个月了，还不可以说吗？还不可以劝谏吗？"蚔鼃谏于王而不用"，蚔鼃听从孟子的话，开始给国君提建议，国君不采用；"致为臣而去"，蚔鼃辞官而去。

齐国人评价"所以为蚔鼃则善矣"。"所以为"是为谁而考虑。孟子为蚔鼃考虑，为蚔鼃出谋划策，做得挺好。"所以自为"，可是他为自己考虑得怎么样？"则吾不知也"，那我就不知道了，没办法评价了。这句话说得非常含蓄，指什么？指孟子滞留在齐国没走。孟子让蚔鼃劝谏，蚔鼃做了。按照儒家的理念，既然你提意见君主不接受，那你还留在这里做什么？蚔鼃做得很对，劝谏不听，就辞官离开了。孟子在齐国的时间也不短了，跟齐王提意见也没有被采纳，那你怎么不走呢？这段话是这么个意思。那孟子你是怎么考虑的，我们就不知道了，这话说得相当含蓄，但是表达了对孟子的不满，是对孟子的一种批评。

“公都子以告”，公都子是孟子的弟子，公都子把别人这种评价告诉了孟子。孟子说：“吾闻之也：有官守者，不得其职则去；有言责者，不得其言则去。”我听过这样的话，你有一定的官位，也有一定的执掌，如果你不能完成你的职责，那么就应该辞官离开；如果你担任职务就有向国君劝谏的职责，这称为“言责”。从广义上讲，所有的大臣都有向国君劝谏的职责，但古代有一些专门的官员，其职责就是向国君劝谏，这类官被称为“谏官”，也称“言官”。有“言责”的人，如果劝谏国君不听也就可以离去了。前面说的蚳鼃应该就属于这种情况。孟子虽然住在齐国，但他并未担任任何职务，“我无官守，我无言责也”。我没当官，也就没有职责，我是一个普通老百姓，我也没有劝谏国君的责任和义务。“则吾进退岂不绰绰然有余裕哉”，我要去要留不是很自由吗？孟子的意思是，他和蚳鼃不一样。蚳鼃既有“官守”（他是官），又有“言责”（他是士师），这个官就有劝谏的责任和义务。

孟子告诉我们另一个理念，你在那个位置上就有那个责任，没在那个位置上就没有那个责任，这一点很重要。为什么孔子从鲁国出来去周游列国了，当时孔子在鲁国的官已经做得不小了，大司寇，他有官守，有言责，但是说了不算，所以他才辞官了。孟子没当官，所以来去自由。古人有一句话，当官不自在，自在不当官。从这个角度理解才是对的。坐在哪个位置上，就应该承担哪个位置的责任，我们今天讲岗位职责，也是这个意思。

4·6　**孟子为卿于齐，出吊于滕，王使盖大夫王驩为辅行。王驩朝暮见，反齐滕之路，未尝与之言行事也。**

公孙丑曰："齐卿之位，不为小矣；齐滕之路，不为近矣。反之而未尝与言行事，何也?"

孟子曰："夫既或治之，予何言哉?"

"孟子为卿于齐，出吊于滕。"这里讲的是孟子在齐国当官之后的事情了。孟子在齐国任卿，奉命去滕国吊丧。"王使盖大夫王驩为辅行"，"盖"在这里应读 gě，地名，是齐国的一个城；"盖大夫"是管理这个城市的长官，这个人名叫王驩；"辅行"是副使。国君派盖地的长官王驩做孟子的副使，"王驩朝暮见"，王驩和孟子一早一晚总见面。"反齐滕之路"，从齐国到滕国，再回来。"未尝与之言行事也"，一路上孟子也没和王驩谈出使要办的事。一个正使，一个副使，两人天天见面，一句工作都没谈过。

弟子公孙丑来问："齐卿之位，不为小矣；齐滕之路，不为近矣。反之而未尝与言行事，何也?"齐国的卿官位不能算小了，从齐国到滕国的路不能算近了，一直到回来您也没有和人家说到工作上的事，为什么？

孟子回答："夫既或治之，予何言哉?"既然他把事情都处理了，那我还说什么？这说明什么问题呢？说明王驩独断专行，什么事都不与孟子商量，直接就处理了，孟子也就不问了。

这件事体现的是儒家的明哲保身，也是为人处事的方法，可以说在今天也是有实践的意义的。两个人一起办事，对方独断专行，不跟你商量，把事情都办了，在这种情况下怎么办？如果强势过问，争权夺利，必然引起矛盾；如果事事都随着他，给他打下手，好像也没有这个必要。仔细想一想，好像只有孟子这种做法才能达到和谐，而且不会对自己构成伤害。孟子这种置身事外的做法才是最佳选择，一旦开始与对方谈这个事情，下面怎么说效果都不好，所以孟子干脆一句都不提。

从另一角度来说，孟子与王驩出门办事，旅途兜这么大一圈，两人路上要天天见面，天天一起聊天，孟子能一直避开谈公事，真是太有智慧了。有一个类似的笑话。当年艾森豪威尔在一个舞会上认识了一个漂亮女孩子，非常喜欢她。舞会结束后，艾森豪威尔主动要送女孩儿回家，开车跑了一个半小时，绕了许多弯子，还绕不到她家。女孩说，你对这个城市真是不熟啊。艾森豪威尔回答说，我可不敢这么说，如果我真是不熟的话，我能连开一个半小时一次都没路过你家附近吗？这是技术，更是智慧。

4·7　**孟子自齐葬于鲁，反于齐，止于嬴。**

充虞请曰："前日，不知虞之不肖，使虞敦匠事。严，虞不敢请。今愿窃有请也，木若以美然。"

曰："古者棺椁无度，中古棺七寸，椁称之，自天子达于庶人。非直为观美也，然后尽于人心。不得，不可以为悦；无财，不可以为悦。得之为有财，古之人皆用之，吾何为独不然？且比化者无使土亲肤，于人心独无恔乎？吾闻之也，君子不以天下俭其亲。"

"孟子自齐葬于鲁，反于齐，止于嬴。"孟子的母亲去世，当时他在齐国，接到母亲去世的消息，从齐国回到鲁国安葬他的母亲。办完丧事之后再返回齐国，停留在嬴这个地方。这是下面对话的地点。

充虞是孟子的弟子。"前日，不知虞之不肖。""肖"是像，"不肖"是不像，这是字面意思，但往往用于谦辞，意思是我不行。充虞说，从前您不知道我不行。“使虞敦匠事”，在丧事里面，让我负责来做木匠活。“严”是时间很紧。“虞不敢请”，我也不敢问您。现在做完了，“今愿窃有请也”，我希望私下里请教您一个问题。充虞这句话说得非常客气，做了些铺垫，实际上他心里憋了一句话，是对孟子的质疑。“木若以美然”，您用的棺木是不是有点太美好了？他全程参与了孟子母亲的丧事，有一个感慨，觉得孟子有点过分，最后实在是忍不住了，在回齐国的途中问了孟子。

前面曾讲到，当时有人指责孟子“后丧逾前丧”，说他给母亲办丧事的规格超过了安葬父亲，是不符合礼的。由此看来，孟子安葬母亲的时候，丧事是办得比较铺张的，当时有不少人对此表示质疑，就连孟子的弟子充虞都觉得不妥，所以私下里问孟子。

孟子回答：“古者棺椁无度，中古棺七寸，椁称之，自天子达于庶人。非直为观美也，然后尽于人心。”上古的时候对于棺椁用木的尺寸没有规定，“椁”是在棺材外面再套一个大棺材，里面的一层叫棺，棺里放死尸，外面的一层叫椁，椁里放陪葬品。上档次的人家有棺有椁，有随葬品。普通老百姓是有棺无椁。最初对棺椁用木的厚度是没有规定的。中古时期，一般棺材板厚七寸，椁的厚度与棺是对等的，这个规定从天子到普通老百姓都一样。这不仅仅是为了美观，而是因为只有这样才算是孝子尽了心。

“不得，不可以为悦；无财，不可以为悦。”“不可以为悦”是指做不到的话心里会不高兴，也不安心，不能用上等木材做棺材的话，不能把棺椁打造得很好的话，当子女的心里不安。做不到的原因主要有两个方面，其一是“不得”，字面意思是得不到，但放在这里有特殊含义。上古对棺椁没有规定的制度，中古时期规定七寸厚，不分级别全民统一的。而到了孟子的时代就不是这样了，是按照社会地位和级别分别有不同的制度，达不到相关级别就不能使用相应的棺椁，否则就叫僭越，就违反了礼。诸侯、卿、大夫有不同制度，没达到那个级别，就得不到相应的待遇，想把葬礼办得好点，棺材做得厚点，级别不够是不可以的。这是“不得”。其二是“无财”，不是级别问题，而是买不起，财力上做不到。

孟子给父亲办丧事时，财力如何我们不得而知，但他尚未当官，级别肯定不行，而他母亲去世的时候，孟子级别也上去了，也有钱了，具备好好办丧事的条件了。按孟子的说法，“得之为有财”，按规定应享受这个待遇，家里也有钱能置办得起。如果是这样的话，“古之人皆用之”，满足这两个条件的古人都会这么做的，没有主动从简的。“吾何为独不然”，那么我为什么不这么做呢？换句话说，虽然丧事办得豪华一些，但孟子的做法符合规定、符合礼。

“且比化者无使土亲肤，于人心独无恔乎？吾闻之也，君子不以天下俭其亲。”“比”是为，况且为了让死者皮肤不要直接挨着土，做到这一点，我们的心里难道没有快乐吗？我听过这样的话，君子不会因为天下大事而对他的双亲俭省，节俭不能体现在父母身上。

4·8　沈同以其私问曰：“燕可伐与？”

孟子曰：“可。子哙不得与人燕，子之不得受燕于子哙。有仕于此，而子悦之，不告于王而私与之吾子之禄爵；夫士也，亦无王命而私受之于子，则可乎？何以异于是？”

齐人伐燕。或问曰：“劝齐伐燕，有诸？”

曰：“未也。沈同问‘燕可伐与’？吾应之曰‘可’，彼然

而伐之也。彼如曰‘孰可以伐之’？则将应之曰：‘为天吏，则可以伐之。’今有杀人者，或问之曰‘人可杀与’？则将应之曰‘可’。彼如曰‘孰可以杀之’？则将应之曰：‘为士师，则可以杀之。’今以燕伐燕，何为劝之哉？”

“沈同以其私问曰”，沈同是齐国的大臣，他以私人身份问孟子。“燕可伐与”，可不可以讨伐燕国呢？这里特意强调，这不是齐国官方征询孟子的意见，沈同是以私人身份向孟子咨询。当然，沈同很可能会将他与孟子的对话向齐王进行汇报，由此对齐国的最终决策产生了影响，但对此孟子是不应该负责任的。所以，当时有人认为是孟子劝说齐国讨伐燕国，这种理解是不对的。

孟子首先表明自己的态度，认为可以讨伐燕国，然后是说明理由。当时在位的燕王名叫子哙，这个人泥古不化，发现尧舜禹的禅让制在历史上评价很高，他想主动退位，让位给他的宰相子之。让他这么一搞燕国大乱，而后齐国趁机攻打燕国。我们前面提到过，后来齐国很快就拿下了燕国，关于占领不占领燕国的问题，齐王还请教过孟子，这是后话。孟子认为，“子哙不得与人燕”，子哙不应该把燕国给别人。“子之不得受燕于子哙”，子之也不应该从子哙手中接受燕国。他们二人给的、接受的都不对。

为什么不对？下面孟子说了一个比喻。“有仕于此，而子悦之。”“仕”是通假字，通“士”。现在有一个士人，您喜欢他。“不告于王而私与之吾子之爵禄”，您没有向齐王请示，就私下里把你的官职和工资都转给他了。“夫士也，亦无王命而私受之于子，则可乎？”这个人也没有齐王的任命，私自就接受了你的官职和工资，这么做可以吗？孟子指出了燕国这种让位的做法是不正确、不合理的。在这里孟子虽然没有展开叙述，但从他的比喻里可以看出，孟子心目中是有君权神授观念的。国家是老天给你的，你不能私自转让给别人。“何以异于是”，这两件事情有什么区别吗？

“齐人伐燕”，齐国讨伐燕国。然后有人问孟子：“劝齐伐燕，有诸？”有人说齐国发兵是你劝的，有没有这回事？

孟子回答：“未也。沈同问‘燕可伐与’？吾应之曰‘可’，彼然而伐之也。”孟子说他没有劝齐国讨伐燕国。沈同问燕国可不可以讨伐，我回答说可以，然后他们就去讨伐了。实际上孟子还有下半句话没说完。“彼如曰‘孰可以伐之’？则将应之曰：‘为天吏，则可以伐之。’”如果他接着问谁可以讨伐燕国，那我就将回答说，你要先成为“天吏”，就是老天委任的人，而后才可以讨伐他。关于“天吏”，本书前文出现过，这里不细说了。孟子的意思是，都说我劝齐国讨伐燕国，可是我没劝，他只问了我一半，还没等我说下一半，他就去讨伐了。

孟子接着说“今有杀人者”，比如有一个杀人的人，你问这个人是不是该杀呢？杀人偿命这是大家的共识，那么答案当然是应该。若是问谁可以杀他呢？“为士师，则可以杀之”，只有法官可以。他杀了人，是该杀，但也不能随便谁都可以把他杀了，而是要法官出面杀他。

通过这个比喻可以看出，孟子的意思是，燕国君臣的所作所为是错误的，是应该受到讨伐，但也不是谁都可以讨伐，要看看你自己是不是做到位了，是不是受到老天的任命了，你在那个位置上，才可以讨伐他。就像那个杀人犯，是法官才可以处死他。如果每个人都可以宣判别人死刑，立即执行，那这个社会就乱了，社会秩序就不复存在了。

“今以燕伐燕，何为劝之哉？”燕国是做乱的国家，讨伐燕国的家伙与燕国是一样的，我为什么还要劝他去讨伐？孟子这是公开攻击齐国，他这个时候应该还在齐国。

4·9　**燕人畔。王曰：“吾甚惭于孟子。”**

陈贾曰：“王无患焉。王自以为与周公孰仁且智？”

王曰：“恶，是何言也？”

曰：“周公使管叔监殷，管叔以殷畔。知而使之，是不仁也；不知而使之，是不智也；仁、智，周公未之尽也，而况于王乎？请见而解之。”

见孟子，问曰：“周公何人也？”

曰：“古圣人也。”

曰：“使管叔监殷，管叔以殷畔也，有诸？”

曰：“然。”

曰：“周公知其将畔而使之与？”

曰：“不知也。”

“然则圣人且有过与？”

曰：“周公，弟也；管叔，兄也，周公之过，不亦宜乎？且古之君子，过则改之；今之君子，过则顺之。古之君子，其过也，如日月之食，民皆见之；及其更也，民皆仰之。今之君子，岂徒顺之，又从为之辞。”

齐国打败燕国之后，关于是否占领和吞并燕国的问题，齐宣王曾经征求过孟子的意见，但齐宣王并没有听从孟子的建议。而事情的发展正如孟子所预料的那样，在齐军占领期间，燕国的百姓纷纷起来反抗，驱逐齐国的军队，这就是上面说的“燕人畔”。齐宣王也后悔没有听从孟子的建议，因此说“吾甚惭于孟子”，对于孟子很惭愧，就是愧对孟子的意思。

齐国的大臣陈贾想出一套说法来为齐宣王辩护。陈贾说："王无患焉。王自以为与周公孰仁且智?"您不要担心这个事，更不必不好意思见孟子。您想一想，您和周公相比，您自以为谁更加地仁和智？齐宣王说："恶，是何言也?"唉，你这是什么话。言外之意，谁能跟周公相比，周公那是大圣人啊。

于是陈贾为齐宣王进行开脱。"周公使管叔监殷，管叔以殷畔。"这是周朝初年的史事，周武王打败商纣王之后，将商纣王的儿子武庚封在殷地，册封他为诸侯，这是当时的习惯，叫"灭国存祀"，把别人国家灭掉了，要给他保留一支后裔，可以世世代代有人祭祀其先王。周武王很快就去世了，继位的周成王年纪小，由周武王的弟弟周公辅佐成王。周公因为担心武庚发动叛乱，又在武庚封地的旁边，封了管叔、蔡叔，以便监视武庚。管叔、蔡叔都是周武王的儿子、周成王的叔叔，也就是周公的兄弟。周公本来的设计是，管叔、蔡叔的封地紧挨着武庚的封地，若是武庚率领商遗民发生叛乱，管叔、蔡叔马上就可以出兵平叛。但是万万没想到，管叔、蔡叔和武庚勾结起来，一起发动了叛乱，而后周公东征三年，才把这场叛乱平定下去。这就是陈贾说的"周公使管叔监殷，管叔以殷畔"，周公派管叔监视殷遗民，结果他和殷遗民一起发动了叛乱。

陈贾说："知而使之，是不仁也；不知而使之，是不智也；仁、智，周公未之尽也，而况于王乎？请见而解之。"如果周公明知道管叔会发动叛乱还派他去，那就是周公不仁，他等于是挖个坑让兄弟跳。若是周公不知道管叔将会发动叛乱才派他去的，那说明周公的智慧不够，没有识人之明，是不智。仁、智这两条，周公没有全占。就从管叔这件事来讲，要么周公是不仁，要么周公是不智，二者必居其一。周公都不能仁智占全，更何况大王您呢？我请求去见孟子，我帮您解释解释。

于是陈贾来见孟子，问“周公何人也”？周公是什么样的人呢？孟子回答：“古圣人也。”陈贾说：“使管叔监殷，管叔以殷畔也，有诸？”周公派管叔监视殷遗民，结果管叔勾结殷人发动了叛乱，有没有这回事呢？孟子回答，有。陈贾说：“周公知其将畔而使之与？”周公知道管叔即将叛乱而派他去的吗？孟子回答，周公并不知道。陈贾说：“然则圣人且有过与？”那么说来圣人也会犯错误吗？说到这里，孟子肯定已经将陈贾的来意看明白了，然后孟子说了下面一段话，不仅对陈贾的说辞进行了反驳，还挖苦了陈贾。

孟子说：“周公，弟也；管叔，兄也，周公之过，不亦宜乎？”周公是弟弟，管叔是兄长，周公犯这样的错误，不也是应该的吗？言外之意，做弟弟的怎么可能随便怀疑哥哥会发动叛乱呢，因此周公才没有想到管叔会发动叛乱，这正是周公友爱兄弟之心的体现。

解释明白历史事件之后，孟子开始挖苦陈贾。“且古之君子，过则改之；今之君子，过则顺之。古之君子，其过也，如日月之食，民皆见之；及其更也，民皆仰之。今之君子，岂徒顺之，又从为之辞。”古代的君子有了过错就去改正它，今天的君子有了过错却要去顺应它。古代君子的错误就好比日食月食，发生日食月食的时候，老百姓都看见了，等到改了，等日食月食过去之后，太阳月亮还是我们仰望的。孟子用这个比喻来形容君子对待错误应有的态度，有过就应该改。第一，瞒不住，过错大家都看见了，就像日食月食那样。第二，改正错误后，大家更加敬仰你，更敬佩你，还仰望着你。改过是增加威望，让人仰望的方式，这是讲古代的君子。现在的君子对待错误，不仅仅是顺着干，还要找些言辞来推脱责任。这就不仅骂了齐王，还骂了陈贾。

从这个故事中我们可以看出孟子思维的敏捷，陈贾来和他聊周公、管叔的事，孟子马上就明白他是做什么来了，马上就猜到了齐王与陈贾的想法。明白是明白，但是孟子并没有说破，正是因为不说破，才可以痛痛快快地指桑骂槐，把对齐宣王和陈贾的批评说到明处。这正是孟子的聪明之处，也是孟子谈话的艺术。

孟子这里谈到的君子对待错误的态度是应该我们学习的，同样的论述也见于《论语》，这是儒家的一贯主张。

4·10　孟子致为臣而归。王就见孟子，曰："前日愿见而不可得，得侍同朝，甚喜；今又弃寡人而归，不识可以继此而得见乎?"

对曰："不敢请耳，固所愿也。"

他日，王谓时子曰："我欲中国而授孟子室，养弟子以万钟，使诸大夫国人皆有所矜式。子盍为我言之?"

时子因陈子而以告孟子，陈子以时子之言告孟子。

孟子曰："然。夫时子恶知其不可也? 如使予欲富，辞十万而受万，是为欲富乎? 季孙曰：'异哉子叔疑！使己为政，不用，则亦已矣，又使其子弟为卿。人亦孰不欲富贵? 而独于富贵之中有私龙断焉。'古之为市也，以其所有易其所无者，有司者治之耳。有贱丈夫焉，必求龙断而登之，以左右望，而罔市利。人皆以为贱，故从而征之。征商，自此贱丈夫始矣。"

"孟子致为臣而归"，孟子辞去齐国的官职，要走了。"王就见孟子"，齐王专门去看孟子。齐王说"前日愿见而不可得，得侍同朝甚喜，今又弃寡人而归，不识可以继此而得见乎"?从前希望见到您而不可能，后来终于得以在一起共事，我感到很高兴，现在您又将抛弃我而归去，不知道在此以后还能不能见到您？孟子回答："不敢请耳，固所愿也。"我不敢请求而已，这本来是我的愿望。孟子含蓄地表达非常希望以后还能见到齐王。孟子这句话后来也就成为古人常用的客气委婉的表达方法。

"他日"，另一天。"中国"是国中，狭义的国指首都。齐王对臣下时子说："我欲中国而授孟子室，养弟子以万钟，使诸大夫国人皆有所矜式。"我想在都城中给孟子一个房子。"钟"是当时的计量单位，一钟相当于六石四斗，万钟就是六万四千石。齐宣王想每年给孟子粮食六万四千石，这在当时是官员俸禄的最高等级，以便让孟子有钱养他的弟子。之所以这么做，齐宣王的想法是，使齐国不论当官的还是平民百姓都有个榜样可以效仿。"子盍为我言之?"您何不替我跟孟子讲一讲呢?

"时子因陈子而以告孟子，陈子以时子之言告孟子。"不知道为什么，时子没有自己去见孟子，而是托陈子转告孟子齐王的意思，看来时子可能与孟子不熟啊。陈子就把时子对他说的话告诉了孟子。

孟子听了之后对陈子说："夫时子恶知其不可也？如使予欲富，辞十万而受万，是为欲富乎?"时子哪里知道这事做不得呢？假如我想要发财，那我推辞了十万的年薪，而接受了一万的年薪，我这是想发财致富吗？我们理解，孟子不是为了钱，是为了他的政治理想。

然后孟子引了鲁国季孙氏的一句话："异哉子叔疑！使己为政，不用，则亦已矣，又使其子弟为卿。人亦孰不欲富贵？而独于富贵之中有私龙断焉。"子叔疑这个人挺怪异，让他自己从政，他不干，可是又让他的子弟担任卿的官职。人哪有不想得到富贵的，可他却想在做官发财中搞垄断。有钱和有社会地位也是能够垄断的吗？不能把这个当成自己的追求。

接下来孟子作了个比喻。“古之为市也”，正如古代的市场；“以其所有易其所无者，有司者治之耳”，本来不过是用自己所有的交换自己所没有的，有关部门管理这个市场。“有贱丈夫焉，必求龙断而登之，以左右望，而罔市利。”有个比较低劣的人，一定要在市场里找个高台登上去，以便左右观望，观察市场里所有的有利的买卖，恨不得所有有利的买卖都由他一个人去做。“人皆以为贱，故从而征之。征商，自此贱丈夫始矣。”人们都觉得这个人下贱，因此向他征税，政府向商人征收商业税就是从这个卑鄙的人开始的。

孟子讲，做买卖每个人都想赚钱，但是不能采取那个人的方法，把所有人的利益都收归己有，那样是不合适的。孟子这番话是在解释齐王的做法是不可行的，如果孟子真的接受了齐王的待遇，那就与站在市场高处垄断所有利益的人没有区别了。

齐王根本不理解孟子，他提的建议是孟子绝对不会接受的，因为那不是孟子的追求。孟子到这里来不是为了追求钱，不是为了追求高待遇，他追求的是实现自己的政治理想，造福天下苍生。齐王不能帮孟子实现政治理想，所以孟子要辞职回老家，因为在齐国待下去已经没有意义了。齐王竟然想把孟子养起来，这肯定是孟子不愿意的。

4·11　**孟子去齐，宿于昼。有欲为王留行者，坐而言。不应，隐几而卧。客不悦曰：“弟子齐宿而后敢言，夫子卧而不听，请勿复敢见矣。”**

曰：“坐，我明语子。昔者鲁缪公无人乎子思之侧，则不

能安子思；泄柳、申详无人乎缪公之侧，则不能安其身。子为长者虑，而不及子思，子绝长者乎？长者绝子乎？”

上面三章的内容是相连的，先是因为燕国的事情齐宣王觉得不好意思见孟子，君臣之间已经没有办法相处了，孟子看明白了这一点，因此决定辞职回老家。齐宣王自己也觉得对不起孟子，才想到给孟子在市中心安排住处，给孟子万钟的待遇，让孟子专心培养弟子等等不切实际的想法。这些不过是齐宣王为给自己买心安的临时举措。孟子自然不可能不明白这一点，他当然不会接受的，于是孟子决定离开齐国。接下来才是本章的内容，是孟子已经动身之后的事情了。

“孟子去齐，宿于昼。有欲为王留行者，坐而言，不应，隐几而卧。”孟子离开齐国，住在“昼”这个地方。有个想要替齐王挽留孟子的人来劝孟子，恭敬地坐着与孟子讲，劝孟子别走。孟子不回答他，趴在靠几上休息。“几”是小矮桌，古代的器物，今天已经没有了，用作古人席地而坐的靠手。这个人聊起来没完，孟子“隐几而卧”在当时来讲是很不礼貌的行为。

客人很不高兴地说：“弟子齐宿而后敢言，夫子卧而不听，请勿复敢见矣。”我前一天斋戒沐浴后才敢跟您谈话，可您在这装睡不听我说，以后再也不敢来见您了。

孟子说：“坐，我明语子。昔者鲁缪公无人乎子思之侧，则不能安子思；泄柳、申详无人乎缪公之侧，则不能安其身。”坐，我明明白白地告诉你。从前鲁缪公要是没有人在子思旁边，就不能让子思安心。孟子用这个典故讲鲁缪公是怎样尊重子思的，缪公把子思身边的人都安排得非常好，这样才能使子思安顿下来。泄柳、申详是鲁缪公的两位大臣。泄柳、申详要是没有人在鲁缪公身边，他们就不能使自己安心。这两件事讲的都是对人的一种尊重，鲁缪公的做法是作为君主对贤人的尊重，而泄柳、申详是臣子对国君的尊重。一个是君对臣、一个是臣对君，孟子举了两个例子之后责备这个人，

“子为长者虑，而不及子思。”您现在替长者考虑，表面上是替我考虑，为我着想，但你都没有想想子思当年的事情，没想想鲁缪公是怎样对待子思的。孟子用自己比子思，他是子思的再传弟子。孟子想表达的是，齐王对他的态度没有当年鲁缪公对子思的态度，所以孟子才要走。那人要挽留孟子，应该去劝齐王，齐王态度转变了，孟子自然不走了，而他却跑孟子这里滔滔不绝地劝，看不明白事情，很令孟子讨厌。“子绝长者乎？长者绝子乎？”就你这种处理问题的方式，那么是你和我断绝，还是我和你断绝呢？

这件事表面上看是孟子断绝和那人的来往，实际上是那人的做法本身就不对，责任在齐王而不在孟子。他本应该去劝齐王改变态度，反而来劝孟子，这就等于是他逼孟子与自己断绝关系，因为孟子显然是不可能听他的劝告的。

4·12　**孟子去齐。尹士语人曰：“不识王之不可以为汤武，则是不明也；识其不可，然且至，则是干泽也；千里而见王，不遇故去，三宿而后出昼，是何濡滞也？士则兹不悦。”**

高子以告。

曰：“夫尹士恶知予哉？千里而见王，是予所欲也；不遇故去，岂予所欲哉，予不得已也。予三宿而出昼，于予心犹以为速，王庶几改之。王如改诸，则必反予。夫出昼而王不予追也，予然后浩然有归志。予虽然，岂舍王哉？王由足用为善。王如用予，则岂徒齐民安，天下之民举安，王庶几改之，予日

望之。予岂若是小丈夫然哉？谏于其君而不受，则怒，悻悻然见于其面。去则穷日之力而后宿哉？”

尹士闻之曰：“士诚小人也。”

孟子离开齐国，有个叫尹士的人就对别人讲，孟子若是不知道齐王成不了商汤和周武王那样的圣明君主，那是孟子没有识人之明。孟子如果认识到了齐王不行，然而还要来劝，那他是在给自己求俸禄。“干泽”，“干”是求，“泽”是禄。不远千里地来见齐王，没有被任用所以又走了，在昼地住了三天才离开，孟子为何在这里滞留呢？我因为这件事很不高兴。这是尹士对孟子的批评。昼地在齐国的边境，尹士认为孟子在昼地滞留，说明孟子想等着齐王召他回去给自己谋好处，恋恋不舍官位俸禄。

高子便把这个话告诉了孟子。孟子说：“夫尹士恶知予哉？千里而见王，是予所欲也；不遇故去，岂予所欲哉，予不得已也。”那个尹士怎么能了解我呢？我跑一千里地来见齐王，这是我所希望的。王不能用我，所以我离开，这怎么能是我希望的呢？是不得已啊。“予三宿而出昼，于予心犹以为速，王庶几改之，王如改诸，则必反予。”我住了三天才离开昼地，从我心里还觉得离开得快了，如果王改变了主意，一定会派人来让我回去。孟子心里始终抱有一丝希望，齐王也许会用他的政治主张，等了三天没人理他，希望破灭了才走的。

“夫出昼而王不予追也，予然后浩然有归志。予虽然，岂舍王哉？王由足用为善，王如用予，则岂徒齐民安，天下之民举安。”我离开昼地，齐王没有派人来追回我，我才无所留恋地产生了回乡的念头。我虽然这样做，哪里是我舍弃齐王呢？齐王如果还能够为善，如果还能任用我，我怎么会只是让齐国的老百姓因此得到安定呢，全天下的人民都可以因此得到安定。这才是孟子的抱负。“王庶几改之，予日望之。”王也许会改变态度，我天天盼望着。

“予岂若是小丈夫然哉?”我哪里是这样的小心眼呢?“谏于其君而不受则怒，悻悻然见于其面，去则穷日之力而后宿哉?”向国君进谏而不被接受，就发怒，生气的样子露在脸上，一旦离开时就要拼尽全力走完白天才住宿?这是心胸不开阔的小丈夫的表现，这样心态的人恐怕也不会有太大的追求。

尹士听说孟子这番话后说“士诚小人也”，我才真是一个小人。

孟子周游列国是抱着安天下的心，不远千里去见齐王也是为了实现让全天下的老百姓安定的梦想。齐王没有采纳孟子的建议，不能实现孟子的政治主张，再留下来就变成争俸禄争钱了，与初心相违了，所以孟子选择离开。走时抱着最后的幻想，齐王也许会改变主意，所以特意在边境住了三天，尽全力追求，但是没有结果。孟子的这种心态，才称得起是儒家的仁者爱人精神。

有一个与此章有关的故事。明末农民起义领袖张士诚，本名张九四，后来建立了自己的政权，与朱元璋对峙，请文人给自己起一个比较典雅的名字，才取了张士诚这个名字。而实际上起名的人就是用的本章的最后一句话“士诚小人也”，暗中骂张士诚为小人。之所以出现这样的故事也与古书没有标点有关。其实，这句话的断句应该断为“士，诚小人也”，“士”是尹士的名字，是尹士自称，“诚”是确实的意思，尹士说自己确实是小人。“士”“诚”两字本不相连，若是按照上面故事的理解，断句就成了“士诚，小人也”，与本章的意思就不相吻合了。

4·13　孟子去齐。充虞路问曰："夫子若有不豫色然。前日虞闻诸夫子曰：'君子不怨天，不尤人。'"曰："彼一时，此一时也。五百年必有王者兴，其间必有名世者。由周而来，七百有余岁矣，以其数则过矣，以其时考之则可矣。夫天未欲平治天下也，如欲平治天下，当今之世，舍我其谁也？吾何为不豫哉?"

孟子离开齐国。充虞在路上问道，老师您好像不高兴呢？我从前曾听老师说过，作为君子，不抱怨老天，不指责他人。"不怨天，不尤人"也是孟子的名言。充虞的言外之意是，孟子离开齐国为什么不高兴，要么是怪老天，要么是怪人，怨天尤人必占其一。

孟子说："彼一时，此一时也。五百年必有王者兴，其间必有名世者。"那是一个时候，现在又是一个时候。每过五百年就有一个王者兴起，也必有一个名望很高能辅佐他的人。这是孟子理解的历史规律，对不对另当别论。"由周而来，七百有余岁矣，以其数则过矣，以其时考之则可矣。"从周朝建立以来，到现在已经七百多年了，从年数来看已经超过了，从当下这个时代来考察，也已经是时候了。

"夫天未欲平治天下也，如欲平治天下，当今之世，舍我其谁也？吾何为不豫哉?"上天还没有想让天下大治啊，如果老天想让天下大治，在当今这个社会，除了我，还有谁？那我还有什么不高兴的呢？

离开齐国孟子并不会不高兴，因为他相信，只要上天想让天下大治，他就一定有机会完成这个历史使命。

4·14　**孟子去齐，居休。公孙丑问曰："仕而不受禄，古之道乎?"**

孟子曰："非也。于崇，吾得见王。退而有去志，不欲变，故不受也。继而有师命，不可以请。久于齐，非我志也。"

这几章说的都是孟子离开齐国的事情。"居休"，孟子离开齐国，在休地停留。孟子的弟子公孙丑问："仕而不受禄，古之道乎?"做官却不接受俸禄，这是古人的道吗?

孟子说不是，然后他解释自己为什么这么做："于崇，吾得见王，退而有去志，不欲变，故不受也。"我在崇地见到齐王，退下来之后就打算离开了，但是我不想变得太快，就暂时停留下来，所以也没有接受俸禄。可见孟子从第一次见到齐王就已经对他表示失望了。"继而有师命，不可以请。久于齐，非我志也。"接下来齐国动员部队和别的国家打仗，在这种形势下不好开口请求离开。因此在齐国待了很久，这不是我的志向。没有立刻离开齐国是客观原因造成的，虽然在齐国待了很久，但一直也没有接受俸禄，是因为一直都想离开。

孟子做到了《大学》《中庸》讲的"诚"，"勿自欺"。孟子从一开始就没有想留下，他早就认识到这个国家不可能行仁政，他的政治理想实现不了，所以才没有接受齐国给他的俸禄。

卷五　滕文公上

5·1　**滕文公为世子，将之楚，过宋而见孟子。孟子道性善，言必称尧舜。世子自楚反，复见孟子。**

孟子曰："世子疑吾言乎？夫道一而已矣。成覸谓齐景公曰：'彼丈夫也，我丈夫也，吾何畏彼哉？'颜渊曰：'舜何人也？予何人也？有为者亦若是。'公明仪曰：'文王我师也，周公岂欺我哉？'今滕，绝长补短，将五十里也，犹可以为善国。书曰：'若药不瞑眩，厥疾不瘳。'"

"滕文公为世子，将之楚，过宋而见孟子。"诸侯国国君的接班人叫世子，滕文公在做世子的时候，去楚国途经宋国的时候，见到了孟子。"孟子道性善，言必称尧舜。世子自楚反，复见孟子。"孟子讲人性本善，话题不离尧舜，给滕文公留下了很深的印象，因此他回国的时候途经宋国就又来见孟子。用今天的情形打个比方，孟子在宋国讲学，出差路过的滕文公偶然听了一场，非常赞赏，出差回来专门来拜见孟子。

前面两人肯定已经进行了一番谈话了，这里记录的是孟子的总结，孟子说："世子疑吾言乎？夫道一而已矣。"你对我说的怀疑吗？道只是一个而已。看样子他们刚刚讨论了有关"道"的问题。

孟子接着举例子，连引了三位前人的话，中心是人人可以成为尧舜那样的圣人，是在勉励滕文公行仁政，只要行仁政他也可以成为尧舜那样的圣君。第一句，孟子引用成覵对齐景公说的话："彼丈夫也，我丈夫也，吾何畏彼哉?"那个人也是男人，我也是个男人，我怎么会畏惧他呢？第二句，孟子引的是颜渊的话："舜何人也？予何人也？有为者亦若是。"舜是什么样的人呢？我是什么样的人呢？有作为的人也会像他那样。第三句，孟子引公明仪的话："文王我师也，周公岂欺我哉?"周文王是我的老师，周公难道会欺骗我吗？

孟子引了三句古人的话，目的是激励滕文公。你也是人，舜也是人，起点都一样，都是人。你将来是国君，舜也是国君，只要立大志、努力，也能达到舜的高度，关键是你做不做。"今滕，绝长补短将五十里也，犹可以为善国。"现在的滕国，把疆土规整一下截长补短计算的话，也有将近方圆五十里，也还可以治理成一个好的国家。然后孟子又引了《尚书》中的一句，即"若药不瞑眩，厥疾不瘳"，假如这个药不能使你晕，病也好不了。这是个比喻，意思是不下重药病好不了，要想滕国大治应该有大的变革。

我体会，孟子是从两个方面劝说滕文公。首先劝滕文公不要自暴自弃，作为一个人，我们与舜没有本质的区别，应该把舜作为目标，追求成为伟大的君主。其次是劝滕文公若是想行仁政，将来治理国家的时候，要痛下决心，改变现有的做法，在这个过程中肯定有负面的情况出现，就像药一定会有副作用，不能因此而不敢改革。

孟子给滕文公一个勉励，让他行仁政，国家虽小，平台虽小，足可以让你有好的发展。可见，孟子为了行仁政，也无所不用其极了，从在齐国这样的大国想尽一切办法让齐王行仁政，到滕国这样的小国孟子都不放弃。孟子这一辈子颠沛流离，苦口婆心，可是他劝谁谁都不听，只有劝滕文公，滕文公似乎是听进去了，但后来落实得怎么样却不得而知。有一件事滕文公肯定是落实了，这就是下面一章谈的三年之丧。

5·2 滕定公薨。世子谓然友曰："昔者孟子尝与我言于宋，于心终不忘。今也不幸至于大故，吾欲使子问于孟子，然后行事。"然友之邹问于孟子。

孟子曰："不亦善乎，亲丧固所自尽也。曾子曰：'生，事之以礼；死，葬之以礼，祭之以礼，可谓孝矣。'诸侯之礼，吾未之学也，虽然，吾尝闻之矣。三年之丧，齐疏之服，饘粥之食，自天子达于庶人，三代共之。"

然友反命，定为三年之丧。父兄百官皆不欲，曰："吾宗国鲁先君莫之行，吾先君亦莫之行也，至于子之身而反之，不可。且《志》曰：'丧祭从先祖。'"

曰：'吾有所受之也。'谓然友曰："吾他日未尝学问，好驰马试剑。今也父兄百官不我足也，恐其不能尽于大事，子为我问孟子。"然友复之邹问孟子。

孟子曰："然。不可以他求者也。孔子曰：'君薨，听于冢宰，歠粥，面深墨。即位而哭，百官有司莫敢不哀，先之也。'上有好者，下必有甚焉者矣。'君子之德，风也；小人之德，草也。草尚之风必偃。'是在世子。"

然友反命。世子曰："然，是诚在我。"五月居庐，未有命戒。百官族人可，谓曰知。及至葬，四方来观之，颜色之戚，哭泣之哀，吊者大悦。

滕定公去世，世子对然友说，从前在宋国的时候孟子和我有过对话，我记在心里始终忘不了。今天不幸父亲去世，我想请您先去请教孟子怎么办，然后再办丧事。然友便到邹国去向孟子请教。显然这个时候孟子已经从宋国回到自己的家乡邹国了。

孟子对然友说："不亦善乎，亲丧固所自尽也。"非常好，父母的丧事本来就应该尽心竭力。"曾子曰：'生，事之以礼；死，葬之以礼，祭之以礼，可谓孝矣。'"父母活着的时候，依照礼节侍奉他们，父母去世，依照礼节安葬他们，依照礼节祭祀他们，就可以叫作孝了。孟子说这句话是曾子说的，我很迷惑，因为这句话见于《论语·为政》：

> 孟懿子问孝。子曰："无违。"樊迟御，子告之曰："孟孙问孝于我，我对曰无违。"樊迟曰："何谓也？"子曰："生，事之以礼；死，葬之以礼，祭之以礼。"

显然应该是孔子的话，最开始是孔子对弟子樊迟讲的。应该是后来这句话在孔子的弟子中广为流传，大家在讲到孝的时候纷纷引用，曾子也在不同场合引用过孔子的这句话，因而曾子的弟子或再传弟子误以为是曾子说的。

孟子接着讲："诸侯之礼，吾未之学也，虽然，吾尝闻之矣。三年之丧，齐疏之服，饘粥之食，自天子达于庶人，三代共之。"诸侯的礼节，我不曾专门学过，却也听说过。三年的丧期，穿着粗布做的孝服，喝稀粥，从天子一直到老百姓，夏、商、周三代都是这样的。这是孟子给然友讲儒家守孝的礼仪，这里应该是节略。

然友回国报告了世子，世子便决定实行三年的丧礼。滕文公的父兄和手下百官都不愿意。"父兄"指宗室亲属，滕文公的叔叔哥哥们，这个"父"不是指父亲，而是"诸父"。古代称叔叔们为“诸父”。这些人反对的理由是：“吾宗国鲁先君莫之行，吾先君亦莫之行也，至于子之身而反之，不可。且《志》曰：‘丧祭从先祖。’曰：‘吾有所受之也。’”我们的宗主国鲁国的历代君主没有实行过三年之丧，我们自己的历代祖先也没有实行过，到了您这一代想改变祖先的做法，这不可以。而且《志》上说过，丧礼祭祖一律依照祖先的规矩，道理就在于我们有所继承。

而后滕文公犹豫了，对然友说：“吾他日未尝学问，好驰马试剑。今也父兄百官不我足也，恐其不能尽于大事，子为我问孟子。”我过去不曾学习过，只喜欢跑马舞剑。现在父兄百官都觉得我不能这么做，担心我不能完成这个大事。你再去替我问问孟子。然友再次到邹国请教孟子。

孟子说“不可以他求者也”，不可以从别人身上追求，就是不能把一切推到别人身上，这就是为自己找借口开脱了。然后孟子引用孔子的话：“君薨，听于冢宰，歠粥，面深墨，即位而哭，百官有司莫敢不哀，先之也。”君王去世了，太子把一切政务都交给最高行政长官，每天喝稀粥。最后把脸色搞得深黑，就临孝子之位便哭泣，大小官吏没有谁敢不表示出悲哀，这是因为太子亲自带头的缘故。孟子是让滕文公先做出表率来，大家就都跟着干了。“上有好者，下必有甚焉者矣。”在上位的人有什么喜好，下面的人一定比你还甚。下面一句是孟子引自《论语》，字词略有出入：“君子之德，风也；小人之德，草也。草尚之风必偃。”领导人的德行是风，老百姓的德行是草，草受风吹，必然随风倒。然后孟子总结“是在世子”，这件事完全取决于你。孟子这里讲的是反求诸己，以身作则。

然友回国报告了世子。世子说是的，这件事确实取决于我。

古代守孝是在坟地旁边搭个窝棚，这叫“庐”。不动荤腥，喝粥，不喝酒，表现出痛不欲生。“五月居庐，未有命戒。百官族人可，谓曰知。”于是世子在“庐”中住了五个月，没有颁布过任何命令和禁令。百官和同族的人都很赞成，认为滕文公知礼。“及至葬，四方来观之，颜色之戚，哭泣之哀，吊者大悦。”等到下葬的那一天，四面八方的人都来观看，世子面容的悲伤，哭泣的哀痛，前来吊丧的人看到丧礼都觉得非常到位。

虽然父兄百官的态度都表示反对，但滕文公自己做到位了，百官族人都称赞、认可滕文公。通过这件事孟子告诉我们，每件事都要反求诸己，首先考虑自己能不能做到，若是自己能坚定地做，慢慢才会影响到别人。自己先做到位，别人都能跟着走的。文化的传播、社会风气的改变自上而下容易，自下而上难。所以，我们今天要建设社会主义精神文明，应该从社会的上层精英阶层做起，我们传播儒学也应如此。这是孟子这一章留给我们的启示。

5·3 滕文公问为国。

孟子曰：“民事不可缓也。《诗》云：‘昼尔于茅，宵尔索绹；亟其乘屋，其始播百谷。’民之为道也，有恒产者有恒心，无恒产者无恒心。苟无恒心，放辟邪侈，无不为已。及陷乎罪，然后从而刑之，是罔民也。焉有仁人在位罔民而可为也？是故贤君必恭俭礼下，取于民有制。阳虎曰：‘为富不仁矣，为仁不富矣。’夏后氏五十而贡，殷人七十而助，周人百亩而彻，其实皆什一也。彻者，彻也；助者，藉也。龙子曰：‘治地莫善于助，莫不善于贡。’贡者，挍数岁之中以为常。乐岁，粒米狼戾，多取之而不为虐，则寡取之；凶年，粪其田而不足，则必取盈焉。为民父母，使民盻盻然，将终岁勤动，不得以养其父母，又称贷而益之，使老稚转乎沟壑，恶在其为民父母也？夫世禄，滕固行之矣。《诗》云：'雨我公田，遂及我私。'惟助为有公田。由此观之，虽周亦助也。设为庠序学校以教之。庠者，养也；校者，教也；序者，射也。夏曰校，殷曰序，周曰庠，学则三代共之，皆所以明人伦也。人伦明于上，小民亲于下。有王者起，必来取法，是为王者师也。《诗》云：'周虽旧邦，其命惟新。'文王之谓也。子力行之，亦以新子之国。"

使毕战问井地。

孟子曰："子之君将行仁政，选择而使子，子必勉之！夫仁政，必自经界始。经界不正，井地不钧，谷禄不平。是故暴君污吏必慢其经界。经界既正，分田制禄可坐而定也。夫滕，壤地褊小，将为君子焉，将为野人焉。无君子，莫治野人；无野人，莫养君子。请野九一而助，国中什一使自赋。卿以下必有圭田，圭田五十亩，余夫二十五亩。死徙无出乡，乡田同井，出入相友，守望相助，疾病相扶持，则百姓亲睦。方里而井，井九百亩，其中为公田。八家皆私百亩，同养公田。公事毕，然后敢治私事，所以别野人也。此其大略也。若夫润泽之，则在君与子矣。"

以上三章可以视为孟子与滕文公交往的始末，是按时间次序编排的。第一章是滕文公还是世子的时候，途经宋国，与当时正在宋国讲学的孟子相识，并深深地受孟子仁政学说的吸引。第二章是滕定公去世，滕文公听从孟子的劝告，奉行儒家的礼俗实行三年之丧，从滕定公的葬礼"四方来观之"来看，这在当时属于轰动性事件。可想而知，滕文公肯定遵守儒家礼俗，在三年守孝期内是不会过问政治的。本章“滕文公问为国”，滕文公向孟子请教治国问题，显然是三年之丧已经结束，滕文公要开始亲自治理国家了，因此才向孟子请教行仁政的治国基本原则。

孟子说：“民事不可缓也”。“民”指老百姓，“民事”，老百姓的事，主要指农业生产。这是不能够迟缓的，必须抓紧。然后孟子引了《诗经》上的两句诗，“昼尔于茅，宵尔索绹；亟其乘屋，其始播百谷”。这首诗名《七月》，在《诗经》里是很特殊的一首，主要描写当时普通老百姓一年四季的生活。“昼”是白天，“茅”是茅草，“于茅”是打草。白天你要赶紧打草，“宵”是夜晚，“索”是搓，“绹”是绳索“索绹”是搓绳子。白天打草，晚上把这些草搓成草绳子。这是为农业生产做准备的。“亟”是赶紧，“乘”是上，“乘屋”是上屋、房顶，是修理房子。这都是在开春之前应该做的准备工作。一方面做好相关农业生产的准备工作，另外一方面修理房屋。因为一旦春季开始播种就没有时间修理了，春季后多雨，房子不修理容易漏雨，这些工作都要在开始春耕之前做完，要抓紧时间上屋修屋顶。古代普通老百姓住不上瓦房，都是茅草房，屋顶都是用茅草覆盖，茅草要一年更换一次。“其始播百谷”，将上述工作忙完了，也就开始播种百谷了。这是老百姓正常的生活。

“民之谓道也，有恒产者有恒心，无恒产者无恒心。”对于普通老百姓来说，“恒产”是固定财产，有固定财产的人才能有恒心，没有固定财产的就不会有恒心。孟子说出了一个事实，也是一个道理，人要先有一定的财产，有了物质基础之后才有恒心去做事，若是没有一定的财产，衣食还没有着落，就要想办法去赚钱。“苟无恒心，放辟邪侈，无不为已。”老百姓若是没有恒心的话，就无不为，就会干各种坏事。“放”是放纵，“邪”是邪恶，“侈”是过分，总之是不好的事情。老百姓如果没有恒心，就会过分地放纵，想一些歪门邪道，走下坡路。“无不为矣”，没有不能做的。原因是百姓需要活下去，如果没有恒产，也要想办法活下去，这样就会什么事情都干。百姓做的这些事情没有好事情，都是犯法的。“及陷乎罪”，最后陷入罪行当中，犯法了。“然后从而刑之”，之后统治者再因为他犯罪来收拾他，处罚他。“是罔民也”，这是坑害老百姓。“焉有仁人在位罔民而可为也”，怎么会有仁人在位做统治者而去坑害老百姓的呢？言外之意，若是统治者有爱心，是仁人，那就应该首先抓好农业生产，让老百姓有一个最基本的生活保障，百姓才有恒心，才不会做一些不好的事情。如果统治者不注意农业生产，最后导致老百姓衣食没有着落，为了生存不得不干一些犯法的事，而后再因为他犯法去处理他，这就等于是在坑老百姓。

我认为这里的“恒”都是久的意思，“恒心”就是长远打算。老百姓家里没有固定财产，就不会有长远打算，火烧眉毛顾眼前，先保证不被饿死，结果就是什么事情都干得出来了。若是家里还有一些财产，至少灾年的时候可以变卖换口吃的，不至于饿死，老百姓是不会突破道德底线的。在保证生存的前提下，他就会有长远打算，计划明年开春怎么办，在这种心态下他是不会做违法乱纪的事情的。

“是故贤君必恭俭礼下，取于民有制。”“是故”是因此，贤明的君主必然是恭，恭敬，“俭”是节俭的，“礼下”用礼来对待他的属下。这个礼不能简单地理解为礼貌，而是守着礼的规定去管理下民。“取于民”指从老百姓那里收取税收。有固定的制度，不能随便要，这样老百姓才能有生存的条件。

阳虎是鲁国的权臣，曾经说过这样一段话：“为富不仁矣，为仁不富矣。”要想富就要不仁，要想做到仁，那就不能有钱。阳虎这句话将富和仁对立起来，实际上这不符合儒家的思想。孟子引阳虎这句话要表达的意思是，实行仁首先要保障老百姓的生活，而不能考虑自己富不富，就是首先保证老百姓的基本生活条件，而不是首先考虑自己的利益。在儒家看来，两者并不矛盾，老百姓要是有钱了，社会富裕，民众富裕，统治者也穷不了。

孟子强调的是“民事不可缓”，首先把农业抓上去，让老百姓过上富足的生活，让老百姓有固定财产。“仓廪实而知礼节”，老百姓就不会去做那些不好的事情，社会就安定了，国家也就治理好了。怎么把农业抓上去？下面讲的是具体方法。

“夏后氏五十而贡，殷人七十而助，周人百亩而彻，其实皆什一也。”这是说税收问题。夏商周三代，表面上看采取的税收制度是不一样的。“夏后氏”指夏朝，“五十而贡”，每个劳动力分给 50 亩土地，税收采取“贡”的形式。“贡”是指记录几年的收入后取一个平均值，作为固定的税收数额，不管灾年、丰年，税额是固定的，这个数字来自从前几年收成的平均数。商朝每个劳动力分给 70 亩地，采取的税收方法是“助”。助就是我们前面说过的井田制度，不是实物税，是劳役税。税收体现在要出力去耕公田，就是政府的地。井田周围八块分给老百姓，中间一块留给政府，这八家负责把中间政府那块地种好，秋天收获物给政府。周朝分给每个劳动力 100 亩地，实行的税法叫“彻”，一般解释为双轨制，是贡和助两种方法都采纳。孟子认为，夏商周三代的税收体制虽然不一样，但其实都是十分之一的税率。“彻者，彻也，助者，藉也”，“彻”是贯彻，一直这样执行一个固定数。“助”是借，借你的力量来帮政府种地。

“龙子曰：‘治地莫善于助，莫不善于贡’。”龙子对税率的评价，对于农业生产来讲，没有比“助”这种方法更好的，没有比“贡”这种方法更不好的。孟子是认同这种说法的，接下来对贡和助这两种税收方式进行比较说明。

“贡者，校数岁之中以为常。乐岁，粒米狼戾”，贡的办法是选取几年收获量的平均数作为固定的税收数字，丰年粮食打得多，粮食不值钱，扔得到处都是，在这种情况下，“多取之而不为虐”，政府多收点税也不能称之为虐待百姓，“则寡取之”，却收得少。为什么收得少呢？因为税收数字是固定的，相对于丰年的收获量就显得少了。到了凶年、灾年，“粪其田而不足”，把土地的收入全都拿出来还不够用，“则必取盈焉”，政府也一定要收够数。因为丰年是这个数，灾年也是这个数，丰年用不了，灾年不够用，所以说这个税收方法不好。

“为民父母，使民盻盻然，将终岁勤动，不得以养其父母”，若是使用贡法，作为百姓的父母官，使老百姓一整年都在劳动，却不足以奉养他的父母。“又称贷而益之”，他不够吃的你再借贷给他，这是增加老百姓的困难。贷款给他并收取利息，这就陷入一个恶性循环。最后的结果是使“老稚转乎沟壑”，老人和孩子就会在沟渠里面辗转死亡。“恶在其为民父母也”，这怎么能称得上是为民父母呢？孟子这里主要批判了贡法，认为这种税收制度不好。

“夫世禄，滕固行之矣。”“世禄”，世世代代领俸禄，就是高级官员的世袭制度。滕国本来已经实行了世禄制度，存在着世袭的贵族。孟子又引用《诗经》中的“雨我公田，遂及我私”，讲的是井田制度。雨只要浇到我们公家那块地上，也就能下到我私家那块地上。引这句话是为了说明“惟助为有公田”，实行“助”这种税收方法的时候，才会有公田。“由此观之，虽周亦助也”，通过这首诗来看，即使是周朝，也实行助这种税收方法。以上孟子讲的是国家的税收政策。

滕文公来问怎么治理好国家。孟子先是总论，总论部分强调老百姓要有恒产，接着讲怎么有恒产。说的是国家的经济政策、税收政策，当然那时是农业时代，农业是基础，所以孟子都是从农业的角度去谈的。接下来说的是教育文化。我们注意到，现在国家提倡物质文明、精神文明两手都要抓，两手都要硬，实际上孟子早就这样讲了。前面这段谈农业生产、税收制度，这是物质文明，下面谈的是教育，就是精神文明建设了。孟子这种理念放在当今也不落后。

“设为庠序学校以教之。”统治者除了注重经济之外，还要注重教育，要设立痒、序和学校以教化百姓。“庠者，养也；校者，教也；序者，射也。夏曰校，殷曰序，周曰庠。”孟子解释这几个字的含义，“庠”是养，“校”是教化，教化百姓，“序”是射，射箭。夏朝的学校叫“校”，殷朝的学校叫“序”，周朝的学校叫“庠”。那么，孟子前面说的“庠序学校”，实际是同义词的反复，就是设立学校的意思。“教”是教化，不应理解为教育，教育的概念相对比较狭窄，今天一谈到教育就是传播知识，而孟子涉及的是改变社会风气，移风易俗，所以“教”应该理解为教化。“学则三代共之”，三个朝代对学校的称呼不一样，但三个朝代有学校这一点是一样的。“共之”是相同，夏商周三个朝代都注重建学校，目的是什么？“皆所以明人伦也”，夏商周三代的学校都是为了让老百姓明白人伦的道理，让老百姓明白怎样处理好人与人之间的关系，这是学校的作用。“人伦明于上，小民亲于下”，对社会的上层来说，要把人与人之间的关系弄明白，对于“小民”就是普通老百姓来说，作为社会的下层就能亲近上层。

滕文公请教怎样治理好国家，孟子主要谈了两个方面：第一，把经济抓上去，让老百姓有恒产；第二，把教育抓上去，让老百姓能搞好人际关系，构建和谐社会。如果统治者能按照这两个方面去做，就能把国家治理得很好，这就是孟子心目当中的王政。

下面是孟子对滕文公的勉励，如果能做好这两个方面，“有王者起，必来取法，是为王者师也”。一旦有王者兴起，他一定会来向你取经，向你学习，你就成为王者的老师了。《诗经》上说“周虽旧邦，其命维新”，周虽然是一个老国家，但是它的天命却是新的。孟子说，这句诗说的是周文王。“子力行之，亦以新子之国”，孟子勉励滕文公，你若是努力去贯彻并落实这些治国原则，也能使你的国家得到一个新的天命。

滕文公又派毕站来问孟子井地是怎么回事，就是涉及一些细节问题了。

孟子对毕站讲：“子之君将行仁政，选择而使子，子必勉之。”孟子先表扬一下毕站，君主将要实行仁政，想来想去派遣你来问我这个问题，言外之意是让毕站不要觉得到这里是给国君来传话那么简单，现在国君要实行仁政，为什么不派别人来，而派你来？说明重视你。滕文公要想行仁政，把毕站作为自己最大的助手。“子必勉之”，你一定要努力。

“夫仁政必自经界始”，实行仁政必须从经营疆界开始。“界”指土地之间的边界，井田制度的分界线是“界”。“经界不正，井地不均，谷禄不平。”如果土地的边界不正确，那么井地的划分就不平均，井田这九块地大小应该一样，如果边界不正确，就会公田大私田小，就等于给老百姓加税了。这在今天来讲是比较简单的问题，因为测量手段比较发达，但在古代测量技术不发达，数学也不发达，测量精确很难。“是故暴君污吏必慢其经界”，残暴的君主和那些贪污的官吏必然会搞乱这个经界，人为地把界限搞得不清晰，好有贪污的空间。“经界既正，分田制禄可坐而定也”，井田的疆界搞好了，为老百姓划分土地，为官员制定俸禄，这些事情在这里就都解决了。孟子提出，井田制度的核心在于划分清楚经界，然后老百姓的土地是平均的，收入也是平均的，在这个基础上去制定官员的俸禄也就会是合理清晰的。

孟子接着拿滕国举例。“夫滕，壤地褊小”，“褊小”是狭小，现在的滕国国土面积比较狭小。“将为君子焉，将为野人焉”，孟子把人分为两种，一种是君子，一种是野人。当时有所谓“国野之制”，“国”是城市，城市内的居民叫国人，城市外的居民叫“野人”。滕国虽然小，但也得有君子、有野人，简单地说，也得划分为统治者和劳动者。下面说“无君子，莫治野人”，如果没有君子就没有人来统治野人，显然君子是统治者，野人是被统治者。“无野人，莫养君子”，如果没有野人也就没有人来养活君子。

这是孟子看问题的一个视角。谁养谁？君子是管理者、统治者，从表面上看很简单，君子不直接从事生产劳动，还衣食无忧，那么是谁来养活他？是“野人”，直接从事生产劳动的普通人民。但孟子没有指责或者批判，是在客观地阐述一种社会现象，没有任何政治含义。不管多小的国家也分成统治阶级和被统治阶级，统治者是统治和管理的，所以说“无君子莫治野人”，社会没有统治阶层就乱了，但没有野人也不行。没有人从事生产，不去创造财富和社会的必需物质，生活就没有来源，这称为“无野人莫养君子”。孟子在这里是说出了一个事实，社会是分层的，而这两个阶层是谁也离不开谁的，不要说谁更重要。

孟子这番话的目的，是为了表述经济问题，而不是对社会阶层的看法。“请野九一而助，国中什一使自赋。”孟子之所以分出君子和野人两个阶层，分出国和野，这句话才是关键。他给滕文公的建议是，对君子和野人实施两种税收体制，农村采用“九一而助”的税收方法，就是前面提到的“助”。“国”是城里，按照十分之一收税。这是孟子讲的两种不同的税收体制。

“卿以下必有圭田。”什么是圭田解释也不一致，多数认为是用于祭祀的土地，这块土地的收入贵族可以拿来用于祭祀祖先，总之是作为官僚要分给特殊的土地。圭田是一个人给50亩，家里还有多余的劳动力的话每人25亩。

“死徙无出乡”，不管死亡还是迁徙，老百姓都不离开本乡本土，一直生活在这里，导致的结果是“乡田同井”。老百姓的土地在一个井字里面，每天种地经常见，还要去种公田，接触很频繁，导致他们“出入相友”，出来进去总在一起，因此成为非常好的朋友。能够互相之间“守望相助”，“守望”为防盗，就是在治安、防御等方面能够互相支持。“疾病相扶持”，谁家有病人，街坊邻居都可以帮忙，这样“则百姓亲睦”，老百姓之间就非常亲密。

“方里而井”，一方里的土地可以画成一个井字。“井九百亩”，一个井字是900亩土地，意味着每家使用的土地都是100亩，中间的公田也是100亩。“其中为公田，八家皆私百亩，同养公田”，划成井字的土地，中间一块100亩是公田，周边八块各100亩分给八家，由这八家共同养公田。“公事毕”，公田上的活儿八家一起干完了。“然后敢治私事”，然后才去自己家的私田从事农业生产。“所以别野人也”，这是对野里的居民做的一种分别。“此其大略也”，孟子自己说这是一个大概的介绍。“若夫润泽之”，“润泽”是指对这套方案进行完善。“则在君与子矣”，现在说的是个大概，至于说对这套方案在具体实施的过程中的进一步完善，就在于国君和您了。

这一章是孟子给滕文公讲怎么治国，以上三章都与滕文公有关，所以篇名叫《滕文公》。总体来看，第一章是孟子对滕文公的勉励，勉励他做到古代圣王的境界。“彼丈夫也，我丈夫也，吾何畏彼哉?”“舜何人也，予何人也。”接下来两章分别讲到两个问题。第一个是丧祭，以滕定公的丧事为例；第二个是政治。可见，孟子对国家政治的理解笼统地说是两个大的方面，一是祭祀，一是政治。《左传》上讲，“国之大事，在祀与戎”，“戎”指军事，国家大事一方面是军事，一方面就是祭祀。可以说，将祭祀列为国家大事，是统治者必须高度重视和必须做好的事情。这是先秦时代政治理念的一大特点，是当时通行的看法，也并不是孟子个人的意见。实际上，祭祀在当时属于文化建设方面的内容，也就是《周易》所说的“神道设教”。统治者要通过祭祀达到教化老百姓的目的，“慎终追远，民德归厚矣”，慎重地对待死亡、缅怀逝去的祖先，这样老百姓的民风就会变得越来越淳朴，社会风气向好的方面转变。当然，祭祀我们也可以理解为宗教问题，但其最主要的功能却属于文化方面。

本章讲到治国的基本原则，第一个方面是井田，第二个方面是学校，强调统治者要通过实行井田制度保证农业生产，通过学校对民众进行教化以改变社会风俗。当时是典型的农业社会，保证农业生产就是稳定经济基础。孟子所说的具体措施在今天已经没有参考价值了，但这种治国的思路，在今天看来仍旧是正确的，是有积极意义的。

5·4　有为神农之言者许行，自楚之滕，踵门而告文公曰："远方之人闻君行仁政，愿受一廛而为氓。"文公与之处。其徒数十人皆衣褐，捆屦，织席以为食。

陈良之徒陈相与其弟辛负耒耜而自宋之滕，曰："闻君行圣人之政，是亦圣人也，愿为圣人氓。"

陈相见许行而大悦，尽弃其学而学焉。陈相见孟子，道许行之言曰："滕君则诚贤君也；虽然，未闻道也。贤者与民并耕而食，饔飧而治。今也滕有仓禀府库，则是厉民而以自养也，恶得贤?"

孟子曰："许子必种粟而后食乎?"

曰："然。"

"许子必织布而后衣乎?"

曰："否，许子衣褐。"

"许子冠乎?"

曰："冠。"

曰："奚冠?"

曰："冠素。"

曰："自织之与?"

曰："否，以粟易之。"

曰："许子奚为不自织?"

曰："害于耕。"

曰："许子以釜甑爨，以铁耕乎?"

曰："然。"

"自为之与?"

曰："否，以粟易之。"

"以粟易械器者，不为厉陶冶；陶冶亦以其械器易粟者，岂为厉农夫哉? 且许子何不为陶冶，舍皆取诸其宫中而用之?

何为纷纷然与百工交易？何许子之不惮烦？”

曰：“百工之事固不可耕且为也。”

“然则治天下独可耕且为与？有大人之事，有小人之事。且一人之身，而百工之所为备，如必自为而后用之，是率天下而路也。故曰：或劳心，或劳力；劳心者治人，劳力者治于人；治于人者食人，治人者食于人。天下之通义也。当尧之时，天下犹未平，洪水横流，泛滥于天下，草木畅茂，禽兽繁殖，五谷不登，禽兽逼人，兽蹄鸟迹之道交于中国。尧独忧之，举舜而敷治焉。舜使益掌火，益烈山泽而焚之，禽兽逃匿。禹疏九河，瀹济漯而注诸海，决汝汉，排淮泗而注之江，然后中国可得而食也。当是时也，禹八年于外，三过其门而不入，虽欲耕，得乎？后稷教民稼穑，树艺五谷，五谷熟而民人育。人之有道也，饱食、煖衣、逸居而无教，则近于禽兽。圣人有忧之，使契为司徒，教以人伦，父子有亲，君臣有义，夫妇有别，长幼有叙，朋友有信。放勋曰：‘劳之来之，匡之直之，辅之翼之，使自得之，又从而振德之。’圣人之忧民如此，而暇耕乎？尧以不得舜为己忧，舜以不得禹、皋陶为己忧。夫以百亩之不易为己忧者，农夫也。分人以财谓之惠，教人以善谓之忠，为天下得人者谓之仁。是故以天下与人易，为天下得人难。孔子曰：‘大哉尧之为君！惟天为大，惟尧则之，荡荡乎民无能名焉。君哉舜也！巍巍乎有天下而不与焉！’尧舜之治天下，岂无所用其心哉？亦不用于耕耳。吾闻用夏变夷者，未闻变于夷者也。陈良，楚产也，悦周公、仲尼之道，北学于中国。北方之学者，未能或之先也。彼所谓豪杰之士也。子之兄弟事之数十年，师死而遂倍之。昔者孔子没，三年之外，门人治任将归，入揖于子贡，相向而哭，皆失声，然后归。子贡反，筑室于场，独居三年，然后归。他日，子夏、子张、子游以有若似圣人，欲以所事孔子事之，强曾子。曾子曰：‘不可。江汉以濯之，秋阳以暴之，皜皜乎不可尚已。’今也南蛮鴃舌之人，非先王之道，子倍子之师而学之，亦异于曾子矣。吾闻出于幽谷迁于乔木者，未闻下乔木而入于幽谷者。《鲁颂》曰：‘戎狄是膺，荆舒是惩。’周公方且膺之，子是之学，亦为不善变矣。”

“从许子之道，则市贾不贰，国中无伪。虽使五尺之童适市，莫之或欺。布帛长短同，则贾相若；麻缕丝絮轻重同，则贾相若；五谷多寡同，则贾相若；屦大小同，则贾相若。”

曰：“夫物之不齐，物之情也；或相倍蓰，或相什百，或相千万。子比而同之，是乱天下也。巨屦小屦同贾，人岂为之哉？从许子之道，相率而为伪者也，恶能治国家？”

本章开头部分提到，正是因为滕文公按照孟子的教诲对滕国政治进行了改革，在当时引起比较大的反响。许行、陈相、陈辛等分别从楚国、宋国投奔滕文公。楚国是战国七雄之一，宋国在宋襄公的时代曾经参与争霸，即使至战国时期国力衰落，也是中等国家，而滕国却是一个不入流的小国，能够吸引楚、宋两个国家的人投奔到滕国来，足见滕文公的新政在当时的轰动性效应。因此，本章开头部分与前一章是相衔接的，是暗示读者滕文公听从孟子的建议对国政进行改革取得了非常好的效果，在当时引起各国的广泛关注。

由于各国学者的到来，滕国的思想界也活跃起来，各种学派在这里产生激烈的碰撞，因此，本章的主体部分叙述的是孟子对当时流行的其他学派的批判。

“有为神农之言者许行”，此人名叫许行，他这一派学说被称为“神农之言”。“自楚之滕”，从楚国来到滕国。“踵门而告文公”，他登门对滕文公说：“远方之人闻君行仁政，愿受一廛而为氓。”我这个远方之人听说您推行仁政，我愿意在您这里领一块土地成为您的百姓。“氓”是普通百姓。“文公与之处”，滕文公给他一块地方住。“其徒数十人”，他的徒弟有几十个。“皆衣褐”，全都穿着粗布衣裳。“捆屦织席以为食”，“捆屦”是织草鞋，“织席”是织草席，依靠这个来维持生活。

这个许行有几十个弟子追随他从楚国来到滕国，足见其是当时很有影响力的学者。这个“神农之言”应该也是一个颇具影响力的学派，但是，除《孟子》之外，在其他典籍中却找不到关于许行的任何记载，我们也只能从本章看出许行与此学派的部分思想和从政主张。一般认为，所谓的“神农之言”，应该就是后代所说的诸子百家中的农家。

“陈良之徒陈相与其弟辛负耒耜而自宋之滕”，陈良的徒弟陈相和他的弟弟陈辛背着耒耜等农具从宋国来到滕国，这是另一派的。对滕文公说：“闻君行圣人之政，是亦圣人也，愿为圣人氓。”听说您推行圣人的政治，说明您也是圣人，我们希望成为圣人的百姓。他们也在滕国住了下来。

“陈相见许行而大悦”，陈相兄弟俩在滕国认识了许行后非常高兴。“尽弃其学而学焉”，完全抛弃了自己的那一套学说，开始追随许行学习，学习许行的学说。“陈相见孟子，道许行之言”，陈相来见孟子，说了一些许行的学说。然后对滕国的政治进行了批判，“滕君则诚贤君也，虽然，未闻道也”。滕文公确实是一位贤明的君主，虽然这样，滕文公没有听说过真正的大道。“贤者与民并耕而食”，贤者应该和老百姓一起耕田吃饭。“饔飧而治”指做饭，自己亲自做饭，也治理国家。“今也滕有仓廪府库”，现在滕文公不亲自参加农业生产，政府还有各种各样的仓库，各种物资堆满仓库。“则是厉民而以自养也”，这是坑害老百姓来养活自己，为了自己的利益去坑害老百姓。“恶得贤”，这怎么能说是贤明的君主呢？许行认为滕文公做得还不到位，由此可见他的理想是国君和百姓同生产、同劳动。

孟子不赞同许行的说法，在进行集中批驳之前，孟子提了一系列问题，通过这些问题暴露出这种学说的问题之所在。

孟子问：“许子必种粟而后食乎？”许子一定要自己种粮食然后才吃吗？回答是的。许子一定自己织布然后才穿衣服吗？回答不是，穿的是粗布衣裳。许子戴帽子吗？什么样的帽子？“冠素”，白色的帽子。自己做的帽子吗？不是，用粮食换的。这是“以物易物”，当时市场不发达，货币不常见，民间更流行拿东西换东西，而不是用钱买。通过描述来看，许行带领弟子们做两件事：第一是种地，自己吃自己种；第二才是前面提到的编草鞋、草席，用这些和多余的粮食换回一些生活必需品。孟子接下来问，许子为什么不自己编织帽子呢？“害于耕”，妨碍农业生产，忙不过来。“许子以釜甑爨，以铁耕乎？”釜、甑都是炊具。许子用这两种饮具做饭，用铁器来耕种吗？回答是的。是自己生产这两种炊具与铁器吗？不是，用粮食换的。用粮食来换各种器皿，“不为厉陶冶”，这样做不是妨碍陶工和冶工。“陶冶亦以其械器易粟者，岂为厉农夫哉”，做陶器这些人也用他们生产出来的东西交换粮食，难道说这是妨碍农夫吗？许子为何不自己生产陶器和冶器呢？“舍皆取诸其宫中而用之”，放在自己家里想用时就在自己家里取，这不是很方便？“何为纷纷然与百工交易”，为什么杂乱纷纷地和各种工匠交易？为什么不自己做呢？“何许子之不惮烦”，为什么许子这么不怕麻烦呢？

陈相回答说：“百工之事固不可耕且为也。”工匠们做的那些事，我们不能一边种地一边从事。从事农业生产的同时没有时间去从事制陶、冶炼。可以说，孟子问了半天，要的就是他这句话，然后孟子犀利的反驳到来了，“然则治天下独可耕且为与”？那么统治天下这个事就可以一边种地一边做吗？

“有大人之事，有小人之事。”“大人”“小人”指统治者与被统治者，有统治者该做的事情，有被统治者该做的事情。“且一人之身，而百工之所为备”，一个人的身上有各种工匠生产的产品，在你身上是全备的，是全都需要的。对于任何一个人来讲，所有工种生产的产品他都是需要的。“如必自为而后用之，是率天下而路也。”如果每个人需要的这些商品，都必须自己生产然后才用，你是率领天下人在路上奔忙。

“故曰”是所以说。“或劳心，或劳力”，有的人劳心，有的人劳力。“劳心者治人，劳力者治于人”，劳心的人是统治他人的，劳力的人是受别人统治的。“治于人者食人，治人者食于人”，统治他人的人受他人的供养，而被人统治的人供养他人。“天下之通义也”，这是天下的普遍规律。

简单地说，这是一个社会现实，社会必须进行分工，统治者不能一边种地一边治理国家，农民不能一边种地一边做陶器，所以需要社会分工。随着社会的进步，社会分工也越发展越细。但总体来说，社会最大的分工是脑力劳动者和体力劳动者的分工。孟子说的“劳心者”就是脑力劳动者，“劳力者”就是体力劳动者，社会分工笼统地说就是这两大类。脑力劳动者是管理层，不直接从事物质生产，其所需要的物质要由他人提供，而体力劳动者则直接从事物质生产，但是要接受别人的统治和管理，因此要提交一部分其所生产的物质给别人。孟子认为这是“天下之通义”，不论社会发展到什么程度，这是不可取消的。孟子这句话说出了一个事实，脑力劳动和体力劳动之间的差别到目前仍旧是无法取消的，至少是在可预见的未来也仍旧会是这样。

下面是孟子举例子论证，治天下不可耕且为，不能要求统治者一边生产一边管理国家，抹杀劳力者、劳心者的区别是做不到的。统治者和被统治者这种社会分工是任何人都无法否定的，包括古代的圣王，比如尧，也实现不了一边耕种一边管理天下。

“当尧之时，天下犹未平，洪水横流，泛滥于天下，草木畅茂，禽兽繁殖，五谷不登，禽兽逼人，兽蹄鸟迹之道交于中国。尧独忧之，举舜而敷治焉。”在尧那个时代，天下还没有平定，洪水泛滥天下横流，草木长得茂盛，禽兽繁殖起来，五谷不丰收，禽兽逼迫人，兽和鸟的蹄迹组成的那个道在中国内地纵横。尧对这种状况很担忧，提拔了舜，让舜来广泛地治理这些问题。孟子对尧那个时代灾难的描述后人归纳为一句成语——洪水猛兽，我们现在还用这个词来形容极大的灾难。尧选拔了舜，委任舜来解决这些问题，舜的解决方法可以归纳为水火二字。

“舜使益掌火，益烈山泽而焚之，禽兽逃匿。”舜派益掌管火，益用火来焚烧山泽，导致禽兽逃跑藏起来。简单说，用火驱逐了猛兽。舜又任命禹来治水。“禹疏九河，瀹济漯而注诸海，决汝汉，排淮泗而注之江，然后中国可得而食也。”由于华北平原地势低平，黄河分成若干支流，这叫“九河”。大禹治水的时候，先是疏导九河，然后治理济水、漯水，引流入海，又治理汝水、汉水，疏通淮水、泗水，将之导入长江，然后中国才能够吃上饭。言外之意，经过这一番治理之后农业才发展起来，老百姓才能吃上饭。“当是时也”，这个时候，大禹在外面治水一共八年，三过家门而不入。“虽欲耕，得乎”，即使大禹想从事农业生产，他能做到吗？

“后稷教民稼穑，树艺五谷”，后稷教老百姓从事农业生产，种植五谷。“五谷熟而民人育”，五谷丰收，百姓们都成长起来。“人之有道也，饱食、煖衣、逸居而无教，则近于禽兽。”让他们饱食暖衣，安逸地待着，不去教化他们，人就接近于禽兽了。“圣人忧之”，圣明的君主忧虑此事。“使契为司徒，教以人伦”，因此任命契担任司徒这个官职，用人伦来教化百姓。“人伦”指五种关系，“父子有亲，君臣有义，夫妇有别，长幼有叙，朋友有信”。父子之间要强调亲爱，君臣之间要强调符合道义，夫妇之间要强调男女有别，长幼之间要强调长幼有序，朋友之间要强调有诚信，提出五种人际关系的同时也指出最重要的五种处理方法。

“放勋曰：‘劳之来之，匡之直之，辅之翼之，使之得之，又从而振德之’。”放勋就是尧。这是孟子引尧的话。“之”是代词，指老百姓。“劳”是使之辛劳，“来”是勤劳，“匡”是修正，“直”是正直，“辅”是辅佐，“翼”是辅助。笼统地说，可以把劳和来视为同义词，匡和直视为同义词，辅和翼视为同义词。尧这句话的意思是，使老百姓辛劳，让他出力，不能闲散，然后要匡正他们、规范他们，同时帮助他们。这是统治者对待百姓的三个层面。“使之得之，又从而振德之。”使百姓能够得到正道，接着用道德来提升他。“圣人之忧民如此，而暇耕乎？”古代的圣人是如此忧虑老百姓的事情，还有时间耕种吗？

“尧以不得舜为己忧，舜以不得禹、皋陶为己忧。”尧以得不到舜这样的臣子作为自己的忧虑，舜以得不到禹和皋陶这样的臣子作为自己的忧虑。作为领导你应该忧虑的是什么？得人，找到合适的人做合适的事。尧找到一个舜，就把所有灾难都解决了；又找到一个契，就把所有教化问题都解决了；舜找到一个益，就把困扰人民的猛兽问题解决了；又找到一个禹，就把困扰天下的洪水问题也解决了。

“夫以百亩之不易为己忧者，农夫也。”把 100 亩地种不好作为自己忧虑的是农民。社会分工不同，农民的职业才是从事农业生产，因此他需要考虑的才是收成问题，而统治者不应该亲自从事农业生产，那不是他的职业，100 亩地的收获如何也不是他应该考虑的问题。

“分人以财谓之惠，教人以善谓之忠，为天下得人谓之仁。是故以天下与人易，为天下得人难。”把财产和别人分享是“惠”，教会别人善行是“忠”，为把天下治理好找到合适的人是“仁”。因此说，把天下给别人容易，但是为天下找到合适的人难。孔子说过“大哉尧之为君！惟天为大，惟尧则之”，天是最伟大的，而尧是效法天的。“荡荡乎民无能名焉”，老百姓没有办法称赞他；“君哉舜也”，舜也是伟大的君主啊；“巍巍乎有天下而不与焉”，占有天下又好像天下和他没有任何关系似的。“尧舜之治天下，岂无所用其心哉?”尧舜治理天下，难道没有地方去用这个心思吗?“亦不用于耕耳”，也只是不把这个心用在种地上而已。

以上是举具体例子来对许行的政治理念进行批判。以下是对许行、陈相等人进行批判。前面批判的是学说，下面批判的是人。

“吾闻用夏变夷者，未闻变于夷者也。”我听说用华夏去改变夷狄的，我从来没听说改变为夷狄的。“陈良，楚产也”，“产”是生，陈良生于楚国。“悦周公、仲尼之道，北学于中国。”这里的“中国”指中原地区。他喜欢周公、孔子的学说，到北方来在中原地区学习。北方的学者“未能或之先也”，北方中原地区的学者也没有人能够超越他。“彼所谓豪杰之士也”，他可以称得起是豪杰之士了。孟子首先是肯定了陈良，也就是陈相的老师，下面是批判陈相。

“子之兄弟事之数十年，师死而遂倍之。”你们兄弟侍奉他，把他当老师，也有好几十年了，老师死了你们就背叛了他。这是孟子对陈相兄弟的批判。从前孔子去世，“三年之外，门人治任将归”，弟子们为孔子行三年之丧，在孔子坟前守孝三年，期满，大家收拾行李准备回各自的家。“入揖于子贡”，收拾完行李进来向子贡作揖告别。“相向而哭，皆失声”，大家相对放声痛哭。“然后归”，然后才分别回去。“子贡反，筑室于场，独居三年，然后归。”子贡又在坟前修房子，又独居守孝三年才回去，也就是子贡为孔子守孝六年。孟子讲述孔门弟子在孔子去世后的表现，为了和陈相兄弟相对照。后来孔门弟子子夏、子张、子游，因为有若长得像孔子，“欲以所事孔子事之”，想要用侍奉孔子的方法来侍奉有若。这件事本不合理，但反映了子夏、子张、子游这些弟子对孔子的思念，时间越久这些弟子越怀念孔子。他们勉强曾子也这样做，曾子不同意。曾子说“不可，江汉以濯之，秋阳以暴之，皜皜乎不可尚已”。曾子说，就好比用浩瀚的长江水来洗，用秋天的阳光来晒，而后这个东西洁白得无以复加。言外之意孔子是无人可以相比的。

“今也南蛮鴃舌之人”，为什么叫南蛮？因为许行从楚国来，楚国被视为南蛮。这几乎就是对许行的人身攻击了，称许行为说鸟语的南蛮。“非先王之道，子倍子之师而学之，亦异于曾子矣。”许行批判先王的正道，而你却背叛你的老师去向他学，这就和曾子不一样了。“吾闻出于幽谷迁于乔木者”，我听说过从幽暗的山谷里出来，向高高的树木上迁徙的，指鸟往高处飞。“未闻下乔木而入于幽谷者”，我从来没听过从高高的树木下来而进入幽暗的山谷的。然后孟子引《诗经·鲁颂》中的两句诗，“戎狄是膺，荆舒是惩”。荆、舒是两个非华夏国家的名字，一般认为荆指楚国。说周公要打击戎狄的势力，要去惩处荆国、舒国。“周公方且膺之，子是之学”，作为许行这样的南蛮正是周公要打击的对象，而你却肯定他的学问。“亦为不善变矣”，这也是你不善于变化啊。

陈相为自己辩解：“从许子之道，则市贾不贰，国中无伪，虽使五尺之童适市，莫之或欺。布帛长短同，则贾相若；麻缕丝絮轻重同，则贾相若；五谷多寡同，则贾相若；屦大小同，则贾相若。”我们若是遵从许子这套方法，市场上商品的价格统一，国中没有人作伪，即使五尺之童到市场去，也没有人会欺骗他。当时的尺短，正常人的身高大概六尺五左右，五尺身高属于少年。麻布、丝绸长短相同，价格就是相当的；麻缕、丝絮的重量相同，价格也是相当的；五谷分量相同，价格也是相当的；屦是鞋，大小是相同的，价格也是相当的。按照许行的方法来执行，可以统一物价，童叟无欺，没有假冒伪劣。

孟子回答“夫物之不齐，物之情也”。事物不一致这才是事物的本性，硬性把它统一是不对的。“或相倍蓰”，“倍”是一倍，“蓰”是五倍。“或相什百，或相千万”，商品的价格是有一倍百倍甚至是千倍万倍的差距的。“子比而同之”，你把这些商品都放在一起，要求价格相同。“是乱天下也”，是给天下造成混乱。“巨屦小屦同贾，人岂为之哉”，大鞋小鞋一个价码，谁会同意？“从许子之道，相率而为伪者也，恶能治国家？”还说国中无伪，要是这么做是逼着老百姓去作伪。为什么？因为生产东西的原材料不一样，价格统一后就不能按照原来的方法生产了，必须偷工减料，这不是在率领百姓作伪吗？

哪里能够治理国家呢？

以上是孟子对农家许行治国理念的批判。通过对话总结，许行的政治理念可以归纳为三点：第一，统治者应取消体力劳动和脑力劳动的区别，最核心的理念是，作为君主也要亲自从事生产劳动。第二，强调物价的统一，这样老百姓才能不上当，才能享受到实惠。第三，取消国家的仓廪府库，也就是说政府不能进行财富积累，政府积累的财富由统治者消费是不正常的，是剥削人民。国君自己从事农业生产，就不要积累财富了，所以就可以取消税收，如果国家不收税，老百姓日子就好过了。

孟子指出，这套学说最大的问题是，统治者不能一边统治天下一边从事生产，这是无法兼顾的。孟子强调社会分工，强调体力劳动和脑力劳动的分工是必须的，指出许行最大的错误是要否定社会分工的合理性和必然性，让大家都从事同样的工作，这是行不通的。此外，孟子没有集中批判，但作为对陈相说法的一个回应，也指出了不能以政府统一价格为手工业发展的前提，恰恰是物价的不一致，正常的市场竞争，才能带来手工业的发展。孟子已经认识到商品价格的差异是推动生产进步的动力之一，尊重市场规律才能推动市场发展。

5·5　墨者夷之因徐辟而求见孟子。孟子曰："吾固愿见，今吾尚病，病愈，我且往见，夷子不来！"

他日，又求见孟子。孟子曰："吾今则可以见矣。不直，则道不见；我且直之；吾闻夷子墨者。墨之治丧也，以薄为其道也。夷子思以易天下，岂以为非是而不贵也。然而夷子葬其亲厚，则是以所贱事亲也。"

徐子以告夷子。夷子曰："儒者之道，古之人若保赤子，

此言何谓也？之则以为爱无差等，施由亲始。”

徐子以告孟子。孟子曰：“夫夷子信以为人之亲其兄之子为若亲其邻之赤子乎？彼有取尔也。赤子匍匐将入井，非赤子之罪也。且天之生物也，使之一本，而夷子二本故也。盖上世尝有不葬其亲者，其亲死，则举而委之于壑。他日过之，狐狸食之，蝇蚋姑嘬之。其颡有泚，睨而不视。夫泚也，非为人泚，中心达于面目。盖归反蘽梩而掩之。掩之诚是也，则孝子仁人之掩其亲，亦必有道矣。”

徐子以告夷子。夷子怃然为间曰：“命之矣。”

这是对墨家的批判。墨家的一位学者名叫夷之，通过孟子的弟子徐辟求见孟子。孟子说，我固然愿意见他，但现在尚有病，等我病好之后去见他。夷子不用来见我。第一次夷之求见，孟子称病推脱了。

有一天，夷之又求见孟子。孟子说“吾今则可以见矣”，我今天可以见他了。“不直则道不见”，话不直接说，就体现不出来道。我现在可以把话直接说出来，把对墨家的看法直接表达出来。孟子先客气地表示，自己下面的话可能直率一些，若有失礼之处还请谅解，因为不这样就不容易把道说清楚，大概是这个意思。

下面，孟子重点批判了墨家两个代表性的思想。薄葬，追求丧事简单，这一点与儒家提倡的礼俗正相反；兼爱，主张对所有人无差别地爱，儒家也提倡“仁者爱人”，但儒家强调对人的爱是有差别的，关系不同，爱的程度也不同。

“吾闻夷子墨者”，我听说夷子是墨家的人。“墨之治丧也，以薄为其道也”，墨家办丧事以简单为原则。“夷子思以易天下，岂以为非是而不贵也。”夷子作为墨家的学者，想用这个来改变天下，就是向全天下推行薄葬，难道不是认为不这样办理葬事就不够尊贵吗？“然而夷子葬其亲厚，则是以所贱事亲也。”可是夷子却厚葬自己的父母，按照墨家的理念，他这不是用下贱的方式侍奉父母吗？

“徐子以告夷子”，孟子与夷之并未见面，是由徐辟传话。孟子用墨家的思想来指责夷子，下面是夷子引用儒家的思想来为自己辩护，可以看出当时的思想家对别家的思想都是很了解的。夷子说：“儒者之道，古之人若保赤子，此言何谓也？之则以为爱无差等，施由亲始。”按照你们儒家的学说，“古之人若保赤子”这句话是什么意思？夷子却认为爱无差等，但去落实爱的时候应由双亲开始。“古之人若保赤子”，意思是古代的君王爱护百姓好像爱护婴儿一般。夷子不是真的不明白这句话的意思，而是用儒家的学说来证明墨家提倡的兼爱的正确。你们儒家不是提倡像爱婴儿一样爱百姓吗？这不就是墨家提倡的无差别的爱吗？

孟子反驳：“夫夷子信以为人之亲其兄之子为若亲其邻之赤子乎？”夷子你真的相信爱你哥哥的儿子和爱你邻居的儿子是一样的吗？若是按照墨家兼爱的主张，那就应该是一样的，但实际上我们能够做得到吗？“彼有取尔也”，这里面是有取舍的。“赤子匍匐将入井，非赤子之罪也。”“赤子”是小孩子，“匍匐”是爬。小孩子要爬到井里去了，这不是小孩子的罪过，是他无知，不知道掉到井里的危险。孟子这句话没有展开说，言外之意是墨家的主张是无知，对问题认识不清楚。

“且天之生物也，使之一本”，老天产生万物，使万物有一个根本。“而夷子二本故也”，夷子给事物制定了两个根本，而不是用一个标准来衡量。爱无差等，施由亲始，这是两个标准，不是一个标准。以上是孟子对兼爱思想的批判，下面批判薄葬。

“盖上世尝有不葬其亲者，其亲死，则举而委之于壑。”上古曾有不安葬其父母的，父母死了，抬着扔到沟里。“他日过之，狐狸食之，蝇蚋姑嘬之。”后来有一天他从这沟边经过，发现狐狸在吃他父母的尸体。“蝇”是苍蝇，“蚋姑”是一种小虫子。苍蝇围着尸体转，一些小虫子也在吃这个尸体。“其颡有泚，睨而不视，夫泚也，非为人泚，中心达于面目。”这个人开始脑袋上冒汗了，转移视线不敢看了。流汗不是为别人而流，是内心真实情感的流露。发现野兽虫子在吃父母的尸体，心不安，汗流下来。“盖归反虆梩而掩之。掩之诚是也，则孝子仁人之掩其亲，亦必有道矣。”他赶紧回家拿着工具来掩埋尸体。掩埋尸体确实是对的，因此孝子掩埋他的双亲的尸体也是有方法的，如果不按照正确的方法从事丧事，那就和抬着扔沟里没有区别了。

“徐子以告之。夷子怃然为间曰：‘命之矣’。”“命之”是教导。听了徐辟转告的孟子这番话，夷子惘然若失很久，才说，孟子已经教导我了。

本章是孟子对墨家的两个理念的批判，一个是兼爱、一个是薄葬，都是墨家核心的理念。提倡爱无等差是墨家的一大失误。在这里，孟子反问一句：“夫夷子信以为人之亲其兄之子，为若亲其邻之赤子乎？”你能做到一样吗？实际不仅做不到，如能做到一样也是违反人情、人性！儒家提倡的有差别的爱才是符合人的本性的。墨家提倡无差别的大爱是一种理想化的东西，在现实中行不通，无差别的爱也不符合社会要求。无差别的爱是抹杀人与人之间的差别，而人类社会却是建立在人与人的差别的基础上的，可以说，有人的差别才有人类社会。从这个角度来说，墨家的主张也是根本行不通的。以墨家来参照，儒家才是符合人性的，更具有真理性、合理性。

上面两章分别是孟子对当时两个学派的学说的批判。前一章批的是农家，这一章批的是墨家。这两家在当时可能都有非常大的影响力，但这两家的共性在于，都不大适应那个时代的需要，不仅不适应时代的需要，甚至是一种过于理想化的东西，没有办法变成现实，在现实当中根本行不通。

不过，通过孟子的批判，我们也才了解到，曾经有这样一些中国人为了实现这样的理想而努力奋斗，我们也能对战国时期所谓的百家争鸣有一个更直观的认识。当时的思想界是百花齐放的，相当自由、相当活跃，持什么政治主张的都有。在我们看来，许行的学说是相当理想主义、没办法落实的东西，当时也有一些弟子在追随而且在亲身实践，他们在践行自己的政治主张。透过《孟子》一书，我们对那个年代会有一个新的认识，那是中国思想界一个思想活跃的时代，那个时代中国人勃发向上的精神是值得我们去学习和效仿的。

从思想的活跃迸发来看，那个时代真的是一个辉煌的时代，尽管物质生活比现在要差很多，但给我们留下了很多伟大的思想。今天我们还在学习的国学经典著作大多是这个时代产生的。这个时代的背后并不是只有孔子、老子等几位伟大的学者，实际上还有一大批淹没在历史长河中的伟大学者，同样在践行着他们自己的政治主张和思想，他们像许行一样在默默地为自己的理想奋斗，这是值得我们敬佩的。

卷六　滕文公下

6·1　陈代曰："不见诸侯，宜若小然。今一见之，大则以王，小则以霸。且《志》曰：'枉尺而直寻'，宜若可为也。"

孟子曰："昔齐景公田，招虞人以旌，不至，将杀之。志士不忘在沟壑，勇士不忘丧其元。孔子奚取焉？取非其招不往也。如不待其招而往，何哉？且夫枉尺而直寻者，以利言也。如以利，则枉寻直尺而利，亦可为与？昔者赵简子使王良与嬖奚乘，终日而不获一禽。嬖奚反命曰：'天下之贱工也。'或以告王良。良曰：'请复之。'强而后可，一朝而获十禽。嬖奚反命曰：'天下之良工也。'简子曰：'我使掌与女乘。'谓王良。良不可，曰：'吾为之范我驰驱，终日不获一；为之诡遇，一朝而获十。《诗》云："不失其驰，舍矢如破。"我不贯与小人乘，请辞。'御者且羞与射者比，比而得禽兽，虽若丘陵，弗为也。如枉道而从彼，何也？且子过矣，枉己者，未有能直人者也。"

陈代是孟子的弟子，他来劝孟子去觐见诸侯，给自己谋个一官半职。

"不见诸侯，宜若小然。今一见之，大则以王，小则以霸。"您不去觐见诸侯，恐怕只是拘泥小节吧？若是觐见诸侯并得到任用，往大了说，你可以让这个国家称王于天下，往小了说，你也可以让这个国家称霸于天下。显然陈代对老师的能力毫不怀疑。“枉”是弯、委曲，“寻”是八尺，“枉尺”，委屈自己一尺，“直寻”换回来八尺的直道，应该也是值得的吧。现在您老人家就不能委屈一下自己吗？稍微做个妥协，这些国君就会任用你，你不就可以让他们称王或者称霸了吗？对天下的百姓都有好处，委屈是小、成事是大，这事也做得吧？总之，陈代这番话是对孟子的一个质疑。当然陈代也承认变通是不对的，但通过犯点小错误，违反点小原则，换来一个非常大的好结果，这事应该也可行吧。

孟子先举了一个前人的例子。“昔齐景公田，招虞人以旌，不至，将杀之。”“田”是打猎，虞人是管理山林的官名。从前齐景公在打猎的时候，用旌旗来召唤虞人，虞人没有来，齐景公为此要杀了他。这是为什么？用旌这种旗来召唤虞人不符合礼，所以虞人不肯前来。后面《孟子·万章下》还提到，对各级别的人的正确召唤方式。“敢问招虞人何以？曰：‘以皮冠。庶人以旃，士以旗，大夫以旌。’”按照礼的规范，国君召唤虞人要用皮冠，召唤庶人就是普通百姓用旃，召唤士用旗，召唤大夫才用旌。齐景公用召唤大夫的方式召唤虞人，所以虞人不敢前往。责任不在虞人，是齐景公的做法不符合礼，而虞人不去恰恰是遵守了礼。孟子以此暗示，诸侯召唤自己的方式也不对，他也不能去，否则就是违背了礼。

“志士不忘在沟壑，勇士不忘丧其元。”真正的志士不会忘了死于沟壑那一天，为了追求符合他的人生志向，真正的勇士，不会忘记有丧失元首那一天。言外之意，为了坚守自己的原则宁可被杀头，这才是志士、勇士。“孔子奚取焉？取非其招不往也。”对上面提到的虞人，孔子是肯定的，为什么呢？

因为不符合召唤他的礼他就不去，因此受到了孔子的认同和肯定。虞人作为一个非常小的官都能守着礼，孟子的言外之意是，难道我还能不守着礼吗？“如不待其招而往，何哉？”别说召的方式是否符合礼，也没人召唤我啊，还要我主动去觐见，那就更不行了。

“且夫枉尺而直寻者，以利言也。”况且，“枉尺而直寻”这句话是就利而言，指的是从利益出发来考虑，所失小而所得大，所以是可行的。这句话与礼和道义无关。“如以利，则枉寻直尺而利，亦可为与？”如果你是看着利，即使是付出八尺的代价换来一尺的利益，那样也可以做吗？

下面是孟子讲了一个故事。从前赵简子命王良和一个叫嬖奚的人一起乘车打猎，王良负责驾车，嬖奚负责猎杀野兽，两人跑了一天，一个野兽也没打到。嬖奚回来之后给王良下了一个结论，说他是天下最差的车手。有人把这话告诉了王良，王良请求再来一次，嬖奚很勉强地同意了。两人的第二次合作，仅用了一个早上就打了 10 只禽兽，嬖奚回来说王良是最好的车手。赵简子说，那就让王良专门给你驾车吧。用今天的话说，想调王良给他做专职司机。可是王良不同意。王良说，我中规中矩地为他驾车，结果他一整天也打不到一只野兽，反之，我赶车的时候不守规矩，很怪异地去迎合他，他一早上就打到 10 只野兽。换句话说，王良守着礼、做得对的时候，他什么也打不着，王良不按规矩、不合礼的时候，嬖奚就能打到很多，所以王良很瞧不起他。王良引《诗》“不失其驰，舍矢如破”，驾车的人不出现失误，符合正道让车奔驰，放箭的人正常放箭，这才是完美的配合。王良总结说，我不习惯给小人赶车，所以请让我辞掉这件事。

说完故事之后孟子讲“御者且羞与射者比”，驾车的人尚且羞于和射箭的人相配合。“比而得禽兽，虽若丘陵，弗为也”，顺从这个射箭的人但不符合规矩，即使打到的禽兽能达到山丘那么多，也不配合。“如枉道而从彼，何也”，是驾车这个小事都不能枉，不能委屈自己，不能不符合正道，现在你却让我违背原则，以便让他们用我，为什么会有这样的想法呢？不符合道不行，不符合礼不行，你要用我，首先要符合礼，其次要用我的道，不能让我按照你的道来。

孟子对弟子说：“且子过矣，枉己者，未有能直人者也。”而且你错了，可以随意改变自己的原则，这样的人没有能使他人行直道的。孟子没继续说下去，但他说的是对的。一开始起头没起好，后面就没办法做了。一开始就没守住原则，后来再想守原则那是不可能的。

6·2　景春曰：“公孙衍、张仪岂不诚大丈夫哉？一怒而诸侯惧，安居而天下熄。”

孟子曰：“是焉得为大丈夫乎？子未学礼乎？丈夫之冠也，父命之；女子之嫁也，母命之，往送之门，戒之曰：‘往之女家，必敬必戒，无违夫子！’以顺为正者，妾妇之道也。居天下之广居，立天下之正位，行天下之大道，得志与民由之，不得志独行其道。富贵不能淫，贫贱不能移，威武不能屈，此之谓大丈夫。”

景春说，公孙衍、张仪不是大丈夫吗？他们一发怒诸侯全都害怕；他们安居下来，天下的战乱就平息了。

孟子反驳，这哪里是大丈夫呢？“子未学礼乎？丈夫之冠也，父命之；女子之嫁也，母命之。”你没学过礼吗？男子行冠礼时，是父亲命令他；女子出嫁时，是母亲命令她。“往送之门”，母亲送出嫁的女儿出门。“戒之曰”，告诫她说。“往之女家”，现在要去你的家了。古人认为女子真正的家是婆家，不是娘家。所以女子出嫁叫“归”，是回家。母亲告诉女儿，现在要去自己家了，一定要有恭敬心，小心谨慎，不要违背自己的丈夫。“以顺为正者，妾妇之道也”，将顺从作为正道，这是女人的道。顺从是女人的正道，那什么才是大丈夫的正道呢？

“居天下之广居，立天下之正位，行天下之大道。得志与民由之，不得志独行其道。”这才是大丈夫的道。由于社会分工不一样，女子主要是在家里工作，以顺为正是女性的道，顺从丈夫是正道。男子的主要功能不是在家里，是在社会上，男子想在社会上成为大丈夫，第一要有成就，有社会地位。“居天下之广居”，你要处在天下最广大的住宅，站在天下的正位上，而后推行天下的大道。首先追求一定成就并行正道，但行正道是关键，成就是次要的，所以说“得志与民由之，不得志独行其道”。自己的志向得以实现，和老百姓共同往前走，不能实现自己的志向，独自一个人也要行这个道。在孟子的思想里，真正的大丈夫是能行天下之大道的人，有没有官位都不能为之改变。

下面是孟子的名言。“富贵不能淫，贫贱不能移，威武不能屈，此之谓大丈夫。”不管在什么条件下都能坚持自己的理念，这才是真正的大丈夫。在富贵的状态下不会过分，在贫贱的状态下不会改变，在外力的逼迫下也不会屈服，孟子说这样的人才称得起大丈夫。

6·3　周霄问曰：“古之君子仕乎？”

孟子曰：“仕。《传》曰：‘孔子三月无君，则皇皇如也，出疆必载质。’公明仪曰：‘古之人三月无君，则吊。’”

“三月无君则吊，不以急乎？”

曰：“士之失位也，犹诸侯之失国家也。《礼》曰：‘诸侯耕助以供粢盛，夫人蚕缫以为衣服。牺牲不成，粢盛不洁，衣服不备，不敢以祭。惟士无田，则亦不祭。’牲杀、器皿、衣服不备，不敢以祭，则不敢以宴，亦不足吊乎？”

“出疆必载质，何也？”

曰：“士之仕也，犹农夫之耕也，农夫岂为出疆舍其耒耜哉？”

曰：“晋国亦仕国也，未尝闻仕如此其急。仕如此其急也，君子之难仕，何也？”

曰：“丈夫生而愿为之有室，女子生而愿为之有家。父母之心，人皆有之。不待父母之命，媒妁之言，钻穴隙相窥，逾墙相从，则父母国人皆贱之。古之人未尝不欲仕也，又恶不由其道。不由其道而往者，与钻穴隙之类也。”

周霄是魏国人，他问孟子，古代的君子也做官吗？

孟子回答，是的。孟子又提到，书上说，孔子三个月没有君主，就惶惶不可终日了。离开国家的边境一定用车拉着“质”。“质”指见面礼，也写作“挚”。古代有一种说法叫“委质为臣”，如果哪个国家的君主要任用你当官，第一件事是给这个君主献上见面礼，就是质，经过这种仪式之后就成为其臣下。质不能用死物，必须用活的动物。孔子离开国家的时候一定用车拉着质，就是随时做好当官的准备，一旦有人愿意任用他，他也愿意做，马上献质。如果三个月没有人用他，他就惶惶不可终日，心不安了。公明仪说“古之人三月无君，则吊”，古代人如果三个月没有人用他，就需要安慰一下了。

周霄问："三月无君则吊，不以急乎？"这不太急了吗？孟子说："士之失位也，犹诸侯之失国家也。"士人失去了一定的位置，就好比诸侯失去了国家。《礼经》上讲："诸侯耕助以供粢盛，夫人蚕缫以为衣服。牺牲不成，粢盛不洁，衣服不备，不敢以祭。惟士无田，则亦不祭。"诸侯亲自耕种用来供给祭品。在古代，国君专门有一块地，由诸侯亲自耕种。当然，名义上是国君亲自耕种，实际他也就是去田里做做样子，自然有人代劳。这块地的收获物是专门用来祭祀祖先的。把粮食装到器皿里用来祭祀，这称为"粢盛"。国君的夫人亲自养蚕抽丝，用这个织布做衣服，国君祭祀的时候穿。换句话说，祭祀时穿的礼服从养蚕抽丝、纺织成丝绸，到裁剪缝纫，都是国君的夫人亲力亲为。这一切都是为了表示对神明的尊重。祭祀的时候还要杀牛羊猪来祭祀，这叫"牺牲"。如果祭祀的时候没有牲口，谷物也不干净，衣服也没准备好，那就不敢祭祀。因为对神明的尊敬心不够，祭祀绝不能糊弄。"惟士无田"，士这个阶层没有田地时，也就不祭祀。

以上是孟子引礼经上的话，然后孟子总结，宰杀的牲畜、器皿和衣服没准备好，也不敢祭祀。如果没有祭祀，也就不敢举行宴会，因为神和祖先还没吃上、自己先吃了，这是不可以的。因此"亦不足吊乎"，还不值得安慰一下吗？自己没有给自己准备一块地，自己就准备不出来祭祀的东西，自己就不能举行宴会，在这样的情况下，还不应该安慰一下吗？

"出疆必载质，何也？"那为什么离开国境一定带上质呢？

孟子解释："士之仕也，犹农夫之耕也，农夫岂为出疆舍其耒耜哉？"读书人出来当官就好像农民出来种地，农民会因为离开国家的边界，就放弃了他的农具吗？种地的工具不是走到哪里带到哪里？质就好比是农具，所以要走到哪里带到哪里。

周霄说："晋国亦仕国也，未尝闻仕如此其急。仕如此其急也，君子之难仕，何也?"晋国也是一个能当官的国度，我却没有听说出来当官是如此的急迫。既然如此急迫，那君子当个官又如此之难，又是为什么?

孟子先是打了个比方，比如婚姻问题，"丈夫生而愿为之有室，女子生而愿为之有家，父母之心，人皆有之"。如果生的是男孩，父母都希望将来给他成个家，如果生的是女孩，父母也都想着将来让她嫁个人。做父母的这种心情是人人都有的。"不待父母之命，媒妁之言，钻穴隙相窥，逾墙相从，则父母国人皆贱之。"但如果这个女孩子不等父母之命、媒妁之言，在墙上钻个窟窿偷窥，跳墙和人私奔了，那么父母和城里的人都会认为她下贱。男婚女嫁是很正常的事，父母也都希望孩子将来有一个家，但这件事也要守着礼去做，不合礼不行。按照"父母之命，媒妁之言"结婚，这才是一件喜事，如果和人私通或者跳墙跑了，就会被认为很下贱。言外之意，当官是好事，我也急迫地想要当官，但是需要守着礼。

"古之人未尝不欲仕也，又恶不由其道，不由其道而往者，与钻穴隙之类也。"古代的人没有不想当官的，但都讨厌不通过正道去当官，如果通过不正当的渠道给自己谋取职位，就和女孩子私奔一样，被视为是下贱的。

上一章说的是要行天下之大道，本章说的是要符合礼。儒家讲在什么情况下才出来当官?第一，当官不是为利，而是要行天下之大道，动机要端正；第二，不仅动机要端正，整个过程还要守着礼。这两章要配合着看，第一是道，第二是礼。没有道，礼只是虚伪的外表、做作的仪式，没有礼，正道也就无从体现了。

6·4　彭更问曰："后车数十乘，从者数百人，以传食于诸侯，不以泰乎?"

孟子曰："非其道，则一箪食不可受于人；如其道，则舜受尧之天下，不以为泰，子以为泰乎?"

曰："否。士无事而食，不可也。"

曰："子不通功易事，以羡补不足，则农有余粟，女有余布；子如通之，则梓匠轮舆皆得食于子。于此有人焉，入则孝，出则悌，守先王之道，以待后之学者，而不得食于子。子何尊梓匠轮舆而轻为仁义者哉?"

曰："梓匠轮舆，其志将以求食也；君子之为道也，其志亦将以求食与?"

曰："子何以其志为哉? 其有功于子，可食而食之矣。且子食志乎? 食功乎?"

曰："食志。"

曰："有人于此，毁瓦画墁，其志将以求食也，则子食之乎?"

曰："否。"

曰："然则子非食志也，食功也。"

彭更是孟子的弟子。彭更问道，"后车数十乘，从者数百人"，跟随的有几十辆车，跟随的人有好几百人，队伍是相当壮观的。"传食"是指政府供应食宿，用今天的话说有人供给食宿，诸侯给提供旅费。达到了这个状态，"不以泰乎"，这不也太过分了吗？这里虽然没有点名批评孟子，我觉得是影射孟子。一介平民，带着几百号弟子，组成几十辆车的车队，靠着诸侯的资助周游列国，不是太过分了吗？

"非其道，则一箪食不可受于人；如其道，则舜受尧之天下，不以为泰，子以为泰乎”？“箪”是一种器皿，像小簸箕一样，古代装干粮的。如果不符合道，那么哪怕是一小簸箕食物也不能接受。如果符合道，那么舜从尧那里把天下接受了，也不认为是过分的。孟子认为，看一件事情过分与否，不以量计，要看是否符合道。如果不符合道，任何事情也不能接受，如果符合道，哪怕你把天下给我，我也接受。然后孟子反问“子以为泰乎”，你觉得过分吗？舜接受了尧的天下这件事，你觉得过分吗？禅让制是古代颂扬的典范，孟子拿这个事来举例，是一个令人无法反驳的例子。

但是，我觉得孟子是在诡辩。彭更质疑的不是周游列国这件事是否过分，当时周游列国给自己谋求职位是士这个阶层的常态，并不只是孟子一个人这样，但如此大规模的队伍，如此招摇才是孟子的特点，所以彭更觉得这种招摇是过分的。孟子谈的不是招摇是否过分的问题，而是诸侯给他的资助是否应该接受的问题，有偷换概念的嫌疑。当然，彭更并没有发现这一点，沿着孟子的思路去讨论应不应该接受的问题了。

彭更回答不过分，指舜从尧那里接受天下并不过分。这在当时是受赞扬的，彭更当然不能否定。但他接着说：“士无事而食，不可也”，读书人如果没做事情，却接受了食物，简单说就是白吃饭，没干活就吃饭，这是不可以的。言外之意，孟子游说各国，并未给各国做出贡献，却接受了人家国君的大量赐予，这就是白吃饭。

孟子说“子不通功易事，以羡补不足”。“通”是互换一下，“易”是交换，“事”是事情，“羡”是多余的。如果你不能跟别人去交接，用你自己多余的去补你不足的。显然交换的目的是把你有余的给别人，跟别人换你不足的，这是“通功易事”。孟子谈的是基于社会分工的交换的必要性。因为社会分工不同，如果不存在交换，“则农有余粟，女有余布”。女性当时是织布的，每个人手头都有多余的布，农民手头有多余的粮食，社会上却会有人得不到粮食、有人得不到布匹，所以必须进行交换。所以，社会存在分工就必须存在交换。“子如通之，则梓匠轮舆皆得食于子。”“梓匠”是木匠，“轮舆”是车工，是造车的。如果有“通功易事”彼此交换的话，木匠、车工等工匠都可以从你这里得到食物，则每个人都有饭吃。如果没有“通功易事”，工匠干完了活就没有饭吃。

孟子接着说：“于此有人焉，入则孝，出则悌，守先王之道，以待后之学者，而不得食于子。”假定有这样一个人，守着孝悌，严格遵守先王之道，用来培养后代的学者，去教别人，却在你这里吃不上饭，这正常吗？“子何尊梓匠轮舆而轻为仁义者哉？”木匠、车工在你这里都能吃上饭，你为什么尊重木匠、车工而轻视行仁义的人呢？结果是那些工匠在你这里都能谋一份职业，都能有一个饭碗，而行仁义道德的人在你这里反而没有一个职业。

彭更回答：“梓匠轮舆，其志将以求食也；君子之为道也，其志亦将以求食与？”木匠、车工做这些事的目的是给自己换口饭吃，难道君子的志向也是拿道义去换饭吃吗？师徒俩开始进行辩论了。

“子何以其志为哉？其有功于子，可食而食之矣。且子食志乎？食功乎？”为什么要看他的动机？只要他对你有用，你可以给他一碗饭吃，就应该给。况且你是因为动机给饭吃，还是看效果给饭吃？彭更回答，看动机。这就有些强词夺理了，下面就让孟子抓住漏洞了。

“有人于此，毁瓦画墁，其志将以求食也，则子食之乎？”“墁”是新粉刷的墙。如果有一个人，在这里毁坏你的瓦，在你新粉刷的墙上乱涂乱画，可是他这样做的动机却是为了要食物，要通过这种方式挣口饭吃，你会给他食物吗？彭庚说不会。“然则子非食志也，食功也。”孟子的结论是，所以说你不是看动机而是看业绩、看效果才给饭吃的。

孟子在这里主要强调的是社会有分工，人类社会存在的基础是有社会分工的存在。如果人类需要什么都自己造，大家都在低水平重复，社会是没有办法发展的。有社会分工的存在就会有不同的职业，有不同的需求，彼此之间都发挥自己对社会的功能。因为社会有不同分工，你不管从事哪个职业，哪个工种，不管做什么都是在为这个社会的运转做贡献。孟子提到的“梓匠轮舆”，就是应社会需求所产生的。孟子将士与梓匠轮舆相提并论，显然是认为，士这一阶层的出现也是应社会需求而产生的。孟子这种认识不仅是非常正确的，也是非常先进的。

人类社会的发展不仅需要物质文明，更需要精神文明。“梓匠轮舆”是推动社会物质文明发展的，满足社会的物质需求。但除此之外，人还有精神方面的需求，也同样需要满足，这就是士阶层的作用了。社会要正常运转，还需要有管理者，否则社会的秩序就没有办法保证。显然，社会不仅需要从事物质文化的工匠，还需要从事精神文化和从事管理的君子。每个人都从自己的职位、职业的角度，为社会的正常运转做出了贡献，都应该因为这份贡献收获应得的回报。

所以，要求每一个人都参与生产，统治者也不能例外，是不对的。孟子对这件事情进行批判，站在今天的角度来讲，孟子的理解是深刻的，认识到了社会运转的本质。孟子批判许行学说的根本错误是抹杀了社会分工，抹杀了体力劳动者和脑力劳动者之间的分工，这对社会的发展是不利的。孟子提出“劳心者治人，劳力者治于人。治于人者食人，治人者食于人”，这段论述相当清晰。社会分体力劳动者和脑力劳动者，有人从事物质文明的生产，有人从事精神文明的生产，因分工不同，获取食物的方式自然也不同。

6·5 万章问曰："宋，小国也。今将行王政，齐楚恶而伐之，则如之何?"

孟子曰："汤居亳，与葛为邻，葛伯放而不祀。汤使人问之曰：'何为不祀?'曰：'无以供牺牲也。'汤使遗之牛羊。葛伯食之，又不以祀。汤又使人问之曰：'何为不祀?'曰：'无以供粢盛也。'汤使亳众往为之耕，老弱馈食。葛伯率其民，要其有酒食黍稻者夺之，不授者杀之。有童子以黍肉饷，杀而夺之。《书》曰：'葛伯仇饷。'此之谓也。为其杀是童子而征之，四海之内皆曰：'非富天下也，为匹夫匹妇复仇也。''汤始征，自葛载'，十一征而无敌于天下。东面而征，西夷怨；南面而征，北狄怨，曰：'奚为后我?'民之望之，若大旱之望雨也。归市者弗止，芸者不变，诛其君，吊其民，如时雨降。民大悦。《书》曰：'徯我后，后来其无罚。''有攸不惟臣，东征，绥厥士女，篚厥玄黄，绍我周王见休，惟臣附于大邑周。'其君子实玄黄于篚以迎其君子，其小人箪食壶浆以迎其小人，救民于水火之中，取其残而已矣。《太誓》曰：'我武惟扬，侵于之疆，则取于残，杀伐用张，于汤有光。'不行王政云尔，苟行王政，四海之内皆举首而望之，欲以为君，齐楚虽大，何畏焉?"

孟子的弟子万章问，宋国这样一个小国，现在要实行王政，齐楚两个国家却讨厌他实行王政，要讨伐他，那么应该怎么办?

孟子回答：成汤居住在亳地，与小国葛相邻，葛国的君主葛伯放纵无道，不祭祀先祖。汤派人询问，为什么不祭祀?葛伯说，没有供祭祀用的牲畜。汤派人送给他们牛羊，葛伯把牛羊吃了，还是不祭祀。汤又派人询问，为什么不祭祀？“粢盛”是用以祭祀的粮食。葛伯说，没有谷物来做祭品。汤派自己的国民去帮助葛国种地，还派自己国的老人、小孩去给种地的人送饭。这已经很过分了。但葛伯不仅不感谢，“葛伯率其民，要其有酒食黍稻者夺之，不授者杀之。有童子以黍肉饷，杀而夺之”。“黍”是黏米，“稻”是水稻。葛伯带领着他的民众拦住那些带着酒食米饭的人进行抢夺，不肯给的就杀死。有个小孩带着米饭和肉去送饭，遭到杀害后被抢走了食物。《尚书》上说“葛伯仇饷”，葛伯仇视送饭的人。“此之谓也”，是指这件事。

顺便说一句，当时汤的国家、葛伯的国家都是非常小的小国，所以才能出现去另一个国家耕种还由家里送饭的事情。万章说宋国是小国，无法行王政，孟子的言外之意是，商汤当初的国家比宋国小得多呢，看看商汤是如何行王政、行仁义的。

“为其杀是童子而征之”，汤因为葛伯杀了这个孩子而讨伐葛国。“四海之内皆曰：‘非富天下也，为匹夫匹妇复雠也。’”天下的老百姓都说，这不是贪图天下的财富，这是为平民百姓复仇，舆论都站在商汤这边。

“‘汤始征，自葛载’，十一征而无敌于天下。”商汤的征讨是从葛国开始的，商汤先后征伐十一次而无敌于天下。他向东征讨，西边的夷族人便抱怨，他向南征讨，北方的狄人便抱怨，都说为什么把我们放在后面，不先征讨我们这里呢？老百姓盼望他，就像大旱时盼望雨水一样。“归市者弗止，芸者不变，诛其君，吊其民，如时雨降，民大悦。”商汤的战事所到之处，赶集的不停止买卖，种田的不停止耕耘。商汤的部队纪律严明不扰民。杀了其国家的君主叫“诛其君”，安抚其国家的百姓叫“吊其民”，就像及时雨下降那样，老百姓非常高兴。“《书》曰：‘徯我后，后来其无罚’。”“徯”是等待，“后”是君主。《尚书》上说，等待我们的君王，他来了我们就不受惩罚了。

“有攸不惟臣，东征，绥厥士女，篚厥玄黄，绍我周王见休，惟臣附于大邑周。”这段是引《尚书》中的文字。有攸国助纣为虐不臣服，周王向东征讨，安抚那里的士民妇女，他们用筐装着黑色和黄色的丝帛，以侍奉我们周王为荣，最后他们臣服了大邦周室。这段说的已经不是商汤了，是对周朝的歌颂。孟子引这段《尚书》上的话来证明他的观点，行仁政就可以无敌于天下，因为其他国家的百姓都盼望着你去。“其君子实玄黄于篚以迎其君子，其小人箪食壶浆以迎其小人。”那里的官吏带着用筐装着的丝绸来迎接周朝的官吏，那里的老百姓用筐装着饭食，用壶盛着饮水来迎接周朝的士兵。这是各社会阶层之间的交流。“救民于水火之中，取其残而已矣。”把老百姓从水深火热中拯救出来，是要除掉残暴的君主而已。

“《太誓》曰：‘我武惟扬，侵于之疆，则取于残，杀伐用张，于汤有光。’不行王政云尔，苟行王政，四海之内皆举首而望之，欲以为君。齐楚虽大，何畏焉？”“惟”，发语词，没有意义。“于”是国家的名字。《太誓》说，我武功显扬，侵入于国的疆土，把于国残暴的君主拿下，讨伐范围由此扩大，商汤的功绩就发扬光大了。如果你真的实行王政，各个国家的百姓都抬着头盼望着你的到来，想要让你去做他们的君主。齐国、楚国虽然强大，又有什么可惧怕的呢？

孟子这一段还是有点理想主义。他周游列国，游说各个国家，谁也不用他的原因就在这里，这是纯理论，从理论上能做到，实践上相当难。首先两个国家的君主反差是否能这么大？

一边英明如商汤，另一边无道如葛伯，反差特别大，孟子说的才有可能变成现实。但在现实中，国家与国家之间，君主与君主之间的反差没有这么大，好也好不到商汤的程度，差也没有差到葛伯的程度，所以一般达不到孟子说的这种效果。孟子说的是反差到极致才有可能出现的结果，其案例是非常极端的、不常见的，所以说孟子是有些理想主义的。

就今天而言，还有一个更大的难度。孟子游说的这些国家都是同一个民族的，在那个年代还没有民族主义精神。发展到今天，国家与国家之间有巨大的文化差异，而且民族主义精神也已经深入人心，所以孟子的思想在当下更不可能实现。孟子的思想是理想主义的。而且孟子在这里所答非所问。弟子问宋国行仁政了，齐国、楚国要来打他，他抵挡不了怎么办。而孟子回答的是行仁政会产生的效果。宋国如果刚刚开始要行仁政就被周边的大国给灭掉了，哪里还会有行仁政的效果。

6·6　孟子谓戴不胜曰："子欲子之王之善与？我明告子。有楚大夫于此，欲其子之齐语也，则使齐人傅诸？使楚人傅诸？"

曰："使齐人傅之。"

曰："一齐人傅之，众楚人咻之，虽日挞而求其齐也，不可得矣；引而置之庄岳之间数年，虽日挞而求其楚，亦不可得矣。子谓薛居州，善士也，使之居于王所。在于王所者，长幼卑尊皆薛居州也，王谁与为不善？在王所者，长幼卑尊皆非薛居州也，王谁与为善？一薛居州，独如宋王何？"

戴不胜，宋国的大臣。孟子对他说，您想让您的王行仁政吗？我明确地告诉你，有楚国大夫在此，想让他儿子说齐国的语言，让齐国人教，还是让楚国人教？戴不胜说，派齐国人来辅导。

孟子说："一齐人傅之，众楚人咻之，虽日挞而求其齐也，不可得矣；引而置之庄岳之间数年，虽日挞而求其楚，亦不可得矣。"一个齐国人教他齐国的语言，很多的楚国人和他聊天，即使你每天鞭打他，逼着他说齐国话，也不一定能做到。把他放到齐国的"庄岳"去待几年（"庄岳"一般认为是齐国的地名，"庄"是街名、"岳"是里名），即使每天打他，想让他说楚国话，也不一定有效果。这说的是语言环境问题，只有一个老师教，能学好吗？重点强调环境对人的影响。

"子谓薛居州，善士也。使之居于王所。在于王所者，长幼卑尊，皆薛居州也，王谁与为不善？在王所者，长幼卑尊，皆非薛居州也，王谁与为善？一薛居州，独如宋王何？"薛居州是人名。孟子说，你觉得薛居州是个很好的人，让他和王在一起，如果王的身边不管老少尊卑全是薛居州这样的好人，王会和谁一起去做不好的事呢？如果王的身边不管老少尊卑全不是薛居州这样的人，王会与谁为善呢？只是一个薛居州，又能对宋王形成多大的影响呢？

孟子讲的是环境对人的影响。如果君主身边都是好人，他也是好人。如果君主身边全不是好人，只有一个好人，他也发挥不了作用，因为整体的大环境不好。

不仅是君主，这也是我们日常生活中需要注意的。使自己置身于一个好的小环境之中，"见贤思齐"，这样才能进步，也才能生活得愉快。否则，"近朱者赤，近墨者黑"，会对自己造成不良影响。可是我们恰恰忽视了对自己生活的小环境的选择与打造，这是人生很多纠结的根源。

6·7　公孙丑问曰："不见诸侯，何义？"

孟子曰："古者不为臣不见。段干木逾垣而辟之，泄柳闭门而不纳，是皆已甚。迫，斯可以见矣。阳货欲见孔子而恶无礼，大夫有赐于士，不得受于其家，则往拜其门。阳货瞯孔子之亡也，而馈孔子蒸豚；孔子亦瞯其亡也，而往拜之。当是时，阳货先，岂得不见？曾子曰：'胁肩谄笑，病于夏畦。'子路曰：'未同而言，观其色赧赧然，非由之所知也。'由是观之，则君子之所养可知已矣。"

公孙丑问，您不主动去觐见诸侯，是什么道理呢？

孟子回答："古者不为臣不见。"按古时候的惯例，我不打算做他的臣子就不去晋见。接下来是孟子举的例子，也是两个典故。段干木是位贤者，魏国的国君来见他，他不肯见，翻墙跑了。泄柳也是位贤者，鲁穆公来拜访他，他关起门来不接待。这是"段干木逾垣而辟之，泄柳闭门而不纳"，孟子说的"古者不为臣不见"的两个具体实例。然后孟子表示这两个例子"是皆已甚"，这两位的做法都太绝对了。"迫"是近。君主主动登门是可以相见的。

然后孟子又举了一个例子。"阳货欲见孔子而恶无礼"，阳货想要孔子来见他，又厌恶别人认为他不知礼，于是他想了个办法。按照当时的礼俗，"大夫有赐于士，不得受于其家，则往拜其门"。士我们可以理解为读书人，没有官职。大夫赠送财物给士人，士人如果不能在家亲自接受，就应去大夫家登门拜谢。于是阳货趁孔子不在家，给孔子家送去蒸好的乳猪，这是"阳货瞯孔子之亡也，而馈孔子蒸豚"，目的是让孔子去拜见他。"孔子亦瞯其亡也，而往拜之"，孔子也很明白阳货是什么意思，也不愿意违背礼，于是也趁阳货不在家的时候前往拜谢。孟子讲完孔子和阳货的一段故事之后说："当是时，阳货先，岂得不见?"在那时，如果阳货主动先去拜访，孔子难道还不见吗？孟子举这个例子是评价阳货做得不对，是他先使用了阴谋，孔子是以子之矛攻子之盾。

下面是孟子引曾子的话："胁肩谄笑，病于夏畦。"曾子说，耸着肩膀对别人谄媚地笑，形容讨好别人的状态，这比夏天在菜地里干活还要痛苦。接下来孟子又引子路的话："未同而言，观其色赧赧然，非由之所知也。"子路说，意见不同却要在一起谈话，跟一个人志不同道不合的人勉强交谈，还一脸羞惭的样子，这种人不是我所能够理解的。孟子这里引用两位孔子弟子的话，表示不要主动向别人讨好。曾子说得比较直接，子路是委婉地表达他不会那么做，两位说的是同一个道理。"由是观之，则君子之所养可知已矣。"这样看来，君子该培养什么样的品德就可以知道了。

孟子没有展开讲，我理解，君子应该培养的品行是直、诚、正，而不是把自己的观点隐匿起来勉强和人沟通。孟子后面这段话才回答了公孙丑一开始的问题。孟子的意思是，自己之所以不去见诸侯，因为守着直、诚、正（正直、真诚、端正）三种君子的修养，不去迎合别人为自己谋一官半职。他举了段干木和泄柳的例子，说自己也不会像他们那样过分。又引了孔子和阳货的例子，表明阳货做得不对。孟子表示，如果有人来见他，他也会见，如果有人请他当官，他也会去当。

6·8　戴盈之曰："什一，去关市之征，今兹未能。请轻之，以待来年然后已，何如?"

孟子曰："今有人日攘其邻之鸡者，或告之曰：'是非君子之道。'曰：'请损之，月攘一鸡，以待来年然后已。'如知其

非义，斯速已矣，何待来年?”

“什一”指十取其一的农业税，“去”是去掉，“关”是道路上的关卡，“市”是市场。戴盈之说，取消市场、关卡的税收，这都是孟子的主张。“今兹未能”，他现在还做不到。“请轻之，以待来年然后已，何如?”请让我先减轻税收，等到明年再完全免除这些税，怎么样?

孟子打了个比喻。现在有一个人每天都偷他邻居的鸡，有人告诫他说，这不是君子之道。他却说，请让我少偷一些，每月偷一只，等到明年再彻底改掉。孟子打了个比喻，让我们一下子就能意识到戴盈之的做法是不对的。“如知其非义，斯速已矣，何待来年。”如果知道这样做不对，就应该赶快改正，为什么要等到明年?

孟子告诉我们的道理是，当你发现事情不妥后就应该立刻停止，而不是降低频度，这才是君子之道。

6·9 **公都子曰:“外人皆称夫子好辩，敢问何也?”**

孟子曰:“予岂好辩哉? 予不得已也。天下之生久矣，一治一乱。当尧之时，水逆行氾滥于中国，蛇龙居之，民无所定，下者为巢，上者为营窟。《书》曰:‘洚水警余。’洚水者，洪水也。使禹治之。禹掘地而注之海，驱蛇龙而放之菹，水由地中行，江、淮、河、汉是也。险阻既远，鸟兽之害人者消，然后人得平土而居之。尧舜既没，圣人之道衰，暴君代作，坏宫室以为污池，民无所安息，弃田以为园囿，使民不得衣食，邪说暴行又作，园囿污池，沛泽多而禽兽至，及纣之身，天下又大乱。周公相武王，诛纣伐奄，三年讨其君，驱飞廉于海隅而戮之，灭国者五十，驱虎豹犀象而远之，天下大悦。《书》

曰：'丕显哉，文王谟，丕承哉，武王烈，佑启我后人，咸以正无缺。'世衰道微，邪说暴行有作，臣弑其君者有之，子弑其父者有之。孔子惧，作《春秋》。《春秋》，天子之事也，是故孔子曰：'知我者，其惟《春秋》乎；罪我者，其惟《春秋》乎。'圣王不作，诸侯放恣，处士横议，杨朱、墨翟之言盈天下，天下之言不归杨则归墨。杨氏为我，是无君也；墨氏兼爱，是无父也。无父无君，是禽兽也。公明仪曰：'庖有肥肉，厩有肥马，民有饥色，野有饿莩，此率兽而食人也。'杨墨之道不息，孔子之道不著，是邪说诬民，充塞仁义也。仁义充塞，则率兽食人，人将相食。吾为此惧。闲先圣之道，距杨墨，放淫辞，邪说者不得作。作于其心，害于其事；作于其事，害于其政。圣人复起，不易吾言矣。昔者禹抑洪水而天下平；周公兼夷狄、驱猛兽而百姓宁；孔子成《春秋》而乱臣贼子惧。《诗》云：'戎狄是膺，荆舒是惩，则莫我敢承。'无父无君，是周公所膺也。我亦欲正人心，息邪说，距诐行，放淫辞，以承三圣者。岂好辩哉？予不得已也。能言距杨墨者，圣人之徒也。"

公都子是孟子的弟子。公都子来问孟子，别人都说先生喜好辩论，请问这是为什么？

孟子说："予岂好辩哉？予不得已也。"我哪里是喜好辩论，我是不得已啊。然后孟子讲了一番不得已的道理。

天下的存在已经很久了，时而太平，时而混乱。当尧在位的时候，水倒流泛滥于中原地区，到处被龙蛇盘踞，百姓无处安身，住在低地的人在树上搭巢，住在高处的人在山上营造洞穴。《尚书》上说"洚水警余"，洚水就是指洪水，意思是洪水向我提出了警示。尧于是派禹去治水。禹挖通河道将洪水导入大海，又把龙蛇驱逐到草泽地，水沿着地上的沟道流动，形成了长江、淮水、黄河和汉水。洪水泛滥带来的险阻已经远离了人们，鸟兽也不再危害人们了，在此之后百姓们才得以回到平原上来安居。

孟子一开始就提出人类历史发展的规律是“一治一乱”。上面讲尧禹治水之后带来的天下大治，是由乱到治，也可以视为“一治”。先是乱世，洪水泛滥，龙蛇盛行，老百姓居无定所，然后尧命禹治水，出现一治。

尧舜去世以后，圣人治国爱民之道逐渐衰微，暴虐的君主接连出现，这就进入了乱世。毁坏了房屋来做池塘，使百姓无处安居，废弃了农田来做猎场，使百姓不能谋生。淫邪的学说和暴虐的行为随之兴起，猎场、池沼、草泽增多，并招来了飞禽走兽。到了商纣王的时候，天下又发生大乱。这是由治到乱，也可以视为“一乱”。

周公辅佐武王诛杀商纣王，讨伐奄国三年。飞廉是一个很坏的大臣，把飞廉追逐到海边处死，消灭殷商的属国 50 个，将虎、豹、犀牛、大象驱赶得远远的，天下百姓都非常喜欢。这就又由大乱进入了大治，又是“一治”。

《尚书》说：“丕显哉，文王谟，丕承哉，武王烈，佑启我后人，咸以正无缺。”“显”是显耀，“谟”是谋划，“承”是继承，“烈”是功业。文王的谋略是多么显赫啊，武王的功德是继承了父祖辈的遗志，保佑启发了我们后代，都走正路，没有缺憾。这是歌颂周文王、周武王的话，正是他们灭了纣之后，使国家从大乱走向大治。

此后，社会混乱、正道衰微，淫邪的学说和暴虐的行为随之兴起，有臣子杀君主的事，有儿子杀父亲的事。孔子对混乱的现实感到很担心，便写了《春秋》。孔子写《春秋》寓褒贬，这是最重要的。孔子写《春秋》不是为了写历史，而是为了进行政治评价，对不好的人和事进行批判。但评判政治的好坏应该是天子的事，应该由上级领导对下级进行政治考核，而不应该由孔子一个平民百姓对政治进行评判。但问题是，当时天子地位衰落，孔子担心有大臣杀君主，有儿子杀父亲，如果没有人站出来施行舆论导向，这种罪恶的现象就更加泛滥了。天子不作为，因此孔子便来做了。所以孔子说，后世了解我的恐怕是因为《春秋》，批判我的也是因为《春秋》。孔子写完《春秋》就已经做出了预言，不管说他好还是不好，都是因为他写了《春秋》这部书。但孔子还是写了，他是不得已啊！乱世的时候必须有人站出来拨乱反正。

接下来发展到孟子的时代。“圣王不作，诸侯放恣，处士横议，杨朱墨翟之言盈天下。”圣王没有兴起，诸侯们肆无忌惮，平民百姓放纵地议论，杨朱、墨翟的言论充斥着天下。杨朱、墨翟是两个派系，杨朱的主要观点是“为我”，以自我为出发点，其名言是“拔一毛利天下而不为”，即拔他的一根汗毛而有利于全天下的事他也不干。他的理由是，造福于天下为什么非得拔我的汗毛？墨翟就是墨子，与杨朱的观点正相反，“摩顶放踵利天下为之”，只要对天下人有利，就是把自己从头到脚磨成粉末都在所不辞。孟子说：“天下之言不归杨则归墨。”现在杨朱和墨翟的言论充满了天下，世上的言论不属于杨朱一派便属于墨翟一派。“杨氏为我，是无君也；墨氏兼爱，是无父也。无父无君，是禽兽也。”杨氏主张为自己，眼里没有君王，杨朱的观点都是从自我出发，最后的恶果是破坏了社会秩序、政治秩序。墨氏主张兼爱，对所有人一样地爱，这是眼里没有父母。不要父母、不要君王的人，就是禽兽。

孟子这句话乍一看觉得很重，但仔细想想，目无君主是破坏了政治秩序，破坏了社会关系，眼里没有父亲是否定了血缘关系。否定了政治秩序和社会关系，又否定了血缘关系，人类社会和禽兽还有什么区别？实际上人类社会和禽兽的区别就在于认识血亲，还承认政治秩序。孟子说出了这两派学说最大的弊端。

然后孟子引用公明仪的一句话：“庖有肥肉，厩有肥马，民有饥色，野有饿莩，此率兽而食人也。”公明仪说，厨房里有肥美的肉，马棚里有健壮的马匹，老百姓却面带饥色，野外有饿死的人，这样的统治者无异于率领禽兽来吃人。公明仪的说法非常尖刻，统治者没有把物质资源给百姓，却给了宠物。把资源给了马，等于带领马来吃人。

孟子说，杨、墨的学说不破除，孔子的学说就无法发扬，这就是邪说坑害了百姓、阻碍了仁义的施行。仁义被阻止，就是放任野兽去吃人，人们也将互相残食。孟子为此感到忧虑，为此感到恐惧，所以要修习先王的道，排斥杨、墨的学说，批驳错误夸张的言论，使邪说歪理不能再流行。邪说兴起在人们心中，会危害人们做的事情，事情受到了危害，也就会危害政务。“圣人复起，不易吾言矣。”即使圣人再出现，也不会改变我的观点。

为什么要对不好的学说进行打压？一旦这些学说被用作人生的指南，就会产生一系列恶果。小到人生事业，大到国家政治，都会走到邪路上去。所以孟子才站出来批判。这是他说自己不是喜欢辩论，是不得已的原因。

“昔者禹抑洪水而天下平，周公兼夷狄、驱猛兽而百姓宁，孔子成《春秋》而乱臣贼子惧。”从前大禹抑制洪水使天下太平，周公兼并夷族、狄族，赶走猛兽而使百姓安宁，孔子著成《春秋》使乱臣贼子害怕。孟子评价了禹、周公、孔子三个不同时期的圣人对社会的贡献，前两位的功绩体现在物质文化层面，孔子的功绩在于政治价值层面，但他们的共性在于，都是不得已，都是不得不去做这些事情。与之类似，孟子认为自己现在的辩论也是不得已，不得不去批判异端邪说，正本清源。

“《诗》云：‘戎狄是膺，荆舒是惩，则莫我敢承。’无父无君，是周公所膺也。”“膺”是征服，“惩”是惩罚，戎、狄、荆、舒是指非华夏的小国。《诗经》上说，将要征服戎族、狄族，惩罚荆国、舒国，没有人敢抗拒我。周公为什么要惩罚戎狄，因为他们的社会混乱没有礼仪，不重视亲属关系，就是孟子前面说的无父无君，所以周公才要打击他们。

“我亦欲正人心，息邪说，距詖行，放淫辞，以承三圣者。岂好辩哉？予不得已也。能言距杨墨者，圣人之徒也。”孟子说，我也想要端正人心，破除邪说，抵制偏颇的行为，批驳错误夸张的言论，来继承大禹、周公、孔子三位圣人的事业。我怎么是喜好辩论呢？我是不得不如此。其学说能够排斥、抨击、打压杨墨这两派，这才是圣人的门徒。

这一大段都是孟子为自己辩解，表示自己不是喜欢辩论。

6·10　匡章曰：“陈仲子岂不诚廉士哉？居於陵，三日不食，耳无闻，目无见也。井上有李，螬食实者过半矣，匍匐往将食之，三咽，然后耳有闻，目有见。”

孟子曰：“于齐国之士，吾必以仲子为巨擘焉。虽然，仲子恶能廉？充仲子之操，则蚓而后可者也。夫蚓，上食槁壤，下饮黄泉。仲子所居之室，伯夷之所筑与？抑亦盗跖之所筑与？所食之粟，伯夷之所树与？抑亦盗跖之所树与？是未可知也。”

曰：“是何伤哉？彼身织屦，妻辟纑，以易之也。”

曰：“仲子，齐之世家也。兄戴，盖禄万钟。以兄之禄为

不义之禄而不食也，以兄之室为不义之室而不居也，辟兄离母，处于於陵。他日归，则有馈其兄生鹅者，己频顣曰：‘恶用是鶂鶂者为哉?’他日，其母杀是鹅也，与之食之。其兄自外至，曰：‘是鶂鶂之肉也。’出而哇之。以母则不食，以妻则食之；以兄之室则弗居，以於陵则居之。是尚为能充其类也乎?若仲子者，蚓而后充其操者也。”

匡章是齐国人。匡章说，陈仲子难道不是真正的正直廉洁之人吗？他居住在於陵，三天吃不上饭，饿得耳朵听不见，眼睛看不到。井边有棵李子树，虫子已经把李子树上的李子吃了一半，他爬着过去取虫子吃剩下的李子来吃，吞咽了三口之后，耳朵才听得见，眼睛才看得见。因为廉洁而饿成这样，是因为不符合道义的坚决不要。

匡章认为陈仲子是真正的廉洁之士，并讲述了他的事迹。孟子说：“于齐国之士，吾必以仲子为巨擘焉。虽然，仲子恶能廉?”在齐国的人士中，我必定把陈仲子看作大人物，用今天的话来说是大咖。即使这样，仲子怎么称得上廉洁呢？孟子下面的话我觉得有一点调侃的性质。“充仲子之操，则蚓而后可者也。”如果能达到陈仲子的操守，那只有变成蚯蚓才能做到。为什么？“夫蚓，上食槁壤，下饮黄泉”，蚯蚓，向上吃腐败的土，向下喝地底下的泉水。要像蚯蚓一样不要有其他需求，否则按陈仲子的标准就活不下去了。

孟子对陈仲子进行质疑：“仲子所居之室，伯夷之所筑与？抑亦盗跖之所筑与？所食之粟，伯夷之所树与？抑亦盗跖之所树与？是未可知也。”仲子所居住的房屋，是像伯夷那样廉洁的人建造的，还是像盗跖那样的强盗所建造的，他所吃的粮食，是像伯夷那样廉洁的人种植的，还是像盗跖那样的强盗所种植的，这些都还不知道。若是像陈仲子那样的廉洁，这些他岂不都不应该用？

匡章说："是何伤哉？彼身织屦，妻辟纑，以易之也。"这有什么妨碍呢，陈仲子亲自编织草鞋，他的妻子纺织，用这些去交换来的粮食，所以不伤廉。

孟子说："仲子，齐之世家也。兄戴，盖禄万钟。以兄之禄为不义之禄而不食也，以兄之室为不义之室而不居也，辟兄离母，处于於陵。"仲子，是齐国的世家大族，他的哥哥名戴，有封地在盖邑，有上万钟的俸禄。他认为他哥哥的俸禄是不义的俸禄而不吃，认为他哥哥的房屋不是最佳行为方式得来的房屋而不居住，因此避开哥哥离开母亲，独自住到於陵。言外之意，哥哥给的不要，因为不义。若真的是不义的，自己交换来的就使得了？这是什么原则？

下面是一件更具体的事例。"他日归，则有馈其兄生鹅者，已频顣曰：'恶用是鶃鶃者为哉？'他日，其母杀是鹅也，与之食之。其兄自外至，曰：'是鶃鶃之肉也。'出而哇之。"有一天仲子回家，正好碰上有人给他哥哥送来一只鹅，他皱着眉头说，要这嘎嘎叫的东西干什么。过了几天，他母亲杀了这只鹅给他吃，他正吃着，他哥哥从外面回来，说这便是那嘎嘎叫的东西的肉。仲子一听，便跑到外面把肉呕吐出来。

孟子评价："以母则不食，以妻则食之；以兄之室则弗居，以於陵则居之。是尚为能充其类也乎？若仲子者，蚓而后充其操者也。"你母亲做的东西你不吃，妻子纺织换回来的粮食却吃，你哥哥的房屋不住，於陵的房屋却去住，你现在吃的住的依然不敢肯定来路是否正当，这样能称得上是廉洁的典范吗？像陈仲子这样的人，恐怕只有把自己变成蚯蚓才能坚守他所谓的操守吧。

显然孟子比较豁达，不走极端。他的评价不是认为陈仲子不好，而是认为陈仲子偏激，没有必要，最后饿得眼睛都睁不开，把自己搞得这么惨，坚守的却不一定是真正的廉洁，这就很不值得了。孟子给我们的启示是，人生既要坚持一定的原则，又要会变通，凡事都不要走极端。我们学习儒家的修行必须学会变通，学习孟子的精神，有经、有权，有原则也知道灵活变通，不能守着教条主义，要将原则性与灵活性完美地结合，这才是孟子的真精神。

卷七　离娄上

7·1　孟子曰："离娄之明，公输子之巧，不以规矩，不能成方圆；师旷之聪，不以六律，不能正五音；尧舜之道，不以仁政，不能平治天下。今有仁心仁闻而民不被其泽，不可法于后世者，不行先王之道也。故曰：徒善不足以为政，徒法不能以自行。《诗》云：'不愆不忘，率由旧章。'遵先王之法而过者，未之有也。圣人既竭目力焉，继之以规矩准绳，以为方员平直，不可胜用也；既竭耳力焉，继之以六律，正五音，不可胜用也；既竭心思焉，继之以不忍人之政，而仁覆天下矣。故曰：为高必因丘陵，为下必因川泽。为政不因先王之道，可谓智乎？是以惟仁者宜在高位。不仁而在高位，是播其恶于众也。上无道揆也，下无法守也，朝不信道，工不信度，君子犯义，小人犯刑，国之所存者幸也。故曰：城郭不完，兵甲不多，非国之灾也；田野不辟，货财不聚，非国之害也。上无礼，下无学，贼民兴，丧无日矣。《诗》曰：'天之方蹶，无然泄泄。'泄泄，犹沓沓也。事君无义，进退无礼，言则非先王之道者，犹沓沓也。故曰：责难于君谓之恭，陈善闭邪谓之敬，吾君不能谓之贼。"

离娄是传说中视力特强的人。"明"是目光，也指视力。

公输子即鲁班。“规”和“矩”是两种工具，规是画圆用的，矩是画方用的。你有离娄这样的眼光，鲁班那样的巧手，不用规矩也画不成方圆。师旷是古代著名的音乐家。你有师旷那样的听力，不用六律，也无法校正五音。你有尧和舜的方法，如果不用仁政，也不能治理好天下。有仁爱的心和仁爱的名声，但百姓没有从你这得到实惠，也不能成为后世效法、模仿的对象，就是因为没有行先王之道。

仅有善不足以从政，有好的法也推行不起来。《诗经》说“不愆不忘，率由旧章”，不偏差、不遗忘，追随好的传统。引这句话是为了说下面的内容。遵守了先王的法则而犯了错误是从来没有过的。孔孟都是提倡遵守先王之法的，也因此受到批判。我们要知道先王之法，是指古代好的做法，并不是盲目地一概继承。所以，对孔孟的这种做法也不宜一概否定。

“圣人既竭目力焉，继之以规矩准绳，以为方员平直，不可胜用也。”圣人既已竭尽了视力，再加以圆规、曲尺、水准、墨线，来制作方、圆、平、直的东西，使这些东西用之不尽。仅靠自身的能力还不行，还要有工具才行。古代圣王的法就是工具。只有仁心和有好的出发点是不够的，还要有正确的方式方法。圣人一方面要把自己的能力充分发挥出来，另一方面也要有恰当的方法，这样才能把事情做好。

“既竭耳力焉，继之以六律，正五音，不可胜用也；既竭心思焉，继之以不忍人之政，而仁覆天下矣。故曰：为高必因丘陵，为下必因川泽。为政不因先王之道，可谓智乎？是以惟仁者宜在高位。不仁而在高位，是播其恶于众也。”把你的耳力充分发挥出来后，再用六律来端正五音，这种方法就可以永久使用下去。把你心的思考能力充分发挥出来，再用仁政作为辅助，仁爱精神便能覆盖天下了。因此说，想搭高台要借助于丘陵，想向下挖要借助于低洼之地。治理国家不借助于先王之道，能称得上是有智慧吗？因此只有仁者适合在高位，不仁的人在高位，是在传播他的恶。

“上无道揆也，下无法守也，朝不信道，工不信度，君子犯义，小人犯刑，国之所存者幸也。故曰：城郭不完，兵甲不多，非国之灾也；田野不辟，货财不聚，非国之害也。上无礼，下无学，贼民兴，丧无日矣。”上代表国家，下代表黎民百姓。国家没有一定的法律制度和道德规范，百姓也就不会遵守，容易犯错误。朝廷之士不相信道义，工匠们不相信计量标准，最后导致君子违反道义，小人触犯刑法，在这样的状态下国家还能存在下去，纯粹是侥幸。所以说，城修得不完善，武器不充足，并不是国家的灾难。土地没有得到开垦，财物没有聚积，也不是国家的祸害。社会的上层不讲究礼，社会的下层不讲究学习，坏人横行，国家的灭亡就指日可待了。

孟子这里强调道义的重要性，引申来说是社会规范或者说正能量的重要性。在孟子看来物资不是国家的根本，礼、义才是国家的根本。军事力量不足、财富不足都不是国家的灾难，国家的灾难在于“上无礼，下无学，贼民兴”。他强调社会规则，社会失去常规，国家离灭亡也就不远了。社会的上层守着礼，社会的下层重视教育，让恶人没有发展空间，这才是良性运转的社会。

“《诗》曰：‘天之方蹶，无然泄泄。’泄泄，犹沓沓也。”“无然”是不要这样。《诗经》上说，上天将要有所动作，就不要多嘴了。所谓“泄泄”就是多嘴。“事君无义，进退无礼，言则非先王之道者，犹沓沓也。故曰：责难于君谓之恭，陈善闭邪谓之敬，吾君不能谓之贼。”侍奉君主不能守着义，进退之间不能守着礼，言论不符合先王之道，这是不对的。指出君主的毛病，用高标准责求君主才是真正的“恭”，尽善言，打压不好的才是真正的“敬”，认为自己的君主做不到、没有行善的能力，就叫“贼”，是诬蔑他。

孟子强调守先王之道，守着过去好的做法，这是治国的工具，经历过时间和时代考验的做法不能轻易抛弃。这也是我们学习传统文化、学习国学的态度，流传了上千年的东西我们轻易抛弃就等于想画好圆不用圆规。孟子打了很多比喻来说明这一点。先王之道是好的工具、好的方法，这是经历了时间考验的。好的工具和方式方法不是靠自己想出来的，是从前辈那里学来的，这说的是统治者。对于大臣来说，应该把好的方式方法推荐给国君，如果你觉得国君做不到，那就是诬蔑领导。

7·2　**孟子曰：“规矩，方员之至也；圣人，人伦之至也。欲为君尽君道，欲为臣尽臣道，二者皆法尧舜而已矣。不以舜之所以事尧事君，不敬其君者也；不以尧之所以治民治民，贼其民者也。孔子曰：‘道二：仁与不仁而已矣。’暴其民甚，则身弑国亡；不甚，则身危国削。名之曰幽、厉，虽孝子慈孙，百世不能改也。《诗》云：‘殷鉴不远，在夏后之世’，此之谓也。”**

“至”是达到极致，成为标准。规和矩，是画方和圆到极致的标准，也就是说，圆规和曲尺是方圆的标准。圣人是做人的标准。作为君主，就要尽君主之道；作为臣子，就要尽臣子之道。只要都效仿尧和舜便可以了，不用舜服侍尧的态度和方法来服侍君主，便是对君主的不恭敬；不用尧治理百姓的态度和方法来治理百姓，便是对百姓的残害。孔子说，治理国家的方法有两种，行仁政和不行仁政罢了。暴虐百姓太厉害，本身就会被杀，国家会被灭亡。不太厉害，本身也会危险，国力会被削弱，死后的谥号就叫作幽、叫作厉，纵使他有孝子顺孙，经历一百代也是更改不了的。

按古代的谥法，皇帝去世后，大臣集体给拟谥号。如果皇帝不好就给个不好的谥号，所以周朝有“周幽王”和“周厉王”。好的谥号称美谥，如：文、武、宣、襄、明、康等，我们所熟悉的周文王、周武王，就都是美谥；不好不坏的谥号称平谥，如：怀、悼、哀、闵之类，有点同情的意味。不好的谥号也称为恶谥，幽、厉都是恶谥。谥号一旦确定不容更改，即使有孝子贤孙，历百世也改变不了这个名。

“《诗》云：‘殷鉴不远，在夏后之世’，此之谓也。”殷是商朝，鉴是借鉴。这句话说的是后人要以前人为借鉴。古代的鉴最开始指铜镜，是照人的，看自己哪里不好来修正，后来引申为借鉴。《诗经》上说，殷商可以借鉴的教训并不遥远，是在前一代的夏朝。

7·3　孟子曰：“三代之得天下也以仁，其失天下也以不仁。国之所以废兴存亡者亦然。天子不仁，不保四海；诸侯不仁，不保社稷；卿大夫不仁，不保宗庙；士庶人不仁，不保四体。今恶死亡而乐不仁，是犹恶醉而强酒。”

“三代”是历史名词，指夏、商、周三个朝代，这三个朝代得天下都是因为仁，失天下都是因为不仁。国家的兴盛、衰败、生存、灭亡的原因也是如此。换句话说，能守着仁，你的国家才能兴起、存在。天子不仁，就不能保住天下；诸侯不仁，就不能保住国家；卿大夫不仁，就不能保住宗庙；普通百姓不仁，就不能保住自身。最后孟子总结，“今恶死亡而乐不仁，是犹恶醉而强酒”。现在你讨厌死亡、灭亡，却喜欢做不仁的事情，这就好比是讨厌醉酒却勉强自己多喝酒一样。

孟子强调仁的重要性。仁的事不仅三代，不仅是天子诸侯，普通老百姓也是离不开的。守着仁才能安全、才能立得住，做不仁的事会加速灭亡。

7·4　孟子曰：“爱人不亲反其仁，治人不治反其智，礼人不答反其敬。行有不得者，皆反求诸己，其身正而天下归之。《诗》云：‘永言配命，自求多福。’”

这段话是孟子的名言，儒家“反求诸己”思想的出处。爱别人却没能与之亲近，就应该反过来考虑自己是否做到了仁。仁就是爱，“仁者爱人”。统治他人却没有统治好，就应该回过头来考虑自己的智慧是否充分地发挥出来了。你对别人很礼貌却得不到回应，就应该回过头来考虑自己对别人的恭敬心是否不够。

孟子举了三个例子，仁、礼、智，孟子讲“四心”，怎么没说义？“义者宜也”，指自己是否做得妥当，所以尽管字面上没有提到，但义已经包含在其中了，仁、礼、智都涉及一个是否处理妥当的问题。你用仁、义、礼、智来约束自己，却没有达到预期的效果，不应该到别人身上找原因，都要从自己身上找原因，并在自己身上寻找解决问题的方法。

“行有不得者，皆反求诸己，其身正而天下归之。”任何行为如果没有达到预期效果，都应该回过头来从自己身上找原因，自身端正了，做对了，天下的人才会归服你。这是儒家思想最有名的名言，我们一直讲的“反求诸己”就是从这里来的。孟子说得很绝对，“皆反求诸己”，一切事情都要到自己身上找原因，没有例外。这是儒家修行方式的根本。

“《诗》云：‘永言配命，自求多福’。”孟子引了一句《诗经》。“永”是长，“配命”是符合天命。《诗经》上说，长久的符合天命，为自己寻找更多的幸福。孟子的意思是，福都是自己给自己求来的，这是“反求诸己”的结果。孟子引这句诗是想表达反求诸己的好处。

7·5　孟子曰：“人有恒言，皆曰‘天下国家’。天下之本在国，国之本在家，家之本在身。”

人们经常说“天下国家”，天下的根本在于国，国的根本在于家，家的根本在于自身。

在当时，天下和国、家不是一个概念，天下相当于我们今天说的国家，国是天下里边的一个单位，指诸侯国，家是诸侯国下面的一个单位，是诸侯下面大臣的采邑，是卿大夫的私人领地。孟子说天下的根本在于国，国的根本在于家，家的根本在于你自身，所以《大学》才讲“自天子以至于庶人，壹是皆以修身为本”，通过修身才能实现齐家、治国、平天下。

7·6　孟子曰：“为政不难，不得罪于巨室。巨室之所慕，一国慕之；一国之所慕，天下慕之；故沛然德教溢乎四海。”

孟子说，搞好政治并不难，不要得罪大家族、有权势的人。如果不看后面的解释会觉得孟子的说法是错的。但我们要知道，孟子是秉持民本精神的，“民为贵，社稷次之，君为轻”，这是孟子的名言。孟子并不认为国家的根本是强宗大族。那么孟子为什么说这句话呢？“巨室之所慕，一国慕之；一国之所慕，天下慕之；故沛然德教溢乎四海。”“慕”是仰慕，或者我们引申一下是提倡。强大宗族也就是上流社会，上流社会所提倡的，一个国家都会跟着走，一个国家所提倡的，天下都会跟着走。“沛然”是巨大的、无法阻挡的。如果上流社会提倡道德，那么道德就会在整个天下普及了。

有了后面的话我们才能对孟子的思想有正确的理解，他重点强调的是怎么推行德。德的推广要由上及下，国家中有影响力的大家族要重视品德修养，向下面推行就不难了。所以搞好政治不难，主要抓上层。孟子认为，搞好政治不是重视物质文明建设而是要搞好精神文明建设，做好政治的先决条件是抓道德，而提倡道德要从社会上层开始抓起。应该说，孟子的这种思路对我们今天搞好精神文明建设仍旧是有借鉴价值的。

7·7　孟子曰：“天下有道，小德役大德，小贤役大贤；天下无道，小役大，弱役强。斯二者，天也。顺天者存，逆天者亡。齐景公曰：‘既不能令，又不受命，是绝物也。’涕出而女于吴。今也小国师大国而耻受命焉，是犹弟子而耻受命于先师也。如耻之，莫若师文王。师文王，大国五年，小国七年，必为政于天下矣。《诗》云：‘商之孙子，其丽不亿。上帝既命，侯于周服。侯服于周，天命靡常。殷士肤敏，祼将于京。’孔子曰：‘仁不可为众也。夫国君好仁，天下无敌。’今也欲无敌于天下而不以仁，是犹执热而不以濯也。《诗》云：‘谁能执热，逝不以濯？’”

“小德役大德，小贤役大贤”，即小德被大德役使，小贤被大贤役使。德指品德修养，贤指能力素质，大、小指程度和水平。孟子说，在天下有道的时候，就是政治清明的时候，品德修养好的人役使品德修养差一些的人，能力素质强的人役使能力素质差一些的人。在天下无道的时候，政治混乱的时候就反过来了，品德修养和能力素质都不行的人反而役使品德修养好的、能力素质高的人了，力量弱小的被力量强大的役使。那么，天下有道和天下无道的区别，一是管理层、社会上层的道德修养和能力素质是否超越社会的下层，二是迈向社会上层的标准是道德修养、能力素质还是力量、实力。

天下有道的时候，是以德和贤为评价标准，道德修养、能力素质才是迈向社会上层的关键。在天下有道、政治清明的时候，好的社会状态是品德修养好的或者能力素质强的人在上层。但在天下无道的时候，评判标准就不再是道德修养和能力素质了，而是力量、实力。强、弱指的是力量和实力，大、小指的是社会身份或者可以理解为官职。评判标准不再是德和贤而是大和强，即力量大的或者有实力的、有财力的，变成了社会的上流。区分社会的上层和下层的标准不一样了，标准不再是看品德和能力素质，而是看你有钱没钱，官大官小，力量大小，这个评判标准是不正确的，这就是天下无道的体现。

孟子接着说："斯二者，天也。"这两种情况都是老天的安排。"顺天者存，逆天者亡。"能够顺应老天，才能够存在，若是违背了老天，跟老天对着干，那就会灭亡。

然后孟子举了当年齐景公将女儿嫁给吴王阖闾的例子。齐国是个老牌的强国，春秋五霸第一个称霸的国家，但在齐桓公之后，齐国的实力就衰弱了。等到吴国兴起称霸的时候，齐国已经打不过吴国了，在这样的状态下，齐景公将女儿嫁给吴国，是在向吴国示好。实际这个政治联姻，齐景公是不情愿的，所以他送女儿出嫁的时候，他的心态、情感就表现出来了。孟子说"涕出而女于吴"，"女"读四声，是送女儿出嫁的意思。齐景公送女儿出嫁到吴国的时候哭了，说明他对这个政治联姻不满意、不情愿，但为了国家考虑，没有办法。大臣们当时就劝他，若是不愿意就不要联姻。然而齐景公回答说："既不能令，又不受命，是绝物也。"既不能成为发号施令的强者，又不能接受别人的命令，那是自绝于天下。你得找对自己的位置，你能不能成为一个发号施令的强者，如果能，那你发号施令指挥别人；如果不能，那你就得听从别人命令。否则就是把自己逼向绝路。

齐景公这句话是对齐国当时现状的表述。齐桓公的时候，作为春秋五霸第一霸，是对诸侯发号施令的。而现在齐国衰落，不复当年，不能号令诸侯了，就得承认现实，对自己的实力、现实、形势有一个清醒的认识。齐国不是当年的齐国了，不能号令天下了，这叫"既不能令"。这个时候的霸主是谁，是吴国，那就得听从吴国的命令，看吴国的脸色。如果跟吴国对着干，那是自取灭亡。

孟子举齐景公的例子，是指在齐景公的时候是天下无道的时候，因为地位是按强弱、大小来划分的，不是按德和贤划分的。衡量国家关系的唯一标准是国家的实力，"弱役强"，强大的国家役使弱小的国家，大国役使小国，这是"天下无道"的一个具体、生动的案例。

之后，孟子进行了总结，"今也小国师大国而耻受命焉"，现在已经是天下无道的时代了，大国、强国役使小国、弱国，连齐景公都认命了，如果小国在接受大国命令的同时，还把接受大国的命令当成一种耻辱，"是犹弟子而耻受命于先师也"，这就好比作学生的向老师学习同时却把服从老师当作耻辱一样。

"如耻之"，如果你觉得这是可耻的事情。"莫若师文王"，那么你不如效法周文王，以周文王为师，像周文王那样推行仁政来治理你的国家。“师文王，大国五年，小国七年，必为政于天下矣。”如果你效法周文王的话，大国五年，小国七年，就能够成为天下的霸主。那个时候你就可以发号施令了。

然后孟子引《诗经》，“商之孙子，其丽不亿。上帝既命，侯于周服。侯服于周，天命靡常，殷士肤敏，祼将于京”。古代以十万为亿。《诗经》上说，商王朝的子孙后裔不止十万，但老天有了命令，结果都臣服于周朝了。虽然臣服于周，但是老天的命令不是永恒的。古人认为，王朝的统治都是老天的意图，王朝的灭亡是老天的命令改了，所以改朝换代叫“革命”。通俗地说，是老天革除了对你的任命，朝代就灭亡了。哪个朝代的统治都不是永久的，因为老天的任命是会改变的，这叫“天命靡常”。“肤”是美好，“敏”是敏捷。商朝的臣子很美好而且很敏捷。“将”是住，“京”是首都，“祼”是祭祀的一种仪式。周朝建立后，还让商朝的好人来京城祭祀。

接着孟子又引孔子的话：“仁不可为众也。夫国君好仁，天下无敌。”孔子说，仁爱不是用数量众多来衡量的。只要国家的君主喜好仁政，那就能天下无敌。孟子总结道：“今也欲无敌于天下而不以仁，是犹执热而不以濯也。”如今统治者想要无敌于天下但又不行仁政，就好比是忍受酷热而不用凉水冲洗。而后孟子又引了一句《诗经》，“谁能执热，逝不以濯”，《诗经》上说得好，谁能执着于热，却坚决不用冲洗的？

孟子提出的重要问题还是行仁政。行仁政才能保持住天命，然后达到“顺天者存”。什么叫“逆天者亡”？是不行仁政，违背了老天的意志。什么叫仁政？应该怎么做？要有正常的社会秩序。正常的秩序是道德越高的人地位越高，能力素质越强的人地位越高，否则国家就会灭亡。评判社会秩序的标准是“小德役大德，小贤役大贤”。

这句话给我们很多启示，社会是有阶层的、有级别的，如果社会步入正常运转，必须保证级别越高、阶层越高，道德水平越高，能力素质越强。否则社会必然混乱。

7·8　孟子曰：“不仁者可与言哉？安其危而利其菑，乐其所以亡者。不仁而可与言，则何亡国败家之有？有孺子歌曰：‘沧浪之水清兮，可以濯我缨；沧浪之水浊兮，可以濯我足。’孔子曰：‘小子听之！清斯濯缨，浊斯濯足矣，自取之也。’夫人必自侮，然后人侮之；家必自毁，而后人毁之；国必自伐，而后人伐之。《太甲》曰：‘天作孽，犹可违；自作孽，不可活。’此之谓也。”

孟子说，不仁的人你还能和他说话吗？面对别人的危难他无动于衷，更甚的是通过别人的灾难来获利，这是不仁者的特点，把导致国破家亡的事当成乐趣。这些不仁的人若是可以用言语劝说，那怎么还会有亡国败家的事情发生？正是因为有这种不仁的做法，而且还和他无法沟通，才导致国家灭亡，如果能沟通，哪里还会有国家灭亡？

孟子讲了一个故事。有小孩子唱儿歌：“沧浪之水清兮，可以濯我缨；沧浪之水浊兮，可以濯我足。”“濯”是洗涤，“缨”是帽子的带儿。清澈的沧浪水啊，能用来洗我的帽子带，浑浊的沧浪水啊，能用来洗我的双脚。孔子听见这首儿歌之后，对弟子们说：“小子听之！清斯濯缨，浊斯濯足矣，自取之也。”你们听听，清澈的水可以用来洗帽带，浑浊的水就用来洗双脚了，这是水自身的清浊决定的啊。

孔子从儿歌中参悟出人生道理。水，别人用来洗帽子还是洗脚，和自身是清是浊有关系。想让别人怎样对你，要看你自己是个什么样的人，还是要“反求诸已”。

人家怎样对你都是你自找的，所以孟子接着说：“夫人必自侮，然后人侮之；家必自毁，而后人毁之；国必自伐，而后人伐之。”一个人一定是先侮辱自己，然后别人才侮辱他。一个大夫之家必然是自己先败坏，别人才来摧毁它。一个国家必然是自己内部先互相征伐，别人才来讨伐它。一切都是自找的。

孟子引《太甲》篇的名言，“天作孽，犹可违；自作孽，不可活”。《太甲》上说，天降灾祸，还可以违背，自己作孽，就逃脱不了灭亡。孟子说亡国败家一定是自己先不仁的，而且还不听别人劝说，这就是自找的，是“自作孽，不可活”，所以孟子说“此之谓也”，《太甲》这句话说的就是这个道理啊。

这段话和前面的反求诸已放在一起看，好坏都是自己找的，所以都要从自己身上找原因。你做到自尊、自爱、自强就不会招来别人的蔑视和侮辱。

7·9　**孟子曰：“桀纣之失天下也，失其民也；失其民者，失其心也。得天下有道：得其民，斯得天下矣；得其民有道：得其心，斯得民矣；得其心有道：所欲与之聚之，所恶勿施，尔也。民之归仁也，犹水之就下、兽之走圹也。故为渊驱鱼者，獭也；为丛驱爵者，鹯也；为汤武驱民者，桀与纣也。今天下之君有好仁者，则诸侯皆为之驱矣。虽欲无王，不可得已。今之欲王者，犹七年之病求三年之艾也。苟为不畜，终身不得。苟不志于仁，终身忧辱，以陷于死亡。《诗》云：‘其何能淑，载胥及溺。’此之谓也。”**

“桀纣之失天下也，失其民也。”夏朝最后一个君主桀，商朝最后一个君主纣，这两位被视为历史上典型的残暴君主，后来几乎成为暴君的代名词。桀纣之所以失去了天下，是因为失去了百姓。“失其民者，失其心也。”失去了百姓，是因为失去了民心。

“得天下有道”，想得到天下，也有一定的方法。“得其民，斯得天下矣”，你能够得到老百姓的拥护，就得到了天下。“得其民有道”，要想得到百姓的拥护，也有具体的方法。“得其心，斯得民矣”，能够得到老百姓的心，就得到了老百姓的拥护。“得其心有道”，统治者怎么得到民心，也有方法。“所欲与之聚之，所恶勿施，尔也。”主要是两个方面，第一个方面“所欲”，老百姓想要得到的，“与之”，就给他，“聚之”是聚集，帮助他聚集。老百姓想要得到什么，你首先是给他，让他得到，其次是帮着把他想得到的东西集聚起来，让他得到的越来越多。第二个方面“所恶”，老百姓所讨厌的，“勿施”，不要去做。“尔也”，仅此而已，就这两个方面。怎样得到民心？老百姓想得到的给予，并且让他充分地得到；老百姓所讨厌的，不要去做。这样就能得到民心，得到民心就能得到天下。中国有句古话，“得民心者得天下”，实际是从这来的。

“民之归仁也，犹水之就下、兽之走圹也。”“圹”是通假字，同“旷”，是旷野，“犹”是好比。“犹水之就下、兽之走圹也”，就好比水向下流，野兽奔向原野那样。水往低处流是水的属性，野兽都喜欢到原野上去，这是野兽的属性。用两者做比喻，孟子的意思是，人的属性是仁，仁是人的本性，所以老百姓归向于仁，就像水向下流、野兽奔向原野那样，是自然而然的，这是人的天性。因此，哪一个君主施行仁政，老百姓就归服于哪个君主，这是不可违背的人性。

“故为渊驱鱼者，獭也。”“故”是因此，“驱”是驱赶。为深渊驱赶鱼的是獭。獭是一种食鱼的动物，因为獭捕食鱼，鱼就会往深水里跑，这叫“为渊驱鱼”。“为丛驱爵者，鹯也。”“鹯”是一种老鹰，“爵”是通假字，通“雀”，“丛”是树林、树丛。为树丛驱逐麻雀的是老鹰，因为老鹰在后面捕食小鸟，小鸟就全都飞到林子里去了。“为汤武驱民者，桀与纣也。”桀纣这两个残暴的君主，他们的做法就等于把老百姓驱赶到商汤和周武王那里去了。孟子用两个很形象的比喻来阐明后面要说的这个道理。

夏朝最后一个君主桀是被商汤灭掉的，商朝最后一个君主纣是被周武王灭掉的。为什么后来夏朝被商朝灭亡、商朝被周朝灭亡，因为夏桀和商纣是两个残暴的君主，他们那种统治方法就等于是替商汤、替周武王驱赶老百姓，把老百姓都逼迫到商汤和周武王那里去了，结果他们就灭亡了。因为他们“失其民”，而商汤和周武王是“得其民”，这一得一失决定了政权的更迭。

“今天下之君有好仁者，则诸侯皆为之驱矣。”前边有比喻，后面有历史，谈完之后讲现实。现在若是有一个国家施行仁政，就等于所有国家的君主都帮着你把老百姓赶到你这里来，那你就会称王于天下了。这是孟子仁政理论的组成部分。“虽欲无王，不可得已。”如果你是一个好的君主，所有的诸侯国都把老百姓驱赶到你这里来了，即使你不想称王，也做不到了。

“今之欲王者，犹七年之病求三年之艾也。”现在想要称王的君主，就好像是得了七年病的人，要找一种三年的艾蒿来治病。“艾”据说是陈年的效果最好，“三年之艾”是三年的陈艾，效果是最好的。现在想称王天下的人，就好比是已经病了很久的人，想找到一种疗效最好的药。“苟为不畜，终身不得。”你自己不把它存放三年，恐怕你终身也得不到，一辈子也找不到。

在孟子看来，现在这些诸侯国的君主都想称王于天下，好比病了很久想找一味陈年的药，怎么做？最把握的方法是你自己去积蓄，要不然一辈子也找不着这味药，这个病就一辈子也治不好，也就达不到目的，不可能称王于天下了。孟子认为，仁政是当时诸侯国唯一缺的一味药，想称王于天下，就必须用仁政这味药。但仁政这味药就好比是“三年之艾”，四处找是找不到的，必须自己施行，而仁政施行起来不能马上见效，就像三年的陈艾，你得存放三年，不去积蓄仁，称王天下这个目标就不可能实现。

孟子下面这句话说得更加严重，前面只说“终身不得”，好像称王天下的目标没有达到，但我也能过得挺好，无非是理想愿望没实现而已。其实不是那么简单。“苟不志于仁，终身忧辱，以陷于死亡。”假如你没有行仁政的志向，这一辈子就会生活在忧虑、屈辱之中，最后导致自己的灭亡。所以在孟子看来，行仁政是称王天下的必备条件，不行仁政的话，会导致自己一生的屈辱和灭亡。

孟子引了一句《诗经》：“其何能淑，载胥及溺。”“淑”是美好的，“其”是发语词，没有意义。“何能淑”，你怎么能够有一个美好的结果呢？“载”也没有意义，“胥”是相与，“及”是赶上，“溺”是被水淹到。你和别人都一样的话，是自取灭亡了，自己把自己陷进去了。

这一章孟子还是在阐释他的仁政理论，从理论上去论证行仁政为什么能够称王于天下。“仁者无敌”是孟子提出的很有名的论点。为什么仁者无敌？因为仁是人的本性，施行仁政就能得到民心，得到了民心，老百姓就会到你这里来，那些做法不仁的君主就等于是向你这里驱赶老百姓，天下的民众都到你这里来，或是都向往着你这里，你就能统一天下了。

我们还要注意一个历史背景，在孟子生活的那个年代，中国地广人稀。战国时期中国的人口，据历史学家研究，往多估计也不会超过三千万。在当时的条件下，国家要发展农业，要发展经济，最重要的是掌握劳动力，而不是掌握耕地。这一点与后代不一样。到清朝中国人口超过三个亿，重要的不是掌握劳动力，劳动力遍地都是，而是掌握土地，掌握资源。所以到后代，地主才是个很好的身份，因为他有地，有地就不愁没人给他种。但在孟子那个时代不是这个状况，你有地没什么可骄傲的，这一片荒地都是你的，没有劳动力你也开垦不出来，撂荒在那里不产生任何财富。在当时诸侯国的兼并战争中，劳动力是最重要的因素，或者说人是最重要的因素。有了足够的劳动力，平时可以从事农业生产，生产财富，到打仗的时候组织起来，就是部队、兵源，拥有更多的劳动力也就意味着拥有更多的兵源。在冷兵器时代，人数多少是决定战争胜负的重要因素。而现代化战争最大的特点是，人数多少已经不那么重要了，拼的是技术。但在那个使用大刀、长矛的冷兵器时代，人数多少是决定战争胜败的一个很关键的因素。因此，在当时各国的竞争当中，各个诸侯国都很重视将其他国家的劳动力吸引到自己的国家来，增加自己国家的人口数量，国家的人口密度提高，劳动力增多，平时生产才能搞上去，战争的时候兵源才能充足，这样就可以无敌于天下了。

正是因为当时的统治者都在思考如何吸引劳动力的问题，所以孟子提出他的仁政学说，也是给当时的统治者提供了一个答案。如何吸引其他国家的劳动力？行仁政。老百姓都觉得你的国家好，跟别的国家一对比，就都来你的国家了，这样你的国家的人口就增多了。这是孟子仁政理念的一个核心。

总之，孟子的仁政思想，我个人理解，有特殊的时代背景，有特殊的历史原因。我认为，在那个时代，孟子的学说还是有用的、管用的，真这么做的话，应该能发挥实际作用，前面提到过，滕文公行仁政，许行、陈相等人不就从楚国、宋国迁居滕国了吗！但到后代就不是这样了，社会变了，劳动力已经不是问题了。所以读《孟子》的时候我们应该理解，孟子这套思想理论是在特定的社会现实和特殊的时代背景下提出来的。

7·10　**孟子曰："自暴者，不可与有言也；自弃者，不可与有为也；言非礼义，谓之自暴也；吾身不能居仁由义，谓之自弃也。仁，人之安宅也；义，人之正路也。旷安宅而弗居，舍正路而不由，哀哉！"**

"自暴者，不可与有言也；自弃者，不可与有为也。"这是成语"自暴自弃"的来历。

"自暴"是指自我残害，按照朱熹的注解"暴"是害。"自暴者"是自己坑自己的人。"不可"指不能够。"有言"是讲一些有价值的话，有特殊含义的话。一个自暴自弃、自己坑自己的人，别人不可能也不能够跟他谈出一些有价值的话。"自弃者，不可与有为也"，自己抛弃自己的人，没有办法跟他一起有所作为。"为"是有价值、有意义的事。自己都抛弃自己了，别人就没有办法拉着他一起干有价值、有意义的事了。用今天的话来说是自己认怂了，自己抛弃自己了，没自信了，你还要拉着他说"你行的，咱们一起干"，这是不可能的。总之，自暴自弃的人，是没有办法劝他的，也没有办法跟他一起干一番事业。

孟子对自暴自弃的理解，跟今天这句成语的含义还是有区别的。“言非礼义，谓之自暴也。”说的话不符合礼，不符合义，说出来的话不合理、不妥当、不恰当，这样的人称之为“自暴”。“吾身不能居仁由义，谓之自弃也。”“吾身”是我自己、我自身。“居”是停留。认为自己不能够停留在仁当中，就是没有办法施行仁。“由”是从哪儿到哪儿去，引申为途径，“义”指妥当，认为自己没有办法守着仁和义，也不能把事情处理得很妥当，这就叫“自弃”。

“仁，人之安宅也。”仁是人最安全、最安稳的住宅，人就应该居住在这里。所以人就应该“居仁”，住在仁里面，停留在仁之中，因为这是最安全的地方。“义，人之正路也。”义是人的最正确的道路，所以不管办什么事都应该走这条路，采取这种方法。“旷安宅而弗居，舍正路而不由，哀哉!”这是孟子评价自暴自弃的人。“旷”是空旷，把最安全的住宅空着不去住，舍弃了最正确的道路不走，这是多么悲哀的事情。

孟子实际论述的是仁、义这两个儒家的核心理念对人生的重要意义。孟子的“仁，人之安宅也；义，人之正路也”是名言，放在今天也不过时，我们仍旧应该用心思考这句话。为什么说“仁，人之安宅也”？我们结合前一章来看，仁是人的一种属性，人只有停留在仁当中，才能和自己的天性相符合、相吻合，这个时候你的心才是安的，生活状态才是安稳的。什么是仁？孔子说“仁者爱人”，简单地说，仁就是爱，爱才是人的本性。所以人应该停留在爱当中，应该居住在爱这个房子里面。也是说，人生的一切都应该本着爱作为出发点，这样才等于住在最安稳的住宅里。

“安宅”是比喻，从这个比喻里我们至少能参悟出三个层面的含义。

“安宅”，安稳的住宅，第一层面必须是舒适的。这个房子住着舒服才能叫“安宅”。仁是人之“安宅”，以仁为处理问题的出发点，怀抱着一颗爱心，以爱人为一切事情的起心动念，带给我们的第一个方面的好处是，与人相处时自身会觉得非常舒服。宋代楼钥诗中说的“坐令四体自然胖”，实际说的就是这个意思。不论事情的结果如何，你自己不纠结，很坦然，很从容，心安理得。

作为“安宅”，第二个方面必须是安全的。我们住的房子得是安全的，不能是危房，如果是危房不能叫“安宅”。安全的房子才能对人起到一种保护作用。为什么要住在“安宅”里？因为它可以为我们遮风挡雨，防备野兽，防备外来的侵害，对人起到一种保护作用。从这个层面理解孟子的比喻“仁，人之安宅也”，是我们要守着“仁者爱人”作为处理问题的出发点。这样为人处世，会对自我起到保护作用，对自己来说是最安全的，最有把握的，最不容易上当受骗的，这是保证自身利益、保证自身安全的一种最佳的方案和方法。

“安宅”第三个层面的启示，能称得上“安宅”，它必然也得是美丽的。从这个角度理解“仁，人之安宅也”，守着“仁者爱人”为处理问题的出发点，是对我们人生美好的修饰和装饰。我们有了这种修饰，在他人眼里我们就变得越来越美好，越来越高大上，越来越有人格魅力。

孟子用住宅来做比喻，至少我们要从这三个层面去理解。我们如果能守着仁爱作为出发点的话，那么这种处理问题的起心动念就能够使我们自己心安，能够对自我起到保护作用，还能够对你起到修饰作用。这三个方面，我们仔细去体会，实际说的是人生的三个领域或者三个方面。

第一个层面，使我们的内心感到非常舒坦、舒适，说的是最深层次的心灵层面。人生一世都在追求幸福、追求舒适。但什么叫舒适？什么叫幸福？其实是人心里的一种感觉，跟物质没有关系。不管你拥有多少物质，心里不舒服，你也就不幸福。要想真正地获得幸福，就要达到心灵的愉悦，心得舒坦，才会真的找到幸福感，能找到幸福感，你才会是幸福的人。从这个角度理解，孟子谈的是人心灵层面的东西，这个层面是最深入的。

儒家为什么要提倡“仁者爱人”，我们不要说这种仁爱的精神对他人有什么益处，对社会有什么益处，别往外说，要向内求，最关键的是对我们自己有益处。“古之学者为己，今之学者为人”，学者的学习修养，不是为别人修，是为我们自己修。通过行“仁者爱人”对我们自己有什么益处？孟子先说了一个最深层次的益处，使我们的心灵能够安适，这是行仁爱精神带给我们的最大益处，这是你心灵层面的收益，在心灵层面给我们带来的好处。

心安给你带来多大的益处？我们住在这个“安宅”里，心安才能理得，才能认识真理、开启智慧，才能找到幸福感，人生才能处在幸福愉快之中，心安才能身体健康。这个“安”能给我们带来非常多的好处，这里就不再引申了

第二个层面，“安宅”的比喻讲的是物质层面，你能得到安全。以仁爱为出发点，我们不仅能得到心灵的愉悦，还能得到物质的收获，也就是我们的物质利益能得到保证。

第三个层面，孟子讲的是个人修养层面，你的人格魅力会越来越大，对你是一种修饰。

总之，孟子这个比喻我觉得是相当贴切、相当恰当的。孟子用两个比喻说明行仁义带给我们自身的益处、好处。前面谈的是仁，下面一句谈的是义。

孟子又打了一个比喻，在古代，“道”从道路的意思引申出来一个含义，途径，从途径引申来的含义是方法。孟子比喻说义是最正确的道路，实际想说的是义是人处理问题最正确的方法。“义者宜也”，义就是宜，宜就是妥当、恰当，所以说，人处理问题最正确的办法是妥当的、恰如其分的办法。

由此我们可以想到，儒家处理问题是没有一定之规的，恰如其分、妥当就好，无过无不及，这就是最正确的方法。事情怎么才能处理得妥当、恰如其分，得根据当时的情况，具体问题具体分析。这就是《中庸》上说的“君子而时中”，是守着一个“时”，强调一个“中”。“中”是不偏不倚，是一种妥当的方法。那么这个方法究竟妥不妥当，是没有一定之规的，得看这件事处在什么时间点，处在一个什么状况下。可能在今天这个时间和状态下，这种处理方法是最妥当的，但是换一个时间，这种方法可能就不妥当了。想做到中庸，首先得做到“时”，分清楚当下的时机是什么，然后才能把这个问题处理妥当。

妥当是没有一定之规的，没有一个固定的方法。孔老夫子说过“无可无不可”，没有什么事情一定可以，也没有什么事情一定不可以。《周易》上讲“时行则行，时止则止”，这个时代、当下的时机，要求你行动，那你就行动，当下的时机要求你停止，那你就停止，这种处理问题的方法才叫妥当。

在儒家看来，处理问题最正确的方法，就是“义”字，即处理妥当。怎么能处理妥当？要“君子而时中”。

7·11 孟子曰：“道在迩而求诸远，事在易而求诸难。人人亲其亲、长其长，而天下平。”

“道在迩而求诸远”，道在近处却向远处去寻找。“事在易而求诸难”，事情本来容易却偏往难了去追求。这是孟子对当时统治者执政方法的一个评判，孟子认为，大道本来很近，当时诸侯国的统治者非得往远处去求；这事本来很容易解决，非得往难了去做。那么，孟子理解的近在眼前的大道，很容易做到的事情是什么呢？“人人亲其亲、长其长，而天下平。”每个人都能亲爱他的亲属。第一个“长”是以……为长，把……当成长，第二个“长”是领导，“长其长”的意思是把自己的领导当成领导那样对待，引申一下就是尊敬领导，别拿领导不当领导。能做到上述两点天下就太平了。孟子说，天下太平很容易，方法就在眼前，“人人亲其亲、长其长”，天下就太平了。

假如每个人都能亲爱他的亲属，亲属关系、血缘关系就都理顺了。在儒家看来就一个字“亲”。“亲”就是爱，就是仁。亲属之间怎么能够处理好关系，这需要每个人都能拿出爱心来，本着爱去与亲属相处，这样血缘关系、亲属关系就都能理顺了。

“长其长”，谈的是社会关系。当你步入社会之后，接触的人与你不是亲属关系了。关于社会关系的特点，孟子认为是分上下级的，每一个人都有自己的领导，不管你级别多高都有自己的领导，就是“长”。社会关系的关键体现在等级，要想理顺社会关系，就需要每个人都把自己的领导当领导，这样社会关系就都和谐了、理顺了。社会上的每个人都能把自己的领导当成领导那样去对待，企业的员工也真正地拿自己的老板当老板去对待，这样企业的内部关系就理顺了。在政府也是这样，如果每个人都能做到这一点，那么整个社会关系就都理顺了。

人在社会中生存，关系有很多种，实际要归类的话，不外乎两大类，要么是亲属关系，要么是社会关系。孟子告诉我们，靠一个“亲”字就可以把亲属关系理顺，靠一个“长”

字，就可以把社会关系理顺。如果每个人都能做到这一点，这个社会所有的亲属关系、社会关系就都理顺了，和谐社会就建成了，当然也就天下太平了。这是孟子的一个基本理念。

统治者追求什么？无非是天下大治、天下太平。在孟子看来，这个事很容易，是统治者们人为地把这件事想难了，解决问题的方法就在眼前，你非得往远处去找。那么眼前最容易的方法是什么？“亲其亲、长其长。”想实现天下大治，统治者应该从提倡全民亲爱自己的亲属、尊敬自己的上级着手。

7·12　**孟子曰：“居下位而不获于上，民不可得而治也。获于上有道，不信于友，弗获于上矣。信于友有道，事亲弗悦，弗信于友矣。悦亲有道，反身不诚，不悦于亲矣。诚身有道，不明乎善，不诚其身矣。是故诚者，天之道也；思诚者，人之道也。至诚而不动者，未之有也；不诚，未有能动者也。”**

你处在下位，却得不到上级的信任，这是“不获于上”。处在下位的人，若是得不到上级的信任，那么“民不可得而治也”，就无法把老百姓管理好、治理好。“不可得”是做不到，那么你就不能够治理好百姓。

“获于上有道”，获得上级的信任是有方法的。“不信于友，弗获于上矣”，如果你得不到朋友的信任，你也就得不到上级的信任。“信于友有道”，得到朋友的信任是有方法的。“事亲弗悦，弗信于友矣”，你连侍奉自己的父母都不能让他们高兴满意，那么也就得不到朋友的信任。“悦亲有道”，使父母高兴也有方法。“反身不诚，不悦于亲矣”，回过头考察自身，如果做不到诚字，那自然不能让父母满意。

孟子这段表述，从今天的角度来看确实有点儿别扭。孟子实际说的是，你先要做到诚，要本着这种态度去侍奉父母，就能得到父母的喜悦和满意，得到了父母的喜欢和满意，你的朋友才能信任你，你的上级领导也会信任你。可能我们会有疑问，为什么我们要追求上级领导的信任？想想要靠谁来提拔你，机遇从哪来？这个孟子没有说，需要我们自己补充。

“诚身有道”，做到诚是有方法的。“不明乎善，不诚其身矣”，如果不明白什么是善，那就做不到诚。“是故诚者，天之道也；思诚者，人之道也。”我们所说的诚是天道，想着这个诚，想办法达到诚，是人道。

“至诚而不动者，未之有也”，修养修为到了至诚，却不能感动他人的，从来没有过。孟子这里说的都是否定句，我们按照肯定句说，你若能修到至诚，就能感动他人。“不诚，未有能动者也”，如果你做不到诚，那么就不能感动其他人。

熟悉《中庸》的人会觉得这段话似曾相识，为相对照，我们把《中庸》相关部分引录如下：

> 在下位不获乎上，民不可得而治矣；获乎上有道，不信乎朋友，不获乎上矣；信乎朋友有道，不顺乎亲，不信乎朋友矣；顺乎亲有道，反诸身不诚，不顺乎亲矣；诚身有道，不明乎善，不诚乎身矣。诚者，天之道也；诚之者，人之道也。

很明显，都是儒家经典，一脉相承，内容非常相近。

7·13　**孟子曰：“伯夷辟纣，居北海之滨，闻文王作，兴曰：‘盍归乎来！吾闻西伯善养老者。’太公辟纣，居东海之滨，闻文王作，兴曰：‘盍归乎来！吾闻西伯善养老者。’二老者，天下之大老也，而归之，是天下之父归之也。天下之父归之，其子**

焉往？诸侯有行文王之政者，七年之内，必为政于天下矣。"

"伯夷辟纣"，伯夷是商朝时著名的贤人，却躲避商纣王。"居北海之滨"，居住在北海边。"闻文王作"，听说周文王兴起。"兴"指站起来，"盍"是何不，我何不归去呢？"来"是到周文王那里去，我何不到周文王那里去呢。"吾闻西伯善养老者。"西伯是周文王的头衔。我听说周文王是一个善养老的人。"太公辟纣，居东海之滨"，"太公"指姜太公，也是躲着商纣王，居住在东海之滨，听说周文王兴起之后说，我为什么不归附他呢，我听说周文王是一个善养老的人。"二老者"，指伯夷和姜太公这两位老人。"天下之大老也"，这二老是天下最大的老人，或者最牛的老人。"而归之"，他们归顺了周文王。"是天下之父归之也"，就等于是天下人的父亲都归顺了周文王。"天下之父归之，其子焉往？"天下人的父亲都归顺了周文王，那么做儿子的还能到哪里去，自然也都归顺周文王了。

孟子归纳总结："诸侯有行文王之政者，七年之内，必为政于天下矣。"诸侯国的君主有能行周文王之政的人，七年之内，一定能掌握天下的政治了。这还是在谈仁政。

7·14　孟子曰："求也为季氏宰，无能改于其德，而赋粟倍他日。孔子曰：'求非我徒也，小子鸣鼓而攻之可也。'由此观之，君不行仁政而富之，皆弃于孔子者也，况于为之强战？争地以战，杀人盈野；争城以战，杀人盈城。此所谓率土地而食人肉，罪不容于死。故善战者服上刑，连诸侯者次之，辟草莱、任土地者次之。"

孟子先是引用一位孔门弟子的故事。"求也为季氏宰。"

"求"是孔子的弟子冉求。"季氏"是鲁国的大贵族，"三桓"之一，也称季孙氏。"宰"是家臣。孔子的弟子冉求担任鲁国执政大贵族季氏的家臣。"无能改于其德"，是不能改变其品德。"其"指季氏。冉求作为季氏的手下，没有办法改变季氏的品德修养、道德操守，也就是说冉求没有从正面影响到季氏。"而赋粟倍他日"，"他日"是从前，冉求给季氏当管家的时候，收税收的粮食比从前翻了一番。冉求没能让他的领导在品德修养方面有任何的改进，反而去帮人家敛财。孔子对这件事相当不满，说"求非我徒也"，孔子公开讲冉求不是他的弟子。"小子鸣鼓而攻之可也"，你们可以敲着鼓公开去进攻冉求。一般认为，冉求最终是被孔子逐出师门了，孔子不再承认他是自己的弟子。

《论语》也有类似的记载：

> 季氏富于周公，而求也为之聚敛而附益之。子曰："非吾徒也。小子鸣鼓而攻之可也。"

接下来孟子讲：由此来看，"君不行仁政而富之"，君主不行仁政，你还帮他敛财致富。"皆弃于孔子者也"，凡是这么做的都是受到孔子抛弃的，是与孔子的政治理念完全相反的，即凡是这么做的就不属于儒家，不属于孔门弟子。"况为之强战"，更何况你不只帮他敛财，还帮他进行对外的扩张和战争，那罪过就更大了。"争地以战"，为了争夺土地而打仗；"杀人盈野"，被杀的人充满田野；"争城以战，杀人盈城"，为争夺城池而发动战争，死的人会堆满城池。"此所谓率土地而食人肉"，这是我们所说的带领着土地来吃人的。为什么是土地吃人肉？这些死人不都埋到土里了吗，好像是土地把人吃了。"罪不容于死"，孟子对这种人的指责相当严厉，说他们的罪过之大，处死他们都是便宜他们了。

“故善战者服上刑”，因此，善于打仗的人应该受到最重的刑法，应该给他们最重的处分。因为“率土地”而“食人肉”。“连诸侯者次之，辟草莱、任土地者次之。”联合诸侯的人比他次一等，开辟草地、发挥土地的作用、发展农业生产的比他次一等。但不管怎么次一等，这三种人在孟子看来都是应该接受处分的，都是应该被惩罚的。

我们可能有一个疑惑，发展农业生产的孟子怎么都看不顺眼。有一个大前提要注意，这三句话是排比句，有一个共同的大前提，这个大前提就是“君不行仁政”。君主不实行仁政，你还帮他敛财，你还努力帮他打仗，这种人就应该服上刑。对这种不行仁政的君主，你还去帮他联合诸侯，那你应该服次一等的刑。对这种不行仁政的君主，你还帮他去开辟土地、帮他去发展生产、帮他敛财，你也应该受刑。这些刑罚都有一个大前提。不能说孟子是仇视农业生产，谁开垦荒地、发展农业就要惩罚谁，必须联系上下文才能理解孟子真实的含义，如果把这句话与上下文割裂，单独来看，那这句话就不成立了。

在孟子看来，不是不可以打仗，不是不可以联盟诸侯，也不是不可以开辟土地、发展农业生产，前提条件是统治者要行仁政。如果统治者推行仁政，那么战争是“仁者无敌”，能不战而胜，这个仗就应该打。如果统治者行仁政，诸侯就会纷纷归服，这个“连诸侯”就应该做。若是统治者行仁政，就应该发展农业生产，让老百姓过上好日子，周边老百姓才会来投奔。所以后面说的“善战”“连诸侯”“辟草莱、任土地”，这三个方面本身不是问题，关键是在什么大前提下去做。统治者行仁政，这三个方面就应该做，统治者不行仁政，你还去帮他做这些事，那等于助纣为虐，所以应该受到惩罚。

孟子谈的三个方面，“善战者”谈的是国家的军事，“连诸侯”谈的是国家的外交，“辟草莱、任土地”谈的是国家的经济。因此，对于那些不行仁政的统治者，就不应该帮他发展军事，不应该帮他发展外交，也不应该帮他发展经济。如果这个国家军事也不行，经济也不行，外交也不行，这个国家就立不住了，就崩溃了，灭亡了，这才是那些不行仁政的统治者应得的下场。孟子的看法是，对那些不行仁政的统治者，儒家学者不应该去帮他，这样不行仁政的统治者就应该被淘汰了，行仁政的统治者就会胜出了。作为儒家学者要去帮助那些行仁政的统治者，帮他搞好军事、搞好经济、搞好外交，让他强大起来，因为他行仁政，体现出“得道多助、失道寡助”。这是儒家的道德观和正义观。

孔孟周游列国最后也没当官，根本原因就在这里。他们要找一个行仁政的统治者去扶保，可是周游列国后发现，天下乌鸦一般黑，都不行仁政，所以孔子、孟子最后都选择不当官，因为没有找到行仁政的统治者。《论语》里没有描述孔子的心态，孟子在这里把自己的心态说清楚了。对于不行仁政的统治者，你还去辅佐他、帮他发展经济、帮他发展军事、帮他做外交，让他兴盛起来，让他的势力越来强大，结果把行仁政的统治者灭掉了，那你这是在干好事吗？

从孔孟以后，儒家大学者都追求“邦有道则仕，邦无道则隐”，这是历朝历代儒家学者共同的抉择。在政治清明，统治者行仁政的时候，才出来当官，如果统治者不行仁政，儒家学者就选择不当官，隐居躲起来了。

7·15　**孟子曰：“存乎人者，莫良于眸子。眸子不能掩其恶。胸中正，则眸子瞭焉；胸中不正，则眸子眊焉。听其言**

也，观其眸子，人焉廋哉?”

下面是孟子的识人术。“存”是考察，“存乎人者”是考察一个人的方法。“莫良于眸子”，眸子是眼睛，没有比通过眼睛观察更好的方法。即观察一个人最好的方法是通过他的眼睛来观察。“眸子不能掩其恶”，他的眼睛不能够遮掩他的丑恶。“胸中正，则眸子瞭焉”，“瞭”是明亮，他的心中是正的，他的眼睛就会是明亮的。“胸中不正，则眸子眊焉”，他胸中是不正的，他的眼睛就会是昏暗的。“听其言也，观其眸子，人焉廋哉?”“廋”是隐瞒。你听他说什么，然后再观察他的眼睛，人哪里还能有所隐瞒呢？言外之意，你就能把这个人看得清清楚楚了。这是孟子的识人术。

7·16　**孟子曰：“恭者不侮人，俭者不夺人。侮夺人之君，惟恐不顺焉，恶得为恭俭？恭俭岂可以声音笑貌为哉?”**

“恭者不侮人，俭者不夺人。”对人有恭敬心的人不会侮辱别人，节俭、廉洁的人不会抢夺别人。“侮夺人之君，惟恐不顺焉，恶得为恭俭?”侮辱他人、掠夺他人的君主，唯恐别人不顺从自己，哪里还能做到恭敬和节俭呢?

孟子强调人特别是统治者，应该具备两种美德，一个是恭，一个是俭。《论语》里面评价，孔子有五大美德，即“温良恭俭让”，恭和俭都在其中。而在孔子这五大美德里面，孟子单独拿出恭、俭进行论述，可见孟子把这两个看得更重要。恭是自我修养、恭敬心，俭是自我约束、节俭。孟子讲的是自我修养和自我约束。

人为什么要具有这两大美德？因为有恭敬心才不会侮辱别

人，当然这不是替别人考虑，儒家的一切思想都是以自我为出发点的。为什么你不应该侮辱别人？因为不侮辱别人，别人就不会侮辱你。所以《礼记》上讲“恶言不出于口，忿言不反于身”，你不跟别人恶言恶语，别人也不会骂你。守着恭敬心对他人，你就不会去侮辱别人。而你不去侮辱别人，别人也不会侮辱你，而是会恭敬你，你就能得到大家的尊重。孟子之前说的“人必自侮，然后人侮之”，其实是一回事。从孟子这两段话我们可以参悟，人一定是自己侮辱自己而后别人才侮辱他。换句话说，恭敬心不是为了恭敬别人，而是为了恭敬自己。修恭敬心，首先是为了恭敬自己，为了自尊。

“俭”是节俭，“夺”是不取于人，引申一下是无求于人。能够做到节俭，你的需求就降低了，就没那么多欲望了，对社会、对他人的索取就减少了，这就叫“不夺人”。你的需求降低之后，“无欲则刚”，你在大家的眼里印象自然就好了。如果你需求很多，你就会向社会和他人索取很多，就要去求人，有的时候甚至是低三下四地去求人，这样给人的印象就不好了。所以我们修这个俭，是为了不夺人。引申一下是减少你对他人和社会的索取，归根结底还是为了得到他人的尊重，“人到无求品自高”。

我理解，“恭者不侮人，俭者不夺人”，上下两句的核心是一个，都是怎样才能得到大家的尊重。通过修恭敬心、通过节俭，进行自我修养、自我约束，以达到获得大家尊重的目的。最后追求的都是得到大家的尊重。

为什么要得到大家的尊重？这就又回到《大学》上来了，“有德此有人，有人此有土”。只有得到大家的尊重才能有人脉，有了人脉，才有人与你分享资源，你才能走向人生的成功。“恭者不侮人，俭者不夺人”，是为了得到大家的尊重，这样你的人格魅力才能得到提升。

孟子讲，做不到上述两点的君主，最后的结果是唯恐大家都不顺从他。因为没有恭敬心，他就会经常在不知不觉中侮辱部下，导致部下对他的仇视或者消极抵抗；欲望比较多做不到节俭，就会经常向下面索取，这样部下就会仇恨。所以，这两点自我修养达不到的话，给君主带来的就不是大家的尊重，而是大家的仇恨。在这种情况下，君主也会发现，管理底下的人不太顺利，底下人都不听他的了，所以“惟恐不顺焉”。但是他知道大家不顺从他，他就想别的办法了，这种情况下就没有其他选择了，只能是采取高压政策、采取暴力，让大家不敢不顺从。这就走到另外一条路上去了，跟儒家就没有关系了。

“恭俭岂可以声音笑貌为哉?”孟子用了一个反问句，能不能做到恭俭二字，哪里可以用你的声音、容貌表现出来呢？换句话说，要做到恭俭，你必须发自内心地真正地做到，靠外表装是装不出来的。如果没有恭敬心，你想通过“声音笑貌”，通过说话的语调、表情、态度，让大家感觉你有恭敬心，那是装不出来的。如果做不到俭却想装出来，想让大家感觉你好像很俭，那也是不可能的。这句话的言外之意是，这两点你都要发自内心地修，把它变成内在的美德，靠装是装不出来的。

正如《大学》所说，“人之视己，如见其肺肝然”。人家看你都像直接看透你的肺和肝似的，看得清清楚楚，你自己觉得装得挺像，实际已被周围人看破，因为这是不能靠表演来达到的。所以要想真正得到大家的尊重，就得发自内心地去修恭俭二字，而不是靠装。

在历史上装得最好的人是王莽。王莽篡夺了汉朝政权，是历史上有名的奸臣。他装恭俭装了很多年，对人如何恭敬、如何懂礼貌、而且表现得非常节俭，衣服都带补丁，家里妻妾很少，并且不穿绫罗绸缎，那是在没上位之前。后来他成功篡夺了汉朝的政权，本性立刻表现出来了。当了皇帝之后恭、俭就都没有了，相当奢侈，还不听劝谏，结果他建立的朝代十几年就覆灭了。所以靠装是不能达到效果和目的的，必须发自内心地去修恭和俭，才有实际的效果和作用。

7·17　淳于髡曰："男女授受不亲，礼与？"孟子曰："礼也。"曰："嫂溺则援之以手乎？"曰："嫂溺不援，是豺狼也。男女授受不亲，礼也；嫂溺援之以手者，权也。"曰："今天下溺矣，夫子之不援，何也？"曰："天下溺，援之以道；嫂溺，援之以手。子欲手援天下乎？"

淳于髡是齐国人，是当时非常有名的学者和政治家。他问孟子："男女授受不亲，礼与？""授"是给人东西，"受"是接受，授、受就是两人递东西。"亲"是皮肤相接触，皮肤挨着皮肤。男人和女人相互递东西的时候，皮肤不能接触，这是古代的礼俗。具体操作上是"承之以筐"，给人东西的时候，对方拿个器皿托着，你把东西放在里面，皮肤一定不会接触。如果没筐的时候怎么办？那就要"奠"。给东西的人先把东西放在地上，他把手收回去之后，接东西的人再去拿，这样保证皮肤不接触。淳于髡来问孟子男女授受不亲是不是礼的要求，孟子说是。

淳于髡接着问："嫂溺则援之以手乎？"嫂子掉到河里了，我用手拉她一把不？如果拉，皮肤相接触就违背了礼，不拉就要出人命，这个时候怎么办？

孟子回答："嫂溺不援，是豺狼也。"嫂子掉水里你都不拉一把，这不是人，是豺狼。"男女授受不亲，礼也；嫂溺援之以手者，权也。”嫂子掉河里用手拉她一把，是“权”。权的本意是指秤砣，秤砣的特点是根据东西的轻重在秤杆上来回移动，没有固定的地点，所以权引申为权变、变通。孟子的回答是，男女授受不亲是礼、是原则性，“嫂溺援之以手者”是一种特殊情况。嫂子掉河里了你得拉一把，这是特殊情况下做出的一种变通。换句话说，礼是原则性，权是灵活性，处理问题必须将原则性与灵活性相结合，这才符合儒家的中庸精神。如果只有原则性，不管到什么时候都守着原则不变，那嫂子掉河里就看着她淹死吗？孟子评价，那是豺狼，心也太狠了。但是只有灵活性没有原则性也不行，太灵活了不坚持原则，平时也去摸嫂子的手，这就不合礼了。

孟子这句话讲出了儒家为人处事的一个基本原则。处理问题要原则性和灵活性相结合，不管处理什么问题，都要既有原则又会变通。

实际上淳于髡问孟子这段话另有意思，是为了引出下面这段话。“今天下溺矣，夫子之不援，何也？”现在天下和国家已经陷入困境了，等于淹到河里了，您为什么不拉一把？他是对孟子不肯出来当官表示不理解。现在天下形势都这么危急了，您老人家为什么不出山。按照儒家思想，不也应该是原则性和灵活性相结合吗？现在天下都已经如此危急了，您还守着您的原则不肯变通，这恐怕也不是儒家的真精神吧。

孟子回答：“天下溺，援之以道；嫂溺，援之以手。子欲手援天下乎？”天下陷入困境，得靠“道”把天下从困境里拉出来，嫂子掉河里是靠手把她拉出来。你也想要用手把天下拉出来吗？既然靠道义来援助天下，那么自己当不当官就得守着道义，不管什么国家的官都当，不管什么政治形势都出来当官，那自己就先违背道义了，就没有道义了，还拿什么援助天下。

7·18　**公孙丑曰："君子之不教子，何也？"孟子曰："势不行也。教者必以正；以正不行，继之以怒；继之以怒，则反夷矣。'夫子教我以正，夫子未出于正也'，则是父子相夷也。父子相夷，则恶矣。古者易子而教之。父子之间不责善。责善则离，离则不祥莫大焉。"**

"君子之不教子，何也？"公孙丑说，君子不教育自己的孩子，这是为什么呢？"势不行也"，孟子说，按照形势这种方法行不通。"教者必以正"，教育者一定要守着正道。"以正不行，继之以怒"，用正道去教育孩子达不到效果的时候，接下来就会表现出愤怒来，这是一个正常人的情绪。"继之以怒，则反夷矣"，如果接下来你发怒了，那反而会对孩子造成伤害。

孟子谈的子女教育对我们今天也是很有启发的。父母教育子女经常是告诉孩子正确的是什么，孩子如果不听，接着就开始发火了，问题不但没有解决，反而造成了伤害。孟子谈的是这个道理。

"夫子教我以正，夫子未出于正也。"你跟孩子发火，造成了伤害，那孩子心里怎么想？孩子就会说，您老人家还要教我正确的方法，可您现在的方法就不正确。您说完，我不听，您就发火了，您的心已经不正了，您还教我正。这样孩子是会有质疑的。"则是父子相夷也"，如果达到这样的状态，父子之间就会相互构成伤害，伤害了亲情。"父子相夷，则恶矣"，父子之间相互伤害，就是一件坏事了。

"古者易子而教之"，因此古代的人互相交换孩子来培养，你培养我的孩子，我培养你的孩子。君子不亲自教育自己的孩子，原因就在这里。用东北土话来讲，是自己的刀削不了自己的把儿。现在孩子交给老师教育，都非常听老师的，一上小学，老师的话就是圣旨，坚决贯彻执行，但是家长说的话就很难执行下去，这也是易子而教，孩子得交给别人去教育。

“父子之间不责善”，父子之间不能以善来相互要求对方。“责善则离”，如果父子之间用善道来相互要求对方，就会造成相互责备的后果，那么父子之间的关系就会疏远了，就伤害了亲情。“离则不祥莫大焉”，亲情关系疏远是最大的不祥。古人强调“父子有亲，君臣有义”，父子之间最深的情感是亲情，如果因为要求善、要求行正道，然后导致父子之间的亲情疏远了，这是最大的不祥。为了避免这个伤害，古人才“易子而教”。

这段话孟子谈了一个子女教育的规律，在今天还是有借鉴价值的。

7·19　**孟子曰：“事，孰为大？事亲为大；守，孰为大？守身为大。不失其身而能事其亲者，吾闻之矣；失其身而能事其亲者，吾未之闻也。孰不为事？事亲，事之本也；孰不为守？守身，守之本也。曾子养曾皙，必有酒肉。将彻，必请所与。问有余，必曰‘有’。曾皙死，曾元养曾子，必有酒肉。将彻，不请所与。问有余，曰‘亡矣’，将以复进也。此所谓养口体者也。若曾子，则可谓养志也。事亲若曾子者，可也。”**

“事，孰为大？事亲为大。”什么事情才是最重要的呢？最重要的是侍奉双亲，侍奉父母。“守，孰为大？守身为大。”个人的操守中什么才是最重要的呢？完善自身的操守是最重要的。“不失其身而能事其亲者，吾闻之矣。”“不失其身”是指能够保住自身的操守，就是“守身”。能够保住自身的操守，又能够很好地侍奉他的双亲，这样的人我听说过。“失其身而能事其亲者，吾未之闻也。”自身的操守保不住，还能把双亲侍奉得很好，这样的人我从来没听说过。

“孰不为事？事亲，事之本也；孰不为守？守身，守之本也。”什么不是事呢？但对父母的事才是事情的根本；什么不是操守呢？但守身才是操守的根本。

以上讲的是理论，下面举了一个例子。“曾子养曾皙，必有酒肉”，孔子的弟子曾子奉养他的父亲曾皙的时候，每一餐一定有酒有肉，在当时这是不容易做到的。“将彻，必请所与”，老人吃完饭了，将要把剩菜撤下去的时候，一定请问老人剩的这些给谁。在当时酒肉不是每个人都能吃上的，家里的孩子、老人是不同的伙食。曾子的父亲曾皙是单独的最好的伙食，有酒有肉，别人是吃不上的，所以这些好吃的好喝的，老人吃完往下撤的时候，曾子会向父母请示，吃剩的给谁。桌面这些好酒好肉，如果父母都吃没了，然后老人问还有没有多余的，必须说有。这不是撒谎，是真有，是预备得多，准备得充分。

“曾皙死，曾元养曾子，必有酒肉，将彻，不请所与。”曾皙去世之后，曾子的儿子曾元奉养曾子的时候，每一餐也都有酒有肉。但是要往下撤桌的时候曾元就不问剩下的给谁了，他自己就安排了。“问有余”，曾子问还有没有多余的。“亡矣”，曾元说没有了。是真的没有了吗？不是，真正的原因是曾元把父母剩下的好饭菜端下去之后，没有给别人分，而是等下一顿热一热再给父母端上来。

然后孟子评价“此所谓养口体者也。若曾子，则可谓养志也。事亲若曾子者，可也”。曾元养曾子，只是养他的嘴，养他的身体。像曾子那种做法，才可以称得上是顺从父母的意志在奉养。侍奉父母双亲达到曾子这个程度，才是可以的。

孟子举曾子家的例子来说明什么是真正的孝。《论语》里记载的孔子对孝的解释都没有举具体事例，孟子是在举例子告诉我们应该怎么做。

什么是孝？孟子的论述里至少体现出三个方面。第一个方面是养，“必有酒肉”，给父母提供安逸的物质生活，这是最基本的。如果说家庭条件不好，那就赶快挣钱去，让父母过上好日子，保证他们的物质生活是孝的最基本条件。这一条实际上曾元也做到了。他也每餐“必有酒肉”，但曾元没有得到孟子的肯定，是因为还有后面的两条。

第二个方面是敬，为什么“将撤，必请所与”？剩下的东西怎么处理，要征求老人的意见，不能自己就当家作主。尊敬父母的意愿才是对父母的敬的最高层次。

第三个方面是安，“问有余，必曰有”。我们如果往深究，这是让父母宽心、安心。每一餐父母问，还有没有多余的，都要肯定地回答有。不管什么时候问都有，实际上是让父母宽心。这顿老人吃得挺好，问你还有没有了，你说没了，那老人就会想，原来你们都吃不上，这样老人心里就不舒服了。我倒是吃得挺好，孩子们吃得都挺差，老人就不能安心地吃了，所以他问有没有，回答一定是有，实际上是让父母宽心、安心。

由此来看，孟子心目当中的孝道至少要体现出三个方面，首先给父母提供像样的物质生活，其次是尊重父母的意愿，然后是让父母安心，三者结合起来才是孟子心目当中的孝。曾子三个方面都做到了，所以孟子肯定了曾子，说曾子的做法是对的，能够称得上是孝。没有肯定曾元，因为曾元仅仅做到了最低层面，就是保证父母的物质需求，后两个层面他都没有做到。

从这个角度我们也能看出儒家对孝的理解，仅仅能够保证父母的物质需求，在儒家看来没有做到孝。这里为什么要谈这些？是对前面这句话的一个引申。因为前面孟子讲“事，孰为大？事亲为大”，什么事是最重要的，侍奉双亲为最重要，落实孝道是最重要的事情。

这与《论语》的精神是完全吻合的。《论语》在开篇讲到“学而时习之”，强调了学习修行的重要性之后，接着就是“君子务本，本立而道生。孝弟也者，其为仁之本与”，君子要从根本问题入手，根本问题得到确立，一切问题就都能捋顺。那什么是根本问题？孝顺父母、友爱兄弟才是根本。

孟子这里说“孰不为事”，人这一辈子有各种人际关系，和各种人打交道，这些都是“事”。然而在我们的人际关系里面，最重要的是父子关系，是亲属关系，要分出远近来。人生的一切关系，最根本、最重要的是和父母的关系，这才是为人的根本。把最根本的关系处理好，别的人际关系才能迎刃而解。如果这个最根本的关系处理不好，和其他人的关系也是理不顺的。

前面提到过，孟子认为，首先要把和父母的关系捋顺，让父母高兴、满意，然后才能取信于朋友，朋友关系才能捋顺。取信于朋友，然后才能获得上级的信任。换一种表述方式是，先得把和父母的关系理顺，处理好亲属关系，然后才能把社会关系处理好。如果亲属关系都处理不好，那社会关系也是处理不好的。

我觉得儒家的这种理念是对的。因为世界上最能包容我们的是我们的父母，绝对不是领导、不是朋友、不是同事。如果你跟这个世界上最能包容你的两个人都处不好，关系都理不顺，那么就更不可能把和别人的关系理顺了。所以儒家的这个理论放到什么时候都是有道理的。

7·20　**孟子曰：“人不足与适也，政不足闲也，唯大人为能格君心之非。君仁莫不仁，君义莫不义，君正莫不正。一正君而国定矣。”**

“适”是谴责。有些人不值得去谴责。“政”是政治，“闲”是议论、批评。有些国家的政治根本就不值得去批评。“唯大人为能格君心之非”，唯有真正的大人才能够纠正君主心里那些错误的思想。

四书之首的《大学》就是成为大人的学问，古称“大人之学”，其核心是八目，格物、致知、诚意、正心、修身、齐家、治国、平天下。齐家、治国、平天下是修身的效果或者是修身要达到的目的。格物、致知、诚意、正心就是修身，所以大人之学的关键就在格物、致知、诚意、正心。只有做到格物、致知、诚意、正心的人，才是真正的大人。只有这样的大人才能够纠正君主的错误思想。换句话说，必须能做到格物、致知、诚意、正心，才能够去纠正领导的不正确想法。

遇到这样的事我们要注意，在给领导提意见，去纠正他的不正确的想法之前，自己要先做到格物、致知、诚意、正心。否则的话，就会给自己惹麻烦。假如因为领导做事不对你心思，你带着私心去跟人家理论或者怒气上来了，带着气去跟领导拍桌子，那效果绝对不会好，所以首先得做到诚意、正心。可是只诚意、正心还不行，想要去纠正领导的错误，还得有正确恰当的方法，这样他才能接受。然而要想有正确恰当的方法，就得格物、致知。

“惟大人为能格君心之非”，只有大人能够纠正君主心里不正确的想法。大人是能做到格物、致知、诚意、正心的人。我要纠正领导一个错误的想法，还得诚意、正心，还得格物、致知，这是一件多么麻烦的事，为什么要惹这个麻烦？下面谈的是纠正君主错误想法的重要性。

“君仁莫不仁，君义莫不义，君正莫不正。”君主若实行了仁，就没有谁不实行仁；君主要守着义，就没有谁不守着义；君主若做得正，就没有谁敢不正。这是为什么我们要让领导纠正错误，因为领导对了，下面的人就都对了。我们要想办法去“格君心之非”，这件事非常重要。“一正君而国定矣”，一旦能够把君主的思想、行为端正了，这个国家就搞定了。

孟子说的是，作为一个儒家学者，得有“格君心之非”的能力。儒家学者最后追求的是“学而优则仕”，修行自己、打造自己，最后是要能出来做官的。为了达到齐家、治国、平天下的目的，君子是要出来做官的，若是没有那个官位，就不能造福天下苍生，而要想辅佐君主实现天下大治，就得有“格君心之非”的能力。不然的话，领导胡作非为，你却劝不了，又怎么能达到天下大治呢？所以这是儒家学者修炼的一个重要组成部分，也是儒家学者为什么要从格物、致知、诚意、正心进行自我修炼的一个原因。因为只有这样，才能够对君主进行劝谏，才能纠正君主不好的想法，把君主引导到正道上来。能够把君主引到正道上来，这个国家就搞定了，就实现了治国、平天下。

换个角度去理解，要想从君主身上达到这个效果，就不必去谴责那些当政的人，也不必去批评国家政治没做好，因为只要能够把君主引向正道，那些事儿就都解决了。还是要“君子物本”，从根本问题上下功夫，不用理会细枝末节。不要没事就说这个人不好，那个大臣不好，这个政策不行，那个规定不对，这些都是细枝末节。这个大臣不好，是谁任用他的？是君主；这个政策不好，是谁制定的？也是君主。综上所述，从根本问题上下功夫，把君主引向正道，君主自然就会任用正确的人，出台仁政了。因为“君仁莫不仁，君义莫不义，君正莫不正。一正君而国定矣”。

7·21　孟子曰：“有不虞之誉，有求全之毁。”

孟子这句话说出了人生的一个规律。“不虞”是意想不到，主语省略了，实际指所有的人。每个人在生活当中都会碰见一些意想不到的表扬或赞美。大家突然间夸你，你都没想到人家会在这个方面表扬你，这叫“不虞之誉”。可是每个人也都会碰到“求全之毁”。“毁”是诋毁、攻击、批评。一个人把你想得非常完美，一旦他发现你哪里没达到他想象中的完美程度，就会批评、责备你。不是你做得不好，而是因为他对你的期望值太高，他追求完美才批评你。这是人生当中每个人都会遇到的，孟子只是说了一个普遍性的规律，没有延伸下去。

这段话对我们的启示是，对他人的毁誉不应该太介意，不能因为没有得到预料到的表扬而沾沾自喜，也不能因为有诋毁、攻击而心理不平衡。孟子告诉我们，这是每个人在生活当中都会遇到的，是日常生活的组成部分，不要看得太重，不要因为这个动心。大家表扬你，没想到别人能从这个角度去表扬你，也不要动心，没想到别人能从这个角度批评你，也不要动心。一旦动心了，情就动了，就会心为物役了，之后你的所作所为、判断决策就都不正确了。

比如，从来没想到有人会说，你这人真宽容，其实你一直觉得自己心眼儿挺小的，突然有人夸你宽容，心就动了，接下来别人怎么说你就都忍了。你会想，人都说我宽容了我还挑什么，结果是不该忍的都忍了。遇到“不虞之誉，求全之毁”不要动心，要以平常心对待，这只是日常生活的组成部分，每个人都会碰到，没什么值得大惊小怪的，用不着心理不平衡。

7·22　**孟子曰：“人之易其言也，无责耳矣。”**

如果这个人什么话都能轻易说出口，轻易做出承诺，就不要责备他了。言外之意是，这种人就不要跟他计较了，他是不靠谱的人。

轻易做出承诺的人必不靠谱，因为他做出承诺的时候根本没考虑这件事到底自己能不能兑现，等发现自己落实起来有难度，他就反悔了，给你来个不了了之。他当时正在兴头上，很痛快地答应了，无论你说什么他答应得都挺痛快，这种人肯定不靠谱，就算他答应了也不用当真，具体能不能做到，是另外的问题了。

7·23　**孟子曰：“人之患在好为人师。”**

人的毛病就在于，好给别人当老师，好教育别人。

7·24　**乐正子从于子敖之齐。**

乐正子见孟子。孟子曰：“子亦来见我乎?”

曰：“先生何为出此言也?”

曰：“子来几日矣?”

曰：“昔者。”

曰：“昔者，则我出此言也，不亦宜乎?”

曰：“舍馆未定。”

曰：“子闻之也，舍馆定，然后求见长者乎?”

曰：“克有罪。”

乐正子，名克。乐正子陪同子敖去齐国，然后他来拜见当时正在齐国的孟子。“子亦来见我乎?”孟子说，你也来看我，还知道来看一看我？表示了对乐正子的不满。

乐正子来看望孟子，孟子还觉得不满，所以乐正子觉得很委屈，就问：“先生何为出此言也?”您老人家怎么说出这样的话来？孟子问他来了几天了，乐正子回答“昔者”，是昨天到的。孟子说，你昨天就到了，今天才来看我，那我说出这样的话不也是应该的吗？乐正子说，我昨天是到了，但住处还没有定好。孟子说，你听说过把住处定好后才去求见长者的规矩吗?

孟子谈的是礼。当时的礼俗是到个地方后要第一时间去看望长辈，看望长者，这才符合礼。乐正子前一天来的，第二天才来看望孟子，这不符合礼，所以孟子挑礼了。

开始乐正子还在辩解，说到这儿之后，乐正子说他确实是有错误。

7·25　**孟子谓乐正子曰：“子之从于子敖来，徒餔啜也。我不意子学古之道，而以餔啜也。”**

孟子对乐正子说：“子之从于子敖来，徒餔啜也。”“餔啜”是吃饭。你陪同子敖到这里来，就是白白的吃饭，言外之意是跟着来混吃的。“不意”是没想到。孟子接着说，我没想到，你学古代的道，竟然是为了混饭吃。孟子对乐正子的批评很尖刻，但他指什么而言这里不是很清晰。我们仅从字面意思理解，应该是乐正子没有对子敖有所帮助。作为随从、作为陪同人员对子敖没有起到应有的作用，那你跟着来做什么？别人给报销食宿，是白吃饭吗？

7·26　**孟子曰："不孝有三，无后为大。舜不告而娶，为无后也，君子以为犹告也。"**

孟子说，不孝有三个方面，没有后代为最大的不孝。舜当年没有告诉父母就娶了媳妇，是因为还没有后代，没有孩子，就是从这个角度考虑的。君子评价舜这件事，认为舜这么处理，和禀告父母再结婚是一样的。这实际讲的也是变通、权变。

按照礼的规定，先要跟父母禀告，然后再结婚，不能不得到父母同意就直接结婚。但是舜为了繁衍后代考虑，不告而娶也是符合礼的，这是变通。舜为什么不告而娶？因为如果告诉父母，这个婚就结不成了。

7·27　**孟子曰："仁之实，事亲是也；义之实，从兄是也。智之实，知斯二者弗去是也；礼之实，节文斯二者是也；乐之实，乐斯二者，乐则生矣；生则恶可已也，恶可已，则不知足之蹈之手之舞之。"**

"仁"的实际内容是侍奉双亲。"义"的实际内容是顺从兄长。"智"的实际内容是知道仁义二字是不能抛开的、必须遵守的，这就是智慧。"礼之实，节文斯二者是也。""节"是节制，"文"是修饰。对仁和义做一定的节制和修饰，这是礼。

“乐之实，乐斯二者，乐则生矣。”喜欢仁和义，并且从实践仁和义中产生出快乐，这叫乐。

孟子这段话，对儒家的几个重要概念进行了界定。在仁、义、礼、智、乐之中，我们能够清晰地感觉到孟子的思想是突出仁、义二字的。侍奉双亲、顺从兄长是仁、义，知道坚守这两点是智，知道对这两点进行修饰做得更完美是礼，这些都不是勉强自己去做，是在实践仁、义的过程当中产生了快乐，这是乐，礼乐的乐。

“生则恶可已也，恶可已，则不知足之蹈之、手之舞之。”这句话是顺着上一段来说。人的快乐一旦从心中产生，是没有办法让它消失的。这种快乐产生之后既然不能消失，就得把它表达出来，快乐的外在表达就是手舞足蹈。

7·28　**孟子曰：“天下大悦而将归己。视天下悦而归己，犹草芥也。惟舜为然。不得乎亲，不可以为人；不顺乎亲，不可以为子。舜尽事亲之道而瞽瞍厎豫，瞽瞍厎豫而天下化，瞽瞍厎豫而天下之为父子者定，此之谓大孝。”**

孟子说，天下人都很悦服自己，将要归顺自己，把这件事看得像草籽那样，丝毫也不动心的，只有舜是这样的。那他重视的是什么？重视的是孝。如果得不到父母双亲的认可，那就不可以称为人；如果不能顺从双亲，那就不可以称为子。舜最重视的是得到父母的认可。

“舜尽事亲之道而瞽瞍厎豫，瞽瞍厎豫而天下化，瞽瞍厎豫而天下之为父子者定，此之谓大孝。”“尽”是穷尽，完全做到位。舜在侍奉父母双亲上做得非常到位。“瞽瞍厎豫”，“厎豫”是安乐，“厎”是达到，“豫”是快乐。“瞽瞍”是舜的父亲。舜在侍奉双亲上做得非常到位，然后他的父亲达到了快乐，之后天下就都受到了教化，全天下的父子关系就都能解决了。舜用对父母的孝感化了全天下的人，使全天下的人都能够尽孝，全天下的父子关系就都相处和谐了，因此说舜是大孝，舜在孝的方面做到了极致。

儒家这种理念对后代影响很大。汉朝就标榜以孝道治天下，所以汉朝历代皇帝的谥号里都带一个“孝”字。例如，我们现在都熟知的汉武帝，实际应该叫汉孝武帝，我们现在通用的是简称。除汉孝武帝之外，南朝有宋孝武帝，北朝有魏孝武帝。而北魏推行汉化改革的著名皇帝是孝文帝。从这些皇帝的谥号里我们就能看出以孝治天下理念影响之深远。

启予国学

启予国学丛书

孟子浅说

杨　军／著

「下」

長春出版社
国家一级出版社
全国百佳图书出版单位

卷八　离娄下

8·1　孟子曰："舜生于诸冯，迁于负夏，卒于鸣条，东夷之人也。文王生于岐周，卒于毕郢，西夷之人也。地之相去也，千有余里；世之相后，也千有余岁。得志行乎中国，若合符节。先圣后圣，其揆一也。"

孟子说，舜生在诸冯，后来迁徙到负夏，最终死在鸣条，这三个地名都在东夷人的分布区，因此孟子说舜实际上是东夷人，而不是华夏。周文王生在岐周，死在毕郢，是西夷之人。一个是东夷、一个是西夷，这两位大圣人都不是出自华夏。

"地之相去也，千有余里。"舜活动的地域和周文王活动的地域一个在东边一个在西边，相隔有一千多里。"相去"是相距、相隔。他们两位生活的时代，周文王要比舜晚一千多年。这是孟子的历史观，从时间上讲，两位生活的时代前后相差一千多年，从空间上讲，两位活动的地域相差一千多里。但是他们的志向、政治主张得以实行的时候，都能够在整个中国得到推行，就像符节那样相吻合。

孟子要说的是，舜和周文王所在的空间和时间虽然相差这么多，可是他们治理天下的方法却是相当吻合、高度契合的。因此孟子评价："先圣后圣，其揆一也。"前边那位圣人和后面这位圣人，所走的道路是相同的。这是孟子对之前的历史人物的评价。

8·2　子产听郑国之政，以其乘舆济人于溱、洧。孟子曰："惠而不知为政。岁十一月徒杠成，十二月舆梁成，民未病涉也。君子平其政，行辟人可也。焉得人人而济之？故为政者每人而悦之，日亦不足矣。"

子产在郑国执政的时候，用他自己的车，在溱、洧两条河渡人。郑国有溱、洧两条河，河水不是很深，平时百姓基本都是蹚过去。子产在郑国执政之后，就把自己的车拿出来放在河边，拉人过河，表现出对百姓的仁政。

对这件事，孟子的评价是："惠而不知为政。"子产的做法是施恩于民，但是他不知道怎么搞好国家政治。下面是孟子的解释："岁十一月徒杠成，十二月舆梁成，民未病涉也。"作为统治者，到十一月的时候，要把能走人过河的小桥都修理好，到十二月，要把能够走车的大桥都修理好，这样老百姓过河就不是问题了。

换一个角度来讲，作为一个国家的领导人，需要做的不是拿你的车去拉人过河，而是把桥先修好，到十一月把能走人的桥修好，到十二月把能过车的大桥修好，所有渡口的桥都修好了，老百姓都能顺畅地过河了。用车去拉人过河，不是统治者应该做的事情。所以孟子评价子产是对老百姓有恩惠，但不知道怎样搞好政治。

这一点对我们今天也是有启发的。作为执政者应该做好政治，而不是在细枝末节上表现出对老百姓的小恩小惠。从孟子对子产的评价我们能想到很多。一个优秀的统治者应该怎样表现对老百姓的爱，关键是要把国家治理好，该干的事儿干好，各项政策措施到位，这是统治者应该做的。

“君子平其政，行辟人可也。焉得人人而济之?”君子如果能够把政治做好，出行的时候，让人避开都是可以的。古代官员出行都是鸣锣开道，老百姓回避。说的是，君子若能把各项政治措施都协调好，还用得着拿车去拉老百姓过河吗？即使出行的时候要求大家回避，那也是可以的。作为执政者怎么能做到每一个人都用车拉过河去，这种方法是不能从根本上解决问题的，修桥才是关键。

“故为政者每人而悦之，日亦不足矣。”作为政治家，如果想去讨好每一个人，让所有人都喜欢你，你的时间是不够用的。怎么能让老百姓都满意，都拥护你？把相应的政策措施都落实到位，这样才能使更多的人受益。这一点是执政者应该认真去思考的。

8·3　孟子告齐宣王曰：“君之视臣如手足，则臣视君如腹心；君之视臣如犬马，则臣视君如国人；君之视臣如土芥，则臣视君如寇仇。”

王曰：“礼，为旧君有服，何如斯可为服矣?”

曰：“谏行言听，膏泽下于民；有故而去，则君使人道之出疆，又先于其所往；去三年不反，然后收其田里。此之谓三有礼焉，如此则为之服矣。今也为臣，谏则不行，言则不听；膏泽不下于民；有故而去，则君搏执之，又极之于其所往；去之日，遂收其田里。此之谓寇仇，寇仇何服之有?”

孟子对齐宣王讲了一段有关君臣关系的话：君主把臣下当成自己的手足那样去爱护，臣下就会把君主看成自己的腹心那样去保全；君主把臣下当成狗和马那样的下贱，臣下看待君主就如路人一样的陌生；君主把臣下看成泥土草芥那样的不值一提，臣下看君主就如同仇人一样敌视。

孟子这段话最重要的是体现了儒家对君主的忠的态度。后代宣传的对君主那种盲目的忠，“君要臣死，臣不得不死，父要子亡，子不得不亡”，不属于儒家思想。孟子这里已经说得很清楚了，君臣关系是双向的，而后世统治者为了自己的目的，提倡的是单向的、片面的忠，不管君主对你怎么样，你都得尽忠，后代的这种忠君思想明显不属于儒家。

儒家看君臣关系是双向的，臣子怎么对待君主，取决于君主怎么对待臣子。君主若是把臣下看得像手足那样，臣下才能把君主看成心脏一样，绝对不能缺少的，是自己的主心骨，这是第一个层面，是君臣之间相处得最好的状态。双方关系一个是手足、一个是腹心，是相当密切的、不可或缺的，谁都离不开谁的。双方之间可以说是一种朋友关系，谁都离不开谁，而且相互爱护，相互保护。这是最密切的结合。

第二个层面，君主看待臣下就像他养的狗、养的马一样，君主给臣下提供俸禄，就认为臣下给君主效力是应该的。如果君主是这样一种心态的话，臣下对君主的态度就是普通人、陌生人、路人。双方之间是一种交易的关系，没有什么忠诚度，君主发一天工资就干一天的活，其他关系都没有，你不发工资了或者我另谋高就了，视你就如同路人。臣下对君主没有特殊感情，更不会有特别的奉献精神，这是一种买卖关系，通过给臣下开俸禄换来臣下给你干活，仅此而已。君主想要臣下尽忠、卖命，就做不到，因为君主开的工资里没有卖命钱。

第三个层面，如果君主把臣下看得什么都不是，就像草籽那样不值钱，那臣下就会把君主看得像仇人一样。双方之间是一种对立的关系。臣子表面上恭顺君主，但骨子里头恨这个君主，随时随地想着坑他。

孟子讲了君主与臣下相处的三种关系，而在这三种关系中，起主导作用的是君主，双方之间的关系进入上述三种模式的哪一种，选择权在君主手中。孟子这段话才是儒家对君臣关系、对忠的标准理解，而后代提倡的盲目的愚忠、片面的单方面的忠不符合儒家的精神。现在有人说儒家思想是统治者愚昧人民的，或者是为统治阶级服务的等等，确实有这方面的因素在，但这是统治者对儒家思想的篡改，并不是儒家思想本来的内容。孟子说的才是儒家思想原本的精神，而后代曲解了，所以这个责任不应该记在儒家的身上。

上述的话是孟子对齐宣王讲的，说得非常直白，不是私下里对学生说的，而是直接对最高统治者说的，已经把儒家的态度表现得非常明确了。

“礼，为旧君有服，何如斯可为服矣？”我觉得齐宣王是在转移话题。他问孟子，“旧君”是从前的君主，现在不是你的领导了；“有服”是有丧服，就是穿孝。你以前的君主死了，按照礼的要求，你应该穿孝吗？这个问题与上面孟子的话好像没有逻辑关系，所以我觉得，是孟子话说得太直太硬太刺耳了，齐宣王实在没办法表态，所以借提问来转移话题，聊点儿别的吧。另一种理解，齐宣王不认同孟子的话，但是没有公开和孟子辩论，而是提出了一个与礼有关的问题。言外之意，你的说法与礼是否吻合，如果按照礼的要求给从前的君主都要服丧的话，那么你怎么可能把君主视为路人、视为仇人呢？

孟子解释，第一点“谏行言听，膏泽下于民”。劝谏他能够落实，无论提什么意见，君主都能照着干，这叫“谏行”；“言听”，和他说什么都能听进去；政治搞得非常好，让老百姓获益。第二点“有故而去，则君使人导之出疆，又先于其所往”。因为某种原因离开从前的领导，不给他服役了，这叫“有故而去”。在臣下因某种原因离开的时候，从前的领导派人引导他离开国家的边界。“先于其所往”，君主还提前派人到这个臣子要去的国家，给他铺路，给他打点，做好相关的准备工作。第三点，“去三年不反，然后收其田里”。当时大臣的俸禄多体现为采邑，君主不是给大臣发俸禄，而是给他一块私人领地，这相当于工资。虽然这个大臣已经走了，他的封地暂时还不收回，如果他离开三年一直没有回来，再把他的封地收回。孟子说，如果君主能做到上述三点，“此之谓三有礼焉”，在三个方面君主做到了礼。像这样，“则为之服矣”，那么这个君主去世，从前的臣下就要给他服丧。孟子说得很清楚，给从前的君主服丧是有条件的，只有满足上述三个条件时才服丧。说直白点儿，也就是只给对自己非常好的从前的君主服丧，对自己不那么好的就免了。

上面孟子谈的是原则，接下来孟子谈的是现状。“今也为臣”，现在这些当大臣的。“谏则不行，言则不听”，给君主提什么意见，君主也不会照着办，说点什么君主也不听，导致政治搞不好，老百姓不能从中获得实际的利益。“有故而去”，因为特殊原因想要离开这个国家的时候。“则君搏执之”，君主直接就把他抓起来了。“又极之于其所往”，然后君主在这个大臣要去的国家，先给这个大臣挖坑，传播他负面的东西，把他的后路都断绝了，总之是不让他走。“去之日”，一旦走后，当天就收回他的采邑。孟子说“此之谓寇仇”，这就是前面说的寇仇，君臣之间已经结仇了。“寇仇何服之有”，孟子说对于你的敌人、仇人还能给他服丧吗？

因为齐宣王谈礼，孟子守着礼和他谈，其实还是前面的观点。君主对臣下好，臣下才能守着礼给你服丧，君主对臣下不好，双方都已经是仇敌关系了，按礼来讲也根本不需要服丧。

8·4 **孟子曰："无罪而杀士，则大夫可以去；无罪而戮民，则士可以徙。"**

孟子谈君臣关系。国君下面的官员分三个层级，第一层是卿，第二层是大夫，第三层是士，是三个不同的级别。如果没罪就把士处死，也就是君主杀了无罪的士，那么大夫就可以离开了。离开是符合儒家精神的，是符合礼的。若是君主杀了无罪的普通百姓，那么士也可以迁走了。按儒家思想讲，如果统治者刑法不当，无罪杀人，下面的臣子就应该离他而去。

8·5 **孟子曰："君仁莫不仁，君义莫不义。"**

如果君主是仁的，君主手下没有谁是不仁的；如果君主能守着义，臣下也没有谁是不义的。君主的做法就是一种导向，臣下是什么状态，就看君主往哪个方向去引导。

唐太宗说得更加直白："君犹器也，人犹水也，方圆在于器，不在于水。"唐太宗用水来比喻，君主好比是器皿，老百姓好比是水，水是方的是圆的不取决于水本身，而取决于装水的器皿。所以臣下和民众是什么状态，是统治者决定的。作为统治者没有权利抱怨臣下不好，臣下的毛病根源都在你身上，是你的导向不对。君主若是仁义的，手下就没有不仁义的，如果发现自己手下有不仁义的，就需要反求诸己，你一定是在仁义方面做得不到位。

8·6 孟子曰："非礼之礼，非义之义，大人弗为。"

"非礼之礼，非义之义"，字面意思是指不是礼的那个礼，引申意义是，这件事表面上看是礼，实际上不符合礼，这件事看着符合义，实际上不符合义。"大人弗为"，大人物是不会这么做的。这里主要谈的是似是而非。

儒家强调礼仪，但要行的礼仪是真正的礼仪，而不是似是而非的。这句话实际跟前面那句话是照应的。前面讲齐宣王的例子，按礼需要给旧君服丧，礼上是有这句话，但孟子解释，前提条件是要看这个君主是什么样的君主。如果不管他是什么样的君主，死后都给他服丧，这就是"非礼之礼"了，看似符合礼，实际它不是儒家的礼。义也是这样。

在生活当中贯彻礼仪的时候，要注意因地制宜，不能守死规矩，关键是看适不适合。不要做出似是而非的事情，好像是符合义，但实际上恰恰不是儒家谈的义。比如，儒家强调的诚信，任何情况下都要坚守吗？那就是"非义之义"了。明明已经发现他是骗子了，就因为自己此前答应给他转款了，所以你就坚持转款吗？这种情况下还要守信吗？

守礼、守义都不要按死规矩来，似是而非不行。至少大人物是不会这么做的。

8·7 孟子曰："中也养不中，才也养不才，故人乐有贤父兄也。如中也弃不中，才也弃不才，则贤不肖之相去，其间不能以寸。"

能够行中庸的人去培养教育不会中庸的人，有才能的人去培养教育没有才能的人。能做到这一点，每个人才都愿意有贤能的父亲或者兄长，这才是一件快乐的事。有贤能的人作父兄为什么是快乐的事？因为他能培养你、能教你，能教你增长智慧和才能。

如果能行中庸的人抛弃不行中庸的人、有才能的人抛弃没有才能的人，不闻不问，不去教他，“则贤不肖之相去，其间不能以寸”？“不肖”是不行的人。那么贤能的人和不行的人之间的差距就连一寸都不到了，就没什么差距了，至少在儒家来看没什么区别了。

8·8　孟子曰：“人有不为也，而后可以有为。”

人必须有所不为，然后才能有所作为。有所不为是一种自我约束，要连自我约束都没有，自己都管不了自己，想干一番事业是不可能的，想有所作为是不可能的。

要想成为有成就的人，首先要有自我约束的能力，能够管好自己，违背道德原则的事不能做。管不了自己，控制不了自己的情，或者是控制不了自己的欲，或者是受社会影响随波逐流，结果必然是凡人，不可能有所作为。

我认为孟子这段话是很深刻的，凡是有所作为的人首先要有所不为，有自己的人生准则，有自己的做事底线，这样才能有所作为。这句话也可以作为识人术的原则，如果这个人什么事都可以干，没什么是不为的，那么可以肯定他就是个很普通的凡人，不会有所作为的。

8·9　孟子曰：“言人之不善，当如后患何？”

说别人不好的地方，那怎么对付后患呢？言外之意，说别人缺点，说别人的短处，必定会带来后患。在说别人缺点错误之前，先要想好你有没有应对后患的具体措施。孟子的意思是，若是不想给自己惹麻烦，就不要背后说他人的缺点和毛病。

8·10　**孟子曰："仲尼不为已甚者。"**

孟子评价，孔子是做事情不过分的人。因为凡事守着中庸之道，处理问题守着义，自然就不会过分。这个优点乍一看好像很简单，但真实想要做到却是非常难的，这也正是孔子的不可及之处。

8·11　**孟子曰："大人者，言不必信，行不必果，惟义所在。"**

真正的大人物说的话不一定全都守信，做的事也不一定全有结果，有时候说出来的话是不作数的，有时候办事也会半途而废。为什么这样呢？"惟义所在。"因为只考虑这件事合适不合适、妥当不妥当。本来想要落实，发现不妥当，就不能讲诚信了。这事在推行的时候发现不妥当，不符合义，就"行不必果"，也不一定要做出最后的结果。

这句话和孟子前面说的"非礼之礼，非义之义，大人弗为"，是一个意思，而且用词都是一样的，都说的是大人，应该放在一起看。真正的大人物，不能行似是而非的礼和似是而非的义，后面这句话是孟子举的例子。什么是似是而非的礼和似是而非的义？具体讲是"言不必信，行不必果"，追求"言必信，行必果"，不管什么原因、什么场合一定得兑现诺言，那就是"非礼之礼，非义之义"了。这两句合起来看，大人物最重要的是守着一个义字，关键是妥当不妥当，合适不适合。而妥当不妥当、合适不适合因时间地点而转移，没有一定的规律，这才是中庸。

这里孟子反复用“大人”这个概念，什么是儒家说的“大学”？是成为大人物的学问。孟子这里说的实际也属于“大学”的范畴，要成为一个精英人才，一个大人物，就要记得，不要行似是而非的礼，不要守着小信而要讲大信。大信一定以义字当头，如果太拘泥了，“非礼之礼，非义之义”，这是大人物不应该做的。这也就是孟子前面讲的观念，要懂权变、会变通，根据实际情况变通，不要守死规矩，这才叫中庸。

8·12　**孟子曰：“大人者，不失其赤子之心者也。”**

“赤子”是指小孩子。真正的大人物是没有丧失像小孩子那样纯洁心态的人。非常小的孩子，最大的特点是没有受到外在的影响和后天的习染，可以守着诚，一切都是诚，不会自欺。真正的大人物是没有失去赤子之心的人，也是没有受到后天习染的人。

真正的大人物能保持像孩子一样纯洁的心，和孩子的区别是，孩子是先天的心还没有经过社会的习染，而大人物是经历了社会的习染之后，通过修行再把习染去掉，恢复善良本性、恢复赤子之心。表面看是一样的，但实质不同，大人物是走一圈又回来的，而孩子是停留在起点上。

赤子之心，小孩的诚和天真纯洁固然是善良可贵的，但是没什么用，所以小孩办事是办不明白的。大人物是在社会上走了一圈，各种事情都经历了，最后能出淤泥而不染，去掉后天的污染，成就赤子之心，然后才能办得了事。否则，只有赤子之心，人生的心理年龄始终停留在两岁半，是够纯洁，但是人生事业是不可能有成的。大人物是经风雨见世面的，一切事情都经历之后，通过修行达到赤子之心，这是人生走向成功的基础，这才是我们要追求的。

8·13 **孟子曰："养生者不足以当大事，惟送死可以当大事。"**

父母活着的时候奉养，这不值得称之为大事，只有父母死去给他们送葬，才可以称为大事。

孟子这段话古人的理解也不太一致。我个人理解，"养生"的时候对你的心态没有太大的影响。父母健在，奉养他们是尽孝的体现，但是对你的心态，对你的人生感悟没有太大的作用，所以孟子说这不是一件大事。但等到父母去世的时候，你送葬安排后事的时候，你的心态会发生巨大的变化，而且通过死亡对人生有很多新的感悟，所以说这才是大事。跟你关系不大的人死去，你不会往心里去，只有父母、最亲近的人去世，对你的刺激才足够强烈，你的心态和对人生的感悟一下子就不一样了。所以说这才是大事。

我一直觉得人生有两个方面非常重要，都和人际关系有关，一个是子女，一个是父母。没有孩子你的人生不完整，有孩子能促进人成熟。当你的孩子出生之后，你的人生观马上就不一样了，会有一种全新的感受，能促使你走向成熟。还有一个就是孟子说的，父母去世，能促使人感悟。父母在世的时候，年复一年，好像生活什么都没有改变，只有这件大事到来时，才会对生命、对人生有大的感悟。

儿女的出生促使人成熟，父母的去世促使人感悟。

8·14　**孟子曰："君子深造之以道，欲其自得之也。自得之，则居之安；居之安，则资之深；资之深，则取之左右逢其原。故君子欲其自得之也。"**

君子要对道有非常深刻的感悟，一定得自己去感悟。认识人生的大道，需要自己去感悟，才会有深刻的理解。"自得之，则居之安"，通过自己的感悟找到这个道，才能安于其中。"居之安，则资之深"，"资"是依赖，能安于大道，才能从中得到很多。"资之深"，对他的依赖很深，能给你提供很大的帮助，能从这个道里吸取很多东西。"则取之左右逢其原"，能把道运用得左右逢源。这是孟子解释为什么这个道要去自己感悟。"故君子欲其自得之也"，所以说君子是希望能够自己得到道的。

我觉得这是孟子教育弟子的话。要想找到道得自己去感悟，老师只是领路的。不明方向的时候，老师给你指个方向。道在古代也指道路，也指方法、途径，也指真理、规律，实际也是一种比喻。寻求事物发展的规律，追求真理，实际和走路、问路没什么区别，最后得自己在这个道路上摸索前进，依赖别人都不靠谱。老师为什么叫导师？因为只是给你方法、给你指路，只是起指导、引导的作用，最后还得靠你自己。

8·15　**孟子曰："博学而详说之，将以反说约也。"**

这段话也是孟子对弟子说的，这是一个学习的方法，也是培养弟子的方法。

先说学习。读书的第一步先得求博，先把视野打开、把面儿铺开，这是把书越读越薄的过程。会归纳，是学习的第一步，广泛地学，会归纳、会总结。在此基础上还有追求详，详细地了解，能够给他人详细地讲解，有大量的知识储备。第二步才是由博返约，像海纳百川、孔子一以贯之那样，形成自己的思想体系。思想体系往往是很简单的，古往今来，每位伟大思想家的主要思想大概一页纸都能概括下来，这就是由博反约。但是，没有前面的博、详，直接就追求约是不行的，那就变成了空，结果是什么也没有，学了半天什么也没有得到。

直接追求约其实是在追求空，什么都没得到。学习首先要博，然后还要详说之，不管学了多少，说不出来，就不是真会，学完还得能“详说之”，详细地说。检验是否做到了博学，那就看会不会详说。在博学、详说的基础上才是反约，归纳、提炼。孔子对曾子讲，他所有的思想用一句话就能概括，其实就忠恕两个字而已。这才是我们学习上应该追求的“自得之”。学习最后要追求反约，这是个较高的境界。如果始终停留在博学而详说的层面，那你的知识结构就会非常之庞杂，然后拼的是记忆力，随着年龄的增长再忘记点儿就讲不出来了。等到反约，才能把这些知识都理顺了，符合的留下，不符合的就淘汰，但不能一开始就追求反约，那是追求空说，最后竹篮打水一场空，什么都没留下，这是学习上的一个大忌。

这也是现在人们在学习方面犯的主要毛病，原因是浮躁，没有博、详就想返约。以学习国学为例，请这个老师给概括一下道家的精髓，请那个老师给归纳一下法家的精要，再听某位高僧讲几个小时的佛法，学个一年半载，书没读几本，全是各处听来的精要，自以为掌握了国学的精华，甚至认为自己对国学的学习已经相当深入了，其实这种人等于什么都没有学。没有博、详为基础，追求的约就是空，因为那是别人博、详之后归纳出来的，你自己不经历博和详，是没有办法把它变成自己的的，所以孟子才说“欲其自得之也”。

另外一方面，这也是培养弟子的方法。

对弟子的培养也要博学、详说，再追求反约。首先要有一个广博的知识面，不要打井式地培养学生，守着一个非常狭小的领域不断向下深挖。一开始要追求博，博完了再追求详说，要求他自己得能讲。下一个境界才是追求反约，是形成自己的思想体系。到反约的程度才是孟子说的“自得之”，这才是真正的心得，是属于自己的。

孟子这段话说的不仅是学习，也是在说对弟子的培养。

8·16　**孟子曰：“以善服人者，未有能服人者也；以善养人，然后能服天下。天下不心服而王者，未之有也。”**

“以善服人者，未有能服人者也；善养人，然后能服天下。”用你的善去征服他人，没有能够让人服的；用你的善去滋养别人，能让天下都服你。区别在于，“以善服人者”是有傲慢心的，我有好的一面，要用好的一面征服你，骨子里还是有傲慢心存在的。用你好的一面去滋养他，帮助他，人才能真正地佩服你。以善服人对于我们来讲是没有意义的，为什么要追求别人佩服呢？还是为了满足傲慢心。应该追求行善，追求用学到的东西帮助人，他人才能真心佩服你。如果天下人不是真心佩服，却能称王征服于天下，这是从来没有过的事情。

8·17　**孟子曰：“言无实，不祥。不祥之实，蔽贤者当之。”**

言谈中没有实际内容，这是不好的。不仅不是什么好事，好像对自己还有负面的影响。言语方面要追求有实际内容，不要说了半天不知道说的是什么，说的都是妄念杂念。

“不祥之实，蔽贤者当之。”这种不祥的说话方式，只有妨碍贤能的人承担他。孟子说得比较重，为什么聊的都不是实的呢，要么关系远不适宜问近的，还有认为聊实的他听不懂，是讨厌他、敷衍他，大概是这三种情况。能够坐在一起聊的应该不是陌生人，把别人看得很低，这本身是妨碍贤者。

言语方面要追求有实际内容，这是孟子提倡的，不要说些不相干的东西，如果不是这样，就得反思一下，自己是什么心态。

8·18 **徐子曰："仲尼亟称于水，曰：'水哉，水哉！'何取于水也?"孟子曰："源泉混混，不舍昼夜。盈科而后进，放乎四海，有本者如是，是之取尔。苟为无本，七八月之间雨集，沟浍皆盈，其涸也，可立而待也。故声闻过情，君子耻之。"**

孔子有好几次提到水，说水呀、水呀！孔子从水那里学到什么了，为什么发出这样的感叹？

孟子回答，有源头的水浩浩荡荡地往下流，不论白天晚上都不停止。“盈”是注满，“科”是洼地。先把洼地填平了再往下流，一直奔流到大海里去，这是流水的特点，但前提是得有源头，有源头的水才是这样。所悟到的人生智慧是人要有源、有本、有根。有源头的水才会日夜往下流，不管受到什么阻碍都能流向大海。那么人生呢？人生应该追求的是不舍昼夜，一直滚滚向前，最后达到人生的顶点，不管中途有什么坎坷，都要把这个坎坷越过去，再往前进。但是人生想做到这一点，想达到这个效果，得有你的本，你的根本，然后才能源源不断地提供动力。若是人生没有这个本就做不到这一点。

下面孟子讲无本是什么状态，还是用水来打比方。假如没有本源的话，七八月雨水密集的时候，各种大沟小沟水都满了，但那个水能流到海吗？这些水沟会干涸，等一等就能看见它干了，因为没有源头。这是两种水的区别，一种水能克服一切坎坷一直流到大海，另一种水表面上也浩浩荡荡，所有的沟都溢满了，但是很快就干了，它们的区别是有没有源头。我们不愿意事业刚刚兴起就干涸了，要追求事业能达到光辉的顶点，为人就必须有源，就需要知道源头是什么，本是什么，无本就会“其涸也，可立而待也”。

孟子这里没说这个“本”是什么，但《论语》第二条里提到“君子务本，本立而道生，孝弟也者，其为人之本与”。做人首先要从根本上做起，根本树立了，“道”就出现了，孝敬父母、尊敬师长就是做人的根本吧。显然，人生的“本”是孝悌。人生根本问题解决了，才是有源头的水。这一条要和《论语》合起来看。

“故声闻过情，君子耻之。”“声闻”是名誉，“情”是实际情况。名声超过了自己的真实情况，君子认为这是可耻的事情。

8·19 **孟子曰：“人之所以异于禽兽者几希，庶民去之，君子存之。舜明于庶物，察于人伦，由仁义行，非行仁义也。”**

人和禽兽之间的差异非常小，普通人把它抛弃了，君子把它保存下来了。这句话说得相当苛刻。所以得修行，达到君子的境界，把人和动物那一点点小的区别保存下来，才能真正称得上是人，否则和动物就没有区别了。但是孟子给我们留下了一个悬念，他没说“几希”是什么，没说人和禽兽那一点点小的差异是什么，以至于从古至今大家一直都在猜人和动物的差异到底在哪里。

我觉得，需要根据孟子下面的话来猜。“舜明于庶物，察于人伦，由仁义行，非行仁义也。”“庶”是众多，众多的事物。舜明白众多的事物，对人际关系看得很清楚，舜是按照仁义的要求而行动，不是推行仁义。舜能做到的，“明于庶物”，就是明白事物；“察于人伦”，明了人际关系。按孟子对舜的评价，关键就是这两点，一个是对事，一个是对人。舜能处理好事物、处理好人际关系，舜是怎么做到的？“由仁义行”，通过仁义来行动，以仁义为自己行动的指南。儒家思想的核心就是仁义这两个字，若是守着仁义，就能“明于庶物，察于人伦”。仁者爱人，义者义也，仁就是爱，义是追求妥当。以爱为出发点，追求过程妥当，这就是仁义。能做到这两条的话，就能处理好事物和人际关系。我认为，这也就是孟子认为的人和动物的那一点点区别。

以爱为出发点、追求妥当是唯有人才会做的，动物不会。行仁义才是人，才和动物有根本的区别。如果抛弃仁义二字的话，和动物就没有区别了。儒家讲的君子是行仁义的，小人是不追求仁义的。孟子说得更苛刻，不是君子、小人的问题，已经上升到是不是人的高度了。

另外还有一点，“由仁义行，非行仁义也”，两者之间有微妙的区别，是通过仁义来行动而不是去推行仁义，是用仁义来指导我们自身的实践，这才是人。人生无论做什么事情都想一想是否符合仁义，这叫“由仁义行”。舜是用仁义来要求自己，而不是大力提倡仁义。舜做到仁义了，他身边的人自然会受到他的影响，也会行仁义的。但是，如果大力提倡仁义、推行仁义，自己却不“由仁义行”，那是不会有什么效果的。

8·20　孟子曰："禹恶旨酒而好善言。汤执中，立贤无方。文王视民如伤，望道而未之见。武王不泄迩，不忘远。周公思兼三王，以施四事；其有不合者，仰而思之，夜以继日；幸而得之，坐以待旦。"

孟子谈到古代几位圣王的故事。禹讨厌美酒而喜欢美好的言论。商朝的开国君主商汤是守着中庸之道的，并"立贤无方"，用一切方法提拔贤人。"文王视民如伤"，周文王看到百姓就好比百姓受伤了一样，着急去挽救他；"望道而未之见"，周文王希望得到道好像又没有见到。"武王不泄迩，不忘远"，周武王对他身边的人也不会因亲近而不礼貌，又不遗忘远方的人。"周公思兼三王"，周公想着同时兼得这三代王的美德。"以施四事"，以便在施政中学习上述四位王舜、汤、周文王、周武王的做法，希望把以前圣王的美德都继承下来。"其有不合者，仰而思之"，这些古代圣王的做法和当下不吻合的地方，他就抬着头思考。"夜以继日；幸而得之，坐以待旦"，白天晚上的思考，侥幸想明白了，就坐着等天亮，怕忘了，不敢睡觉。

孟子这段话形容的是五位古代英明统治者好的做法。谈的是不同的方面，禹喜欢别人跟他说好的建议，商汤最大的特点是执中，强调提拔贤能的人，周文王重视的是百姓的利益，追求大道，周武王注意和贤能的人处好关系，周公想要把前面这些王的美德全都继承下来。

8·21　孟子曰："王者之迹熄，而诗亡，诗亡然后《春秋》作。晋之《乘》，楚之《梼杌》，鲁之《春秋》，一也。其事则齐桓、晋文，其文则史。孔子曰：'其义则丘窃取之矣。'"

“王者之迹熄，而诗亡，诗亡然后《春秋》作。”“王者”是指美好的帝王，“迹”是政绩。古代美好的做法没有了，诗也在消亡。

传说周朝时，国家专门有人负责采风。政府提供费用，选一些年纪大的，生活没有着落的，负责到民间采风。各地有什么民谣、民歌，收集好给国家报上去，作为统治者施政的参考。古代圣王这种美好的举措不存在了，那么诗也就没有了，没有来源了。

“诗亡然后《春秋》作”，因为采风这件事已经没有了，所以孔子才写的《春秋》。以前的采风、采诗给统治者提供了执政的参考，现在没有了，孔子感觉是个大问题，那么统治者就不知道政治举措是对还是错了，因此孔子写《春秋》，把他的政治理念囊括其中，对历史上的事件进行褒贬，有的表扬，有的批判，给统治者树立一个正确的政治伦理、政治道德。

“晋之《乘》，楚之《梼杌》，鲁之《春秋》，一也。”一般认为，这是三个国家史书的名字，晋国的史书叫《乘》，楚国的史书叫《梼杌》，鲁国的史书叫《春秋》，名称虽然不一样，但性质一样，都是历史书。

梼杌在古代是四大凶兽之一。还有一种说法，梼杌指断木，截断的木头，其特点是能看到树的年轮，史书起这样一个名字，将此作为经验和借鉴的意思。

“其事则齐桓、晋文，其文则史”，这三种史书都记载了齐桓公、晋文公等春秋霸主的事迹，其文字就构成了史书。孔子说：“其义则丘窃取之矣。”这些书里的含义，被我吸取过来，融入我写的《春秋》里了。

8·22　**孟子曰：“君子之泽五世而斩，小人之泽五世而斩。予未得为孔子徒也，予私淑诸人也。”**

“泽”是恩泽，“斩”是断绝，不管是君子还是小人，对后代的恩泽经历五代人之后也就没有了。朱熹把“泽”理解为流风余韵。意思是指好的言行大概也就能传播五代人，此后就没有人记得了。“予未得为孔子徒也，予私淑诸人也。”孟子感慨，我没能成为孔子的弟子，我是从别人那里学到的孔子的思想。

因为孟子这句话，后代有个专有名词叫“私淑弟子”，没有师徒的名分，但这个人把另外一个人视为自己的老师，从思想上到行动上等同于弟子，只是没有正式拜过师。

8·23　**孟子曰：“可以取，可以无取，取伤廉；可以与，可以无与，与伤惠；可以死，可以无死，死伤勇。”**

面对利益，在取也可以不取也可以的时候，取了就对你廉洁的美德构成伤害；在可以给也可以不给的时候，给了就对你施恩的美德构成伤害。显然，在可给可不给的时候，孟子认为不应该给。这件事可以不为之献身，也可以为之献身，在这种情况去献身，就伤害了勇。

这几句话是孟子在讲坚守道义应该怎么做，与前面有所呼应，这才是真正的礼，真正的义，若是不能守着这个原则，那就是“非礼之礼，非义之义”了。

8·24　**逄蒙学射于羿，尽羿之道，思天下惟羿为愈己，于是杀羿。**

孟子曰：“是亦羿有罪焉。”

公明仪曰：“宜若无罪焉。”

曰：“薄乎云尔，恶得无罪？郑人使子濯孺子侵卫，卫使庾公之斯追之。子濯孺子曰：‘今日我疾作，不可以执弓，吾死矣夫！’问其仆曰：‘追我者谁也？’其仆曰：‘庾公之斯也。’曰：‘吾生矣。’其仆曰：‘庾公之斯，卫之善射者也；夫子曰吾生，何谓也？’曰：‘庾公之斯学射于尹公之他，尹公之他学射于我。夫尹公之他，端人也，其取友必端矣。’庾公之斯至，曰：‘夫子何为不执弓？’曰：‘今日我疾作，不可以执弓。’曰：‘小人学射于尹公之他，尹公之他学射于夫子。我不忍以夫子之道反害夫子。虽然，今日之事，君事也，我不敢废。’抽矢扣轮，去其金，发乘矢而后反。”

逄蒙跟后羿学射箭，羿的本事他全都学会了，他想天下射箭只有羿超过自己，于是杀了羿。孟子对此事的评价是，羿也有罪，也有责任。公明仪问孟子，这件事好像不应该说羿有罪。孟子回答，羿的罪过小，但怎么能说他没有罪过呢？

然后孟子举了一个例子，也和学射箭的人有关。

郑国派子濯孺子侵略魏国，魏国派庾公之斯追赶子濯孺子。子濯孺子说，今天我发病了，拿不起弓，我恐怕要死在这里了吧，问给他驾车的人，追我的是谁？回答说是庾公之斯。子濯孺子说那我就有活路了。驾车人说，庾公之斯是魏国最会射箭的，您却说有活路了，是什么意思呢？子濯孺子说，庾公之斯是向尹公之他学的射箭，尹公之他是从我这儿学的射箭，尹公之他绝对是个正人君子，所以他的朋友也肯定是正人君子。子濯孺子没见过自己的徒孙，但从自己徒弟的为人能判断出来他这个徒孙也是正人君子。庾公之斯追上来，问他为什么不拿弓。子濯孺子说，我今天病犯了，不能拿弓。庾公之斯说，我跟尹公之他学的射箭，尹公之他跟您学的，我不忍心用你的方法反而害了你。就是你教的我们射箭，我不忍心用箭伤害你。虽然这样，但是今天的事是君主的事，我不敢放过。于是庾公之斯抽出箭来，在车轮上磕去金属箭头，向着子濯孺子连发四箭，然后回去了。他用这种方式表示完成了君主交代的任务，同时把箭头去掉以免伤到子濯孺子。

孟子举这个例子，反证后羿有毛病。你看子濯孺子的弟子，他在培养弟子的时候不仅教射箭，还教道德，还重视弟子的品德修养，守着这一点，他后来才有活路。后羿显然没有做到这一点，所以被徒弟害了。

8·25　**孟子曰："西子蒙不洁，则人皆掩鼻而过之。虽有恶人，齐戒沐浴，则可以祀上帝。"**

西施沾染了不干净的东西，那么别人在她身边走过的时候都会掩着鼻子。不管怎么漂亮，如果不干净，大家也都要捂鼻子了。即使有这么一个非常丑陋的人，把自己收拾干净了，也可以祭祀上帝。

所以人的相貌不重要，重要的是能否做到身心清洁。

8·26　**孟子曰："天下之言性也，则故而已矣。故者以利为本。所恶于智者，为其凿也。如智者若禹之行水也，则无恶于智矣。禹之行水也，行其所无事也。如智者亦行其所无事，则智亦大矣。天之高也，星辰之远也，苟求其故，千岁之日至可坐而致也。"**

天下人在讨论人性问题的时候，都要推究人性的成因。讨论原因是以顺从人的本性为根本。我们为什么讨厌所谓的智者呢？因为他说的那些东西穿凿附会，真正的智者应该自博反约。如果这些智者就像大禹治水那样，那我们就不会讨厌这些所谓的智者了。大禹治水的特点是利、是顺，能顺从水的特性，因势利导。所以说，真正的智者像大禹那样，尊重水的性质，顺其自然，能够认识到人性，并且其思想是顺从人性的，对我们才有启发、有意义。一些伪智者，穿凿附会，谈人性也好，谈其他事情也好，不是真正地为了顺应它，而是为了炫耀自己的博学和智慧。

我们现在学习国学，也应从孟子这段话里有所领悟。学国学最后要追求一个顺字，要了解国学的本性、本质，并且顺应它，这样在日常生活中才能用得上。

禹让水前行的时候，实际上没有做什么特殊的事情，禹就是顺着水。如果真正的智者能研究人的本性并且拿出一个符合人本性的解决方法，那才是真正的大智慧。所以追求人生的智慧，关键在于，第一要认识人的本性，第二要顺应人的本性，在这个基础上拿出解决问题的办法，这才是人生的大智慧。

天的高，星辰离我们的远，这都是很遥远的东西，假如把星辰运行的规律找到，千年之后的冬至是哪一时刻都能推算出来。找到原因就能找到解决办法。

读完孟子这段话回过头我们再想一想，《中庸》为什么先探讨人的本性问题，应该说和孟子这段话是一致的。首先要认识到人的本性，在此基础上才能顺应人的本性，提出解决人生问题的方法。

8·27　公行子有子之丧，右师往吊，入门，有进而与右师言者，有就右师之位而与右师言者。孟子不与右师言。右师不悦曰："诸君子皆与驩言，孟子独不与驩言，是简驩也。"

孟子闻之，曰："礼，朝廷不历位而相与言，不踰阶而相揖也。我欲行礼，子敖以我为简，不亦异乎？"

公行子是齐国的大夫。右师是官名，这个人叫王驩，字子敖，所以他自称"驩"，孟子提到他的时候称"子敖"。

公行子的儿子死了，右师前来吊丧，右师入门之后，有人走过去和右师说话。右师坐下了，有人走到右师座位旁边跟右师说话。只有孟子没有和右师说话。右师很不高兴地说，各位君子都和我说话，只有孟子不和我说话，这是慢待我。

右师的话传到孟子的耳朵里之后，孟子说，按礼的要求，在朝廷上的时候不能越过位置相互说话，不能越过台阶相互作揖，这是礼，我是想执行礼，右师却以为我慢待他，这太奇怪了。

8·28　孟子曰："君子所以异于人者，以其存心也。君子以仁存心，以礼存心。仁者爱人，有礼者敬人。爱人者人恒爱之，敬人者人恒敬之。有人于此，其待我以横逆，则君子必自反也：我必不仁也，必无礼也，此物奚宜至哉？其自反而仁矣，自反而有礼矣，其横逆由是也，君子必自反也：我必不忠。自反而忠矣，其横逆由是也，君子曰：'此亦妄人也已矣。如此则与禽兽奚择哉？于禽兽又何难焉？'是故，君子有终身之忧，无一朝之患也。乃若所忧则有之：舜人也，我亦人也。舜为法于天下，可传于后世，我由未免为乡人也，是则可忧也。忧之如何？如舜而已矣。若夫君子所患则亡矣。非仁无为也，非礼无行也。如有一朝之患，则君子不患矣。"

"君子所以异于人者，以其存心也。君子以仁存心，以礼存心。仁者爱人，有礼者敬人。爱人者人恒爱之，敬人者人恒敬之。”“存心”就是心存，心里存在什么。君子和普通人的区别是内心的东西。君子的心中装着仁、装着礼，这是他和普通人的区别。如果心里装着仁，就会爱人，对别人充满爱，如果心里装着礼，就会敬人，体现出对人的恭敬心。爱别人的人，别人也总会爱他，尊敬别人的人，别人也总会尊敬他。

“有人于此，其待我以横逆”，假如有一个人对你非常不礼貌，那么作为君子必须自我反省。君子反思什么？肯定是自己有哪些方面没有做到仁或者哪些方面没有做到礼，要不怎么会有人这样对我呢。如果自我反思，守住了仁也守住了礼，但是别人仍这么不礼貌地对待你，那就进一步自我反省，一定没有做到忠。如果反省做到忠了，仍然是这样，君子说，这个人是“妄人”，就是妄为人也，这样为人处事和禽兽又有什么区别呢？对禽兽我还有什么可以责备的呢？

“是故，君子有终身之忧，无一朝之患也。”因此君子有终身的忧虑，没有一天的祸患。君子一辈子会有很多事情去思考，去忧虑，能做到这一点就不会面对突发性的灾难。至于君子所忧虑的事情，这一辈子应该考虑、应该担心的是，“舜人也，我亦人也。舜为法于天下，可传于后世，我由未免为乡人也，是则可忧也”。舜也是人，我也是人，舜可以成为天下人效法的对象，可以流传于后世，而我却成为一个普通人，这才是最值得忧虑的。“忧之如何？如舜而已矣。”终生忧虑这个事情然后怎么办，效法舜，向舜学习，努力成为像舜那样的人，仅此而已。

“若夫君子所患则亡矣。”这里的忧和患不是一个意思，忧是应该担心的、思考的，患是担心有灾难发生。作为君子不会担心有灾难发生，而是忧虑自己不如舜，一辈子都在担心自己比不上舜。“非仁无为也，非礼无行也。如有一朝之患，则君子不患矣。”不符合仁的不去做，不符合礼的不去行，即使有“一朝之患”，但是君子不会为这个事担心，真有那种意外性的灾难，君子也不去想，也不会把它作为灾难。这是君子应有的一种心态。

8·29　**禹、稷当平世，三过其门而不入，孔子贤之。颜子当乱世，居于陋巷，一箪食、一瓢饮，人不堪其忧，颜子不改其乐，孔子贤之。**

孟子曰：“禹、稷、颜回同道。禹思天下有溺者，由己溺之也；稷思天下有饥者，由己饥之也，是以如是其急也。禹、稷、颜子易地则皆然。今有同室之人斗者，救之，虽被发缨冠而救之，可也。乡邻有斗者，被发缨冠而往救之，则惑也，虽闭户可也。”

“禹、稷当平世，三过其门而不入，孔子贤之。颜子当乱世，居于陋巷，一箪食，一瓢饮，人不堪其忧，颜子不改其乐，孔子贤之。”禹和稷这两位大圣人处在太平盛世，三过家门而不入，孔子认为他们都是贤人。颜回处于乱世，居于陋室，就剩一箪食，一瓢饮，别人在这种状态下都会忍受不了忧愁，颜回却过得很快乐，所以孔子称赞他。这三个人也是有区别的，但孔子都很推崇他们、称赞他们。

然后是孟子的评价：“禹、稷、颜回同道。”禹、稷、颜回是同道，或者说，他们的道是相同的。“禹思天下有溺者，由己溺之也；稷思天下有饥者，由己饥之也，是以如是其急也。”禹想的是，天下有人被水淹了是自己导致的，而稷想的是，天下有人挨饿是自己导致的，因此他们才这样着急。急迫到什么程度？路过家门都不进去。“禹、稷、颜子易地则皆然”，禹、稷、颜回如果把身份换一换都会这样做。也就是说，颜回如果处在禹和稷的位置，他也不会老老实实在陋巷里待着了，他也会像禹、稷那样为天下奔忙，三过家门而不入。

“今有同室之人斗者，救之，虽被发缨冠而救之，可也。乡邻有斗者，被发缨冠而往救之，则惑也，虽闭户可也。”现在住在一个屋的两个人打起来了，你要去劝架，披散着头发，帽子扣在脑袋上，连帽子带儿都没来得及系，就去劝架，也是可以的。如果是乡邻相斗，你还是披散着头发，帽子扣在脑袋上去劝架，就是迷惑了，你即使关门不理也是可以的。为什么呢？因为关系远近不同，不同情况决定不同做法，要根据情况进行调整。

8·30　**公都子曰：“匡章，通国皆称不孝焉，夫子与之游，又从而礼貌之，敢问何也？”**

孟子曰：“世俗所谓不孝者五：惰其四支，不顾父母之养，一不孝也；博奕好饮酒，不顾父母之养，二不孝也；好货财，私妻子，不顾父母之养，三不孝也；从耳目之欲，以为父母戮，四不孝也；好勇斗很，以危父母，五不孝也。章子有一于是乎？夫章子，子父责善而不相遇也。责善，朋友之道也；父子责善，贼恩之大者。夫章子，岂不欲有夫妻子母之属哉？为得罪于父，不得近，出妻屏子，终身不养焉。其设心以为不若是，是则罪之大者，是则章子而已矣。”

公都子问孟子：“匡章，通国皆称不孝焉。”全国上下都说匡章不孝。“夫子与之游，又从而礼貌之，敢问何也”，但您老人家和他交往，而且还对他非常礼貌，非常尊重他，我斗胆地问一下这是为什么？

孟子说："世俗所谓不孝者五。"按照世俗的标准，能归纳到不孝上去的有五种情况。"惰其四支，不顾父母之养，一不孝也。"四肢懒惰，不顾父母的给养，因为懒，不干活不赚钱，导致父母没有生活来源，不知道供养父母，这是第一种不孝。"博弈好饮酒，不顾父母之养，二不孝也。"有钱但乱花，喜欢赌博、饮酒，却不考虑父母的给养，这是第二种不孝。"好货财，私妻子，不顾父母之养，三不孝也。"爱财把钱都给妻子，之后不管父母，这是第三种不孝。"从耳目之欲，以为父母戮，四不孝也。"放纵耳目的欲望，做过分的事，给父母带来耻辱，这是第四种不孝。"好勇斗很，以危父母，五不孝也。"喜欢跟别人争强斗胜，动手打架，使父母受到危害，这是第五种不孝。孟子列举五种不孝，然后反问"章子有一于是乎"？孟子尊称匡章为章子，说上述五种情况匡章占一条了吗？言外之意，匡章未能列入这五种情况，为什么说他不孝。

"夫章子，子父责善而不相遇也。""而不相遇"用今天的话来说是不同频。匡章为什么最后背了个不孝的名，因为作为儿子与父亲用善行相互指责，这叫"子父责善"。他们父子没有本质矛盾，只是对有些事情观点不同而已，结果不理解的人就认为匡章不孝。实际按孟子的理解，这是价值观和评价的不同，不能算不孝，孟子接下来说的这种情况虽然不能算不孝，但也是不对的。"责善，朋友之道也"，以善行相互勉励、指责，是朋友相处之道，不是父子相处之道。所以"子父责善"，用儒家的方式看，不能说不对，但是不妥，不符合义。"父子责善，贼恩之大者"，父子之间以善相责，是最伤害感情的事。

"夫章子，岂不欲有夫妻子母之属哉？"匡章难道不想有夫妻和儿子之间的和睦关系吗？"为得罪于父，不得近，出妻屏子"，因为得罪了他的父亲，而不能够与其亲近，最后把妻子和孩子都赶走了。“终身不养焉”，自己一生没有得到妻子和儿女的奉养。他告诉我们一个具体的结果，但是没有说具体的事情，结果是匡章因为父亲不高兴，最后跟妻子和子女都疏远了，为的是让父亲喜欢。从这个角度看，匡章是很追求孝的，所以孟子认为，说匡章不孝是不对的。

“其设心以为不若是，是则罪之大者，是则章子而已矣。”“设心”是出发点，“不若是”是不这样。匡章为什么要这么做？他的出发点是，如果不这样做，那是一个很大的罪过，所以才做到了“出妻屏子”。孟子虽没有继续展开，但是意思很清楚，匡章不能称作不孝，甚至可以说是一个很孝顺的人，之所以背上不孝的名声，是因为他的具体做法不妥。所以办事不仅要有好心，还要有好的方法，才能有好的结果，仅有好的出发点是不够的。

8·31　**曾子居武城，有越寇。或曰：“寇至，盍去诸?”曰：“无寓人于我室，毁伤其薪木。”寇退，则曰：“修我墙屋，我将反。”寇退，曾子反。左右曰：“待先生如此其忠且敬也，寇至，则先去以为民望；寇退则反，殆于不可。”沈犹行曰：“是非汝所知也。昔沈犹有负刍之祸，从先生者七十人，未有与焉。”**

子思居于卫，有齐寇。或曰：“寇至，盍去诸?”子思曰：“如伋去，君谁与守?”

孟子曰：“曾子、子思同道。曾子，师也，父兄也；子思，臣也，微也。曾子、子思易地则皆然。”

“曾子居武城，有越寇”，曾子居住在武城这个地方，有越人来侵犯。“或曰”是有人说，“寇至”是敌人来了，“盍去诸”，那我们是不是应该离开武城。“无寓人于我室，毁伤其薪木。”曾子离开前嘱咐看家的人，不要让别人在我房里住，也不要让别人毁坏周边的树。等到敌人撤退后，曾子给看家的人捎信，“修我墙屋，我将反”，把我的房子修理一下，房间收拾一下，我将要返回了。“寇退，曾子反”，敌人撤退后，曾子又回到了武城。

“左右曰：‘待先生如此其忠且敬也”，左右随从说，这个地方的官待您是如此忠诚而且尊敬。“待”字前面没有主语，实际上是指武城的统治者。“寇至，则先去以为民望；寇退则反”，结果你的表现是，敌人来了，你先离开了，敌人撤了你就回来了，给老百姓做了一个坏的榜样。“殆于不可”，这么做恐怕不对吧。言外之意，武城的领导对曾子一直非常好，一直非常尊敬曾子，在这个时候曾子应该率众抵抗敌人。

沈犹行是人名，曾子的弟子。“是非汝所知也”，这件事不是你们所能知道的，不是你们所能想明白的。“昔沈犹有负刍之祸，从先生者七十人，未有与焉。”从前沈犹行也遇到过类似的事情，那时追随先生的有七十个人，没有一个参与到其中的，做法都和曾子一样，敌人来他走，敌人走了他回来。

“子思居于卫，有齐寇”，子思居住在卫国，齐国来攻打卫国。有人和子思讲，敌人来了，我们是不是应该离开，子思说：“如伋去，君谁与守？”伋是他的名字，孔伋字子思。如果我离开，那么还有谁能和国君一起来防守呢？这是倒装句，“君谁与守”就是“谁与君守”，谁和国君一起守城呢？

孟子举的两个例子，子思和曾子的表现完全相反。下面是孟子的评价：“曾子、子思同道。”他们俩的做法是相反的，但他们的道是相同的。为什么做法相反？因为他俩的身份不一样。“曾子，师也，父兄也；子思，臣也，微也。”曾子是武城长官的老师，所以相当于父亲和哥哥，属于长辈。而子思在卫国的时候是官，属于卫国的臣子，因此他俩的选择不一样。曾子是武城长官的老师，不是武城长官的部下，也不是本地人，只是临时居住在这里，所以对曾子来说他没有参与守城的义务。而子思就不同了，他在卫国当官，领着卫国的俸禄，所以他有参战的义务，总不能没事时领工资、有事时辞职吧。孔子说过“危邦不入，乱邦不居”，“君子不立于危墙之下”。曾子的做法也是符合孔子思想的。我们需要学会保护自己，不在有危险的地方游荡。按照孟子的说法，曾子的选择没有问题，子思的决策也没有问题，因为身份不同，责任和义务就不同，所以不能以同一标准来衡量他们的行为。

本章给我们的启示是：儒家讲孝悌忠信礼义廉耻，忠是尽心尽力、忠于职守，但要根据身份和地位决定自己怎么做。所以孟子最后总结“曾子、子思易地则皆然”。他们位置调换一下，也都会做出和对方一样的选择。孟子告诉我们不能看表面现象，而要看骨子里面的思想和坚守的道义是否一样。事实上他们是一脉相承的儒家正统，之所以表现不一样，是因为他们的身份地位不一样。假如他们变换角色，也都会做出相同的选择，这是儒家坚守的道。

通过这两个实例，孟子告诉我们怎么去做到忠，忠于职守。要知道变通，要根据所处的不同环境和身份地位，采取不同的应对方法，就是坚持中庸的原则。如果一以贯之，不分环境、身份，坚持同样的方法，就不是儒家讲的忠，而是执，执着。

8·32　**储子曰：“王使人瞯夫子，果有以异于人乎？”孟子曰：“何以异于人哉？尧、舜与人同耳。”**

齐王派人偷偷来观察孟子，看他是不是真的和别人不一样。孟子这么大的名望和学问，齐王没有发现他到底和别人有什么不同，于是派人偷偷观察孟子，看他有什么过人之处。

孟子知道这件事后说：“何以异于人哉？”哪里有和别人不一样的地方呢？“尧、舜与人同耳”，尧、舜这样的伟大圣君，与普通人也是一样的。孟子的意思是，我和他人没什么不同，不只是我，连尧、舜都没有本质的差异。

“人之初，性本善，性相近”，人的先天美好素质都是一样的。如果非要说有什么差异的话，那就是修身与不修身的区别而已。尧、舜因为加强个人的修为，所以最后能“为法于天下”，成为天下人的榜样。

8·33　齐人有一妻一妾而处室者，其良人出，则必餍酒肉而后反。其妻问所与饮食者，则尽富贵也。其妻告其妾曰：“良人出，则必餍酒肉而后反；问其与饮食者，尽富贵也，而未尝有显者来。吾将瞷良人之所之也。”蚤起，施从良人之所之，遍国中无与立谈者。卒之东郭墦间，之祭者，乞其余；不足，又顾而之他，此其为餍足之道也。其妻归，告其妾，曰：“良人者，所仰望而终身也。今若此。”与其妾讪其良人，而相泣于中庭。而良人未之知也，施施从外来，骄其妻妾。

由君子观之，则人之所以求富贵利达者，其妻妾不羞也，而不相泣者，几希矣。

“齐人有一妻一妾而处室者”，齐国有个人，一妻一妾都住在家里面。“良人出，则必餍酒肉而后反。”良人是先秦时期对丈夫的一个爱称，一个比较亲密的称呼，相当于今天的亲爱的。当丈夫的出去，就一定会吃饱酒肉而后才返回。“餍”是吃饱。

“其妻问所与饮食者，则尽富贵也”，他的妻子问他和谁一起去吃饭饮酒了，他说都是有名的贵富之人。“富”是有钱，“贵”是社会地位高，都是社会名人。“其妻告其妾曰”，妻子不信，之后就和他的妾说，丈夫一出去就吃饱酒肉才回来，我问他和谁一起吃饭，说的全是富贵人家。“而未尝有显者来”，但咱们家从来没有名人来过。“吾将瞯良人之所之也”，我将偷偷地看看丈夫到底去哪里了。

“蚤”是通假字，通“早”，“蚤起”就是“早起”。“施从良人之所之”，她悄悄地跟着丈夫看他去哪儿。“遍国中无与立谈者”，“国”不是国家，指城，城里叫国，城外叫野，国人是城里人，野人是乡下人，“徧国中”就是全城中，“无与立谈者”，没有一个人停下来和他说话。她在丈夫后面观察，发现丈夫在城里溜达，但没有任何人停下来和他说话。“立谈”，能站着和他谈话。言外之意，没人搭理他，可见没人尊重他。

“卒之东郭墦间”，最终丈夫去了城东的坟场。“之祭者，乞其余”，他向用酒肉来祭祀的人要饭。“不足”是吃不饱，“又顾而之他”，之后又转一圈去另一家。“此其为餍足之道也”，这是他能吃饱喝足的方法。回家跟妻子说和名人一起吃饭喝酒，实际上是要饭。

“其妻归，告其妾”，他的妻子回来告诉他的妾。“良人者，所仰望而终身也”，我们仰望而终身依靠的人，竟然是这样的人。“与其妾讪其良人，而相泣于中庭”，妻与妾在家里骂她们的丈夫，觉得很失望，在院子里两人一起哭。“而良人未之知也，施施从外来”，丈夫还不知道这事已经败露了，洋洋得意地从外面回来。“骄其妻妾”，还要在他的妻妾面前摆谱、夸口。

以上是孟子讲的寓言故事，下面是通过这个寓言故事要表达的思想。“由君子观之，则人之所以求富贵利达者，其妻妾不羞也，而不相泣者，几希矣。”从君子的角度来看，现在的人去求富贵发达的方法，而使他的妻妾不为之羞愧，不为之哭泣的人很少。换一种表述方式，当下人追求富贵发达的方法，都是连他的妻子和妾都感觉可耻的，孟子通过这个寓言故事想说明的是这句话。

孟子的语言风格向来犀利，你们追求富贵发达的方法，恐怕你的妻子都会为之脸红，那你的操守在哪里？从这个角度我们才能理解孔子的一句话，“不义而富且贵，于我如浮云”。孟子的话是对孔子这句话的展开。讲这个寓言故事告诉我们，用不正确的方法去追求富贵是不应该的，最后连妻子都对不起。所以应该像孔子表达的那样，用不义的方法去追求富贵，这件事对我来讲就像天边的浮云那样，离我非常非常远，我绝对不会那样做，这才是君子的修养。

卷九　万章上

9·1　万章问曰："舜往于田，号泣于旻天，何为其号泣也？"

孟子曰："怨慕也。"

万章曰："'父母爱之，喜而不忘；父母恶之，劳而不怨。'然则舜怨乎？"

曰："长息问于公明高曰：'舜往于田，则吾既得闻命矣；号泣于旻天，于父母，则吾不知也。'公明高曰：'是非尔所知也。'夫公明高以孝子之心，为不若是恝，我竭力耕田，共为子职而已矣，父母之不我爱，于我何哉？帝使其子九男二女，百官牛羊仓廪备，以事舜于畎亩之中，天下之士多就之者，帝将胥天下而迁之焉。为不顺于父母，如穷人无所归。天下之士悦之，人之所欲也，而不足以解忧；好色，人之所欲，妻帝之二女，而不足以解忧；富，人之所欲，富有天下，而不足以解忧；贵，人之所欲，贵为天子，而不足以解忧。人悦之、好色、富、贵，无足以解忧者，惟顺于父母可以解忧。人少，则慕父母；知好色，则慕少艾；有妻子，则慕妻子；仕则慕君，不得于君则热中。大孝终身慕父母。五十而慕者，予于大舜见之矣。"

孟子的弟子万章问，"舜去地里"，去地里干活的意思。

“号泣于旻天”，“旻天”意思是上天，另一种含义是指秋天。舜到地里干活时向着老天痛哭。“何为其号泣也”，为什么事号啕痛哭呢？“怨”有埋怨、怨恨的意思，“慕”有依恋、依赖的意思。我们都知道，舜的生母去世了，他的父亲是个盲人，又给他娶了一个后妈。后妈对舜不好，舜心里有埋怨，但另一方面是他心里对父母的依赖，这两种情绪纠缠在一起，不知道怎么能和父母把关系做好，最后导致出去干活的时候号啕痛哭。在家哭不合适，背着父母在地里干活的时候哭。

万章又引了句俗话：“父母爱之，喜而不忘；父母恶之，劳而不怨。”父母爱你，你要为之高兴，而且不要忘记父母的恩情。父母如果讨厌你，你要努力工作，也不要去抱怨，努力去博得父母的好感。《礼记》记载，曾子说过：“父母爱之，喜而弗忘，父母恶之，惧而无怨”。万章应该是引用了曾子的话。“然则舜怨乎”，然而舜是不是在心里抱怨？

孟子回答“长息问于公明高曰”，当年长息也曾经向公明高请教过这个问题。长息是公明高的弟子，而公明高是曾子的弟子。也有人认为，公明高就是公羊高，《公羊传》的作者。“舜往于田，则吾既得闻命矣；号泣于旻天、于父母，则吾不知也’。”舜到地里干活，这件事我已经听到您给我的解释了，但舜用这种态度来对待父母我不理解。公明高说“是非尔所知也”，这确实是你不能理解的。

下面是孟子解释公明高的意思。“夫公明高以孝子之心，为不若是恝”，“恝”是无忽，没有怨恨。公明高认为，作为孝子，不应该把这件事看得淡，不当回事，而要像舜那样把这件事看得比较重，甚至因为解决不了而号啕痛哭。下面是描述一种与舜相反的心态。“我竭力耕田，共为子职而已矣，父母之不我爱，于我何哉？”我竭尽全力去种地，尽作为儿子的职责，给父母提供给养，至于父母爱不爱我，对我来说又有什么呢？公明高认为这种满不在乎的心态不对，公明高说孝子的心不能是这样的，如果你有孝心就不应该有这样的心态。

孟子引公明高的话来解释舜的行为，言外之意舜做得非常好，结果父母不喜欢他，他就在地里对着老天号啕痛哭，向老天爷来哭诉。按照普通人的心态，不爱拉倒，反正我做到位了，但是孟子和公明高的看法是，真正的孝子之心，父母不喜欢是大事，需要想办法解决。

为什么说舜是大孝？“帝使其子九男二女，百官牛羊仓廪备，以事舜于畎亩之中。”“子”是孩子，“帝”指尧，当时他是天子，“畎亩”是耕地、农田，“备”是全部。尧帝派他的九个儿子和两个女儿还有百官，带着牛羊，带着仓库积蓄的东西，来舜种地的农田中，来侍奉舜。言外之意，尧让自己的子女和属下全都听命于舜，把尧掌握的所有物资都交给舜调配，通俗说就是人权、财权全部移交给舜，但这时候舜还没有官职，是普通农民，所以叫“畎亩之中”。古人传说这是尧对舜的考察。

传说尧年纪大了，尧的儿子丹朱不成器，尧不想传位给他。尧也曾尽心尽力地教育过丹朱，据说围棋是尧发明的，就是为了用围棋来开发儿子的智力，可以说为了培养丹朱，尧想尽了一切办法，但丹朱还是不成才，最后尧决定不传位给他。尧让手下人推荐贤能的人，大家异口同声地推荐舜。接下来尧对舜进行考察。没有任命舜做官，把两个女儿嫁给舜，让自己的儿子跟着舜，文武百官凡事向舜请教，甚至仓库里的东西让舜随便使用，这都是尧考察舜的方法。经过考察觉得舜没有问题，才把权力交给他。这就是所谓的“禅让制”。

“天下之士多就之者，帝将胥天下而迁之焉。”“天下之士”

指掌权的人，“就”指接近。天下这些掌权的人大多向舜靠拢，因为尧将把整个天下都交给舜，所以大家都主动去和舜拉交情。“为不顺于父母，如穷人无所归。”在这种状态下，舜应该过得非常好，为什么还会到地里号啕痛哭呢？因为得不到父母的喜欢，就好像一个人陷入困境无家可归一样。这是形容舜的心态。

“天下之士悦之，人之所欲也，而不足以解忧。”天下的统治阶层都喜欢他，这正是他人追求的，舜得到了，但由于得不到父母的喜欢，所以不足以缓解他的忧愁。“好色，人之所欲”，美色是人人都想要的。“妻帝之二女”，娶尧帝的两个女儿为妻。“有美色，而不足以解忧”，娶了最高领导人的两个女儿，而且两个女孩还都很漂亮，但也不足以缓解他的忧愁。“富，人之所欲，富有天下，而不足以解忧；贵，人之所欲，贵为天子，而不足以解忧。”“富”指经济条件好，“贵”是指社会地位高，这两个字内涵是不一样的。舜已经富有天下、贵为天子，这些都是他人想要的，但这都不能缓解他的忧愁。“人悦之、好色、富、贵，无足以解忧者，惟顺于父母，可以解忧。”别人喜欢他，拥有美色和富、贵，但都不足以缓解舜的忧愁，唯有得到父母的喜欢，才可以解决他的忧愁。所以说舜是大孝。

孟子解释：“人少，则慕父母；知好色，则慕少艾。”人在小的时候就会依恋父母，知道好色之后就开始依恋年轻人，喜欢年轻漂亮的了。“有妻子，则慕妻子”，娶了媳妇就开始依恋妻子。“仕则慕君”，当了官之后就开始依恋领导。“不得于君则热中”，当官的人如果得不到领导的欣赏，内心就很燥热，不平衡。“大孝终身慕父母”，大孝的人是一生始终依恋父母。“五十而慕者，予于大舜见之矣”，年到五十还依恋父母的，我在舜身上见到了。

孟子是以舜的故事为例讲什么是大孝。真正的孝是发自内心的依赖、依恋，这种情感是发自内心的，是任何外在的东西都取代不了的。不管有多高的社会地位，不管多有钱，不管大家对你多好，都取代不了这种对父母的依赖，而且是终其一生对父母有这样的情感，这才是孟子所说的孝道的最高境界。

还有一个方面孟子没有提到，既然是“终生慕父母”，父母去世之后怎么办？孔子说过“生，事之以礼；死，葬之以礼，祭之以礼”。儒家强调祭祀实际是对父母依恋的体现。当父母在世的时候，这种依恋体现在侍奉上，在父母身前尽孝。父母去世之后，这种依恋就体现在对父母的怀念和祭祀上。

9·2　万章问曰：“《诗》云：‘娶妻如之何？必告父母。’信斯言也，宜莫如舜。舜之不告而娶，何也？”

孟子曰：“告则不得娶。男女居室，人之大伦也。如告，则废人之大伦，以怼父母，是以不告也。”

万章曰：“舜之不告而娶，则吾既得闻命矣。帝之妻舜而不告，何也？”

曰：“帝亦知告焉则不得妻也。”

万章曰：“父母使舜完廪，捐阶，瞽瞍焚廪。使浚井，出，从而揜之。象曰：‘谟盖都君咸我绩，牛羊父母，仓廪父母，干戈朕，琴朕，弤朕，二嫂使治朕栖。’象往入舜宫，舜在床琴。象曰：‘郁陶思君尔。’忸怩。舜曰：‘惟兹臣庶，汝其于予治。’不识舜不知象之将杀己与？”

曰：“奚而不知也？象忧亦忧，象喜亦喜。”

曰：“然则舜伪喜者与？”

曰：“否。昔者有馈生鱼于郑子产，子产使校人畜之池。

校人烹之，反命曰：‘始舍之，圉圉焉；少则洋洋焉，攸然而逝。’子产曰：‘得其所哉！得其所哉！’校人出，曰：‘孰谓子产智？予既烹而食之，曰得其所哉，得其所哉。故君子可欺以其方，难罔以非其道。彼以爱兄之道来，故诚信而喜之，奚伪焉？”

万章引用《诗经》上的话来问孟子：“娶妻如之何？必告父母。”按当时的婚俗，娶媳妇一定要先向父母请示，父母同意了才能结婚。“信斯言也，宜莫如舜”，相信这句话的人恐怕没有超过舜的，舜是最相信这句话的。“舜之不告而娶，何也”，但是舜没有告诉父母就娶了尧的两个女儿，这是为什么？舜是违背礼了吧。

孟子说“告则不得娶”，告诉了就娶不成了，因为他知道父母肯定反对。孟子接着解释：“男女居室，人之大伦也。”“伦”是关系，“人伦”是人际关系，“大伦”是最重要的一种人际关系。“男女居室”指结婚，男女最后都要结婚，夫妻关系是最重要的一种人伦关系。“如告，则废人之大伦，以怼父母，是以不告也。”如果告诉父母，就会因为娶不成妻而废弃了最重要的一种人伦关系，从而招致父母的怨恨，因此舜没有告诉父母。夫妻是最重要的人际关系，这个是不能废掉的，所以两者权衡，两害相权取其轻，宁可不告也要娶。

万章说：“舜之不告而娶，则吾既得闻命矣。”舜为什么不告诉父母而娶妻，我已经听明白了。“帝之妻舜而不告，何也？”万章接着找尧的毛病，尧嫁女儿为什么不跟舜的爹妈打招呼？尧也是违背礼了吧。孟子说：“帝亦知告焉则不得妻也。”尧也知道如果告诉了舜的父母，舜就不能娶妻子了。

我觉得，万章的问题在于把礼视为死规矩，任何情况下都不应该违背，而孟子告诉我们，坚守礼也必须有经有权，将原则性与灵活性相结合，在特殊情况下要知道变通，不应该守死规矩。

下面万章在讲舜的父亲和后妈对舜是如何不好。

“父母使舜完廪，捐阶，瞽瞍焚廪。使浚井，出，从而揜之。”“廪”是仓库，“完廪”是修理仓库，父母要求舜修理仓库和房顶，舜搭梯子上去。“阶”本意是阶梯，引申为梯子，“捐阶”，梯子被撤掉了。“瞽”是盲，“瞍”是老头，指舜的父亲，舜上房了，父母把梯子撤掉。他父亲开始放火烧仓库，要烧死舜，只是没有成功。“使浚井”，让舜去掏井。古代的井也要经常清理，否则不干净。舜当时也藏了个心眼儿，下到井里之后不是先修理井，而是先在井壁掏了个洞藏进去，他父亲和他一起下井，等他父亲从井里出来。“从而揜之”，接着就把这个井给填了。因为舜有准备，又出来了。

舜的家人和同父异母的弟弟都认为舜肯定回不来了，死在井里了，准备分舜的家产。“象”是他弟弟的名字，后母生的弟弟。象说“谟盖都君咸我绩”，“谟”是谋，“盖”通害，“都君”是指舜，“咸”是全，“绩”是功劳、功绩。象说，谋害我哥哥的事情全是我的功劳，所以他来分东西。“牛羊父母，仓廪父母，干戈朕，琴朕，弤朕，二嫂使治朕栖。”“干”是盾，“戈”是矛，“朕”是我，“弤”是弓，“栖”是住的地方。象的意思是，牛羊给父母，仓库里的东西给父母，舜的武器归我，琴归我，弓给我，让两个嫂子收拾卧室服侍我。他是想霸占尧帝的两个女儿。他们以为舜回不来了，就商量分舜的家产了。之后象就准备接收了。“象往入舜宫，舜在床琴。”“宫”是房间。象就前往舜的房间，一进舜家的门，看见舜在床上弹琴。“郁陶思君尔”，象相当尴尬，给自己找个托词，说自己非常想念舜。“忸怩”，描述象的神态非常不好意思。舜说：“惟兹臣庶，汝其于予治。”“惟”通“为”，“兹”是这，“汝”是你。这些臣下和庶民你替我来管理。舜是以德报怨的，舜不仅没有把他父母和弟弟的阴谋戳穿，而且象来说我想你，舜也接受了，还给他一部分臣民让他来治理。

这是历史故事，万章讲完历史故事问孟子：“不识舜不知象之将杀己与?”舜是不是不知道象想要杀他？孟子说：“奚而不知也？象忧亦忧，象喜亦喜。”哪里是不知道，舜是当哥哥的，弟弟象忧愁他也忧愁，弟弟高兴他也随之高兴，舜做得非常好，这也是当大哥的做到了悌。

“然则舜伪喜者与?”万章接着问，那么舜是伪装喜欢象吗？作假不诚，孟子说不是。然后孟子讲了一个春秋时期郑国的执政者子产的故事。

“昔者有馈生鱼于郑子产”，从前有人赠送活鱼给子产。“子产使校人畜之池”，“校人”是管理池塘的小官，“畜”是养，子产派小官把鱼放养到池子里。“校人烹之”，这个小官偷偷地把鱼给吃了，回来向子产报告，“始舍之圉圉焉”。“舍”是弃、放弃，刚开始把它放到池子里的时候，鱼在水里愣愣的。“少则洋洋焉”，稍过了一会儿就开始随便游了。“攸然而逝”，“攸然”是速度很快，“逝”是消失了、看不见了，很快就往深水里一扎、就看不见了。子产说：“得其所哉！得其所哉!”这鱼找到了它应去的地方，子产很感慨地说了两遍。“孰谓子产智？予既烹而食之”，小官出来说，谁说子产有智慧?我已经把鱼煮着吃了，子产还说它找到应该去的地方了。

孟子讲完故事，接下来评论。“故君子可欺以其方，难罔以非其道。”这句话是孟子的名言。他通过子产的故事告诉我们一个道理，对待君子可以用他的“道”去欺骗他，但是很难用不符合道的东西去欺骗他。就子产的故事总结，子产上了当，是因为那个人非常了解子产，用符合道义的方法才骗过了子产。君子有自己的操守，没有办法用不符合他操守的东西去骗他。他之所以上当，是因为你的所作所为和他的操守，和他的价值观相吻合，在这个前提下，你有可能骗了他，这叫“君子可欺以其方”。说得更直白些，君子是坚守自己的人生原则，并不是傻，因此，你可以用符合他人生原则的做法欺骗他，但用虚妄的事情可骗不了他。

孟子举子产的例子是为了说明，舜不是假装高兴，是他弟弟伪装出来对哥哥的感情，以这种方法来骗舜，舜相信了。舜不是假装高兴，不是作伪，他是真的高兴，因为舜坚守悌字，舜把兄弟间的友爱看得非常重，这是他坚守的道。“彼以爱兄之道来，故诚信而喜之”，象是拿着爱戴兄长的道来的，所以舜就相信了他，并且发自内心地感到喜悦。“奚伪焉”，舜哪里是作伪呢？

以上连着两章都是讲舜的故事，前一章以舜的故事为中心，讲的是孝，这一章讲的是悌。下面还是讲舜的故事。

9·3 万章问曰：“象日以杀舜为事，立为天子则放之，何也？”

孟子曰：“封之也，或曰放焉。”

万章曰：“舜流共工于幽州，放驩兜于崇山，杀三苗于三危，殛鲧于羽山，四罪而天下咸服，诛不仁也。象至不仁，封之有庳。有庳之人奚罪焉？仁人固如是乎？在他人则诛之，在弟则封之？”

曰：“仁人之于弟也，不藏怒焉，不宿怨焉，亲爱之而已矣。亲之，欲其贵也；爱之，欲其富也。封之有庳，富贵之

也。身为天子，弟为匹夫，可谓亲爱之乎?”

“敢问或曰放者，何谓也?”

曰：“象不得有为于其国，天子使吏治其国，而纳其贡税焉，故谓之放。岂得暴彼民哉? 虽然，欲常常而见之，故源源而来。‘不及贡，以政接于有庳。’此之谓也。”

万章问：“象日以杀舜为事，立为天子则放之，何也?”象天天想着怎么谋杀舜，等到舜被立为天子之后，舜却流放了象，这是为什么？孟子回答：“封之也，或曰放焉。”是给了象一块封地，有人理解错了，以为舜把他弟弟流放了。从下文看，舜给象的封地名为有庳，就是说，有庳成为象的采邑。

接下来万章开始举历史故事。“舜流共工于幽州，放驩兜于崇山，杀三苗于三危，殛鲧于羽山”，舜做天子的时候，把共工流放到幽州，把驩兜流放到崇山，在三危杀了三苗，把鲧处死在羽山。“殛”也指处死。在当时，共工、驩兜、三苗和鲧被合称为四凶，是四大恶人。其中两个人被舜流放，两个人被舜处死。鲧是禹的父亲，他被处死的原因是治水失败。“四罪而天下咸服，诛不仁也”，舜做出了四次惩罚的决定，以后全天下的人都服从了舜，都拥护舜了，因为舜诛杀的都是不仁的人，不符合仁义的人。“象至不仁，封之有庳，有庳之人奚罪焉”，舜的弟弟象最不仁，却把有庳封给象做采邑，有庳这个地方的人有什么罪啊，把他们交给不仁的象，恐怕象会祸害属下的老百姓吧。“仁人固如是乎”，仁人是这么处理问题的吗？“在他人则诛之，在弟则封之”，同样是不仁，若是他人犯了不仁的错误，就都杀了，比如上面举出的四位，他弟弟象也不仁，却封给了采邑，双重标准啊，仁人就这么做事吗？

孟子解释：“仁人之于弟也，不藏怒焉，不宿怨焉，亲爱之而已矣。”仁人对待弟弟不隐藏他的愤怒，要表达出来不高兴，但是对弟弟的怨不会藏在心底，就是不记恨。亲兄弟之间该说说，该骂骂，但是吵骂后就不再提起，兄弟一定要相亲相爱而已。“亲之，欲其贵也；爱之，欲其富也。封之有庳，富贵之也。身为天子，弟为匹夫，可谓亲爱之乎。”因为跟他亲近，所以想让他有较高的社会地位，因为爱他，所以希望他富裕。把他的弟弟封到有庳，是为了给他较高的社会地位和金钱。反过来说，自己当了天子，弟弟却是平民百姓，这能称得上是对弟弟的爱吗？

万章说“敢问或曰放者，何谓也”，恕我斗胆问一句，有的人说舜流放了他的弟弟，这又是怎么回事。孟子说“象不得有为于其国”，虽然给他一个采邑，但是象不可以有所作为，就是不让他去管理这个地方。“天子使吏治其国”，舜作为天子，派人去管理有庳这个地方，把有庳这个地方收上来的税给象，这叫“而纳其贡税焉”。通俗说，象只是享有这个地方的税收，他没有管理权。“故谓之放”，因此有人说是把象流放了。“岂得暴彼民哉”，象哪里有机会去施暴那个地方的人，这是针对万章前面的话“有庳之人奚罪焉”说的。万章担心象被封于有庳之后会祸害老百姓，孟子解释不会，因为不让他管理老百姓，另有官员负责管理，象就负责吃租子，他哪有机会去向老百姓施暴政。

“虽然，欲常常而见，故源源而来”，这句话的主语省略，主语是舜，舜希望常常见到他的弟弟。象虽然被封到有庳，但他在封地住的时候不多，他总是到舜的都城来。下面一句通常认为是《尚书》的逸文，“不及贡，以政接于有庳”，象被封到了有庳，当了诸侯。诸侯按规定平常要待在自己的采邑，不能总去首都，只有在规定朝贡的日子才能去。而舜因为经常想看到弟弟，不到朝贡的日子也让弟弟来，这叫“不及贡”。“以政接于有庳”，跟有庳有关的政务需要他现在就过来。这是舜借口有事把他弟弟调来，实际上是想他弟弟了。“此之谓也”，有人说舜流放了他的弟弟，说的是这件事。

这是第三个关于舜的故事，讲的还是悌。

9·4　**咸丘蒙问曰：“语云：‘盛德之士，君不得而臣，父不得而子。’舜南面而立，尧帅诸侯北面而朝之，瞽瞍亦北面而朝之。舜见瞽瞍，其容有蹙。孔子曰：‘于斯时也，天下殆哉，岌岌乎！’不识此语诚然乎哉？”**

孟子曰：“否。此非君子之言，齐东野人之语也。尧老而舜摄也。《尧典》曰：‘二十有八载，放勋乃徂落，百姓如丧考妣，三年，四海遏密八音。’孔子曰：‘天无二日，民无二王。’舜既为天子矣，又帅天下诸侯以为尧三年丧，是二天子矣。”

咸丘蒙曰：“舜之不臣尧，则吾既得闻命矣。《诗》云：‘普天之下，莫非王土；率土之滨，莫非王臣。’而舜既为天子矣，敢问瞽瞍之非臣，如何？”

曰：“是诗也，非是之谓也；劳于王事而不得养父母也。曰：‘此莫非王事，我独贤劳也。’故说诗者，不以文害辞，不以辞害志。以意逆志，是为得之。如以辞而已矣，《云汉》之诗曰‘周余黎民，靡有孑遗’。信斯言也，是周无遗民也。孝子之至，莫大乎尊亲；尊亲之至，莫大乎以天下养。为天子父，尊之至也；以天下养，养之至也。《诗》曰：‘永言孝思，孝思维则。’此之谓也。《书》曰：‘祗载见瞽瞍，夔夔齐栗，瞽瞍亦允若。’是为父不得而子也？”

咸丘是复姓，咸丘蒙是孟子的弟子。咸丘蒙问：“盛德之士，君不得而臣，父不得而子。”品德非常好的人，国君不能把他当作臣子，父亲也没有办法把他当作儿子。之后举例子，又涉及舜，“舜南面而立，尧帅诸侯北面而朝之，瞽瞍亦北面而朝之”。舜当了国君，面向南站着，尧率领诸侯面向北来朝拜他，这时候尧已经退位了。瞽瞍是舜的父亲，也来朝拜他。“舜见瞽瞍，其容有蹙”，舜看见他父亲来朝拜，表现出不安的样子。孔子说：“于斯时也，天下殆哉，岌岌乎!”在这个时候，天下很危险了。“不识此语诚然乎哉”，我不知道这句话是不是真的是这个样子。

孟子说：“否。此非君子之言，齐东野人之语也。”不，这不是君子说的话，这是齐国东部地区的乡下人的话。你引这段历史不真实，是野史。下面孟子讲真实的状况。“尧老而舜摄也”，尧的晚年，舜摄政。《尧典》是《尚书》里的一篇，传说舜摄政 28 年，直至尧晚年去世。所谓摄政，他不是真正的天子，天子名义上还是尧，只不过舜代表他执政。28 年后“放勋乃徂落”，“徂落”是死了，放勋是尧的号，28 年后尧死了。“百姓如丧考妣”，因为尧去世，百姓悲哀得就像父母去世那样。“考”是指父亲，“妣”是指母亲，但这是去世之后的称呼。“三年，四海遏密八音。”三年的时间里，没有人奏乐。“四海”是整个天下，“八音”是乐器，“遏密”是乐器不响。孔子说“天无二日，民无二王”。下面是孟子的话。“舜既为天子矣，又帅天下诸侯以为尧三年丧，是二天子矣。”舜已经成为天子了，又率领天下诸侯给尧守三年之丧，这就等于有两个天子了。这是孟子批判咸丘蒙说的不对，因为孔子说天上没有两个太阳，老百姓也没有两个王、两个君主。所以在尧的晚年舜不是君主，而是摄政，代行君权而已。

咸丘蒙说：“舜之不臣尧，则吾既得闻命矣。”舜没有把尧当作臣下，我已经听你讲了，这是咸丘蒙引的那句俗话的前半部分“盛德之士，君不得而臣”。孟子说这句话不对，若按这个逻辑，舜有非常好的美德，所以天子也不能把他当臣子，但实际情况是，舜是尧的臣子，舜虽然有美德，但他是代尧执政，他不是天子，一直到尧去世后舜才成为天子的。

咸丘蒙接下来要问的是俗语的后半部分“父不得而子”。他先是引了两句《诗经》，即“普天之下，莫非王土；率土之滨，莫非王臣”。全天下的土地没有不是王的土地的，土地上的人没有不是王的臣子的。“而舜既为天子矣，敢问瞽瞍之非臣，如何?”我想问一下，舜成为天子之后，瞽叟不是他的臣子吗？这件事怎么理解？

孟子说：“是诗也，非是之谓也。”这首诗不是你说的那个意思。“劳于王事而不得养父母也”，这首诗谈的是为了国家的事情，为了王的事情辛劳，而没有时间去奉养父母。这是诗人发表的一个感慨，不是讲君臣关系的。“此莫非王事，我独贤劳也”，这都是国家大事，为什么唯独我特别地辛劳。这是孟子对咸丘蒙引的诗的解读。“普天之下，莫非王土；率土之滨，莫非王臣”，这首诗讲的是为了国家的事情没时间尽孝，因而感到遗憾，不是讲君臣关系的。

下面孟子讲怎么理解《诗经》。“故说诗者，不以文害辞”，讲《诗经》的人，不要因为它的字面意思而伤害了诗的中心思想。读诗要从中有所感悟，不能按字面意思去理解。怎么理解?“以意逆志”，“意”是你自己的想法，用你的心态和想法去推测诗人的想法。“是为得之”，这样你才能够真正理解这首诗的意义。实际他讲的是我们对文学作品应该怎么理解的问题。“如以辞而已矣”，假如就按字面去理解的话，那么《云汉》这首诗说“周余黎民，靡有孑遗”。按照字面意思理解这两句的话，是周朝的老百姓最后都没有存活的了。“信斯言也”，假如你相信这句话的字面意思，是说周朝人死绝了，显然诗人不是这个意思。这是孟子举了一首诗来证明他的观点，即不要按照字面意思去理解诗。

“孝子之至，莫大乎尊亲；尊亲之至，莫大乎以天下养。”孝子尽孝达到极致的时候，没有比孝敬双亲更重要的，而尊重父母达到极致的话，没有比用天下奉养父母更大的了。“为天子父，尊之至也”，瞽叟成为天子的父亲，这是最尊贵的地位了。“以天下养，养之至也”，用天下来奉养他，这是奉养达到极致了。《诗经》上讲“永言孝思，孝思维则”，永是永远，长久地去体现孝，孝是我们行为的准则。《尚书》说“祇载见瞽瞍，夔夔齐栗，瞽瞍亦允若”，舜小心翼翼地来见瞽叟，成为天子之后在他父亲面前也没有表现出傲慢，还是很小心翼翼地来见他父亲，表现出对父亲的尊敬。“夔夔齐栗”，是一个谨慎而恐惧的样子。“瞽瞍亦允若”，因为舜的这种表现，他父亲从此也开始走正道了。“是为父不得而子也”，说他的父亲不能够把他当作儿子，实际指的是这件事。

孟子认为：“盛德之士，君不得而臣，父不得子。”不是说有美好品德的人，他父亲都不能再把他当儿子看，这是字面意思，但不能按字面意思去理解。实际上“盛德之士”指美德修养特别好的人，会使他的父亲受到他的影响。

这一章还是在谈舜的故事，中心思想是孝。

9·5　万章曰：“尧以天下与舜，有诸？”

孟子曰：“否，天子不能以天下与人。”

“然则舜有天下也，孰与之？”

曰：“天与之。”

"天与之者，谆谆然命之乎?"

曰："否，天不言，以行与事示之而已矣。"

曰："以行与事示之者，如之何?"

曰："天子能荐人于天，不能使天与之天下；诸侯能荐人于天子，不能使天子与之诸侯；大夫能荐人于诸侯，不能使诸侯与之大夫。昔者，尧荐舜于天而天受之，暴之于民而民受之，故曰'天不言，以行与事示之而已矣'。"

曰："敢问荐之于天而天受之，暴之于民而民受之，如何?"

曰："使之主祭而百神享之，是天受之；使之主事而事治，百姓安之，是民受之也。天与之，人与之，故曰'天子不能以天下与人'。舜相尧二十有八载，非人之所能为也，天也。尧崩，三年之丧毕，舜避尧之子于南河之南。天下诸侯朝觐者，不之尧之子而之舜；讼狱者，不之尧之子而之舜；讴歌者，不讴歌尧之子而讴歌舜，故曰天也。夫然后之中国，践天子位焉。而居尧之宫，逼尧之子，是篡也，非天与也。《太誓》曰：'天视自我民视，天听自我民听。'此之谓也。"

万章说，尧把天下给了舜，有这回事吗？孟子说不是，天子也不能把天下给别人。万章问："然则舜有天下也，孰与之?"那么舜占有天下，成为天子，是谁给他的？"天与之"，老天给的。"天与之者，谆谆然命之乎?"你说老天把天下给了舜，难道是天谆谆教诲命令他的吗？"否，天不言，以行与事示之而已。"孟子说不是，老天不会说话的，为什么说是天给的，是天通过其行为和做事的表示，把天下给了舜，如此而已。万章又问："以行与事示之者，如之何?"用行为和事来表示，这是怎么回事？

孟子说："天子能荐人于天，不能使天与之天下。"做天子的可以向老天推荐自己的接班人，但是天子不能够让老天把天下给他推荐的这个人。同样的道理，“诸侯能荐人于天子，不能使天子与之诸侯”，诸侯可以向天子推荐人，但是不能让天子封其为诸侯。“大夫能荐人于诸侯，不能使诸侯与之大夫”，大夫可以向诸侯推荐人，但是不能让诸侯封其为大夫。孟子用了排比句，要表达的意思是，作为下级诸侯，你可以推荐，但是你没有委任权，你推荐的人最终是否能得到任命，是天子的事。同样，天子向老天推荐自己的接班人，最后老天接受不接受是老天爷的事。

“昔者尧荐舜于天而天受之”，从前尧向老天推荐了舜，老天接受了，因此舜做了尧的接班人。“暴之于民而民受之”，老天又不说话怎么知道老天接受了？把舜展示给老百姓，老百姓接受了，就表示老天接受了，这是“行与事示之”。“故曰‘天不言，以行与事示之而已矣’”，所以说天不会说话，但是他用具体的行动和具体的事情来表示出它的态度。

“敢问荐之于天而天受之，暴之于民而民受之，如何？”万章接着问孟子，我斗胆问您一下，向老天推荐而老天接受了，把他展示给民众而民众接受了，这是怎么回事，具体表现是什么？“使之主祭而百神享之，是天受之”，让舜来主持祭祀，而各路神仙都接受了祭祀，这就是老天接受了。“使之主事而事治，百姓安之，是民受之也”，让他来主持事务，各种事务都安排得很好，百姓安之，这是表示出老天接受了，老百姓也接受了。说明老天要把这个位置给他，百姓也想把天子的位置给他。“天与之，人与之，故曰‘天子不能以天下与人’”，所以说天子不能把天下给别人，舜得到天下不是尧给的，是老天和老百姓给的。

“舜相尧二十有八载，非人之所能为也，天也。”舜辅佐尧

28 年，这不是人的力量所能做到的，是天意。“尧崩”，尧死了。“三年之丧毕”，三年之丧结束后。“舜避尧之子于南河之南”，南河是地名，舜为了躲开尧的儿子到了南河的南面。尧选择舜却没选自己的儿子，但是舜表示谦让，所以三年之丧结束后，舜没有马上继位，他出去隐居了，给百官、百姓一个选择的机会。“天下诸侯朝觐者，不之尧之子而之舜”，天下诸侯来朝觐的人，不去尧的儿子那里而去舜那里朝觐。“讼狱者”，打官司的人。“不之尧之子而之舜”，不到尧的儿子那里而到舜这里，求舜来判决。赞颂的人，不讴歌尧的儿子而讴歌舜，不赞美尧的儿子而赞美舜。“故曰天也”，所以说这是天意。“夫然后之中国”，省略了主语舜，这样之后舜才去了中国，就是首都。“践天子位焉”，登上了天子的位置，正式继位。“而居尧之宫，逼尧之子，是篡也，非天与也。”“而”是假如，假如舜直接住进尧的宫殿，逼迫尧的儿子让位，这是篡位，就不是老天授予的了。

《太誓》是《尚书》的一篇，《太誓》中说“天视自我民视，天听自我民听”，老天是通过百姓的眼睛来看，老天是通过百姓的耳朵在听。说得更直白点，老天的意志遵从百姓的愿望。“此之谓也”，说的就是这件事啊。

这里充分体现了孟子的民本精神，天意在民意当中体现，老百姓的选择就是天意。我们从孟子的表述来看，古代世袭制并不符合孟子的精神，今天的民主选举才符合孟子的精神。

这一章讲的也是舜的故事，前面分别说了孝悌，本章主要讲的是政治、从政。

9·6　**万章问曰：“人有言，‘至于禹而德衰，不传于贤而传于子’，有诸？”**

孟子曰："否，不然也。天与贤，则与贤；天与子，则与子。昔者，舜荐禹于天，十有七年，舜崩。三年之丧毕，禹避舜之子于阳城。天下之民从之，若尧崩之后不从尧之子而从舜也。禹荐益于天，七年，禹崩。三年之丧毕，益避禹之子于箕山之阴。朝覲、讼狱者不之益而之启，曰：'吾君之子也。'讴歌者不讴歌益而讴歌启，曰：'吾君之子也。'丹朱之不肖，舜之子亦不肖。舜之相尧、禹之相舜也，历年多，施泽于民久。启贤，能敬承继禹之道。益之相禹也，历年少，施泽于民未久。舜、禹、益相去久远，其子之贤不肖，皆天也，非人之所能为也。莫之为而为者，天也；莫之致而至者，命也。匹夫而有天下者，德必若舜、禹，而又有天子荐之者，故仲尼不有天下。继世以有天下，天之所废，必若桀纣者也，故益、伊尹、周公不有天下。伊尹相汤以王于天下。汤崩，太丁未立，外丙二年，仲壬四年。太甲颠覆汤之典刑，伊尹放之于桐。三年，太甲悔过，自怨自艾，于桐处仁迁义；三年，以听伊尹之训己也，复归于亳。周公之不有天下，犹益之于夏、伊尹之于殷也。孔子曰：'唐、虞禅，夏后、殷、周继，其义一也。"

万章问："人有言，'至于禹而德衰，不传于贤而传于子'，有诸？"有人说，到了禹的时代，美德就衰落了。禹的美德比尧舜差了，他不是把位置传给贤人，而是传给了儿子。我们都知道这段历史，禹去世后接班的是他的儿子启，中国进入了第一个朝代夏朝。从此，最高首领改为世袭了，父死子继。万章问有没有这回事。

孟子说：不是这样。尧是按天意，舜、禹也是按天意，为什么有区别？要看老天给谁。"天与贤，则与贤；天与子，则与子"，老天要把这个位置给贤人，那就给贤人，老天要把这个位置给儿子，那就给儿子。都是按天意来做的。

“昔者，舜荐禹于天”，从前舜向老天推荐了禹。“十有七年，舜崩”，禹摄政十七年之后，舜去世。“三年之丧毕”，三年之丧结束后。“禹避舜之子于阳城”，禹也像舜那样，也躲避舜的儿子，去了阳城。“天下之民从之”，可是天下老百姓都跟从禹，却没有跟从舜的儿子。“若尧崩之后不从尧之子而从舜也”，就好像尧去世以后百姓不跟从尧的儿子而跟从舜那样。

“禹荐益于天”，禹也选了个贤人叫益，也叫伯益，禹向老天推荐了益。“七年，禹崩”，七年之后，禹去世。“三年之丧毕”，三年之丧结束后。“益避禹之子于箕山之阴”，山北、水南为阴，山南、水北为阳，益躲避禹的儿子到了箕山的北面，结果却不一样了。“朝觐、讼狱者不之益而之启”，朝觐的人，打官司的人，都不去益那里而去启那里。这些人说“吾君之子也”，这是我们的君主的儿子。“讴歌者不讴歌益而讴歌启，曰：‘吾君之子也’。”

“丹朱之不肖，舜之子亦不肖。”“不肖”是不像他的父亲。丹朱，尧的儿子。舜的儿子也不像他的父亲，是说不贤能。“舜之相尧，禹之相舜也，历年多”，舜辅佐尧、禹辅佐舜的时间长，经历的年头多。“施泽于民久”，给老百姓恩泽的时间长，所以老百姓拥护他。“启贤，能敬承继禹之道”，启很贤能，他能恭敬地继承禹的大道。他不是不肖，而是能继承他父亲的事业。“益之相禹也，历年少，施泽于民未久”，而益辅佐禹的年头少，向老百姓施恩的年头不长，因为这个原因，禹去世后老百姓拥护他的儿子启。“舜、禹、益相去久远，其子之贤不肖，皆天也”，舜、禹、益这三个人相距的年代比较久远，但是他们的儿子有的好，有的不好，这都是老天决定的。“非人之所能为也”，不是人的力量能达到的。所以孟子解释这都是符合天意的。

下面这句话是引用率非常高的。“莫之为而为者，天也；莫之致而至者，命也。”什么叫天，什么叫命？没有谁来做这个事，这个事就做成了，这就叫天；没有谁招这件事，这件事就到来了，这就叫命。

“匹夫而有天下者，德必若舜禹，而又有天子荐之者。”“匹夫”是普通老百姓。从普通老百姓晋升到拥有天下的人，他的品德修养必须达到舜和禹的境界，而且还有天子向老天推荐。“故仲尼不有天下”，孔子没有成为天子，不是美德差，而是因为孔子那个时代已经是世袭制，就没有天子向天保荐接班人的事，直接就传给自己儿子了。“继世以有天下”，继承天下的事，父传子也得老天同意。“天之所废，必若桀纣者也”，若是像桀纣那样的人，老天也会将之废除，结果是导致朝代灭亡。“故益、伊尹、周公不有天下”，因此益、伊尹、周公没有占有天下。不是他们的品德有问题，而是那时候出现了继世，虽然在位的人美德修养比不上他们三个人，但是也没有差到桀纣的程度，没有被老天废掉，所以这三个人就没有机会了。

下面孟子讲的是商朝的故事。“伊尹相汤以王于天下”，伊尹，商朝著名臣子，伊尹辅佐商汤称王天下。“汤崩，太丁未立，外丙二年，仲壬四年”，商汤去世之后，太丁没有继位，外丙在位只有两年，仲壬在位只有四年，然后轮到太甲接班。“太甲颠覆汤之典刑”，把汤的法典制度都给改了，胡作乱闹，伊尹劝不了，结果是“伊尹放之于桐”。伊尹把太甲流放到桐那个地方，让他闭门思过。在此期间伊尹摄政，没称王，王还是太甲，因为太甲违背了商汤的制度，所以被流放。“三年，太甲悔过，自怨自艾，于桐处仁迁义。三年，以听伊尹之训己也，复归于亳。”三年之后，太甲自己悔改，听从伊尹的训告，老天就没有把他废掉。所以伊尹又把他重新接回到首都，让太甲重新执掌了政权。此时如果伊尹上位，就属于篡位，不正确了。如果太甲拒不悔改，那老天就会把他废了，伊尹就有机会了。

“周公之不有天下，犹益之于夏、伊尹之于殷也。”周武王灭了商朝之后，不长时间就死了，他的儿子周成王即位，成王岁数小，所以由周武王的弟弟周公来摄政。其性质和伊尹非常像，只是周成王不是品德不行，是因为岁数小，所以周公摄政。这时候如果周公把侄子废掉自己上位，就是篡位。所以说周公没有拥有天下，和夏朝的益、商朝的伊尹是一个道理。在父子相传的情况下，如果老天没有把他废掉，那你不能把他废掉，那叫篡位。

因此孔子说：“唐虞禅，夏后、殷、周继，其义一也。”唐是指尧，虞是指舜，有人说这是他们的封地的名字，也有人说是部族的名字，总之唐尧虞舜是古人的口头禅。尧和禹之间是禅位，夏朝、商朝、周朝都是继，继是儿子接班。尧舜是让位给贤人，夏商周都是儿子接班，但是他们的意义是一样的。为什么能接班？因为老天同意了，如果老天不同意，就像夏朝最后一位君主桀，就会灭亡。最终的道理是“天与之”。

但是我们不要从神秘主义的角度去理解孟子的意思。“天视自我民视，天听自我民听”，不管让贤还是传位，都看能不能得民心。让贤，贤能得民心，是对的，传给儿子，儿子能得民心，那也是对的，关键是看百姓拥护不拥护。

孟子的思想里有非常强的民本精神，以老百姓为根本。但是民本和民主不是一个概念，民本是以民为本，民主是老百姓当家作主，内涵不同。民本是统治者执政要以民为本，优先考虑百姓。民主是老百姓负责统治，人民当家做主。孟子的思想体现的是民本精神，不是民主精神。

9·7　万章问曰："人有言，'伊尹以割烹要汤'，有诸？"

孟子曰："否，不然。伊尹耕于有莘之野，而乐尧舜之道焉。非其义也，非其道也，禄之以天下，弗顾也，系马千驷，弗视也。非其义也，非其道也，一介不以与人，一介不以取诸人。汤使人以币聘之，嚣嚣然曰：'我何以汤之聘币为哉？我岂若处畎亩之中，由是以乐尧舜之道哉？'汤三使往聘之，既而幡然改曰：'与我处畎亩之中，由是以乐尧舜之道，吾岂若使是君为尧舜之君哉？吾岂若使是民为尧舜之民哉？吾岂若于吾身亲见之哉？天之生此民也，使先知觉后知，使先觉觉后觉也。予，天民之先觉者也，予将以斯道觉斯民也。非予觉之，而谁也？'思天下之民匹夫匹妇有不被尧舜之泽者，若己推而内之沟中，其自任以天下之重如此，故就汤而说之以伐夏救民。吾未闻枉己而正人者也，况辱己以正天下者乎？圣人之行不同也，或远或近，或去或不去，归洁其身而已矣。吾闻其以尧舜之道要汤，未闻以割烹也。《伊训》曰：'天诛造攻自牧宫，朕载自亳。'"

万章问："人有言，'伊尹以割烹要汤'，有诸？"有人说伊尹当初是用烹调的手段去亲近汤，让汤发现自己的才能，任命自己做官。有没有这回事？

孟子说：不，不是这样的。"伊尹耕于有莘之野"，伊尹最开始在叫作有莘的乡下种地，他是个农民。"而乐尧舜之道焉。非其义也，非其道也，禄之以天下，弗顾也。"但是他非常喜欢尧舜的道，如果不符合他遵守的义和道，就是把天下给他做俸禄，他也不会看在眼里，他也不会考虑。"系马千驷，弗视也。”驷是四匹马，千驷是四千匹。假如不符合道义的话，就是给他四千匹马，他也不放在眼里。“非其义也，非其道也，一介不以与人，一介不以取诸人。”“一介”是指一丝一毫，如果不符合道义，一丝一毫的东西也不会给人，也不从他人那里索取。孟子这样形容伊尹的人品。

“汤使人以币聘之”，汤派人拿着礼物去聘伊尹。“嚣嚣然”，瞧不上的样子。伊尹很不以为意地说“我何以汤之聘币为哉?”我要汤的礼物有什么用?“我岂若处畎亩之中，由是以乐尧舜之道哉?”这怎么比得上我在地里干活，并且通过这种方式来喜爱尧舜之道呢？言外之意，我守着我的道义过得挺好，没把那些东西放在眼里。“汤三使往聘之”，汤多次派人聘他。“三”是多次的意思，古书中的三、六、九往往不是实数，是形容多。“既而幡然改”，伊尹的态度才变了，说：“与我处畎亩之中，由是以乐尧舜之道，吾岂若使是君为尧舜之君哉?吾岂若使是民为尧舜之民哉？吾岂若于吾身亲见之哉?”相比我在地里干活，自己喜欢尧舜之道，哪里能比得上使君主成为尧舜那样的君主，使现在的老百姓成为尧舜时期的老百姓，哪里比得上我亲眼看见尧舜那样的太平盛世。伊尹的态度变了，君主多次延请，自己却还要独善其身，那是不合适的。

伊尹说，“天之生此民也，使先知觉后知，使先觉觉后觉也”。老天生出了这些百姓，是让那些先明白的人去教那些后明白的人，让那些先觉悟的人去教那些后觉悟的人。贤人本身有道义了，达到了知、悟、觉，就应有社会担当，帮助那些没有知、悟、觉的人。“穷则独善其身”，你没机会才独善其身，现在汤反复请你出山，机会来了，就要去尽你的社会责任，完成你的历史使命。伊尹说，“予，天民之先觉者也；予将以斯道觉斯民也。非予觉之，而谁也”？我就是那个先觉悟的人，我不用这个道来使民众觉悟，那又有谁能使他们觉悟，“以天下为己任”，他选择出山辅佐商汤，成为商朝最有名的贤相。

孟子评价说：“思天下之民匹夫匹妇有不被尧舜之泽者，若己推而内之沟中。”天下老百姓任何男男女女，如果没有受到尧舜那样的恩泽，就好像自己把人家推到沟里一样，这叫“以天下为己任”。任何一个老百姓没过上好日子，是我的责任，作为一个宰相应该有这样的心胸。“其自任以天下之重如此”，他把天下的重任放到自己身上，就像这个样子。“故就汤而说之以伐夏救民”，因此伊尹去见商汤，劝商汤讨伐夏桀，来挽救平民。“吾未闻枉己而正人者也，况辱己以正天下者乎？”孟子说，我从来没有听说过屈枉自己而能端正别人的人，更何况是使自己受到侮辱而去端正天下？

这是对前面万章的话的批判，伊尹是靠着当厨子做菜好吃，使商汤召见他，是不真实的传说。一个大贤通过烹调去接近君主，是对自身的屈枉，对自身的侮辱，不尊重自己。所以孟子说，不尊重自己能端正别人吗？又怎么能端正天下？所以孟子说那段话不对，孟子前面的描述才是伊尹和商汤关系的正解，是商汤屡次派人请他，他才出山的。

“圣人之行不同也”，圣人们的行为也是不相同的。“或远或近，或去或不去”，有的离君主远点，有的与君主靠近，有人离开，有人不离开。“归洁其身而已矣”，归根结底他要保持自身的清洁，不会为了接近君主，而以自己受到侮辱为代价。伊尹是大圣人，不会这么做事。“吾闻其以尧舜之道要汤，未闻以割烹也。”我只听说过伊尹是靠尧舜之道来亲近商汤，没听说过他靠的是烹调技术。

“《伊训》曰：‘天诛造攻自牧宫，朕载自亳’。”《伊训》是古文《尚书》的一篇，“造”是开始。老天的讨伐是从牧宫开始的，是指老天要废了夏朝。“载”是开始，“朕”是我。我是从亳这个地方开始我的事业的。今文《尚书》没有这句。亳是商人的老根据地。孟子引这句话还是要说明，夏朝的灭亡和商朝的兴起都是老天决定的。

9·8　**万章问曰：“或谓孔子于卫主痈疽，于齐主侍人瘠环，有诸乎?”**

孟子曰：“否，不然也；好事者为之也。于卫主颜仇由。弥子之妻与子路之妻，兄弟也。弥子谓子路曰：‘孔子主我，卫卿可得也。’子路以告。孔子曰：‘有命。’孔子进以礼，退以义，得之不得曰‘有命’。而主痈疽与侍人瘠环，是无义无命也。孔子不悦于鲁卫，遭宋桓司马将要而杀之，微服而过宋。是时孔子当厄，主司城贞子，为陈侯周臣。吾闻观近臣，以其所为主；观远臣，以其所主。若孔子主痈疽与侍人瘠环，何以为孔子?”

万章问：“或谓孔子于卫主痈疽，于齐主侍人瘠环，有诸乎?”“主”是指住在谁家，以谁为主人。有人认为，孔子在卫国的时候住在痈疽家，在齐国的时候住在一个叫瘠环的侍人的家。侍人，通俗地说就是宦官、太监。两个借住的主人身份都不好，所以万章来问，有没有这回事。

孟子说：“否，不然也，好事者为之也。”不，不是，这段话是好事者编造的。“于卫主颜仇由”，孔子在卫国的时候是住在颜仇由家。“弥子之妻与子路之妻，兄弟也。”弥子是卫灵公的宠臣，叫弥子瑕，弥子瑕的妻子和孔子的弟子子路的妻子是姐俩。古代女子之间可以称兄弟，所以妹妹在文言文里称女弟。直接说弟，那是指弟弟，妹妹叫女弟，这里的“兄弟”不要理解为男人。弥子瑕的妻子和子路的妻子是姐妹，通过这层关系，弥子对子路说“孔子主我，卫卿可得也”。卿是卫国最大的官，让孔子住我家，我就能让孔子做卫国的卿。因为孔子名望很高，谁都想让他来自己家住，在当时这是一种荣耀，可以提升自己的社会地位。所以弥子瑕开出条件来诱惑，子路把这件事告诉了孔子。孔子说“有命”，我能不能当官是老天定的，我不能因为要当官就住他家。

孟子评价：“孔子进以礼，退以义，得之不得曰‘有命’。”孔子前进守着礼，后退守着义，孔子的一举一动都要符合礼、义，而能否达到目的，要靠天命，就是结果不在考虑范围之内。若是孔子为了当卿而搬到弥子瑕家去，就变成孟子批判的枉己、侮己，那样不可能端正别人，端正天下，不符合孔子一贯的主张。“而主痈疽与侍人瘠环，是无义无命也。”假如孔子真像你说的住到痈疽与侍人瘠环家的话，孔子也没守着义，也没考虑天命，孔子怎么可能那么办事呢？

“孔子不悦于鲁卫，遭宋桓司马将要而杀之，微服而过宋。”孔子在鲁国、卫国都不招人喜欢，然后又受到宋国的桓司马追杀，后来乔装易服，经过宋国。“是时孔子当厄，主司城贞子”，这个时候孔子处在危险困难当中，他住在司城贞子家。“为陈侯周臣”，这个人是陈侯周的丞相，就连在避难的时候，孔子住在谁家都是有选择的。

“吾闻观近臣，以其所为主；观远臣，以其所主。”我听说，要观察你近处的臣下，要观察他给什么人做主人，观察他家里接待谁。要考察离你比较远的臣下，要观察他住到谁家。总之当君主的应关注大臣的社交圈，因为物以类聚，人以群分。

“若孔子主痈疽与侍人瘠环，何以为孔子？”若孔子住到痈疽与侍人瘠环家的话，他还是孔子吗？孔子跟他们不是一类人，不可能往一起凑。这里给我们两点启示：第一，交友要慎，要选正人君子。第二，君臣关系，要守着礼仪，不要屈辱自己去曲线救国，走曲线得到位置后，再想行正道就不可能了，那就必然会走歪路。

9·9　**万章问曰："或曰，'百里奚自鬻于秦养牲者五羊之皮，食牛以要秦穆公'。信乎?"**

孟子曰："否，不然；好事者为之也。百里奚，虞人也。晋人以垂棘之璧与屈产之乘，假道于虞以伐虢。宫之奇谏，百里奚不谏。知虞公之不可谏，而去之秦，年已七十矣。曾不知以食牛干秦穆公之为污也，可谓智乎? 不可谏而不谏，可谓不智乎? 知虞公之将亡而先去之，不可谓不智也。时举于秦，知穆公之可与有行也而相之，可谓不智乎? 相秦而显其君于天下，可传于后世，不贤而能之乎? 自鬻以成其君，乡党自好者不为，而谓贤者为之乎?"

万章问："或曰，'百里奚自鬻于秦养牲者五羊之皮，食牛以要秦穆公'，信乎？"百里奚以五张羊皮的代价把自己卖给秦国养牲口的人，在秦国养牛以图接近秦穆公，万章问孟子，这种说法可信吗？

百里奚是秦国非常有名的大臣，关于他的出身有种种传说。传说他年轻的时候离开家出外游学，家里穷得连临别的一顿饭都没有，他的妻子杀了家里唯一一只老母鸡，把窗户、门都劈了当柴火给百里奚炖鸡送行。百里奚周游列国混得一天不如一天，最后被卖到秦国当奴隶。后来他在秦国受到国君的赏识，当大官了，他妻子也跑到秦国来做用人，看见百里奚还不敢认，怕认错了，她想了一个办法，在一次宴会上她与乐师沟通，让她唱一首歌：

> 百里奚，五羊皮，忆别时，烹伏雌，舂黄齑，炊扊扅。今日富贵忘我为？
>
> 百里奚，五羊皮，父粱肉，子啼饥，夫文绣，妻浣衣。嗟乎！富贵忘我为？
>
> 百里奚，五羊皮。昔之日，君行而我啼。今之日，君坐而我离。嗟乎！富贵忘我为？

百里奚听见歌词里唱出了自己的隐私不禁大惊，下堂询问，才发现这个女佣竟然是自己的妻子，然后夫妻相认。

万章把这个故事拿出来，问孟子，百里奚被卖到秦国养牲口的人那里，给人喂牛，用这种方法接近秦穆公，这事是真的吗？

孟子说："否，不然；好事者为之也。"不，不是，这也是好事者编造的。本篇各章全是孟子的弟子万章在向老师请教问题，我们发现一个问题，万章的知识来源大都不靠谱，我们学习的时候千万不要像万章，道听途说一些不可靠的知识。

孟子说："百里奚，虞人也。"百里奚是虞国人。"晋人以垂棘之璧与屈产之乘，假道于虞以伐虢。""垂棘之璧"，璧是美玉，垂棘是地名，垂棘出产的美玉。"屈产之乘"，屈国所产的骏马。晋人当时有两件宝贝，一件宝马，一件美玉，把这两件东西送给虞国的国君。"假道"，借道去讨伐虢国。虞和虢是两个小国，离得很近，晋跟虞国商量，想让晋国的部队经过虞国，去把虢国灭掉。这在历史上非常有名，叫"假虞伐虢"。实际晋国没安好心，部队过去把虢灭掉了，班师回朝的时候就顺路把虞国也灭掉了。

"宫之奇谏"，虞国的大臣宫之奇劝谏虞国的君主不要借道，但是国君不听。"百里奚不谏"，百里奚当时也在虞国当官，他没有劝谏。"知虞公之不可谏"，他知道虞国的国君是劝不了的。“而去之秦，年已七十矣。”“去”是离开，“之”是去。百里奚离开虞国，去了秦国，这时候他已经70岁了。孟子给万章讲了百里奚来到秦国的缘由。

然后孟子评价：“曾不知以食牛于秦穆公之为污也，可谓智乎?”百里奚这么贤能的人，竟然不知道用养牛的方法接近秦穆公是对自己的侮辱吗？如果连这个都不知道能称得上是智者吗？“不可谏而不谏，可谓不智乎?”百里奚在虞国当官的时候，知道虞国的君主已经劝不了了，你能说他不具备智慧吗?两个问句，言外之意，百里奚是一个智者。“知虞公之将亡而先去之，不可谓不智也。”知道虞国君主将要灭亡就先离开了，这证明他是个智者。“时举于秦，知穆公之可与有行也而相之，可谓不智乎?”当时他在秦国被选拔任命为官员，他知道秦穆公是可以和他一起有所作为的君主，因此辅佐秦穆公，你能说他不智慧吗？这几个孟子的反问句，都是要证明百里奚有智慧，他不会干养牛那种事。

“相秦而显其君于天下，可传于后世，不贤而能之乎?”他辅佐秦国的君主，最后使他的君主在天下显耀，君主的功绩能传到后世，若不是贤能的人能做到吗？“自鬻以成其君，乡党自好者不为，而谓贤者为之乎?”把自己卖了去成就君主，乡下那些洁身自好的人都不会这么干的，一个贤者能这么做吗?

这里谈的是百里奚的故事，给我们的启示还是君臣关系应该如何相处。孔子、孟子都非常强调不能枉己、辱己去正人，这都是不可能做到的。所以要守着正道去接近君主，将来才能有所作为。通过委屈自己甚至使自己受到侮辱的方法去接近君主，即使得到君主的任命，也不会尊重你，更不会完全地相信你，想有一番作为也是不可能的了。

这里讲的君臣关系问题，实际就是后代的儒家学者非常强调的“出处去就”。出是出来做官，处是隐居，去是离开，就是接近，也可理解为到来、接受。是出来做官还是隐居不仕，在什么状况下选择离开、辞官不做了，在什么状况下可以主动出来做官，什么是可以接受的，什么人是可以亲近的，这些问题都是儒家学者应该非常慎重对待的人生重大决策。“出处去就”是古代儒家学者相当重视的问题，要守着道义，因为在“出处去就”上不能端正自己，把自己放在一个不正的位置上，不能守着道义和礼，即使当了官，也得不到君主的尊重，这才是关键。他都不能尊重你，你还想让他按照你的政治主张去治理天下，让万民受益，又怎么可能？这才是从孔孟到儒家学者都重视“出处去就”的原因。

卷十 万章下

10·1 孟子曰："伯夷，目不视恶色，耳不听恶声。非其君不事，非其民不使。治则进，乱则退。横政之所出，横民之所止，不忍居也。思与乡人处，如以朝衣朝冠坐于涂炭也。当纣之时，居北海之滨，以待天下之清也。故闻伯夷之风者，顽夫廉，懦夫有立志。伊尹曰：'何事非君？何使非民？'治亦进，乱亦进，曰：'天之生斯民也，使先知觉后知，使先觉觉后觉。予，天民之先觉者也，予将以此道觉此民也。'思天下之民匹夫匹妇有不与被尧舜之泽者，若己推而内之沟中。其自任以天下之重也。柳下惠不羞污君，不辞小官。进不隐贤，必以其道。遗佚而不怨，厄穷而不悯。与乡人处，由由然不忍去也。'尔为尔，我为我，虽袒裼裸裎于我侧，尔焉能浼我哉？'故闻柳下惠之风者，鄙夫宽，薄夫敦。孔子之去齐，接淅而行；去鲁，曰：'迟迟吾行也，去父母国之道也。'可以速而速，可以久而久，可以处而处，可以仕而仕，孔子也。"

孟子曰："伯夷，圣之清者也；伊尹，圣之任者也；柳下惠，圣之和者也；孔子，圣之时者也。孔子之谓集大成，集大成也者，金声而玉振之也。金声也者，始条理也；玉振之也者，终条理也。始条理者，智之事也；终条理者，圣之事也。智，譬则巧也；圣，譬则力也。由射于百步之外也，其至，尔

力也；其中，非尔力也。”

孟子评价了几个历史人物，都是古代公认的圣人。

第一个评价的是伯夷。伯夷眼睛不看不好的颜色，耳朵不听不好的声音。“非其君不事，非其民不使”，不是他心目当中的君主，他不去侍奉，不是他心目中的百姓，他不去指使。“治则进，乱则退”，“进”是进步，指出来当官，“退”则指隐居。这个国家天下太平的时候他就会出来当官，世道乱了，就退回去隐居。“横政之所出，横民之所止，不忍居也。”暴政产生的地方，暴民停留的地方，伯夷是不忍在那里居住的。他把善恶分得很清楚，与负能量的东西绝对划清界限。“思与乡人处，如以朝衣朝冠坐于涂炭也。”这句在说伯夷的心态，如果和一些乡人、普通人相处，就如同穿着上朝的衣服、戴着上朝的帽子而坐在泥坑里一样，这个行为在当时来讲是很不敬的。因为朝服、朝冠是上朝见君主才穿的大礼服，平常是不穿的，如果穿着它做了其他的事，是对君主的不敬。

《左传》上记载了一个故事，一个人早晨准备上朝，朝服已经穿好了，但是由于起得早，准备得早，还没到上朝的时间，就在家里休息一会儿。可是他因为穿好朝服了，不能躺着睡，就端坐着打瞌睡，保持着敬。结果他的敌人派刺客来暗杀他，刺客就在门外大树上躲着预备下手，一看这个人朝服衣冠端坐在那儿打瞌睡，就知道他是非常守敬的一个人，是正人君子，便不忍下手。可是刺客答应了雇主，不可失信于人，又不肯杀正人君子，最后这个刺客从树上跳下来告知他真相，提醒这个官员谁要对你不利，派我来刺杀你，然后刺客自杀了。所以，朝服衣冠时是不能很随意的，要保持敬。对伯夷来讲，和不好的人接触，就等于穿着朝服朝冠坐在泥坑里，是大不敬的。

“当纣之时，居北海之滨，以待天下之清也。”伯夷是商末人，商纣王还在位时的人。商纣王是古代著名的昏君，伯夷在商纣王在位时不出来当官，居住在北海的边上，等待天下政治清明。“故闻伯夷之风者，顽夫廉，懦夫有立志。”听到伯夷这种风尚的人，即使是贪得无厌的，都会变成很廉洁的人，懦弱的人受伯夷的感染，都会立志。说的是伯夷这种正能量对社会和他人的影响。所以孟子对伯夷的评价是，“伯夷，圣之清者也”。

第二个评价的是伊尹。伊尹是商朝著名的宰相。伊尹说：“何事非君？何使非民？”侍奉哪个君主不是侍奉，使唤哪个百姓不是使唤？他和伯夷的做法正相反，伊尹是“治亦进，乱亦进”，太平盛世的时候他也出来当官，天下大乱的时候他也出来当官。他自己是怎么表白的？“天之生斯民也，使先知觉后知，使先觉觉后觉。”老天生出来这些民众，是要让那些先知的人去觉醒后知的人，让这些先觉悟的人去帮助后觉悟的人。有一些人是先知先觉的，这些人的职责是要去教化那些后知后觉的人。然后伊尹说自己，“予，天民之先觉者也”，我是众人中的先觉的人。“予将以此道觉此民也”，我将用我悟到的那个道来使这些民众觉悟。为什么他治世也进，乱世也进，不管什么世道都出来当官，因为他有一种使命感和责任感，他这里表述得很清楚了。

“思天下之民匹夫匹妇有不与被尧舜之泽者，若己推而内之沟中。”前面出现过与此句类似的句子，只不过这里表达得更加复杂一点，讲的是伊尹的心态。天下的普通老百姓有任何一个人没有受到尧舜那样的恩泽，就好像是他自己把这个人推到沟里一样。伊尹要造福天下苍生，哪怕天下有一个人没有受到尧舜这样圣君的恩泽，伊尹就会非常地自责，就觉得好像是自己把这人坑了。这才是一种真正的以天下为己任的心态。孟子评价，“其自任以天下之重也”，天下的重担他自己担了起来，这是伊尹的特点。

第三个孟子评价的是柳下惠。柳下惠“不羞污君，不辞小官”。“污”是污浊，“污君”是这君主很污浊、很昏暗。柳下惠去侍奉那个污浊的昏君也不觉得羞愧，给他小官他也不推辞，给官就干，不嫌小。“进不隐贤，必以其道。”他当了官之后，不会隐埋贤能的人，一定会把贤能的人推荐提拔起来，这叫“进不隐贤”，但是他一定会守着他的道。“遗佚而不怨，厄穷而不悯。”他没当上官的时候，在闲散的状态下，他也不会怨恨。“厄”是困穷。他处在人生困境中，也不会悲伤。“与乡人处，由由然不忍去也。”他和普通人相处的时候，也怀着一种很依恋的情绪，不忍离去。这是柳下惠和伯夷不一样的地方。伯夷“思与乡人处，如以朝衣朝冠坐于涂炭”，伯夷跟普通人相处觉得会把自己污染了，把自己带坏了。但是柳下惠没有这种心态，他说“尔为尔，我为我”，你是你，我是我。“袒裼裸裎”按今天的话说就是全裸，即使你在我旁边全脱光了，你又怎么能影响到我呢？

“故闻柳下惠之风者，鄙夫宽，薄夫敦。”“鄙夫”，指心胸狭窄的人，“薄夫”指刻薄的人，“敦”是厚道。所以，听到柳下惠这种风尚、这种气节的人，心胸狭窄的人也会心胸变得宽广，刻薄的人也会变得厚道。可见这种影响是多么大。

孟子接下来评价孔子。“孔子之去齐，接淅而行。”孔子离开齐国的时候，都来不及把米焖熟再走，形容他离开齐国非常快速，说走就走，一刻也不停留。孔子离开鲁国的时候，“迟迟吾行也”，走得很慢。“去父母国之道也”，这是离开父母之邦的做法，因为他是鲁国人，这是他的祖国，离开祖国的时候要慢点走，表现出一种依恋。为什么离开齐国就那么快？因为那不是他的祖国，没有感情。

“可以速而速，可以久而久，可以处而处，可以仕而仕，孔子也。”我们普遍认为这是对孔子的最恰当的评价。应该快的时候快，应该迟的时候迟，应该停下来的时候就停下来，应该出来当官的时候就出来当官，这才是孔子。

孟子一共讲述了四位圣人，然后孟子对这四位圣人各有一个定性。“伯夷，圣之清者也”，伯夷是一位清廉的圣人。“伊尹，圣之任者也”，伊尹是一位以天下为己任、有责任感的圣人。“柳下惠，圣之和者也”，柳下惠是一位随和的圣人。而孔子，“圣之时者也”，是一位讲究时的圣人。孔子没有一定之规，“无可无不可”，没有什么事是绝对可以的，也没有什么事是绝对不可以的，一切以时机为转移，所以孟子评价孔子是“圣之时者也”，是讲究时机的圣人。

孔老夫子作为儒家的创始人，他最大的特点是“圣之时者也”。对于孔子的这种精神，孟子理解的是最深刻、最透彻的。所以孟子才讲“权”。我们以前提到过，“权”指秤砣，秤砣不能固定在秤杆的某一个位置，需要根据东西的轻重来回移动，这就是孔子的“圣之时者也”。什么叫君子之中庸？《中庸》上讲“君子而时中”，必须有这个“时”字，在不同的环境下对不同的事情有不同的处理方法，这才叫中庸。若是守着一定的规矩，就是孟子说的“执一无权”，坚持一点，没有变通，这就不是中庸了。所以，按照儒家思想，要想做到儒家的中庸，最关键一点是考虑“时”。你现在处在一个什么时间点上，在这个时间点上最能恰当处理问题的方法是什么，这才叫中庸。你按照这种方法去做才是义，“义者宜也”，才是妥当的。没有一个固定、妥当的模式，一切以时为转移，这是儒家中庸精神的精髓。

因此孟子评价“孔子之谓集大成”。孔子是这些圣人的集大成者，是最优秀的。什么叫集大成呢？“金声而玉振之也。”“金”指用金属制造的乐器，“玉”指用玉制作的乐器，有人说特指一种很大的磬。用金属类乐器演奏，这叫“金声”，到乐曲结束的时候，敲那个很大的磬，表示结束，这叫“玉振”。孟子用音乐演奏做比喻，说明什么叫集大成，就好比演奏音乐最后敲的那一声磬，意味着乐曲的结束，也是乐曲的最高潮。言外之意，孔子是对前面那些圣人的总结。孔子既是最后一个圣人，也是圣人达到的最高境界。“金声也者，始条理也；玉振之也者，终条理也。”“条理”是有条理、有次第。最开始用这些金属乐器演奏，说明一开始有逻辑、有条理，到最后用一声玉器作为总结，说明在最终的时候也是有条理、符合逻辑的。一个是开始，一个是终结，孔子属于终结，这是孟子的评价。

“始条理者，智之事也；终条理者，圣之事也。”一开始那个条理是智者的事情，有智慧的人都能做到，但是像孔子这样，能最终达到条理，那是圣人的事情，也是说需要达到圣人的境界才能做到。“智之事也”是说伊尹、柳下惠、伯夷，也只能称得上是一位智者，如果高标准、严要求的话，他们只是智者，只有孔老夫子能称得上是圣人，比他们高一档。

“智，譬则巧也；圣，譬则力也。”“譬”是比喻，“巧”是技巧。智好比技巧，圣好比是力量。“由射于百步之外也”，就好比你在一百步之外射箭。“其至，尔力也，其中，非尔力也”，你能把这个箭射到一百步之外，能射到那里是你的力量，能射中就不是力量能决定的了，还需要技巧。孟子这个比喻的意思是，要达到圣人的境界，不仅需要力量，需要努力，还需要智慧。

10·2　北宫锜问曰："周室班爵禄也，如之何？"

孟子曰："其详不可得闻也。诸侯恶其害己也，而皆去其籍。然而轲也尝闻其略也。天子一位，公一位，侯一位，伯一位，子、男同一位，凡五等也。君一位，卿一位，大夫一位，上士一位，中士一位，下士一位，凡六等。天子之制，地方千里，公、侯皆方百里，伯七十里，子、男五十里，凡四等。不能五十里，不达于天子，附于诸侯，曰附庸。天子之卿受地视侯，大夫受地视伯，元士受地视子、男。大国地方百里，君十卿禄，卿禄四大夫，大夫倍上士，上士倍中士，中士倍下士，下士与庶人在官者同禄，禄足以代其耕也。次国地方七十里，君十卿禄，卿禄三大夫，大夫倍上士，上士倍中士，中士倍下士，下士与庶人在官者同禄，禄足以代其耕也。小国地方五十里，君十卿禄，卿禄二大夫，大夫倍上士，上士倍中士，中士倍下士，下士与庶人在官者同禄，禄足以代其耕也。耕者之所获，一夫百亩。百亩之粪，上农夫食九人，上次食八人，中食七人，中次食六人，下食五人。庶人在官者，其禄以是为差。"

北宫锜是卫国人。一般认为，在北宫锜任卫国太宰之后，想对卫国的政治制度进行一番改革，因此才来向孟子请教周代的爵禄制度。"周室班爵禄也，如之何？""班"是确定等级的意思。周王朝确定爵位俸禄的等级，是怎么回事？孟子下面说的纯粹是知识问题，和思想没关系，我们也不知道是否符合历史事实，也有人认为其中加入了孟子的理想化的成分。

孟子首先说："其详不可得闻也。"详细的情况现在我们已经无法听到了。“诸侯恶其害己也，而皆去其籍。”诸侯们讨厌这件事，因为这件事对他们构成危害，危害到他们的利益，所以他们全都把相关典籍的记载给毁掉了。言外之意，当下这些诸侯制定的俸禄和爵位制度很不合理，很不义，如果周朝的制度完完全全地记载下来，让大家看见周朝制度的合理，现行体制的不合理，就会对诸侯构成危害，所以诸侯干脆把那些记载都弄没了，看不到了。“然而轲也尝闻其略也”，然而我曾经听说过一些大概的情况。

下面是孟子对周朝爵位和俸禄制度的讲述。

“天子一位，公一位，侯一位，伯一位，子、男同一位，凡五等也。”从周天子以下，有爵位的统治者分五个等级。天子是一等，公是一等，侯是一等，伯是一等，子和男是一等。这就是所谓五等爵制度。“君一位，卿一位，大夫一位，上士一位，中士一位，下士一位，凡六等。”各诸侯国内的统治阶层共分六个等级，国君一等，卿一等，大夫一等，上士一等，中士一等，下士一等。前面说的是爵位制度，后面说的是俸禄制度。卿、大夫、上士、中士、下士是官名，不是爵位，前面说的公、侯、伯、子、男才是爵位。

“天子之制”，按周天子的制度。“地方千里”，周天子的直辖区是地方千里。公和侯的辖区都是百里，伯的辖区是 70 里，子、男的辖区是 50 里，一共分为四等。古代的诸侯国都不大，百里都算是大的了。当然这是周朝的制度，春秋战国以后就不是了，国家越来越大，因为它不断兼并、吞并。“不能五十里，不达于天子，附于诸侯，曰附庸。”国土面积不到 50 里的，就不能直接向周天子朝贡了，要附属于诸侯，称附庸。前面说的公、侯、伯、子、男才是诸侯，诸侯最小也得 50 里以上，小于 50 里的不叫诸侯，叫“附庸”。为什么叫“附庸”？他得跟着哪个诸侯，才有机会去见周天子。还有一种说法，认为子、男就已经是“附庸”了。以上是有爵位者控制的疆域面积。

下面是官员们享受采邑的标准。“天子之卿受地视侯”，周天子手下的卿，分得的土地大小比照侯爵。需要说明的是，周天子手下有直属于天子的卿、大夫，诸侯国内部也有隶属于诸侯国君主的卿、大夫，两者官名相同，但是级别不同，周天子直属的卿、大夫级别要高，这里先介绍的就是周天子直属卿大夫的采邑标准。卿比照侯，就是百里；大夫比照伯，就是 70 里；元士比照子、男，就是 50 里。这是周天子手下直属干部的标准。

下面讲诸侯国。“大国地方百里”，大的诸侯国土地是方百里，大国的君主的收入是卿的俸禄的十倍，叫“十卿禄”。卿的俸禄是大夫的四倍，大夫是上士的两倍，上士是中士的两倍，中士是下士的两倍。“下士与庶人在官者同禄”，下士，最低级别的，跟为政府服务的老百姓的工资一个级别。这个最低级别的俸禄达到多少呢？“禄足以代其耕”，代替他种地，给他的俸禄可以让他不种地。就是普通农民每年靠着种地能收入多少，现在给下士和庶人在官者的工资不低于这个数。上面说的是大国。

“次国”，二流国家，地方 70 里的国家，也就是“伯”这个爵位等级的国家。君主的俸禄是卿的十倍，卿是大夫的三倍，大夫是上士的两倍，上士是中士的两倍，中士是下士的两倍。“下士与庶人在官者同禄，禄足以代其耕也。”这一点与大国相同。

小国，三流国家，地方 50 里的国家，“君十卿禄”，卿的俸禄是大夫的两倍，大夫是上士的两倍，上士是中士的两倍，中士是下士的两倍，“下士与庶人在官者同禄，禄足以代其耕也”。

孟子虽然分大国、中国、小国来叙述，但各诸侯国内最低的工资标准都是相当于农民种地的收入。所以接下来讲农民的收入水平。“耕者之所获，一夫百亩”，从事农业生产的人，一个农夫可以种一百亩土地。“百亩之粪”，是百亩土地的收获物。“上农夫食九人”，同样是农民，同样种一百亩土地，但这一百亩土地土壤的好坏不一样，而且农民勤快、懒不一样，再加上生产工具和技术也不一样，所以收获量是有差距的。孟子根据收获量将农民分成上、上次、中、中次、下五等，最好的农民一个人可以养活九个人，他种一百亩地，这一百亩地的收成可以养活九个人。次一等的养活八个人，再次一等的养活七个人，再差一等的养活六个人，最差的养活五个人。最低级别的工资标准是参照这个制定的，也就是说，最低工资也够养活一个五口之家，工资高的够养活九口之家。在这个基础上，中士翻一倍、上士再翻一倍，一层层按规定倍数增加。

按孟子的说法我算了一下，大夫的工资可以养活 40－72 口人，小国的卿的工资可以养活 80－144 口人，大国的卿的工资可以养活 160－292 口人。还需要提一句，周代大臣的工资既不是给货币也不是给实物，一般是赐给一块产出大体相当的土地。

这是孟子谈的周代的爵位和俸禄制度，但孟子说的这些历史学家不完全相信，历史学家认为这是孟子理想化的一个东西，可能未必属实。

10·3　万章问曰：“敢问友。”

孟子曰：“不挟长，不挟贵，不挟兄弟而友。友也者，友其德也，不可以有挟也。孟献子，百乘之家也，有友五人焉：

乐正裘，牧仲，其三人则予忘之矣。献子之与此五人者友也，无献子之家者也。此五人者亦有献子之家，则不与之友矣。非惟百乘之家为然也。虽小国之君亦有之。费惠公曰：'吾于子思，则师之矣；吾于颜般，则友之矣；王顺、长息则事我者也。'非惟小国之君为然也，虽大国之君亦有之。晋平公之于亥唐也，入云则入，坐云则坐，食云则食。虽蔬食菜羹，未尝不饱，盖不敢不饱也。然终于此而已矣。弗与共天位也，弗与治天职也，弗与食天禄也。士之尊贤者也，非王公之尊贤也。舜尚见帝，帝馆甥于贰室，亦飨舜，迭为宾主，是天子而友匹夫也。用下敬上，谓之贵贵；用上敬下，谓之尊贤。贵贵尊贤，其义一也。"

万章来问怎么交朋友。

孟子说："不挟长，不挟贵，不挟兄弟而友。""挟"是依赖、依靠。不靠着年纪大去和人交往，也不依仗着自己社会地位高去和人交往，也不依仗自己的兄弟去跟人交往。就是跟人交往不能靠着家世背景。因为我哥哥现在是省长，仗着这个去跟人家来往，这是不合适的，那也就不是朋友关系了。为什么要这样？"友也者，友其德也，不可以有挟也。"我们与人交朋友应该从他的品德出发，而不要考虑其他因素，所以不能有所依赖。

下面孟子举了几个具体的例子。第一个例子，孟献子。"百乘之家也"，鲁国执政贵族，其采邑能出动百辆兵车。孟献子有五个朋友，一个叫乐正裘、一个叫牧仲，还有三个孟子说名字他忘记了。"献子之与此五人者友也，无献子之家者也"，和孟献子交朋友的这五个人，他们之间交往没有一个存在着家庭背景的观念。"此五人者，亦有献子之家，则不与之友矣"，这五个人，如果心目中也考虑到孟献子的家庭背景，他也不会和孟献子交朋友了。如果双方有一方考虑到家庭背景，朋友就没法交往了。所以要双方都没有家世的概念才能和这五个人处到一起，做真正的朋友。

“非惟百乘之家为然也，虽小国之君亦有之”。不仅是百乘之家的大贵族是这个样子，小国的君主也有这样的。然后举了一个小国君主的例子，费惠公说，“吾于子思，则师之矣”，费惠公自己表白，他拿子思当老师对待，“吾于颜般，则友之矣”，他对于颜般，是当朋友对待，“王顺、长息则事我者也”，王顺、长息则是侍奉他的。三种不同的待遇，子思是老师，他侍奉人家；颜般是朋友，两人平辈论交，其他两个人则是手下，分得相当清楚。

“非惟小国之君为然也，虽大国之君亦有之”。不仅小国的君主是这个样子，大国的君主也有这样的。“晋平公之于亥唐也”，晋平公和亥唐交往。“入云则入”，亥唐告诉晋平公进来晋平公就进来。“坐云则坐，食云则食”，告诉他坐下他就坐下，请他吃饭，他就吃饭。晋国是春秋五霸中第二个称霸的国家，是一个非常强大的诸侯国，但是作为晋国国君的晋平公对亥唐相当恭敬，人家让进来，他就进来，让坐就坐，让吃就吃。“虽疏食菜羹，未尝不饱，盖不敢不饱也。”亥唐是普通老百姓，家里也没有好吃的，即使是蔬菜做的饭，用野菜做的汤，他也没有不吃饱的时候。晋平公在他家就算吃糠咽菜也得吃饱，不敢不吃饱，因为要表示尊重。尝两口不吃了，这是对人不尊重，亥唐就得翻脸，我们家的饭你吃不下去，那你别来了。

“然终于此而已矣”，但是晋平公做到这儿也就罢了，他也仅仅做到了这一点。晋平公尊敬贤人的态度是有了，但是没能任用这个贤人和他来治国，这才是弊端。“弗与共天位也，弗与治天职也，弗与食天禄也。”没有和他共享老天给的位置，没有和他一起来完成老天安排的职位，就是把国家治理好，也没有和他一起去“食天禄也”，来享受老天给的俸禄。“士之尊贤者也，非王公之尊贤也。”所以孟子评价晋平公这种做法是读书人尊敬贤者的做法，不是一个王公贵族尊敬贤人的做法。如果作为一个普通的知识分子，你尊敬贤人做到晋平公这样，那是做到位了，但是你作为一个执政者，作为一个国君，你对贤人的尊敬做到这种程度，是不到位的。因为你只有态度，而没有任命他到一个重要岗位，让他帮你治理国家，这是作为国君对贤人的尊敬没有做到位。

“舜尚见帝”，舜来拜见帝，帝是尧。“帝馆甥于贰室”，“贰室”是另外的房间，“馆”是安排住宿，“甥”今天指外甥，当时也指女婿。中国古代盛行姑舅表亲，外甥成为女婿也是常事。舜娶了尧帝的两个女儿，是尧的女婿，舜来见尧帝，尧帝安排女婿在另外的房间住下来。“飨”是请吃饭，尧也请舜吃饭。“迭为宾主”，“迭”是交替，交替着做主人，就是尧也请舜吃饭，舜也请尧吃饭。“是天子而友匹夫也”，这是尧这个天子和舜这个普通老百姓交朋友，他们俩是对等交往，没有上下级关系。

孟子举的几个交友的例子级别是逐渐提高的，由卿，到小国之君、大国之君，最后到身为天子的尧舜，交朋友的时候都不考虑对方的社会地位。

“用下敬上，谓之贵贵；用上敬下，谓之尊贤。”作为下级尊敬上级，这叫“贵贵”。“贵”指社会地位高。“贵贵”是把社会地位高的人当成社会地位高的人来尊敬，即对社会地位高的人，给予和他身份相匹配的尊敬。下级对上级的尊敬，是要给予上级与其社会地位相匹配的尊敬。“用上敬下”，上级对下级的尊敬“谓之尊贤”，称为尊重贤人。下级尊敬领导叫“贵贵”，上级尊敬下级叫“尊贤”。然后孟子评价，“贵贵尊贤，其义一也”。不管是贵贵还是尊贤，道理都是一样的，都是对于贤能的人体现出一种恭敬心，其实和级别没有关系，是“友其德也”。

这是孟子给万章解释交友的一些原则，我们可以总结归纳为几点。

首先，选择朋友的原则是“德”，品德修养，而不要掺杂其他因素，若是再考虑年纪、社会地位、有钱没钱，那你就没有真正的朋友了。所以孟子这里讲交友最重要的一点是“友其德”。孟子举的这几个例子实际上都是在说明交友不要考虑社会地位。孟献子如果考虑社会地位，他这五个朋友就没有了。

其次，对于社会地位高的人来说，需要放下身段，需要把你的行政级别放在一边，要不然你连晋平公这一点都做不到。

第三，交朋友，友其德。友其德是尊贤，但是普通人的尊贤和领导的尊贤是不一样的。普通人的尊贤是礼貌上到位就足矣；但是作为领导者的尊贤，只给他一个待遇，只在跟他见面时非常恭敬是不到位的，得把他提拔到应有的岗位上。

最后，朋友交往要对等。别管双方经济社会地位差距有多大，在你们做朋友的过程中，你俩之间的关系得对等。

这是孟子谈的几个交友的基本原则。接下来万章问的还是交友问题。

10 · 4　万章问曰：“敢问交际何心也?”

孟子曰：“恭也。”

曰：“却之却之为不恭，何哉?”

曰："尊者赐之，曰：'其所取之者义乎，不义乎？'而后受之，以是为不恭，故弗却也。"

曰："请无以辞却之，以心却之曰，'其取诸民之不义也'，而以他辞无受，不可乎？"

曰："其交也以道，其接也以礼，斯孔子受之矣。"

万章曰："今有御人于国门之外者，其交也以道，其馈也以礼，斯可受御与？"

曰："不可。《康诰》曰：'杀越人于货，闵不畏死，凡民罔不譈。'是不待教而诛者也。殷受夏，周受殷，所不辞也，于今为烈，如之何其受之？"

曰："今之诸侯取之于民也，犹御也。苟善其礼际矣，斯君子受之，敢问何说也？"

曰："子以为有王者作，将比今之诸侯而诛之乎？其教之不改而后诛之乎？夫谓非其有而取之者盗也，充类至义之尽也。孔子之仕于鲁也，鲁人猎较，孔子亦猎较。猎较犹可，而况受其赐乎？"

曰："然则孔子之仕也，非事道与？"

曰："事道也。"

"事道奚猎较也？"

曰："孔子先簿正祭器，不以四方之食供簿正。"

曰："奚不去也？"

曰："为之兆也。兆足以行矣，而不行，而后去，是以未尝有所终三年淹也。孔子有见行可之仕，有际可之仕，有公养之仕。于季桓子，见行可之仕也；于卫灵公，际可之仕也；于卫孝公，公养之仕也。"

万章问跟朋友交往的时候应该抱着一种什么心态。

孟子说“恭也”，抱着恭敬心。万章又问：“却之却之为不恭，何哉?”“却之却之”，一次又一次地拒绝对方，这是没有做到恭敬的体现。万章问孟子这句话怎么理解。孟子说：“尊者赐之，曰：‘其所取之者义乎，不义乎?’而后受之，以是为不恭，故弗却也。”“尊者”是长者。“尊”我们可以从两个方面去理解，一个是年纪大的叫尊，一个是社会地位高的也可以叫尊。长辈给你东西或者领导送你东西的时候，如果你想“其所取之者，义乎”?他给你的东西是通过什么渠道取得的，符合不符合义字?你想过了才接受，这就叫“不恭”，不够恭敬。“故弗却也”，因此不推辞。所以领导、长辈给你东西不要推辞，推辞是不恭敬。

孟子举了一个极端的例子，领导或长辈给东西时为什么会犹豫?他在想符不符合道义。从表面上看这是修养到很高境界的体现，但孟子说这么做不对，这是不恭敬。所以儒家的礼俗是“长者赐不敢辞”，长辈给你东西毫不犹豫就接过来，这才是恭敬心的体现。不能推辞也不能犹豫，更不能想别的。主管领导送你一件小礼物，你还在想这个礼物是谁送给他的，是不是贪污得来的，这就不是恭敬心。领导给你东西是器重你，赶紧表示感谢。至于礼物怎么来的，不在考虑范围之内。

万章还没明白过来，问孟子：“请无以辞却之，以心却之曰，‘其取诸民之不义也’，而以他辞无受，不可乎?”我不用言语来推辞、拒绝，我用心来拒绝，拒绝的原因是因为这些东西是在老百姓那里用不义的手段取来的，所以我不能接受。明明知道这东西不是正道来的不想要，我用别的理由拒绝。比如，领导送我鱼，但鱼是贪污得来的，所以我不能要，这是赃物。我和领导说“对不起，我吃鱼过敏”，用这样的理由拒绝，这叫“而以他辞无受”。万章问孟子，我这么做不可以吗?

孟子评价："其交也以道，其接也以礼，斯孔子受之矣。"你别管东西从哪里来的，应该考虑的是，你和他的交往符不符合道，符不符合礼，若是符合，就没有理由拒绝，应该接受，这样的话连孔子也会接受。孟子这里有些不太高兴，言语比较生硬。孟子言外之意，万章你要摆清楚自己的地位，连孔子都会接受，你还挑三拣四。

万章又问："今有御人于国门之外者，其交也以道，其馈也以礼，斯可受御与?""御"是防守、拒绝，"国"是都城，"国门之外"就是城外，指这个人在城外野地里杀人掠东西。但他回来与人交往的时候却也守着道，他馈赠东西时也守着礼，这样的话我们就可以接受了吗？孟子说当然不可以。然后孟子引《康诰》上的一句话："杀越人于货，闵不畏死，凡民罔不譈。""杀越人于货"，今天的成语"杀人越货"就是从这里来的，指杀了人抢了东西。"闵不畏死"，强横得不怕死。"凡民罔不譈"，凡是民众没有不痛恨他的。"是不待教而诛者也"，这种人你不用再教化他，应该直接把他杀了，因为罪大恶极。"殷受夏，周受殷，所不辞也，于今为烈，如之何其受之?"对这种人直接处死的规定，商朝是从夏朝那里接受下来的，周朝又从商朝那里接受下来，是代代继承的。夏朝、商朝、周朝全都接受了这一条法律，没有更改。孟子讲"于今为烈"，在当下这种情况更严重。"如之何其受之"，这怎么能够接受？言外之意，对于这种人都是应该直接处死的，他现在把抢来的东西给你，你能接受吗？当然是不能的。

实际上万章把孟子往另一个地方引，孟子明知道他的话里有套，就装作上套，往前推进。

万章说："今之诸侯取之于民也，犹御也。"现在的诸侯对老百姓巧取豪夺，跟在城外杀人越货没什么区别。"苟善其礼际矣，斯君子受之，敢问何说也？”假如你觉得他对你的礼仪、礼貌都做得很到位，然后他给你送东西，作为君子你却接受了，那我斗胆问一下，怎么解释这事？这才是万章真正想说的。

孟子说：“子以为有王者作，将比今之诸侯而诛之乎？其教之不改而后诛之乎？”现在假如有一位王者兴起，他对于今天这些胡作非为的诸侯，是挨个都把他们杀了呢，还是先教训他们，等教训之后不改再杀了他呢？您认为会是哪种情况？“夫谓非其有而取之者盗也，充类至义之尽也。”这个东西本来不是你所有的，你却要把它取过来，这是强盗，按照这件事类推达到最高程度的话，才会说到这些诸侯的做法上。孟子认为，强盗的做法与诸侯的做法，还是存在一定的差异的，性质并不完全相同。

“孔子之仕于鲁也，鲁人猎较，孔子亦猎较。”“猎较”是抢打猎的猎物。孔子在鲁国当官的时候，鲁国人打完猎之后就抢夺猎物，孔子也跟着抢。“猎较犹可，而况受其赐乎？”孔子跟着抢猎物都可以，更何况是人家送给你的。

“然则孔子之仕也，非事道与？”万章问，如果孔子这样当官是遵循着道吗？孟子说他是遵循着道。“事道奚猎较也？”他遵循道怎么还跟人抢猎物？孟子说：“孔子先簿正祭器，不以四方之食供簿正。”“簿”是文件，先用文件规定端正祭祀。“祭器”是祭祀用的器皿，先颁发文件把祭祀所需物品都规定好。“不以四方之食供簿正”，打猎所得的猎物按制度不能用来祭祀。

大家哄抢猎物显然是不对的，但是大家都哄抢的时候孔子也跟着哄抢，为什么？这件事你要想纠正，得从根源上纠正，在没纠正之前你需要从众，需要符合制度。这个制度不管怎么错，制度在没改之前你需要遵循现行制度，所以在没有改变之前，孔子也跟大家一样去抢猎物。但孔子认为这样不对，要去从根本上解决这个问题。大家抢猎物的动机是什么？用猎物祭祀。孔子知道根源在这儿，所以立了一条新规矩，凡是打猎来的动物都不能用于祭祀，用于祭祀的必须是家养的，这回就都不抢了，从根本上把问题解决了。

“奚不去也?”万章说，为什么不直接把这个习俗革除呢?“为之兆也”，“兆”是征兆，得先有个迹象，有个征兆。什么事一下彻底解决不太可能，需要一点点来，循序渐进。“兆足以行矣，而不行，而后去，是以未尝有所终三年淹也。”孟子的意思是，先试着开始做一下，开始之后看看效果，能不能行得通，需要实践检验，如果能行得通，再把它彻底革除。孔子一贯这么处事，所以他周游列国，到了一个地方，不是一言不合掉头就走，都是先试试看在这个国家能不能实行，试过之后觉得不行，率弟子再奔下一个国家，试了三年还不知道行不行吗？所以孔子没有在一个地方停留超过三年。

“孔子有见行可之仕，有际可之仕，有公养之仕也。”孔子当官有三种情况。第一种情况“见行可之仕”，是他觉得这事可行才当官；第二种情况“有际可之仕”，是君主对他的态度可以，他可以当官；第三种情况“有公养之仕”，“公养”是挣俸禄、挣工资，为了让国君养着他，孔子当官。当然第一种情况是最理想的，孔老夫子周游列国追求的是第一种，能够推行他的政治主张，他的一套治国方法在这里感觉能行得通。第二种可能觉得行不通，但这国家君主对我非常好，这叫“际可”，这君主相当有礼貌，各方面言谈举止、接待规格挑不出毛病来，非常诚恳地请他当官，这种情况下孔子也当。第三种最差，孔子就是为了让这个国君养着他。孔老夫子是相当有社会地位的大贤，他能在这个国家留下来当官那是有象征意义的。所以孔子在这里停留是为了让你破点财，为了让你给我点钱养着我。孔子“无可无不可，圣之时者也”，一切看时机，没有一定之规。

下面是孟子举出孔子的具体事例。“于季桓子，见行可之仕也”，孔子在季桓子那里当官的时候是“见行可之仕”，他觉得是有可能推行他的政治主张的。在卫灵公那里当官是“际可之仕”，因为卫灵公对他态度非常好。在卫孝公那里当官是“公养之仕”，是让卫孝公养着他。

10·5 **孟子曰：“仕非为贫也，而有时乎为贫；娶妻非为养也，而有时乎为养。为贫者，辞尊居卑，辞富居贫。辞尊居卑，辞富居贫，恶乎宜乎？抱关击柝。孔子尝为委吏矣，曰：‘会计当而已矣。’尝为乘田矣，曰：‘牛羊茁壮长而已矣。’位卑而言高，罪也；立乎人之本朝，而道不行，耻也。”**

“仕非为贫也，而有时乎为贫。”选择当官不是因为家里穷而挣工资贴补家用，但有的时候真是因为家穷才当的官。娶媳妇不是为了伺候自己，但有的时候也真是为了伺候自己。凡事都有特殊情况，这是可以理解的。“为贫者，辞尊居卑，辞富居贫。”如果你因为家穷来当官，为生活所迫来当官，就应该辞掉尊贵的官职而处于卑微的职务，辞去工资高的官职而接受工资低的官职。言外之意，你别当大官。你既然出来当官的目的是解决家里的生活问题，那当个低级的小官，俸禄就足以代其耕，这才合适。既然是为了解决家里的生活困难，就不应该贪，不应该过分，那就不符合廉了。“辞尊居卑，辞富居贫，恶乎宜乎？”你推辞高官厚禄接受一个小的官，接受一个比较少的俸禄，怎么做才是适宜的呢？“抱关击柝。”“抱关”指看城门的，“柝”类似于梆子，是古代晚上巡逻敲的，“击柝”指晚上守夜的人。城里晚上巡逻的、看城门的，这两种职位在当时都是俸禄很低的，不受人尊敬的职业。孟子说，你若是就为了解决家庭生活问题，你去看城门也行，晚上给人打更也行，挣这份钱够你过日子的了，这就解决贫困问题了。但这时候当大官就有嫌疑了，你由此发家致富，就不符合廉了。

“孔子尝为委吏矣”，委吏是看仓库的，级别也不高，孔子曾经看过仓库。孔子当时说：“会计当而已矣。”现在最重要的是把账弄清楚，仓库每天有流水账，每天出库多少、进库多少要能对上账。“尝为乘田矣”，孔子还曾任“乘田”，管过牲口。孔子当时说：“牛羊茁壮长而已矣。”我现在的任务是让牛羊茁壮成长。

下面是孟子的总结。“位卑而言高，罪也。”你的位置很低说的话很高，这是毛病。我们现在有很多人犯这毛病，到单位一推门他说的那些话都应该是大领导说的，这是毛病。“立乎人之本朝，而道不行，耻也。”当你位置低的时候别管大事，当你位置高的时候呢？你在朝廷当上了大官，这个时候道义得不到推行，是你的耻辱，这是你的职责。

10·6 万章曰：“士之不托诸侯，何也？”

孟子曰：“不敢也。诸侯失国，而后托于诸侯，礼也；士之托于诸侯，非礼也。”

万章曰：“君馈之粟，则受之乎？”

曰：“受之。”

“受之何义也？”

曰：“君之于氓也，固周之。”

曰："周之则受，赐之则不受，何也？"

曰："不敢也。"

曰："敢问其不敢何也？"

曰："抱关击柝者皆有常职以食于上。无常职而赐于上者，以为不恭也。"

曰："君馈之，则受之，不识可常继乎？"

曰："缪公之于子思也，亟问，亟馈鼎肉。子思不悦。于卒也，摽使者出诸大门之外，北面稽首再拜而不受。曰：'今而后知君之犬马畜伋。'盖自是台无馈也。悦贤不能举，又不能养也，可谓悦贤乎？"

曰："敢问国君欲养君子，如何斯可谓养矣？"

曰："以君命将之，再拜稽首而受。其后廪人继粟，庖人继肉，不以君命将之。子思以为鼎肉，使己仆仆尔亟拜也，非养君子之道也。尧之于舜也，使其子九男事之，二女女焉，百官牛羊仓廪备，以养舜于畎亩之中，后举而加诸上位。故曰王公之尊贤者也。"

万章问："士之不托诸侯，何也？"士不能依靠着诸侯去生活，这是为什么？孟子的回答是，只有诸侯在丧失国家之后才托于诸侯，靠着其他诸侯过日子，这才是符合礼的。孟子的时代诸侯国之间的互相吞并已经非常常见。诸侯国被吞并后，国君跑到另一个诸侯国去，寄人篱下，人家给他提供生活来源把他养起来，这叫"托于诸侯"。但是，士寄居到别的诸侯那里，是不符合礼的。

万章说："君馈之粟，则受之乎？"那么国君赠给你粮食，你接受吗？孟子说接受。为什么国君给你粮食你可以接受？"君之于氓也，固周之。"因为你是他的百姓，作为国君，本来就有周济百姓的义务。你把他给你粮食当成是他接济你，所以是可以接受的。“周之则受，赐之则不受，何也?”救济你就接受，赏赐你就不接受，这又为什么?“不敢也。”那我斗胆问一下，为什么不敢?“抱关击柝者皆有常职以食于上”，我们前面讲过“抱关击柝”，就是晚上守城门、打更的这些人，他们都有固定的职责，靠着完成这份职责领一份工资来养活自己。“无常职而赐于上者，以为不恭也”，没有固定的职务、职责，就靠着从国君那里接受赏赐过日子，这是不恭。

总之，诸侯才可以托庇于诸侯，士不可以，士要靠着谋求一定的职务领工资过日子，当然也可以接受国君的接济。

万章接着问:“君馈之，则受之，不识可常继乎?”国君的赏赐按礼来讲是可以接受的，但是他经常赏我，我可以经常接受吗?

孟子讲了一个故事，可以说是孟子本门前辈的事迹。“缪公之于子思也，亟问，亟馈鼎肉。”“亟”是屡次，缪公就是穆公。鲁穆公对待子思，屡次慰问他，屡次赠给他鼎肉。鼎肉，字面意思是鼎里的肉，指用鼎祭祀时的肉。结果子思不高兴了。“于卒也”，最后一次。“摽使者出诸大门之外”，子思把国君派来的使臣给撵到大门外去了。“北面稽首再拜而不受”，子思向北稽首，拜两次，行完礼之后不接受这个祭祀的肉。祭祀的肉是一种特殊的礼品，这个肉是先用于祭祀，祭祀之后赠送给大臣，只有国君非常重视的大臣才能获赠祭祀用的肉。所以按照礼的要求，接受的大臣要行礼拜谢。子思为什么会不高兴?每次接受祭肉要行礼，而且祭肉虽然尊贵，但量不会多。从生活的角度来看并不解决实际问题，只是一种荣誉的象征，可以说是一种华而不实的礼物，为此还总是要行礼拜谢，因此子思不高兴。

子思说："今而后知君之犬马畜伋。"伋是子思的名字，子思名孔伋，字子思。现在我才知道，国君是当养狗养马那样对待我。"盖自是台无馈也"，"台"是人的自称，从今以后我不再接受他的馈赠。如果国君真对子思好，可以赏他一万石粮食，他还不用拜，赏这一块肉，他还总得拜，也不解决问题，因为根本不够吃的。

"悦贤不能举，又不能养也，可谓悦贤乎?"你喜欢贤人，但是你不能把他提拔起来当官，你又不能奉养他，这能称得上是喜欢贤人吗？缪公对子思的悦是假的，真要对子思好，有两个选择，第一任命他当官，让他治理国家，既然认为他是贤人，就应该把他提拔起来。第二若是不能把他提拔起来，那就多给钱，把他养起来。如果这两条你都做不到，还为了表示尊重贤人，天天假惺惺地给送点肉，还折腾子思总出来下拜。

为什么子思说国君像养狗养马那样对待他？打个比方，就像现在养狗一样，主人拿块肉逗狗钻圈。国君对子思不就是这态度吗？其所谓的悦贤，只是表面上尊重贤者，用今天的话说是作秀，根本不是真正地喜欢贤人。

万章问："敢问国君欲养君子，如何斯可谓养矣?"假如这个国君想要奉养君子，怎么做能够称得上是奉养？"以君命将之，再拜稽首而受"，按照礼的规定，接受国君的馈赠，需要再拜稽首，行完礼才能接受。国君对待贤人应该怎么办？第一次是派人带着国君的命令赏赐他，这个贤人需要行礼表示接受，此后再给东西，就不要打着国君的旗号来了。"其后"，以后怎么办呢？"廪人继粟"，管仓库的人就按时来送粮食。"庖人继肉"，管厨房的人按时来送肉。"不以君命将之"，不再以国君命令的形式来送，跟相关部门就直接对接了，接受的时候就不用再拜了。"子思以为鼎肉，使己仆仆尔亟拜也"，子思认为，为了这几块肉让自己风尘仆仆一次又一次地下拜，这不是奉养君子之道。

“尧之于舜也，使其子九男事之，二女女焉，百官牛羊仓廪备，以养舜于畎亩之中。”尧对舜的态度，尧让他的九个儿子去侍奉舜，把两个女儿嫁给舜，百官听从舜的命令，牛羊仓库都准备好，舜可以随便支取这些东西。尧用这种方法来奉养舜这个贤人。“于畎亩之中”，畎亩是农田，因为舜当时是一个普通农民，作为一个普通农民的舜，尧是用这种方法来养他，这才是养贤之道。“后举而加诸上位”，此后把舜提拔起来，做了尧的接班人。“故曰王公之尊贤者也。”这才是王公尊贤的方法。

本章讲的是君主尊贤的方法。说得更直白一些，真正的尊敬是要让他得到实惠，别给那种很尊贵又没有实际利益的东西，还折腾他总得下拜。若是真的尊敬贤人的话，就需要给他实惠。让他享受实惠，这才是尊贤的正确方法。

但是这个贤人本身也要守礼，有的时候接受有的时候不接受。什么情况下接受？穷的时候，接济你，那就应该接受。但如果本身不当官，没有职责，还总是给你特殊的待遇，一个廉洁的士人就不应该接受。所以“抱关击柝者，皆有常职以食于上”，而是应该谋一份差事，靠着完成本职工作，从国君那领一份工资养活自己。如果根本就没有工作，也没有任何职责，总从国君那里接受东西，这就不合适了，所以“无常职而赐于上者，以为不恭”，这就不叫恭敬心了。这是下级应有的操守。

10·7　万章曰：“敢问不见诸侯，何义也？”

孟子曰：“在国曰市井之臣，在野曰草莽之臣，皆谓庶人。庶人不传质为臣，不敢见于诸侯，礼也。”

万章曰："庶人，召之役，则往役；君欲见之，召之，则不往见之，何也？"

曰："往役，义也；往见，不义也。且君之欲见之也，何为也哉？"

曰："为其多闻也，为其贤也。"

曰："为其多闻也，则天子不召师，而况诸侯乎？为其贤也，则吾未闻欲见贤而召之也。缪公亟见于子思，曰：'古千乘之国以友士，何如？'子思不悦，曰：'古之人有言曰，事之云乎，岂曰友之云乎？'子思之不悦也，岂不曰：'以位，则子，君也；我，臣也；何敢与君友也？以德，则子事我者也，奚可以与我友？'千乘之君求与之友而不可得也，而况可召与？齐景公田，招虞人以旌，不至，将杀之。志士不忘在沟壑，勇士不忘丧其元。孔子奚取焉？取非其招不往也。"

曰："敢问招虞人何以？"

曰："以皮冠。庶人以旃，士以旂，大夫以旌。以大夫之招招虞人，虞人死不敢往。以士之招招庶人，庶人岂敢往哉？况乎以不贤人之招招贤人乎？欲见贤人而不以其道，犹欲其入而闭之门也。夫义，路也；礼，门也。惟君子能由是路，出入是门也。《诗》云：'周道如底，其直如矢；君子所履，小人所视。'"

万章曰："孔子，君命召，不俟驾而行；然则孔子非与？"

曰："孔子当仕有官职，而以其官召之也。"

万章问："敢问不见诸侯，何义也？"普通人不主动去觐见诸侯，这是什么道理？

孟子说："在国曰市井之臣，在野曰草莽之臣。""国"是城里的，"野"是乡下的，如果你住在城里叫作"市井之臣"，如果你住在农村叫作“草莽之臣”。“皆谓庶人”，通称之为庶人。“普天之下，莫非王土，率土之滨，莫非王臣。”这个国家的所有人，都是这个国君的臣，但是这个臣不意味着是官。没有任何职务，是城里的一名普通百姓，这叫“市井之臣”；农村的一名普通农民，这叫“草莽之臣”，两者通称为“庶人”，庶人就是普通百姓。“庶人不传质为臣，不敢见于诸侯，礼也。”按照礼，作为普通人不主动去给国君送见面礼，请求作国君的官，也不敢主动地去觐见诸侯。作为普通老百姓，别主动去巴结领导，这是礼。

万章说：“庶人，召之役，则往役；君欲见之，召之，则不往见之，何也?”庶人作为普通百姓，国家现在召他去服劳役，那么就要去服劳役。国君现在想见他，召他来，他却不去见，这是为什么？孟子说：“往役，义也；往见，不义也。”作为本国属民需要去服劳役，这是应尽的义务，但是去见君主却不是应尽的义务，既然没有见君主的义务，见不见就看心情了，可以去也可以不去。

孟子反问：“且君之欲见之也，何为也哉?”国君想要见你，这是为什么？我们需要分析一下他人的心态了。你是普通老百姓，现在国君传令让你去一趟，为什么啊？你作为一个普通老百姓，有什么事需要国君亲自召见？万章回答：“为其多闻也，为其贤也。”国君召见是因为你知识面广，国君想要跟你请教，因为你是贤人，所以国君要见你。这是万章给的两种解释。

孟子说：“为其多闻也，则天子不召师，而况诸侯乎”？假如国君因为我知识面广，博学，想要见我，那是要向我请教问题，既然是要向我请教问题，那我相当于他的老师。“天子不召师”，作为周天子都不能召见老师，何况你一个诸侯王。你有问题，去向老师请教，不能把老师叫来请教。“礼闻来学，未闻往教”，这是《礼记》上的话。“为其贤也”，假如因为他是贤人，国君想要见他。“则吾未闻欲见贤而召之也”，那我没有听说过想要见贤人却召见他的。言外之意，想见贤人需要尊贤，尊贤叫礼贤下士，也没有把贤人叫来的道理。

下面是孟子举例子，又是子思的故事。“缪公亟见于子思”，缪公屡次去见子思。缪公问：“古千乘之国以友士，何如?”古代有千辆兵车的国家的君主，和普通的读书人交朋友，是怎样的状态？子思不高兴了说：“古之人有言曰，事之云乎，岂曰友之云乎？”子思说，古代的人说过这样的话，你把他当老师那样去侍奉，还是把他当朋友和他交往？子思这是一个反问句。缪公和子思讲，一个大国的国君和一个普通读书人交朋友是什么状态，或者说如何交往？应该怎么做？言外之意是他想和子思交朋友。子思反问，那你和普通人交朋友又是一种什么心态？你是把他当老师对待，还是把他当朋友对待？

下面孟子解释子思为什么不高兴。“以位，则子，君也；我，臣也。何敢与君友也?”若是按照社会地位论，你是国君，我是臣下，那我怎么敢和国君交朋友？“以德，则子事我者也，奚可以与我友?”如果按品德，那么你是应该侍奉我的，我是你老师级别的，那你又怎么可以和我交朋友？子思不高兴的原因是鲁缪公没有弄明白自己的位置。你是把子思当老师还是把子思当朋友？如果把他当朋友的话，子思是不能跟你交朋友的。子思说，那要讲社会身份，你是君主，我是普通臣子，级别不对等，咱们交不了朋友；按品德，你品德修养太差，你是我徒弟辈，咱们也当不了朋友，拜我为师还行，跟我交朋友你还不够资格。不管从哪一方面讲，子思暗示，咱们成不了朋友。所以子思反问他，到底是把我当老师还是当朋友？

缪公的心态有问题，他问这话本身就是傲慢心的体现。一个大国君主和我普通人交朋友，好像怎么抬举我似的，这是子思不高兴的原因。别觉得你和我交朋友是给我面子，我还看不上你呢，要论品德你不够资格和我交朋友，要论社会地位，我不够级别，高攀不起。这是子思的态度。

孟子说："千乘之君求与之友而不可得也，而况可召与？"大国的君主想要和子思做朋友都做不到，更何况召他来见呢？

下面孟子又举了个例子。"齐景公田"，齐景公打猎的时候。"招虞人以旌"，旌是一种旗，用这种旗召唤虞人前来。"虞人"是管山林的官。"不至"，虞人没来。"将杀之"，就要杀了他。这件事《孟子》里反复提到，虞人为什么没来？不合礼。礼是什么？我们先看下一段。万章问"敢问招虞人何以"？按照礼召唤虞人应该用什么信物？孟子讲"以皮冠"，用皮帽子才合礼。"庶人以旃，士以旗，大夫以旌。"招不同级别的人用不同的信物，用旃去召庶人，用旗去召唤士，用旌去召唤大夫。现在用召大夫的信物去召唤虞人，虞人宁死也不敢来，因为不符合规矩，不符合礼。齐景公不反思自己做错了，还想杀了虞人。

孟子总结道："志士不忘在沟壑，勇士不忘丧其元。"志士不会忘记身死沟壑那一天，勇士不会忘记掉脑袋那一天。这两句话真正的含意是，志士、勇士宁可葬身沟壑，宁可掉了脑袋，也不做违反道义的事情。这是对虞人的一个较高评价。冒着被齐景公杀的危险，也不做违反礼的事。若是不守礼的人，管他用什么召我，反正你召我我就去。"是孔子奚取焉？取非其招不往也。"孔子也提到过这个故事，并对虞人持肯定态度。孔子看重虞人，看重的是君主用不恰当的方法召唤他，他不去，他坚守礼。

你用召唤士人的方法去召唤庶人，庶人又怎么敢去？“况乎以不贤人之招贤人乎？”况且你用不尊敬贤人的方法去召见贤人，贤人能去吗？所以，“欲见贤人而不以其道”，想要见贤人却不按照正道。“犹欲其入而闭之门也”，就好比你想让他进来却把门关上一样。“夫义，路也；礼，门也。”义好比是道路，礼好比是门。“惟君子能由是路，出入是门也。”只有君子能通过这条路，进出这道门。言外之意，只有君子能坚守义和礼，无论办什么事都要符合义和礼。“《诗》云：‘周道如底，其直如矢；君子所履，小人所视’。”这是《诗经》上的一段话。周人的大道平坦得像磨刀石，笔直得像箭一样，这是君子所走的，是小人都在看着的。

万章问：“孔子，君命召，不俟驾而行。然则孔子非与？”《论语》记载，孔子说，国君有命令召见你，没等到马车准备好就赶紧出去，这才符合礼。万章问孟子，孔子做得不对吗？

万章没有理解这是不同的情况。孟子以上说的“召”是指没有官职的人，“庶人”，普通百姓，不是当官的对君主就没有那义务。所以你召见我，我去不去不一定，需要看我的心情。孔子说这段话的时候正在做官，他有职务在身，对于有职务的人，应该像孔子这样做。这是两种不同的情况。

10·8 **孟子谓万章曰：“一乡之善士，斯友一乡之善士；一国之善士，斯友一国之善士；天下之善士，斯友天下之善士。以友天下之善士为未足，又尚论古之人。颂其诗，读其书，不知其人，可乎？是以论其世也，是尚友也。”**

孟子对万章说，一个乡的优秀人物和一个乡的优秀人物交朋友，一个国家的优秀人物和这个国家内的优秀人物交朋友，天下的优秀人物跟天下的优秀人物交朋友，总之都是杰出的，他们才是一个圈子。“以友天下之善士为未足，又尚论古之人。”和全天下的优秀人物交朋友，还不能够满足，又向上去讨论古代的人，是不满足于和当代的这些优秀人物交朋友，还要考虑和古人交朋友。古人都死了我怎么和他交朋友？“颂其诗，读其书”，读他的诗，读他的书。读这些古代伟人的作品，你读他的诗、读他的书却不知道他的为人，可以吗？因此，“论其世也”，你要讨论考查他那个时代。“是尚友也”，这是向上和古人交朋友。

10·9　**齐宣王问卿。孟子曰："王何卿之问也?"**

王曰："卿不同乎?"

曰："不同。有贵戚之卿，有异姓之卿。"

王曰："请问贵戚之卿。"

曰："君有大过则谏，反覆之而不听，则易位。"

王勃然变乎色。

曰："王勿异也。王问臣，臣不敢不以正对。"

王色定，然后请问异姓之卿。

曰："君有过则谏，反覆之而不听，则去。"

齐宣王来问孟子关于卿的事。“王何卿之问也？”孟子说，你问哪种卿呢？齐宣王说，“卿不同乎”？卿还有什么不一样吗？孟子说：“有贵戚之卿，有异姓之卿。”贵戚和国君是亲属，异姓，和国君不是一个姓的卿，与国君没有亲属关系。齐宣王先问“贵戚之卿”，和我有亲属关系的卿。孟子回答“君有大过则谏”，国君有重大错误的时候就要劝谏。“反复之而不听，则易位”，反复劝谏国君不听，就改变他的位置，言外之意是换国君了。和国君同姓的这些卿，按照当时的体制是诸侯国里边地位最高的官员，这些卿要怎么对待国君呢？国君有重大的错误要劝谏，劝一遍不听再劝，反复劝依旧不听怎么办？废了他。

孟子说完之后，“王勃然乎变色”，齐宣王当时脸色就变了。孟子是什么意思，是要煽动造反吗？孟子看见齐宣王脸色变了，给他解释说“王勿疑也”，您不要奇怪。“王问臣”，你问我这个问题。“臣不敢不以正对”，我不敢不给你一个正确的回答。“王色定”，听了这句话国君的脸色才正常了，然后请问异姓之卿，和国君不是亲属的卿，他们应该怎么做。孟子说：“君有过则谏，反复之而不听，则去。”国君有错误要劝谏，反复劝谏国君不听就离开。

都是卿，都是国家最高级别的官员，国君有错误都要劝谏，但是劝完不听，两人态度不一样。异姓可以离开，上别的国家去，因为这个君主不值得辅佐。贵戚之卿不能这么做，同宗同姓，这个国家就是他们家的，他本人就是前几代国君的后代。如果他也像异姓之卿那样选择离开，这个国家怎么办？古人讲究祭祀祖先，老国君、祖先得有人祭祀，为什么古人讲“不孝有三，无后为大”？必须有后代才有人祭祀祖先，如果没有后代，祖先谁来祭祀？当国君得尤其注重这一点，需要保证列祖列宗有人祭祀。若是国家混乱并走向灭亡，最后自己家的祖宗就没有人祭祀了。贵戚之卿需要从这个角度考虑问题，你要是走了、不管了，这个国家走向灭亡，你的列祖列宗可就没有人祭祀了，这是最大的不孝。所以贵戚之卿不能走，而是应该“易位”，另换一位君主。因为要以社稷为重，以国家为重，这是当时人的一种理念，所以贵戚之卿和异姓之卿态度是不一样的。

卷十一　告子上

11·1　告子曰："性，犹杞柳也，义，犹桮棬也。以人性为仁义，犹以杞柳为桮棬。"

孟子曰："子能顺杞柳之性而以为桮棬乎？将戕贼杞柳而后以为桮棬也？如将戕贼杞柳而以为桮棬，则亦将戕贼人以为仁义与？率天下之人而祸仁义者，必子之言夫。"

《告子》章是本书比较核心、比较精彩的部分，我们经常引用的孟子的话都出自这一章。告子是人名，有人说告子是孟子的弟子，我觉得不是，因为本章提到的告子的言论，孟子基本是持批判态度的，所以学界通常认为告子是和孟子同时代的思想家，他的思想和孟子是有出入的。《孟子》这一章主要是对告子思想言论的批驳。告子本人没有著作流传下来，他的思想主要见于《孟子》，孟子为了批判他，所以引用了他的思想。

本章的核心谈的是人的本性问题。我们可以通过孟子对告子的批驳归纳出告子人性论的特点，在人的本性是先天的这一点上，告子和孟子是没有区别的。但是，孟子持性善说，认为人的先天本性是善的；而告子则认为人的本性无所谓善恶，人的善恶是后天养成的，主要来自外在环境对人的影响。

告子说："性，犹杞柳也，义，犹桮棬也。""杞柳"是一种树，“桮棬”是用木头制作的一种器皿。有人说桮是桮，棬是棬，桮是用木头做的喝水的器皿，而棬是用木头做的类似于盘子的器皿，反正两者都是指木头做的器皿。告子比喻，人的本性好比是树，而仁义等道德规范好比是用木头制作的器皿，仁义是由人的本性打造出来的东西，是对人的本性进行塑造的结果。“以人性为仁义，犹以杞柳为桮棬。”认为人性中包含仁义，就如同将树木等同于木制品。我觉得，告子这段话就是批判孟子的，因为孟子正是认为人的本性中包含仁义。

孟子讲的“四心”“四端”都出自人的本性，也就是说，仁义礼智包含在人的本性里边，这就是《大学》所说的“明德”。儒家的修身就是要去掉后天对人的本性的蒙蔽，使人先天的光明本性重放光明，这就是《大学》说的“明明德”。而告子认为，人性无善无恶，人的本性里不包含仁义，人的本性是可以改变的。人的本性就好比一个空杯，什么都可以接受，也可以接受仁义，从人的本性里是可以打造出来仁义的，就像用木料可以打造出木头器皿那样。按孟子的说法，恢复本性就能找到仁义，按告子的说法，需要对本性进行塑造，才能打造出仁义，两者思想的差异是非常明显的。

孟子借着告子的比喻来反驳告子的观点。孟子善于辩论，在这一点上孟子是绝对的高手，他不是另打一个比喻，而是借着对方的比喻来挑毛病，来说明对方的观点不成立。孟子问：“子能顺杞柳之性而以为桮棬乎？将戕贼杞柳而后以为桮棬也？”你是能够顺应着杞柳树的本性将它做成器皿呢？还是你需要改造它的本性而后才能把它制成器皿呢？按告子的比喻，用木料制作木头器皿，是顺应木头的本性，还是要对木头的本性进行改造？结果是不言而喻的。我们不可能改变木头的本性去制造木制品。孟子的言外之意是，如果制作木制品不会改变木头的本性，可以说木制品是体现木头的本性的，或者说，木制品出自木头的本性，那么正可以证明，仁义出自人的本性，仁义正是人的本性的外在体现。

接下来，孟子特意指出了问题的另一个方面。“如将戕贼杞柳而以为桮棬”，假设要对杞柳进行改造才能把它做成桮棬，做成一种器皿。孟子提出了这种可能，而他前面的问句里提出了两种可能，为什么没接着谈第一种可能？因为如果是第一种可能的话，如我们上面分析的，就等于告子已经认同孟子的观点了。顺应杞柳的本性自然而然的就能形成器皿，就说明器皿就在杞柳的本性里，而不在本性外。所以孟子没有继续讨论这一点。这也是自然排除法，因为告子是不可能赞同这种观点的。排除了这种可能性，告子的比喻只能是下一种可能，“将戕贼杞柳而以为桮棬”，是需要对杞柳树的木料进行某种改造，才能制作出器皿来。按照这种理解继续推导，“则亦将戕贼人以为仁义与”？也需要对人性进行改造才能生成仁义。这是告子不能自圆其说的地方了。如果需要对人性进行改造才能生成仁义，那么仁义就是违反人性的，就必然推导出这样一个极其负面的结论。所以孟子说：“率天下之人而祸仁义者，必子之言夫。”导致率领着天下人来混乱仁义这个概念，一定是从你这句话开始的。那你将仁义置于何处？仁义就成为反人性、反人类的东西了。

仁义到底是好是坏，我们刚才提到告子本身认为人性是无所谓善恶的，需要进行改造才能发展出仁义，那人性还无善恶吗？如果认为仁义是善的，而又需要改造人性才能生成仁义，不就说明人性是恶的了吗。而要认为人性是无善无恶的，那为什么还要对人性进行改造，才能生成仁义？仁义到底是善还是恶？至此，告子就已经陷入两难，无法回答了。所以下面没有记告子怎么说，孟子一系列反问句，就已经把告子逼到了绝路，没有办法解答了。选择哪个可能性都是不成立的。所以说孟子善辩。

但孟子最后这句话是值得我们思考的，他说了告子这种观点的危害性。如果大家都赞成告子这个观点，去推广普及的话，就等于把仁义的概念糟蹋了。由此而言，这不仅仅是个哲学论题，还有很深刻的现实意义。从这一点我们反过来再说一个问题，儒家为什么强调说“人之初，性本善”，这个命题在我看来是无法验证的，但从实践操作的角度来讲，从现实意义来讲，我们必须提倡人性本善，这才是传播正能量。

11·2　告子曰：“性犹湍水也，决诸东方则东流，决诸西方则西流。人性之无分于善不善也，犹水之无分于东西也。”

孟子曰：“水信无分于东西，无分于上下乎？人性之善也，犹水之就下也。人无有不善，水无有不下。今夫水，搏而跃之，可使过颡；激而行之，可使在山。是岂水之性哉？其势则然也。人之可使为不善，其性亦犹是也。”

这是告子对人性不分善恶观点的论述。“性犹湍水也”，人的本性好比是激流。“决诸东方则东流，决诸西方则西流”，在东边决出口子它就往东流，在西边决出口子它就往西流。“人性之无分于善不善也，犹水之无分于东西也。”水的本性是不分东西的，没有倾向性，关键是看怎么引导它。告子用这个比喻论述人的本性也是不分善恶的，关键看外在怎么引导，引导这个人向善他就会向善，引导这个人作恶他就会作恶。这是告子的观点。

告子用水来比喻人性，孟子还是用告子的比喻来和告子辩论。“水信无分于东西”，水确实是不分东西的。那我问你，

“无分于上下乎”？水不分上下吗？“人性之善也，犹水之就下也”，善是人的本性，就好比水向下流一样。既然水往低处流是水的本性，那么人心向善也是人的本性。

“今夫水，搏而跃之，可使过颡。”“颡”是额头，俗称脑门，“搏”是击。现在你去击打水，让它跃起来，甚至高度能超过人的额头，这个瞬间水是向上的，而不是向下的。“激而行之，可使在山。”若是给水施加压力让它向上走，水也能流到山顶上去，总之是有办法让水可以向上的。“是岂水之性哉?”但这是水的本性吗？因为需要采取一些手段水才能向上，所以这不是水的本性，这就证明水的本性是往下流的。但为什么水也能向上？“其势则然也”，是特殊情况造成的。因此，将人性比喻为水的话，“人之可使为不善，其性亦犹是也”，虽然人本性是善的，但人也会有不善、有作恶的时候，人作恶的时候就像水往高处流那样，都是一些特殊的形势、特殊的环境造成的，而不是人的本性。言外之意，人的本性是善的，受到特殊环境的压迫才会作恶，这就更证明了人性本善。

孟子借着告子的比喻，谈水性、谈人性，证明人的本性是向善的。

11·3　告子曰：“生之谓性。”

孟子曰：“生之谓性也，犹白之谓白与?”

曰：“然。”

“白羽之白也，犹白雪之白；白雪之白，犹白玉之白与?”

曰：“然。”

“然则犬之性犹牛之性，牛之性犹人之性与?”

告子说：“生之谓性。”先天的东西叫性。孟子问：“生之谓性也，犹白之谓白与?”把先天的东西视为性，就如同把白色的东西称为白吗？孟子开始给告子挖陷阱，我们把先天的东西、与生俱来的东西称为性，就如同我们把白色的东西称为白吗？为什么说这是孟子的陷阱？白色的东西是客观存在的，不管你承不承认都是存在的，如我们这面墙是白的，你承不承认它都是白的，若是把本性比喻为白，就等于是承认了人先天的本性也是客观存在的。这是孟子的第一个陷阱。告子说是，已经落入陷阱了。

然后孟子说，白色羽毛的白和白雪的白是不是一样的白？白雪的白和白玉的白是不是一样的白？告子说是。如果白好比本性，那么所有白色的东西本性就都相同了。这是孟子的第二个陷阱，告子再一次中招，告子承认了，下面他就没法解释了。

孟子又说，狗的本性和牛的本性是不是一样？牛的本性和人的本性是不是一样？你不是说先天的东西叫性吗？狗也有先天的东西，牛也有先天的东西，人也有先天的东西，这些一样吗？如果你承认白色羽毛的白、白雪的白、白玉的白是一样的，那么人的先天、狗的先天、牛的先天也应该是一样的。问到这里，告子肯定不能说一样了，谁能承认牛、狗的本性与人的本性是一样的？可是，如果说不一样，那前面说的人的本性是先天的，就如同白色是白，告子就无法解释了。显然告子被孟子问住了。

孟子区分了几种白，又区分了几种性，表面上看似乎是狡辩。但实质上孟子说的白是外在表现，它要依附于某种本质，而那几个本质是不一样的，白色的羽毛，外表为白色，本质是羽毛；白雪，外表为白色，本质是雪；白玉，外表也为白色，本质是玉。所以这里有外在表现和本质的区别，只认识到外在，没有认识到本质，就会将它们视为一样的，都是白。白只是事物的外在表现，而本质是不一样的，一个是羽毛、一个是玉、一个是雪，你说先天的东西就叫作性，这没有问题，但这只是外在表现，而骨子里的本质一样吗？狗的本质、牛的本质、人的本质能一样吗？孟子用比喻来说明这个道理，虽然先天的东西叫作性，但我们还是要对性做具体的区分。我们研究的是哲学，研究的是人性，而不是动物性，这个要分清楚。

仁义礼智，存在于人的本性里，不存在于动物的本性里，所以人和动物的先天本性是有差异的。狗的先天本性、牛的先天本性和人的先天本性是不一样的。只有人的先天本性里边才包含仁义礼智，狗和牛的先天本性里边是不包含这些的，所以要对人和动物的先天本性进行区分，不然就会导致人和动物画等号，就会得出人的本性和动物的本性没有区别的荒唐结论。如果是这个结论，孟子是坚决反对的。孟子说过“人之所以异于禽兽者几希”，人和动物的本质区别是非常少的，虽然少但还是有的，这种本质的区别并不是后天养成的，而是先天存在的。所以必须对人的本性和动物的本性进行区分。而我们探讨哲学，探讨的是人的本性而不是动物的本性。因为要解决人生的问题，所以我们探讨人先天的本性。人先天具有哪些素质？老天赋予人的是什么？对于这些我们一定要有明晰的概念，人的先天本性和动物的先天本性是有区别的，不能混同。

11·4　告子曰：“食色，性也。仁，内也，非外也；义，外也，非内也。”

孟子曰：“何以谓仁内义外也？”

曰：“彼长而我长之，非有长于我也；犹彼白而我白之，从其白于外也，故谓之外也。”

曰："异于白马之白也，无以异于白人之白也；不识长马之长也，无以异于长人之长与？且谓长者义乎？长之者义乎？"

曰："吾弟则爱之，秦人之弟则不爱也，是以我为悦者也，故谓之内。长楚人之长，亦长吾之长，是以长为悦者也，故谓之外也。"

曰："耆秦人之炙，无以异于耆吾炙，夫物则亦有然者也，然则耆炙亦有外欤？"

告子说："食色，性也。"吃饭和找女朋友都是人的本性。孟子对这一点没有批判，孟子批判的是告子下面那句话。因为孟子没有批判，所以有人认为孟子也是认同"食色，性也"的，甚至有的书里误把这句话当成孟子说的。

在儒家看来，包含男女固然是人之本性，但这不是人特有的，动物也有，这才是关键。"食色，性也"，是人和动物都有的先天本性，而不是唯独人特有的。那么，人有没有动物没有的先天本性，人有没有区别于动物的先天本性？儒家认为有。孟子认为"人之所以异于禽兽者几希"，人和动物在本性上的区别是很小的，但是有那么一点点关键的东西，人先天就具备而动物却没有，这就是仁义礼智。

告子接下来讨论仁义。他将仁义分开，认为仁是先天的，是人内在的，义是后天养成的，不是内在的。所以告子说，"仁，内也，非外也；义，外也，非内也"。仁是内在的，不是外在的；义是外在的，不是内在的。

孟子问，为什么说仁是内在的、义是外在的？告子说"彼长而我长之"，我把他当年长的人对待，就是敬老，因为他年长所以我把他当年长者对待。"非有长于我也"，并不是我内心当中原本就有年长的、敬老的先天本性，是我看到年长的人，把他当年长的人去对待，才能达到敬老。如果屋里没有比我年纪大的，敬老的心态自然就没有了，显然这种对年长者的尊敬是受外在影响才产生的。儒家说的义是“义者宜也”，妥当、恰如其分为义。告子指出，敬老属于儒家说的义，而敬老并不是人的先天本性，是受环境影响才形成的行为习惯，由此可证，人追求处理问题妥当是后天养成的，也就是外在的，不是内在的本性。

告子又举了一个例子。“犹彼白而我白之，从其白于外也，故谓之外也。”就好比白色我认为那是白色一样。这种外在的白色并不在我的心里，是在我的外部，因为是我看见的。年长的人也是在我的外部，我看见他才产生了敬老的心态，正如我看见白色的东西，然后认识到那是白色那样，都是外在刺激的结果，所以义不是内在的。 “故谓之外也”，所以说义是外在的。

孟子还是运用比喻来和告子论辩。第一个“异于”朱熹认为是衍文，衍文是抄书时多抄出来的。我认为朱熹的看法是正确的，加上“异于”两个字之后这句话就无法理解了。“白马之白也，无以异于白人之白也。”白马的白和白人的白，都是白色，没有区别。“不识长马之长也，无以异于长人之长与?”对老马的态度和对老人的态度，他们之间有没有区别？一定是有区别的，我们对老马是怜悯，拉车不用它了，这是对动物的慈爱，而对老人是恭敬，这两种心态是不一样的。孟子举这个例子是要说明这是内在的不是外在的。虽然老马、老人都是老，但是你对他们的态度是不一样的，这就说明义是内在的。这样对老马是妥当的，那样对老人是妥当的，为什么要区别开？因为区别开才符合义，这就说明义是发自内心的，不是外在的。要用我们的心进行判断，怎么对老马是义，怎么对老人是义，既然要通过心作为判断标准，就证明这是内在的。

“且谓长者义乎？长之者义乎？”尊敬老人这件事，哪一方属于义，是老人代表义，还是敬老的这个人代表义？毫无疑问，肯定是敬老的人，孟子这句话得不出别的答案。如果是敬老的人代表着义，那么义就是内在的不是外在的，因为和外在的老人没关系，而是和敬老的人有关系，所以是内在的。

这里孟子和告子探讨的关键问题是，义是外在的还是内在的？告子认为仁是内在的，对此孟子没有探讨，因为他和告子的观点是一致的，所以他重点批驳后一句。

告子说：“吾弟则爱之，秦人之弟则不爱也，是以我为悦者也，故谓之内。”是我的弟弟我就爱他，秦国人的弟弟我就不爱。因为这样做我的心才可以喜乐平和，所以这才是内在的。告子这句话实际说的是仁，“仁者爱人”。告子认为仁是内在的，发自内心的，对自己弟弟就爱，对别人的弟弟就不爱，这是内心决定的，不这样做心里纠结，说明仁者爱人是内在的、不是外在的。然后告子说：“长楚人之长，亦长吾之长，是以长为悦者也。”我尊重楚国人的老人，也尊敬自己的老人，而尊敬他们不是因为这样做我自己才能喜悦，而是因为他们的年纪令我尊敬，这是外在的原因。如果敬老属于义，那么义就是外在的，不是内在的。敬老取决于一个外在因素，对方的年纪；但爱不爱弟弟，取决于是不是自己的亲弟弟，所以这才是内在的。这是告子的观点。

孟子举了另一个比喻。“炙”是烤肉，“耆”是通假字，通“嗜”，喜欢。喜欢吃秦国人的烤肉和喜欢吃自己烤的肉是没有差别的，只要是烤肉都喜欢。“夫物则亦有然者也”，那么事物也有类似的。“然则耆炙亦有外欤？”喜欢吃烤肉这件事也有外在的情况吗？顺着告子的思路往下引申，只要看着和自己没关系的就属于外。敬老是看人年长，看的是外在，按照这种思路，喜欢吃烤肉是内是外？那就得是外，不管是哪国的烤肉，你都喜欢吃，所以是外。按照告子的观点，对于肉的喜欢能是外在的吗？当然不能，因为告子说“食色，性也”。如果认为喜欢烤肉是内在的，那为什么又说尊敬所有老人是外在的？这就矛盾了。

本章讨论的核心是，义是不是人的先天本性。孟子认为是，告子认为不是，这是他们的区别。

11·5　**孟季子问公都子曰：“何以谓义内也?”曰：“行吾敬，故谓之内也。”“乡人长于伯兄一岁，则谁敬?”曰：“敬兄。”“酌则谁先?”曰：“先酌乡人。”“所敬在此，所长在彼，果在外，非由内也。”公都子不能答，以告孟子。**

孟子曰：“敬叔父乎？敬弟乎？彼将曰：‘敬叔父。’曰：‘弟为尸，则谁敬?’彼将曰：‘敬弟。’子曰：‘恶在其敬叔父也?’彼将曰：‘在位故也’。子亦曰：‘在位故也。庸敬在兄，斯须之敬在乡人。’”

季子闻之，曰：“敬叔父则敬，敬弟则敬，果在外，非由内也。”

公都子曰：“冬日则饮汤，夏日则饮水，然则饮食亦在外也?”

孟季子问公都子，为什么说义是属于内在的？公都子回答：“行吾敬，故谓之内也。”义是把内心当中的敬意推行出去，这是公都子对义的理解。就是说，义是内在恭敬心的外在体现，必须有这个心，才能做到义，所以说义是内在的。

孟季子提出一个具体问题：“乡人长于伯兄一岁，则谁敬?”现在有一位邻居，比我大哥还大一岁，他们两个人，我应该更尊敬谁？回答是尊敬自己家哥哥。因为这是个远近的问题，不是纯年长的问题。“酌则谁先？”敬酒先敬谁？当然得先敬乡人。这就出来矛盾了，同样是这两个人，要谈尊敬，你说更尊敬你大哥，可是到敬酒时，你先敬年长的邻居。“所敬在此，所长在彼，果在外，非由内也。”你对大哥的尊敬在心里，而外在表现却是尊敬那个年长的人，为的是把事情处理妥当，就是符合义，这不就证明义是外在的，不是内在的吗！“公都子不能答，以告孟子。”公都子答不上了，回来问孟子。

孟子举例子说，应该尊敬叔叔还是应该尊敬弟弟？如果你给他提这个问题，他肯定回答应该尊敬叔叔，因为是长辈。然后你再问他，弟弟为尸的时候，我们应该尊敬谁？

先秦时代祭祀时要找一个人扮演死去的祖先，这个人叫“尸”，一般是隔代人来扮演。祭祀爷爷时，用孙子来扮演尸，他爸爸、他叔叔连他哥哥等亲属，都在底下上供磕头，这时候，他代表爷爷来接受大家的祭祀，已经不是他本人了。

孟子举这个例子，问弟弟扮演尸的时候，是尊敬弟弟还是尊敬叔叔？毫无疑问是尊敬弟弟。你就可以说，“恶在其敬叔父也”？那你对叔父的尊敬在哪？“彼将曰”，他肯定这样回答。“在位故也”，因为弟弟在那个位置上，扮演的是爷爷。

这是孟子教弟子公都子怎么去辩驳。那么为什么尊敬的是大哥却给邻居先敬酒呢？你也可以说“在位故也”，因为是特殊情况，在这样的时间、场合需要这么做，就和弟弟扮演尸、叔叔在底下磕头一样，而不能因此就认为尊敬弟弟、不尊敬叔叔。“庸敬在兄，斯须之敬在乡人。”平常的尊敬是对待兄长的，而在这个时间的敬意是在那位年长的邻居身上。孟子举了这样一个例子，反驳了孟季子的论据，也就反驳了他的观点。

后来孟季子听说了孟子这段话，接着往下辩。“敬叔父则敬，敬弟则敬，果在外，非由内也。”他用孟子举的例子辩论，敬叔父也是敬，敬弟弟也是敬，而这两种敬是不一样的。既然不一样，就还是受外在左右，是外在的。这回不用孟子教，公都子接着说：“冬日则饮汤，夏日则饮水，然则饮食亦在外也？”冬天的时候喝热水，夏天的时候喝凉水，凉水、热水有区别，那能说饮食也是外在的吗？而食欲这事必须是内在的。这个例子举得很恰当。

本章与上一章一样，还是在讨论义到底是外在还是内在的问题。

11·6　公都子曰：“告子曰：‘性无善无不善也。’或曰：‘性可以为善，可以为不善；是故文武兴，则民好善；幽厉兴，则民好暴。’或曰：‘有性善，有性不善；是故以尧为君而有象；以瞽瞍为父而有舜；以纣为兄之子，且以为君，而有微子启、王子比干。’今曰‘性善’，然则彼皆非与？”

孟子曰：“乃若其情，则可以为善矣，乃所谓善也。若夫为不善，非才之罪也。恻隐之心，人皆有之；羞恶之心，人皆有之；恭敬之心，人皆有之；是非之心，人皆有之。恻隐之心，仁也；羞恶之心，义也；恭敬之心，礼也；是非之心，智也。仁义礼智，非由外铄我也，我固有之也，弗思耳矣。故曰：‘求则得之，舍则失之。’或相倍蓰而无算者，不能尽其才者也。《诗》曰：‘天生蒸民，有物有则。民之秉彝，好是懿德。’孔子曰：‘为此诗者，其知道乎！故有物必有则；民之秉彝也，故好是懿德。’”

公都子总结当时学术界关于人的本性的诸家之说。首先是我们前面讲到过的告子的观点，“性无善无不善也”，人性无所谓善恶。又有人说，“性可以为善，可以为不善”，性无所谓善恶，但是性可以成为善的，也可以成为恶的，这实际跟告子的观点是一致的。然后举了个例子，“是故文武兴，则民好善，幽厉兴，则民好暴”。周文王、周武王兴起的时候老百姓都是向善的，周幽王、周厉王在位的时候老百姓都是残暴的，这说明民心可以向善也可以向恶，但本性无所谓善恶，就看外在环境怎么引导。

接下来公都子又举出另一派的言论。“有性善，有性不善”，把人区别对待，不一概而论，认为有的人本性善良，有的人本性不善，因人而异。“是故以尧为君而有象；以瞽瞍为父而有舜。”象是作恶的，尧是多么伟大的君主他都引导不了象，瞽瞍是多么恶的一个人，而他的儿子舜却是多么善良，可见他也没有影响到舜。举这两个例子来证明人本性有善有恶。天性是善的就算身边人是恶的也影响不了他，天性是恶的就算遇到再好的领导也不能引导他向善。“以纣为兄之子，且以为君，而有微子启、王子比干。”这是举的第三个例子。纣是哥哥的儿子，成为君主，手下有微子启，还有王子比干这两位大贤臣，说明人的天性是改不了的，有的人是善，有的是恶。

我们归纳一下，公都子实际上说出了两种观点，一种观点是人性本无善恶，可以向善也可以向恶，全在后天的引导；另一种观点认为人性的善恶是先天的，但因人而异，有人天生是善良的，有人天生是恶的。

先秦时期的思想界是非常活跃的，对人性的讨论也非常充分。在我看来，人的本性问题可以说是中国古代哲学的基本命题，先秦诸子都是在此基础上构建自己的思想体系。

公都子总结了两种当时流行的关于人性的看法，然后问孟子：“今曰‘性善’，然则彼皆非与?”现在你说人性天生是善的，那么上面我举的那些说法你都认为是错的吗？

孟子回答“乃若其情，则可以为善矣”。情指的是人的资质，至于说到人的资质，是可以行善的。“乃所谓善也”，这是我们所说的善。“若夫为不善，非才之罪也。”“才”是指人的先天本能，人也有干坏事的时候，但不是本性的罪恶。人天生的资质可以为善，人的本性也可以为善，但做不善的事并不是出自本性，是特殊环境造成的。孟子首先阐明了自己的观点。

接着才是孟子最有名的言论。“恻隐之心，人皆有之；羞恶之心，人皆有之；恭敬之心，人皆有之；是非之心，人皆有之。”这就是著名的孟子的“四心”。孟子认为，这四种心态是每个人都有的，所以说是人的先天本性。孟子接着说：“恻隐之心，仁也；羞恶之心，义也；恭敬之心，礼也；是非之心，智也。”恻隐之心就是儒家说的仁；羞恶之心就是儒家说的义；恭敬之心就是儒家说的礼；是非之心就是儒家说的智。既然恻隐之心等四种心态是人人都有的，是人的天性的组成部分，那么就应该承认儒家说的，仁义礼智是人先天本性的组成部分。所以孟子说“仁义礼智，非由外铄我也，我固有之也”，仁义礼智这四种品行不是从外面强加到我身上的，是我本来就具有的先天素质。“弗思耳矣”，只不过我们没有思考过这个问题罢了。“求则得之，舍则失之。”这是孟子的名言，因为仁义礼智是人的天生本性的组成部分，所以只要追求就能得到，放弃就会丢失。“或相倍蓰而无算者，不能尽其才者也。”“才”是指人的先天本能，“倍”是指物品的物价差一倍，“蓰”是差五倍，“无算”是差无数倍。这里是指人与人之间的差距，有的差一倍，有的差五倍，甚至可以达到无数倍，原因都在于能不能发挥你先天的本性。人的本性是一致的，都有仁义礼智，而为什么人的后天差异那么大，就在于能不能把先天的本性发挥出来。

然后孟子引用《诗经》和孔子的话来证明他的观点。“天生蒸民，有物有则。”《诗经》上说，“蒸民”是众民，老天生出了众多的人民，有一种事物就有一种法则。“民之秉彝”，“彝”是指好的，人民都会去坚持这种美好的东西、常态的东西。“好是懿德”，“懿德”是美德，喜欢这种美德。老百姓为什么会坚持事物的原则？因为他们喜欢这种美好的性质。既然每个人都喜欢美好的品质，就说明人心是向善的。下面是孔子的话。“为此诗者，其知道乎”，写这首诗的人，他知道大道啊。“故有物必有则”，所以说有一件事物就有一件事物的准则。“民之秉彝也，故好是懿德”，老百姓坚持常规性的做法，是因为他们喜好美德。这是孔子对《诗经》这句话的解读。

本章最有名的是对“四心”的论述，对后代的影响极为深远，而且构成儒家修行方式的理论依据。

11·7 孟子曰：“富岁，子弟多赖；凶岁，子弟多暴，非天之降才尔殊也，其所以陷溺其心者然也。今夫麰麦，播种而耰之，其地同，树之时又同，浡然而生，至于日至之时，皆熟矣。虽有不同，则地有肥硗、雨露之养、人事之不齐也。故凡同类者，举相似也，何独至于人而疑之？圣人，与我同类者。故龙子曰：‘不知足而为屦，我知其不为蒉也。’屦之相似，天下之足同也。口之于味，有同耆也，易牙先得我口之所耆者也。如使口之于味也，其性与人殊，若犬马之与我不同类也，则天下何耆皆从易牙之于味也？至于味，天下期于易牙，是天下之口相似也。惟耳亦然。至于声，天下期于师旷，是天下之耳相似也。唯目亦然。至于子都，天下莫不知其姣也，不知子都之姣者，无目者也。故曰：口之于味也，有同耆焉；耳之于

声也，有同听焉；目之于色也，有同美焉。至于心，独无所同然乎？心之所同然者何也？谓理也、义也。圣人先得我心之所同然耳，故理义之悦我心，犹刍豢之悦我口。”

本章孟子是论述“性相近”，人的本性是相似的。

“富岁，子弟多赖”，年景好的时候，家里孩子大多是懒惰的。年景不好的时候，家里孩子大多是暴躁的。“非天之降才尔殊也”，这不是老天降下的本性有这么大的差距。“其所以陷溺其心者然也”，使他内心沉浸于其中的是外在的环境。孩子有时候懒、有时候暴躁，和他们所处的外在环境有关，不是孩子天生懒，也不是孩子天生残暴。

“今夫麰麦，播种而耰之”，把大麦播种下去，然后进行田间管理。“其地同，树之时又同”，播种的土地是一样的，种植培植的时间是一样的，都会蓬勃地生长。“至于日至之时，皆熟矣”，到夏至的时候，大麦就都成熟了。“虽有不同”，虽然会有不同。“地有肥硗、雨露之养、人事之不齐也。”这是因为土地有的肥沃、有的比较贫瘠，有的地方雨水够用、有的地方雨水不够用，人付出的努力也不同，有的人田间经管尽心、有的就不怎么尽心。因为这些原因，导致大麦成熟的时候，品质就不一样了，有的地收成非常好，个个穗大粒饱，有的地株棵矮小，穗很短，这种区别是外在原因导致的，和土壤、雨水、农民的勤惰等等都有关系，唯独和种子没有关系。只要是一样的大麦种子，它们之间的差距是很小的，差距主要是后天导致的。

人和人的本性就像这些大麦种子，本来差距不大，人与人后天差距这么大，是后天原因造成的，不是先天原因造成的。“故凡同类者，举相似也”，凡是同一类事物全部相似，都差不多。“何独至于人而疑之?”为什么只有到人身上怀疑这一点?“圣人，与我同类者”，圣人是不是和我是同类?绝对是同类。既然是一类，那么我们和圣人的先天素质，就应该是相似的，没有太大差别，可是我们为什么和圣人差距那么大?原因是后天的努力不同。

故龙子说：“不知足而为屦，我知其不为蒉也。”不用知道你脚长什么样我就能做鞋，因为我知道，不管怎么做，我也做不成筐。这句话主要的表述是，所有人的脚都长得差不多，本性是一样的，只是号大号小的问题。所以我不用知道你脚长什么样，就可以给你做鞋，报个码数就行。你的脚总不能长成筐的形状是不是?“屦之相似，天下之足同也”，为什么天下的鞋都差不多?因为天下的脚都相似，所以先天本性是一致的。

“口之于味，有同耆也”，每个人的嘴，对于味道都有相同的嗜好。“易牙先得我口之所耆者也”，易牙是春秋时期一个擅长烹饪的人，为什么大家都夸他的烹调手法?因为他能够提前知道我喜欢什么滋味。可是他也没见过我，第一次给我做饭，怎么能知道我喜欢什么滋味?因为全天下的嘴喜欢的滋味都差不多，是有共性的。“如使口之于味也，其性与人殊，若犬马之与我不同类也，则天下何耆皆从易牙之于味也?”假如人的嘴对于滋味的这种本性，是每个人都不一样的，那天下人还有什么嗜好，是能符合易牙对于滋味的这种追求的。善于烹调的大厨能够满足所有人，而不用知道顾客是谁，是因为大家口味都差不多，只要是人，对于滋味的追求都是差不多的。如果对滋味的嗜好是因人而异的，人和人的差异就像人和狗的差异那么大，那厨子就没法做了。这段为什么讲滋味?因为“食色，性也”。

“至于味，天下期于易牙，是天下之口相似也。”至于滋味，天下人都寄希望于易牙这样的大厨，说明天下人的口味是相似的。前面详细论述了滋味的问题，下面又举了几个例子。“惟耳亦然，至于声，天下期于师旷，是天下之耳相似也。”对于耳朵来讲也是这样，比如听音乐，天下人都希望师旷来奏乐，这说明天下人的耳朵是相似的。师旷是春秋时期非常著名的乐师。“唯目亦然”，对于眼睛来说也是这样。“至于子都，天下莫不知其姣也”，天下人没有不知道子都长得美的。“不知子都之姣者，无目者也”，若是不知道子都长得美，那是没有眼睛的人。所以，“口之于味也，有同耆焉；耳之于声也，有同听焉；目之于色也，有同美焉”。嘴对于滋味有同样的嗜好，耳朵对于声音有同样的听觉，眼睛对于颜色、美色有同样的美感，这些是全天下人都一样的。

孟子举一反三之后，问了一个问题，“至于心，独无所同然乎”？唯独你的心和全天下的人不一样吗？天下人的嘴、耳朵、眼睛对外在的追求都是相似的，唯独到心上，人和人就不一样吗？孟子要说明心性彼此都差不多，“人之初，性本善”，人的本性是相近的，人心自然是相近的。“心之所同然者何也？”心里共同的追求，相似的部分是什么？孟子自问自答，“谓理也义也”，是理和义。

“圣人先得我心之所同然耳”，圣人提前就知道了我们心里相同的东西是理和义，所以圣人用理和义来使我们的心感觉到愉快，就像吃肉能使我们的嘴感到愉快那样。“犹刍豢之悦我口”，“刍”是食草类动物，“豢”是吃饲料的动物，“刍”代表牛羊，“豢”代表狗猪。因为天下人心是相通的，所以天下人都喜欢理和义，这是先天本性，圣人提前就认识到这一点，所以提出理和义，使我们的心感觉到愉快，感到愉快才能顺利地接受，才能受到感染、受到鼓舞，才能和圣人看齐。前面都是铺垫，最后这句话才是孟子想表达的思想。

11·8 孟子曰："牛山之木尝美矣，以其郊于大国也，斧斤伐之，可以为美乎？是其日夜之所息，雨露之所润，非无萌蘖之生焉，牛羊又从而牧之，是以若彼濯濯也。人见其濯濯也，以为未尝有材焉，此岂山之性也哉？虽存乎人者，岂无仁义之心哉？其所以放其良心者，亦犹斧斤之于木也，旦旦而伐之，可以为美乎？其日夜之所息，平旦之气，其好恶与人相近也者几希，则其旦昼之所为，有梏亡之矣。梏之反复，则其夜气不足以存；夜气不足以存，则其违禽兽不远矣。人见其禽兽也，而以为未尝有才焉者，是岂人之情也哉？故苟得其养，无物不长；苟失其养，无物不消。孔子曰：'操则存，舍则亡；出入无时，莫知其乡。'惟心之谓与？"

孟子说"牛山之木尝美矣"。牛山是地名，离齐国的首都临淄城很近的一座山，牛山上的树曾经长得非常美、非常漂亮。"以其郊于大国也"，因为它在大国首都的近郊。"斧斤伐之"，城里有需要木材的就去牛山上砍树，结果给砍光了，那现在它还能称得上美吗？"是其日夜之所息，雨露之所润，非无萌蘖之生焉。""萌蘖"是萌芽。牛山上的树，日日夜夜地在生长，雨露也在滋润着它，不是不能产生一些萌芽，但是刚刚生出的萌芽，"牛羊又从而牧之"。在山上放羊、放牛，把这些萌芽都吃了。"是以若彼濯濯也"，所以牛山才是现在这个光秃秃的样子了。"人见其濯濯也，以为未尝有材焉，此岂山之性也哉？"现在人们看见它光秃秃的，就以为这里不曾有过树木，这哪里是山的本性呢？山的本性是生长树木的，牛山之所以光秃秃是有原因的，是人们对它进行砍伐，牛羊又去啃食的结果，总之是外在原因造成的。

“虽存乎人者，岂无仁义之心哉?”存在于人的本性当中的，怎么会没有仁义的心？每个人的仁义礼智都是先天具有的，为什么没有表现出来？是因为后天不断的“砍伐”，不断的削减，最后仁义礼智才没有了。“其所以放其良心者，亦犹斧斤之于木也。”人放弃了良心，就好比用斧头砍伐树木，把先天美好的东西砍没了。“旦旦而伐之，可以为美乎?”天天砍伐都砍光了，还能称得上美吗？我们不但没有培养美德，反而在天天往下砍，最后美德就没有了。“其日夜之所息，平旦之气，其好恶与人相近也者几希。”每当清晨的时候，在夜晚所生长出来的气，或者说那些好的东西，都属于先天本性里边滋生出来的东西，不论好人还是坏人，这一点大家都是相近的。“则其旦昼之所为，有梏亡之矣。”白天的所作所为，是对先天美德的一种束缚。“梏之反复”，反复的去遏制这些先天美好的东西，夜晚生成的正气就不足以存在了，那么和禽兽的差别也就不远了。

人和禽兽的区别本来就不大，就在于人本性当中特属于人的那一点点东西。它在不断地滋生，当你不受外界的干扰时，它会自然地滋生。不跟外在接触的时候，没走向社会的时候，自己独自一个人什么事都没有的时候，先天美好本性里会生长出来一些好的东西。而一进入社会，从事各种事务，受外界影响，就像拿着斧头来山上砍树，有外在的力量介入了，就把先天美好的素质滋生出来的东西都束缚住了，压抑住了，使之消失了。白天接受的负能量大，晚上从先天本性自然生成的正能量就显得不足，慢慢地就将先天美好本性打压下去了，然后人和禽兽的差别就越来越小了。

“人见其禽兽也，而以为未尝有才焉者，是岂人之情也哉?”人们看见这个人跟禽兽没有区别，就认为他不曾有过美好的本性，这哪里是人的本性呢?看到一个人的所作所为没有善良的本性，就以为人性是恶的，这是不对的。是因为外在的东西，把他美好的东西给砍掉了，给束缚住了，没有让它生长出来。

“故苟得其养，无物不长；苟失其养，无物不消。”得到滋养，没有什么事物是不成长的，失去了滋养，没有什么事物是不消失的。人善良的本性也是如此，得到滋养才能越长越大，得不到滋养也会消失。所以孔子说“操则存，舍则亡”，你坚守它，它就存在，放弃了，就会消失。“出入无时，莫知其乡”，出来进去没有一定的时间，没人知道它向哪个方向去，连你自己也不知道。“惟心之谓与”，孔子这句话说的就是人心。当心中善良美好的东西受到外在的“砍伐”，生长不出来了，刚长出一点又给“牛羊”吃了，这时人就会变得盲目，心就找不到方向，人生就彻底迷茫了。

11·9　**孟子曰：“无或乎王之不智也。虽有天下易生之物也，一日暴之，十日寒之。未有能生者也。吾见亦罕矣，吾退而寒之者至矣。吾如有萌焉何哉?今夫弈之为数，小数也；不专心致志，则不得也。弈秋，通国之善弈者也。使弈秋诲二人弈，其一人专心致志，惟弈秋之为听。一人虽听之，一心以为有鸿鹄将至，思援弓缴而射之，虽与之俱学，弗若之矣。为是其智弗若与?曰：非然也。”**

“无或乎王之不智也”，不要为国君不明智而感到迷惑，这件事是必然的。“虽有天下易生之物也”，即使是天下最容易生长的，生命力最顽强的东西。“一日暴之，十日寒之”，一天暴晒，再冻十天，生命力再顽强的东西也死啦。“吾见亦罕矣”，我和国君见面的次数是很少的。“吾退而寒之者至矣”，等我退下来不见国君的时候，国君的人就又都来了。孟子用“一日暴之，十日寒之”来形容，他和国君接触的时候，给国君讲仁义礼智，促使他先天美好的本性生长，但他和国君见面的次数是很少的，等他不在国君跟前的时候，剩下的都是想办法抹杀国君先天美好本性的人。“吾如有萌焉何哉”，国君虽然有先天智慧的萌芽，但我怎么能让它生长起来呢？

孟子又打了个比方。“今夫弈之为数，小数也”，下棋这事也只是一个小术，不是大道，但不专心致志，也下不好。弈秋“通国之善弈者也”，全国之内，弈秋是最善于下棋的人。如果让弈秋同时教两个人下棋，“其一人专心致志，惟弈秋之为听”。其中一个人专心致志，耳朵里只听弈秋讲的话。“一人虽听之，一心以为有鸿鹄将至，思援弓缴而射之”，另一个人虽然也在听讲，但心里想着天鹅要飞来了，想拿起弓箭去射天鹅。“虽与之俱学，弗若之矣”，这两个人虽然是一起学，但后面这个人的成绩就比不上前面那个人了。“为是其智弗若与？”是他的智商比不上那个人吗？当然不是。

孟子这段话说的是，专注能体现出高智商，如果感觉学习能力不如别人，效率比别人低，这不是智力不如别人，不是先天素质不如别人，是没有做到专心致志。

11·10　孟子曰：“鱼，我所欲也，熊掌，亦我所欲也；二者不可得兼，舍鱼而取熊掌者也。生，亦我所欲也，义，亦我所欲也，二者不可得兼，舍生而取义者也。生亦我所欲，所欲有甚于生者，故不为苟得也；死亦我所恶，所恶有甚于死者，故患有所不辟也。如使人之所欲莫甚于生，则凡可以得生

者，何不用也？使人之所恶莫甚于死者，则凡可以辟患者，何不为也？由是则生而有不用也，由是则可以辟患而有不为也，是故所欲有甚于生者，所恶有甚于死者。非独贤者有是心也，人皆有之，贤者能勿丧耳。一箪食，一豆羹，得之则生，弗得则死。嘑尔而与之，行道之人弗受；蹴尔而与之，乞人不屑也。万钟则不辨礼义而受之，万钟于我何加焉？为宫室之美、妻妾之奉、所识穷乏者得我与？乡为身死而不受，今为宫室之美为之；乡为身死而不受，今为妻妾之奉为之；乡为身死而不受，今为所识穷乏者得我而为之，是亦不可以已乎？此之谓失其本心。”

本章也是《孟子》的名篇，被选入中学语文课本。

“鱼，我所欲也，熊掌，亦我所欲也。”鱼，是我想得到的，熊掌，也是我想得到的。“二者不可得兼，舍鱼而取熊掌者也。”这两个东西如果不能同时得到的话，我会舍弃鱼，选择熊掌，因为熊掌比鱼价值高。“生，亦我所欲也，义，亦我所欲也，二者不可得兼，舍生而取义者也。”生命，是我想得到的，义，也是我想得到的，这两者如果不能同时得到的话，我会舍弃生命，而选择道义，因为道义的价值高于生命。

“生亦我所欲，所欲有甚于生者，故不为苟得也。”生命是我想得到的，但是我想得到的有比生命更重要的东西，所以我不会苟且求生。“死亦我所恶，所恶有甚于死者，故患有所不辟也。”死，是我所讨厌的，但我所讨厌的有比死更严重的，所以有些灾患我是不逃避的。“如使人之所欲莫甚于生，则凡可以得生者何不用也？使人之所恶莫甚于死者，则凡可以辟患者何不为也？”假如人所喜欢、所想得到的，没有比生更重要的事情，那么凡是可以保全生命的，什么方法能不用？如果人所讨厌的，没有超过死的，那么凡是可以逃避灾患的事，又有什么不能去做的？“由是则生而有不用也”，因此，虽然可以使我们生，可以获得生命，而有些方法我们却不会用。“由是则可以辟患而有不为也”，因此，有一些方法可以让我们躲过灾难，但是我们不会用这种方法，宁可面对灾难，因为人的有些追求是可以超越生死的东西。

“是故所欲有甚于生者，所恶有甚于死者。”所以，我们想要得到的东西有超越生命的，我们所讨厌的东西也有超越死亡的。“非独贤者有是心也”，不仅仅是贤者有这样的心，有这样的想法。“人皆有之，贤者能勿丧耳”，每个人都有这样的想法，但是普通人把这种想法放弃了，而贤者是能够不放弃、不丧失，坚持这种想法。

下面是孟子举例子。“一箪食，一豆羹”，一箕干粮，一碗菜汤。“得之则生，弗得则死”，得到了、吃到了，就能活下去，得不到就会饿死。“嘑尔而与之”，吆喝着让人来吃。“行道之人弗受”，路过的人都不会接受。是吆喝人来吃，不是施舍的态度，路过的人是不会来吃的，因为不够尊重他，所以宁可不吃。“蹴尔而与之，乞人不屑也”，把东西踩完了再给人，要饭的都不要了。说明人有超越食物的追求，有超越生命的追求，那就是尊重。

孟子打完这个比方，接着说：“万钟则不辨礼义而受之，万钟于我何加焉？”每年一万钟的俸禄，非常高了，如果不考虑符不符合礼就接受了，那么高官厚禄又能给你带来什么呢？“为宫室之美、妻妾之奉、所识穷乏者得我与？”为了买漂亮的房子而接受高官厚禄，还是为了有妻妾来侍奉我才接受的高官厚禄？还是为了用俸禄接济亲戚朋友好让他们感恩戴德？简单说，接受万钟俸禄，是为买好房子，是为买妾，还是为了施舍出去，让大家感恩戴德？“乡为身死而不受”，即使死也不接受。因为违反道义，现在却为了好房子接受了，为了有妻妾侍奉接受了，为了想让穷困的人感恩戴德接受了。“是亦不可以已乎”，这件事一旦开了头，就会在错误的道路上走下去，停不下来。“此之谓失其本心”，我们把这种情况称为失去了本心。

本心，我们今天称初心，现在说的不忘初心，就是不失本心。为什么要不失本心？一旦放弃了人生的原则，失去了本心，就会在错误的道路上越走越远。

11·11 **孟子曰：“仁，人心也；义，人路也。舍其路而弗由，放其心而不知求，哀哉！人有鸡犬放，则知求之；有放心而不知求。学问之道无他，求其放心而已矣。”**

“仁，人心也”，仁爱是人心的本性。“义，人路也”，义是人走的道路。一个是人的本心，一个是人的必经之路。“舍其路而弗由，放其心而不知求，哀哉!”舍弃了人生正确的道路而不走，就是不采用义，放弃了本心不知道去追求，就是舍弃了仁，是一件多么悲哀的事情啊。“人有鸡犬放，则知求之；有放心而不知求。”个人的鸡狗放出去了，都知道往回找，可是你的心放出去了，却不知道往回找一找。“学问之道无他，求其放心而已矣。”求学之路上没有其他的事情，只是把放出去的那颗心找回来，仅此而已。

在儒家看来，学问就是把自己的本心找回来，不忘初心。《格言联璧》上有一句话：“收吾本心在腔子里，是圣贤第一等学问。”这就是本着孟子的精神说的。圣人贤人最高层次的功夫是，能把本心收回来放到腔子里，也就是孟子强调的“收放心”。“收放心”才能避免心为物役，如果不会“收放心”，心就跟着外在的事物跑了，就会被外在的事物奴役，这就叫心为物役。儒家学问的关键，首先要学会“收放心”，否则心就会被外物所奴役，结果生命就是为了外物奔波，人生思考问题的出发点就都是挣钱了。所以儒家修行的第一步是“收放心”，把你已经放出去的心收回来，以免被外在的事物所奴役。

11·12　**孟子曰：“今有无名之指屈而不信，非疾痛害事也，如有能信之者，则不远秦楚之路，为指之不若人也。指不若人，则知恶之；心不若人，则不知恶，此之谓不知类也。”**

“今有无名之指屈而不信”，“信”通“伸”，伸展、伸直。现在有个人，他的无名指伸不直。“非疾痛害事也”，“害事也”指影响做事情，“疾痛”是病痛、疼痛。这个人的无名指伸不直，但也不影响做事，也不带来痛苦。“如有能信之者”，假如有个大夫，能把这病治好，能让他的手指伸直。“则不远秦楚之路”，哪怕这个大夫在秦国、在楚国，这个人也会不远万里跑去求医。手指虽然伸不直，又不影响做事又不痛，为什么要跑那么远的路去求医？“为指之不若人也”，因为这个手指头跟别人的不一样，人家都能伸直，自己伸不直，所以跑多远的路也要去求医。“指不若人，则知恶之”，手指头比不上别人，就知道讨厌这件事，就要想办法治，可是自己的心不如人，却不知道讨厌，也不考虑治一治，到底心重要还是手指头重要？“此之谓不知类也”，这是不知道轻重，分不清楚人生问题的轻重缓急。手指伸不直是细枝末节问题，却特别着急去治，心才是更重要的，它不正不直，却不知道治疗。

11·13　**孟子曰：“拱把之桐梓，人苟欲生之，皆知所以养之者。至于身，而不知所以养之者，岂爱身不若桐梓哉？弗**

思甚也。”

“拱把之桐梓”，桐、梓是树，两手围住的长度为“拱”，单手握住的长度为“把”，指很细的桐、梓小树。“人苟欲生之”，人假如想让它生长的话。“皆知所以养之者”，都知道怎样去养，才能长大。“至于身，而不知所以养之者”，可是我们自身，怎么去成长，就都不知道应该怎样培养了。说白了，栽小树苗，知道怎么培养才能让它成长，而你却没考虑过怎么培养自己，让自己成长？“岂爱身不若桐梓哉？”难道说你对自己的爱，还抵不上你对树苗的爱吗？“弗思甚也”，这是最欠思考的事。

总体来说，栽树都知道让它成长，而对自己却从来没想过，应该怎样让自己成长，这是人生最欠考虑的事。

11·14　孟子曰：“人之于身也，兼所爱。兼所爱，则兼所养也。无尺寸之肤不爱焉，则无尺寸之肤不养也。所以考其善不善者，岂有他哉？于己取之而已矣。体有贵贱，有小大。无以小害大，无以贱害贵。养其小者为小人，养其大者为大人。今有场师，舍其梧槚，养其樲棘，则为贱场师焉。养其一指而失其肩背，而不知也，则为狼疾人也。饮食之人，则人贱之矣，为其养小以失大也。饮食之人无有失也，则口腹岂适为尺寸之肤哉？”

“人之于身也，兼所爱。”“兼”是全，人对自己的身体全都爱。“兼所爱，则兼所养也。”因为所有都爱，所有的地方都要考虑滋养。“无尺寸之肤不爱焉”，没有一尺一寸的皮肤是自己不喜欢的。“无尺寸之肤不养也”，没有一尺一寸的皮肤不去滋养的。“所以考其善不善者，岂有他哉？于己取之而已矣。”所以我们要考察这件事情是善还是不善，哪里有其他的标准和方法？是从自己出发，来进行一种判断而已。“体有贵贱，有小大。无以小害大，无以贱害贵。”虽然从总体上都是喜欢的，都是滋养的，但是身体的各个器官有的高、有的低、有的小、有的大，重要性不一样，我们不会因为小的来伤害大的，也不会因为贱的去伤害贵的。“养其小者为小人，养其大者为大人。”大人、小人怎么区别？小人养小的，大人养大的，优先滋养最重要的器官，这是大人；优先考虑身体次要的器官，这是小人。就像前面孟子举例子提到的那个人，无名指伸不直知道不远万里地求医，心有病却不知道治疗，这就是典型的养其小者，是小人，君子就是大人应该养其大者，应该养心。

“今有场师，舍其梧檟，养其樲棘，则为贱场师焉。”“场师”就是园艺师。如果园艺师舍弃那些高贵的树种，专门去培养那些低贱的树种，那他就是个下贱的园艺师。“养其一指，而失其肩背而不知也，则为狼疾人也。”一个人就知道养自己的一个手指头，肩和手臂都不管，还不知道自己犯了错误，说明他是个糊涂人。“饮食之人，则人贱之矣，为其养小以失大也。”只讲究饮食、只讲究吃喝的人，一辈子心思都在吃喝上，不追求别的，大家都会瞧不起他，因为他追求的东西层次太低，没有出息，没有更高层次的追求。他养了小的而失去了大的，讲究口腹之欲，这是人生小的方向。“饮食之人无有失也，则口腹岂适为尺寸之肤哉？”如果讲究饮食的人没有丧失别的追求，那么他追求吃喝的目的就不仅仅是养他那一尺一寸的皮肤了。直白地讲，吃是为了活着，活着不是为了吃，这是区别。

孟子的话我们应该引申一下，人生的追求不能局限在我们的肉身，还应该考虑滋养我们的灵魂，这才是最重要的。

11·15　公都子问曰："钧是人也，或为大人，或为小人，何也?"孟子曰："从其大体为大人，从其小体为小人。"曰："钧是人也，或从其大体，或从其小体，何也?"曰："耳目之官不思，而蔽于物。物交物，则引之而已矣。心之官则思，思则得之，不思则不得也。此天之所与我者，先立乎其大者，则其小者不能夺也。此为大人而已矣。"

公都子问孟子："钧是人也，或为大人，或为小人，何也?"同样都是人，有人成为大人，有人成为小人，为什么?我们需要注意，大人、小人的概念是对立的。孟子说："从其大体为大人，从其小体为小人。"顺从大的躯体器官的需求的，是大人；顺从小的躯体器官的需求的，是小人。大小显然不是按照体积来划分的，是按照重要性划分的。遵从身体重要部分的需求的是大人，遵从身体次要部分需求的是小人。

"钧是人也，或从其大体，或从其小体，何也?"同样是人，为什么有的人重视重要器官，有的人重视次要器官，这是为什么?"耳目之官不思，而蔽于物。"耳目这些器官不会思考，所以会受到外在事物的蒙蔽。"物交物，则引之而已矣。"事物和事物之间只是互相接触、相互吸引、相互牵引而已，是没有思考的，也不会做出理智的判断。"心之官则思"，心这个器官是思考的；"思则得之"，思考了就能得到，不思则不得；"此天之所与我者"，这是老天给我的。

这段话在区分人体各个器官的重要性。为什么说心重要?因为心是思考的器官，思考就能得到，不思考就得不到。而眼睛和耳朵的重要性为什么不如心?因为眼睛和耳朵不会思考，它们的功能是和物相接触，感知外在事物，感知外在事物是不用思考的，因而是次要的。综上所述，与耳目相关的东西，体现了人的肉体本能，与心有关的东西，体现了人的思考本能，所以它们是有差距的。

心是孟子说的大体，耳目是孟子说的小体。优先考虑大体，优先考虑心的需求，是大人；优先考虑耳目的需求，是小人。所以孟子讲“先立乎其大者，则其小者弗能夺也，此为大人而已矣”。先把大体的地位树立起来，让那些小体不能妨碍大体，这就是大人。换句话说，我们的生物本能不要影响我们的理智思考，这是大体；如果生物本能影响了理智思考，这就是小体。修行的目的是要保证生物本能不会影响到心的理智思考，这样才能成为大人，这是修行的组成部分。儒家经典《大学》讲的是“大人之学”，实际《大学》是教我们如何修身，就是如何不让我们的生物本能影响我们的理智思考。

11·16　**孟子曰：“有天爵者，有人爵者。仁义忠信，乐善不倦，此天爵也；公卿大夫，此人爵也。古之人修其天爵，而人爵从之。今之人修其天爵，以要人爵；既得人爵，而弃其天爵，则惑之甚者也，终亦必亡而已矣。”**

孟子说：“有天爵者，有人爵者。”有老天给的爵位，有人为的爵位。“仁义忠信，乐善不倦”，仁义忠信都能做到，喜欢善没有厌倦的时候，具有这样的素质，是老天给了一个至高的爵位。“公卿大夫，此人爵也”，公卿大夫，是人给的爵位，一个特殊的位置。“古之人修其天爵，而人爵从之”，古代的人修养，是修老天给的天爵，是修“仁义忠信，乐善不倦”，在这上面下功夫之后，“从之”是跟着来，那么人世间的爵位也就跟着来了，其他的好处也就来了。

“今之人修其天爵，以要人爵”，而当下之人，修仁义忠信、乐善不倦，是在用这些美德来换取社会地位。说白了不是真修，他修这个是要给自己谋好处，把修仁义忠信、乐善不倦当成一种技术手段，以此给自己换官位，换经济利益。这两种心态是不一样的，而外在的表现是一样的，都是得到了今世的成就，但内在的心态却不一样。第一是无求而修，把修仁义忠信、乐善不倦作为自己的追求，而后者是将仁义忠信、乐善不倦作为自己的手段，这是两者之间最大的区别。

现代人因为把它当成手段，所以得到人爵之后，就把天爵抛弃了。没当官之前修，没发财之前修，修是为了当官发财，当了官、发了财之后，丑恶本性都表现出来了，仁义礼智就都不管了，也不修身了。因为他只是把这些当成工具，目的一旦达到了，工具就不需要了。“则惑之甚者也”，孟子说，这种做法是最为糊涂的，最为迷惑的。“终亦必亡而已矣”，最终的结果只能是灭亡而已，这样的人最终的结局不会好。

这是孟子对那个时代的现象的一种批判，也告诉了我们正确的起心动念是什么。孟子说的负面的现象也同样存在于当下。

11·17　孟子曰：“欲贵者，人之同心也。人人有贵于己者，弗思耳矣。人之所贵者，非良贵也。赵孟之所贵，赵孟能贱之。《诗》云：‘既醉以酒，既饱以德。’言饱乎仁义也，所以不愿人之膏粱之味也；令闻广誉施于身，所以不愿人之文绣也。”

“欲贵者，人之同心也。人人有贵于己者，弗思耳矣。”“欲”是想要，“贵”是社会地位高。想要得到高的社会地位，是每个人共同的心理。但每个人都有可贵的东西，只是自己没有去想过而已。“人之所贵者”，他人给你的贵；“非良贵也”，不是真正的贵，不是最值得重视的。“赵孟之所贵，赵孟能贱之。”赵孟是晋国的一个大官，赵孟能给你高的社会地位，他既然能给你，他也能夺回去，也能让你重新变成贱，就是社会地位低的。“人之所贵者，非良贵也。”所以，高的地位如果是靠别人给的，那是不靠谱的，因为别人能给你，就能夺回去。

下面孟子引了《诗经》上的话，“既醉以酒，既饱以德”，酒已经喝到醉了，美德滋养的已经饱了。下面是孟子对这句话的阐释：“言饱乎仁义也，所以不愿人之膏粱之味也；令闻广誉施于身，所以不愿人之文绣也。”“膏粱”指美好的食物，“文绣”是美好的衣服，“令闻”是美好的名声，“广誉”是广泛的赞誉。因为我们靠仁义来滋养自己，所以不希求别人给的好吃的，因为有美好的名声、广泛的赞誉加到自己身上，来装饰自己，所以不希求别人给的美好的衣服。这里美味与好的衣服都是指物质追求，而令闻、广誉则是精神的追求。换句话说，如果我们有精神层面的更高追求的话，就会把物质层面的事看得很次要，不会因为物质层面的追求损害自己的精神需求。

总之，人要有更高的追求，生命不只是为了吃，除了物质层面的东西，人生还应该有更高层次的追求。当我们有了更高层次的追求之后，对于物质的需求自然就看得淡了。

11·18　孟子曰：“仁之胜不仁也，犹水胜火。今之为仁者，犹以一杯水救一车薪之火也；不熄，则谓之水不胜火，此又与于不仁之甚者也，亦终必亡而已矣。”

“仁之胜不仁也，犹水胜火”，仁能够战胜不仁，就好比水能灭火，水能胜过火。现在所谓行仁的人，就好像有一车柴火失火，拿一杯水去救火，是救不了的。拿一杯水去浇，浇完火没灭，然后得出一个结论，说水灭不了火。“此又与于不仁之甚者也，亦终必亡而已矣。”这些人是不仁达到很深程度的人，所以他们最终会走向灭亡。

孟子说的是，仁者一定会战胜不仁的人，就像水能战胜火那样。但在现实生活当中，经常会发现，仁人输于那个不仁的人，这又是怎么回事？说明仁人的“仁”小，而不仁者的“不仁”大，仁人就会输给不仁之人。如果平等较量，仁肯定胜过不仁，就像水肯定能灭火，但是水如果特别小，火特别大，那水就灭不了火。

现在我们修仁，可是不仁太大，我们现在的仁太小，所以目前仁打不过不仁。打个比方说，我们现在的仁就相当于一杯水，不仁却相当于一车火，所以目前我们无法把那一车火浇灭。然而一车柴火着了，我们拿一杯水浇不灭，拿一车水总能浇灭的，也是说，当仁和不仁是等量的时候，仁就一定可以战胜不仁。我们要坚信仁是能战胜不仁的，如果在现实生活中没有战胜，那结论是，我们没修到位，我们的仁量太小，得增加量。

11·19 **孟子曰：“五谷者，种之美者也；苟为不熟，不如荑稗。夫仁，亦在乎熟之而已矣。”**

修仁，要修到成熟，才是美好的东西，才有用。孟子打了个比方，五谷是种子里边非常美好的，但如果五谷没有成熟，其价值作用甚至不如那些成熟的野生谷类，修仁的关键也在于熟。

孟子这句话很重要，关键在熟不熟。如果你没有把儒家的修身方式修熟练了，在现实生活当中就用不上或用不好，但不能抱怨儒家这套修身方法没有用，或者不好用，原因在于你没熟，这才是问题的关键。

11·20　**孟子曰："羿之教人射，必志于彀；学者亦必志于彀。大匠诲人必以规矩；学者亦必以规矩。"**

"羿之教人射，必志于彀。""彀"是指把弓拉满。羿是最善于射箭的人，他教人射箭的时候，会告诉人，拉弓一定要拉满。"学者亦必志于彀"，作为学者就要追求圆满，不能半途而废。"大匠诲人必以规矩；学者亦必以规矩。"最好的工匠，教诲人的时候，一定要用规和矩。古代的两种工具，画圆的叫"规"，画方的叫"矩"。不管多么优秀的工匠，在教别人制造东西的时候，也离不开规和矩。

比如一位特别有名的裁缝，不用尺子，就能给人做衣服，这个人也许自已能做到，因为经验丰富。可如果教徒弟呢？根本不用尺，徒弟是学不会的，因为徒弟没有经验，得需要实际量出来，得有标准才能做。所以不管多么优秀的工匠，教诲人的时候，还是得拿出尺子来，拿出圆规来，还得拿出具体的规矩和方法来。不管自己运用得多么熟练，当你教别人的时候，一定得中规中矩，一板一眼地去教，人家才能学会。所以"学者亦必以规矩"，学者在传授人的时候，特别是传授方法的时候，一定要中规中矩。

今天我们要传播儒家修身方式，不能只让人家看见结果，想要教会人家，就必须守着规矩，守着方法去教，人家才能学会。比如，怎么能找到处理问题的妥当方法，符合儒家说的义？这时我就得告诉你，先从情、欲、念入手，这是具体方法，要守着规矩，一步一步往下推导，得中规中矩，有一套原则，这样去教人，他才能学会。首先我们自己要把这套规矩练熟，练熟之后，要守着这套规矩去教别人，别人才能学会，这样才能传播开来，大家才能真正认识到儒家这套方法的价值，以及对我们现实生活的意义，否则传播是非常困难的。

卷十二　告子下

12·1　任人有问屋庐子曰："礼与食孰重？"曰："礼重。"

"色与礼孰重？"曰："礼重。"

曰："以礼食，则饥而死；不以礼食，则得食，必以礼乎？亲迎，则不得妻；不亲迎，则得妻，必亲迎乎？"

屋庐子不能对，明日之邹以告孟子。

孟子曰："于答是也何有？不揣其本，而齐其末，方寸之木可使高于岑楼。金重于羽者，岂谓一钩金与一舆羽之谓哉？取食之重者与礼之轻者而比之，奚翅食重？取色之重者与礼之轻者而比之，奚翅色重？往应之曰：'紾兄之臂而夺之食，则得食；不紾，则不得食，则将紾之乎？逾东家墙而搂其处子，则得妻；不搂，则不得妻，则将搂之乎？'"

任是国名，战国时一个小国。来自任国的人叫"任人"，这个人具体的姓名已经不知道了。"屋庐子"是孟子的弟子。任人问屋庐子："礼与食孰重？"有来自任国的一个人问屋庐子，礼和食物哪一个更重要？屋庐子回答说礼更重要。又问，色和礼哪一个重要？屋庐子回答礼更重要。然后任人反问道："以礼食，则饥而死；不以礼食，则得食，必以礼乎？"如果按照礼就饥饿而死，不按照礼就能得到食物，那么得到食物一定还要依着礼吗？言外之意，我们是要守着礼饿死吗？“亲迎”，古代娶妻的一个环节。古代讲婚姻六礼，婚姻要经过六个环节，最后一个是“亲迎”。我们今天还保持着这种古俗，就是结婚这天新郎去接新娘子，这是符合礼的。任人反问，按照礼的要求去亲迎，就会得不到妻子，娶不上媳妇儿，不亲迎反而能得到媳妇儿，在这种情况下一定要亲迎吗？这个人提了一个钻牛角尖的问题。

“屋庐子不能对”，孟子的弟子回答不上来。“明日之邹以告孟子”，孟子是邹人，屋庐子到邹国，把这件事跟孟子说了。

“于答是也何有？”孟子说，回答这个问题又有什么困难的？“不揣其本，而齐其末”，如果你不去琢磨这件事情的根本，这件事情的性质，就想在细枝末节上将不同的事情统一；那么，“方寸之木可使高于岑楼”，一寸大的小木块儿，也能让它比几层楼还要高，关键是看把这木块儿放在哪儿。言外之意，任何事情都要从根本上加以比较，而不是比末梢。若是单比末梢，不能因为小木块放在山上，比楼还高，就说这小木块比楼高吧。孟子打了个比喻来说明，看问题要从根本上加以比较，不能光从末稍上加以比较。如果那样的话，就会得出一个怪异的结论，小木头块儿比几层楼还高。

接着孟子又打了个比方，即“金重于羽者”。先秦古书中的金一般不是纯指黄金，是指金属，金属是比羽毛重的，“岂谓一钩金与一舆羽之谓哉”？“钩”是三分之一两。我们说金属比羽毛要重，哪里说的是三分之一两的金属跟一车的羽毛相比呢？

孟子先给弟子讲明白道理，应该怎么去看问题。然后孟子才回答弟子的问题。“取食之重者与礼之轻者而比之，奚翅食重？”任国人问的这个问题是有毛病的，他是把饮食里边最重的一个方面，拿出来和礼的一个比较轻、比较次要的方面相比较，若是这么比较的话，当然会得出食物更重要的结论了。他举的例子是吃不上就死了，而这是饮食方面最大的事了，把饮食方面最重要的事情拿出来和礼的一个比较次要的方面相比较，这个类比是不合适的。“取色之重者与礼之轻者而比之，奚翅色重?”同样的道理，把色的最重要的方面，拿出来同礼的次要的方面相比较，那么结论当然还是色重要了。

孟子接下来教弟子如何回应：“纱兄之臂而夺之食，则得食；不纱，则不得食，则将纱之乎？逾东家墙而搂其处子，则得妻；不搂则不得妻，则将搂之乎？”你扭着你哥哥的胳膊夺他的食物，就能得到食物，你不扭着你哥哥的胳膊，不跟他抢，你就得不到食物，在这种状况下你抢不抢？需要翻过东边那家的墙，去搂他们家的女儿，你才能得到妻子，不这么做的话就得不到妻子，那么你将这样做吗？这才是礼的重要方面。

孟子的结论和对这个问题的回答，教给我们一种看问题的方法，这才是最重要的。将两件事情进行比较，首先得具有可比性，这是一个正确的思考问题的方法，不能拿两件不具备可比性的事情来比。本章给我们最重要的启示是在这里，是一种正确的思考问题的方法。

12·2　曹交问曰：“人皆可以为尧舜，有诸?”

孟子曰：“然。”

“交闻文王十尺，汤九尺，今交九尺四寸以长，食粟而已，如何则可?”

曰：“奚有于是? 亦为之而已矣。有人于此，力不能胜一匹雏，则为无力人矣；今曰举百钧，则为有力人矣。然则举乌获之任，是亦为乌获而已矣。夫人岂以不胜为患哉? 弗为耳。

徐行后长者谓之弟，疾行先长者谓之不弟。夫徐行者，岂人所不能哉？所不为也。尧舜之道，孝弟而已矣。子服尧之服，诵尧之言，行尧之行，是尧而已矣。子服桀之服，诵桀之言，行桀之行，是桀而已矣。”

曰：“交得见于邹君，可以假馆，愿留而受业于门。”

曰：“夫道若大路然，岂难知哉？人病不求耳。子归而求之，有余师。”

曹交是曹国国君的弟弟。他问孟子：“人皆可以为尧舜，有诸?”每个人都可以成为尧舜，有没有这个说法？孟子回答是的。“交”是曹交自称。“我听说文王身高十尺，商汤身高九尺，现在我曹交身高九尺四寸，正介于周文王和商汤中间，吃粮食而已，我怎样做才可以成为尧舜?”

“人皆可以为尧舜”，这是儒家的一个提法，孟子特别强调这个，只要你努力，只要你修，每个人都有达到尧舜那个境界的潜质，而对这一点，曹交是表示怀疑的。所以他说，我现在要论身高，跟周文王和商汤这两位大圣人是差不多的，但是人家是两位大圣人，而我也就能吃饭，我应该怎么做?

“奚有于是?”这有什么关系?“亦为之而已矣”，做也就罢了。关键在“为之”，是你得去做，只是思考、感叹是没有用的。“有人于此，力不能胜一匹雏”，打个比方，假如有一个人，连一只小鸡都拿不起来，就是我们通常所说的手无缚鸡之力，“则为无力人矣”，那么我们评价他是没有力量的人，没力气的人。“今曰举百钧”，一钧大概是三百斤，百钧是三千斤，若是这个人能举起一百钧，那么他是一个有力量的人。“然则举乌获之任，是亦为乌获而已矣。”“乌获”是人名，古代有名的大力士。假如乌获能举的东西，你也能举起来，那你也就成为乌获那样的大力士了。“夫人岂以不胜为患哉？弗为耳。”人哪里能将不胜任作为可忧虑的事情？只是没有去做罢了。只忧愁这件事是没有用的，你要去做，只有去做才能做到，就像手无缚鸡之力的人，经过锻炼之后，也能举起百钧，也能成为一个大力士，关键是你做不做。

“徐行后长者”，“徐”是慢慢地，“徐行”是慢点走，“后长者”，在长者身后。跟长辈一起行走的时候，要落后半步或一步，不能抢到前面去，这是当时的礼俗，这就是儒家提倡的悌的具体表现。快走，走到比你年长的人前面去了，这就叫不悌，是没做到悌。“夫徐行者，岂人所不能哉？”你慢走两步，难道这是人做不到的吗？“所不为也”，只是你不做。“尧舜之道，孝弟而已矣。”怎么才能成为尧舜？尧舜之道也不过是孝和悌而已。

您现在要是穿着尧的服装，背诵尧的言论，践行尧的行为，您就是尧了，就达到尧的境界了，关键是做不做。如果您穿着桀的服装，背的都是桀的话，行的是桀的行为，那你就是夏桀了，就成了一个特别恶劣的人了，关键就在于怎么做。

孟子这段话对曹交非常有启发。然后曹交说：“交得见于邹君，可以假馆”，我能够去觐见邹国的国君，让他借给我住的地方，我愿意留下来，在您门下接受您的教诲。曹交这是动了追随孟子学习的念头。

但孟子表态，“夫道若大路然”，这个道就好比是大马路。“岂难知哉？”哪里是难以知道和了解的？“人病不求耳”，人的缺点在于不去追求道而已。“子归而求之”，你回你们国家去，只要你追求这个道。“有余师”，那么就有很多人可以做你的老师。言外之意是，你没有必要在这里租房子住下来，非跟我学，但凡有那个心并去追求，回到你的国家也会发现有很多人能指导你。

本章讲的是儒家的标志性理论“人皆可以为尧舜”。孟子指出，尧舜之道并不是什么复杂的东西，只是孝悌。尧舜之所以成为大圣人，他们的学问、践行的内容，核心是孝悌。《论语》上讲“君子务本，本立而道生，孝弟也者，其为人之本与”，为人的根本在孝悌，成为尧舜那样的大圣人，根本也在孝悌。这并不是难以做到的，只不过你没有考虑、没想去做而已。从孝悌做起，这件事很简单，孟子举了一个最极端的例子，能够慢走两步，走在比你年长的人后面，这就是悌，很简单的一件事情。

孟子把一个儒家非常高大上的口号，解析为日常生活当中非常简单的事情，这是孟子阐释儒家思想的一个特点。

12·3　公孙丑问曰：“高子曰，《小弁》，小人之诗也。”

孟子曰：“何以言之？”

曰：“怨。”

曰：“固哉，高叟之为诗也！有人于此，越人关弓而射之，则己谈笑而道之；无他，疏之也。其兄关弓而射之，则己垂涕泣而道之；无他，戚之也。《小弁》之怨，亲亲也。亲亲，仁也。固矣夫，高叟之为诗也！”

曰：“《凯风》何以不怨？”

曰：“《凯风》，亲之过小者也；《小弁》，亲之过大者也。亲之过大而不怨，是愈疏也；亲之过小而怨，是不可矶也。愈疏，不孝也；不可矶，亦不孝也。孔子曰：‘舜其至孝矣，五十而慕。’”

“高子曰，《小弁》，小人之诗也。”高子是人名，公孙丑来问孟子，高子有一个说法，他说《诗经》上《小弁》这首诗，是小人之诗。孟子反问，为什么这么说？“因为这首诗表达出一种怨恨之情，所以说是小人之诗。

《小弁》见于《诗经·小雅》，朱熹《诗集传》中说：

> **幽王娶于申，生太子宜臼，后得褒姒而惑之，生子伯服，信其谗，黜申后，逐宜臼，而宜臼作此诗以自怨也。**

对于朱熹所说的创作背景，历来存在不同的说法，总之，这是一首充满忧愤情绪的哀怨诗。从诗本身的内容来看，是诗人的父亲听信了谗言把他放逐，致使他幽怨哀伤。因为诗中表现出对父亲的哀怨情绪，所以高子认为作者是小人，怨恨父亲是不对的。

孟子说："固哉，高叟之为诗也。"孟子感慨道，高老先生的思维太僵化了。然后他打个比方，"有人于此"，假如有一个人；"越人关弓而射之"，越国人搭弓射箭来射他。"则己谈笑而道之"，这个人能把这件事当成一个笑话来讲。他为什么能看得这么淡？"无他"，没别的原因。"疏之也"，因为他们之间的关系疏远，他跟那越国人关系疏远，所以这件事不放在心上。如果是他的哥哥射了他一箭，他跟别人描述这件事情的时候，"垂涕泣而道之"，可能是流着眼泪跟人说这件事。"戚之也"，"戚"是亲，因为他跟他哥哥关系亲。然后孟子解释，"《小弁》之怨，亲亲也"，《小弁》这首诗表现出来的怨恨，背后是他对亲人的亲情。"亲亲，仁也"，对亲人有亲情，这是儒家提倡的仁。所以孟子再一次重复"固矣夫，高叟之为诗也"，高老先生在讨论诗歌内涵这件事上实在是太僵化了。

高子认为，《小弁》诗表现出了对父亲的怨恨，从孝道出发认为这是不应该的，作者有小人心态，而孟子认为，这种怨恰恰反映出了对亲人的亲情，体现了儒家提倡的仁，具有仁的应该是君子了。

公孙丑又问："《凯风》何以不怨？"《诗经》当中的另一首诗《凯风》，这首诗为什么没有表现出怨气？按照《毛诗序》的说法，《凯风》是赞美孝子的诗。孟子说：《凯风》这首诗反映出来的亲人犯的过错小，《小弁》这首诗反映的亲人犯的过错大。"亲"从广义上可以理解为亲人，先秦时期"亲"字更多的是指父母，从诗歌的本义来讲，亲应该是指父母。"亲之过大而不怨，是愈疏也。"假如父母的错误很大，你却没有怨，你这是和他们的关系越来越疏远了，都不怨了，都不恨了，显然关系疏远了。"亲之过小而怨，是不可矶也。"但是父母的错误很小，你却怨恨，这是在刺激自己。"愈疏，不孝也；不可矶，亦不孝也。"跟父母关系越来越远这是不孝，用父母的一个小的过错来刺激自己，这也是不孝。因此孔子说："舜其至孝矣，五十而慕。"舜恐怕是最孝顺的人了，他到五十岁时还对父母充满了依恋。这里孟子引了孔子的一句话。

表面上看孟子是在讨论《诗经》某些诗的内涵、创作背景和诗的中心思想，但实际上表达的是孟子对于孝的理解，尤其是当父母犯了错误的情况下，应该是一种什么态度。这里充分体现了孟子的权变精神，不能一概而论，得看什么事，如果父母的错误是比较大的，那么你有点怨气是正常的；但如果父母的错误不大，是小事，日常生活当中的小事，你有怨气就不正常了。

12·4　宋牼将之楚，孟子遇于石丘。曰："先生将何之？"

曰："吾闻秦楚构兵，我将见楚王说而罢之。楚王不悦，我将见秦王说而罢之。二王我将有所遇焉。"

曰："轲也请无问其详，愿闻其指。说之将何如？"

曰："我将言其不利也。"

曰："先生之志则大矣，先生之号则不可。先生以利说秦、楚之王，秦、楚之王悦于利，以罢三军之师，是三军之士乐罢而悦于利也。为人臣者怀利以事其君，为人子者怀利以事其父，为人弟者怀利以事其兄，是君臣、父子、兄弟终去仁义，怀利以相接，然而不亡者，未之有也。先生以仁义说秦、楚之王，秦、楚之王悦于仁义，而罢三军之师，是三军之士乐罢而悦于仁义也。为人臣者怀仁义以事其君，为人子者怀仁义以事其父，为人弟者怀仁义以事其兄，是君臣、父子、兄弟去利，怀仁义以相接也，然而不王者，未之有也。何必曰利?"

宋牼是人名，一般认为也名宋钘，也称宋荣子。还有一种说法，宋牼是先秦道家的一位著名学者，他和另外一位姓尹的学者合称"宋尹学派"，是先秦道家的一个分支。总之这是与孟子同时代的一位学者。"宋牼将之楚，孟子遇于石丘"，这个人将要到楚国去，孟子在石丘遇到了他。

"先生将何之?"先生将要到哪里去？孟子称宋牼为先生，说明他对宋牼是比较尊重的。"吾闻秦楚构兵"，我听说秦国和楚国准备打仗。"我将见楚王说而罢之"，我将要去觐见楚王，去劝说他，让他停止战争。"楚王不悦，我将见秦王说而罢之"，如果楚王不高兴，他不听我的，那我将要去见秦王，劝说秦王罢兵，结束战争。宋牼作为思想家是反对战争的，在这一点上他跟墨子是很相像的，反对任何战争。"二王我将有所遇焉"，这两个王，秦王和楚王，总能碰上一个听我劝的吧？只要有一个人听我劝，这两国就不至于发生战争了。孟子对他比较尊重可能也跟他是一个很有公心且以天下为己任的人有关系。

"轲也请无问其详，愿闻其指。""指"通假字，通"旨"，是中心、重点。孟子称自己的名字，表示谦逊，孟轲不敢问您详细的计划，但我希望能听到您的中心思想。“说之将何如?”您打算怎么劝说他们？宋轻回答“我将言其不利也”，我将对他们讲，战争对他们是不利的，对他们是没好处的。

孟子说：“先生之志则大矣，先生之号则不可。”您这个志向真的是很远大，但是您这个说法，我认为不可以，不妥。“先生以利说秦、楚之王”，您用这个利字去劝说秦、楚两国的国君，秦、楚两国的国君“悦于利”，他们若是因为喜欢获利，“而罢三军之师”，而取消了战争，即使你劝说成功了，战争没打起来，那么最后的结果“是三军之士乐罢而悦于利也”，部队之所以撤回来，是因为全都喜欢获利。孟子是强调仁义而忽视利的，在这里就体现出来了。

孟子接着展开：“为人臣者怀利以事其君，为人子者怀利以事其父，为人弟者怀利以事其兄。是君臣、父子、兄弟终去仁义，怀利以相接，然而不亡者，未之有也。”如果用这种方法去劝，最后导致一个什么效果？所有给人家当臣子的人，都怀揣利字去侍奉君主，所有做儿子的都怀揣利字去侍奉父亲，所有当弟弟的都怀揣利字去侍奉兄长，结果是君臣之间、父子之间、兄弟之间最终都会抛掉仁义，都怀揣着利字相互交往。如果这样的话，却没有导致国家灭亡，那是从来没有过的事情。言外之意，如果这样，全民趋利，那最后的结果必然是灭亡。

一切利字当头，不管是君臣、父子、还是兄弟，协调各种关系全是利字当头，这个国家必然灭亡。君臣是一种上下级关系，我们也可以理解为社会关系，父子兄弟是亲属关系，处理社会关系、处理亲属关系都利字当头，全体人民都用利来衡量、来协调人际关系，如果是这样的话，这个社会必然灭亡。

孟子接着提出自己的主张。“先生以仁义说秦、楚之王”，孟子认为正确的方法应该是用仁义去劝说秦楚两国的国君。如果他们因为喜欢仁义而“罢三军之师”，三军将士都会为取消战争而高兴，因为他们都喜欢仁义。“为人臣者怀仁义以事其君，为人子者怀仁义以事其父，为人弟者怀仁义以事其兄，是君臣、父子、兄弟去利，怀仁义以相接也，然而不王者，未之有也。”当大臣的怀揣仁义来侍奉君主，做儿子的怀揣仁义来侍奉父亲，为弟弟的怀揣仁义来侍奉兄长，结果是君臣、父子、兄弟都抛弃了利字，都带着一颗仁义之心相互交往。这样的话，“而不王者”，不能称王于天下的，“未之有也”。言外之意，如果能做到这一点，全民都把利字放在次要的位置，都用仁义作为相互交往的标准和准则的话，就一定能够称王天下。所以孟子说：“何必曰利！”你何必去谈这个利字。

本章体现了孟子思想的一个特色，即仁义高于利。当然这也是孔子以来儒家的一个核心思想，重视仁义，轻视利，不能把利字放在仁义上面。实际本书开篇第一章就已经在阐释这个问题了。

12·5　孟子居邹，季任为任处守，以币交，受之而不报。处于平陆，储子为相，以币交，受之而不报。他日，由邹之任，见季子；由平陆之齐，不见储子。屋庐子喜曰：“连得间矣。”

问曰：“夫子之任，见季子；之齐，不见储子，为其为相与？”

曰：“非也。《书》曰：‘享多仪，仪不及物曰不享，惟不役志于享。’为其不成享也。”

屋庐子悦。或问之，屋庐子曰：“季子不得之邹，储子得

之平陆。”

“孟子居邹，季任为任处守”，孟子居住在邹国，季任是为任国驻守这个地方的官员。“以币交”的“币”不能理解为钱，是礼物。他给孟子送礼，要跟孟子交往。“受之而不报”，孟子接受了礼物，但是却没有回报。对方来送礼，就收下了，但没给人家回礼，也没给人家回信，这叫“受之而不报”。“处于平陆，储子为相，以币交，受之而不报。”平陆是地名。有一次，孟子在平陆的时候，当时储子担任齐国的卿相，想跟孟子交往，孟子接受了，但没回报。改天，孟子从邹国去任国，会见了季子即季任。还有一次，孟子途经平陆去齐国，储子在平陆，但是孟子没有去见储子。屋庐子说这回终于找着机会可以质疑老师了，可以挑老师的毛病了。屋庐子来问孟子：“夫子之任见季子，之齐不见储子，为其为相与?”您老人家到任国去，就拜会了季子，您到齐国去，却没有去拜会储子，您是因为储子担任卿相吗?

孟子的回答是否定的。然后孟子引了《尚书》上的话，“享多仪，仪不及物曰不享”，“享”我们可以宽泛地理解为祭祀、享献这样的事，里面包括好多仪式，这叫“享多仪”。另一种解释，“多”是“推崇”，即这种礼仪我们最看重的是它的仪式，而不是献祭的物品。“仪不及物曰不享”，仪式比不上物品，叫作不享。如果把仪式用的东西看得比仪式本身还重要，那就等于没有举行这个礼仪，叫“不享”。“惟不役志于享”，因为你没有把你的心思放在“享”这件事上，所以忽视了仪式，重视了物品。因此，那样就等于没有举行这个仪式。“为其不成享也”，因为根本没有完成这个“享”应有的那些仪式。我们乍一看，孟子所答非所问，弟子问的是您老人家为什么到任国见了季任，到齐国没见储子。他却谈了半天仪式，这里边最重要的是仪式本身，而不是举行仪式时用的东西。但是屋庐子理解了。

屋庐子高兴了，有人来问屋庐子，屋庐子说："季子不得之邹，储子得之平陆。"孟子解释更应该重视的不是东西，而是礼仪。为什么孟子对这两个人送的礼物都是"受之而不报"，而对这两个人的态度却不一样？屋庐子的解释是，在季任给孟子送礼物的时候，他不能够去邹国。当时孟子住在邹国，在季任送礼的时候，他没有机会去邹国拜见孟子，所以只送了一份礼物表达心意，因为季任"为任处守"，在那个地方镇守，不能擅离岗位。而储子不是，储子作为齐国的相，送礼的时候，孟子已经在平陆了。平陆是齐国的地名。储子不用从自己的国家出去，他是可以去平陆见孟子的。孟子住在邹国，季任住在任国，他要去见孟子得出国，这就有诸多问题了。但储子不是这样，孟子已经到了平陆，已经进入齐国境内，作为齐国人，储子来见孟子是很正常的，而储子却没来，只是送了礼物，这是孟子区别对待的原因。孟子看重的不是礼物，而是他们的态度和礼节。季任送了礼物人没来，是由于他来有困难，所以孟子到任国的时候，专程拜访了季任。储子能来见孟子而不来见，仅送了份礼物，所以孟子能见他也不见。

从中我们可以看出孟子待人接物的原则，也可以看出儒家对礼的重视，以及儒家的待人原则。这对我们今天的日常生活、与人交往是有启发的。应该看重的不是对方送了什么礼物，而是对方的态度。你用什么样的礼对我，我就用什么样的礼对你，不在东西多少，而在于你对我的重视程度。送的东西再多，对我不够重视，不够尊重，那等于是贿赂、收买。这样的人际关系是维持不下去的，自然也就没有必要去维系、去经营。这就是孟子的态度。

12·6 淳于髡曰："先名实者，为人也；后名实者，自为也。夫子在三卿之中，名实未加于上下而去之，仁者固如此乎？"

孟子曰："居下位，不以贤事不肖者，伯夷也；五就汤、五就桀者，伊尹也；不恶污君，不辞小官者，柳下惠也。三子者不同道，其趋一也。一者何也？曰仁也。君子亦仁而已矣，何必同？"

曰："鲁缪公之时，公仪子为政，子柳、子思为臣，鲁之削也滋甚。若是乎贤者之无益于国也！"

曰："虞不用百里奚而亡，秦穆公用之而霸。不用贤则亡，削何可得与？"

曰："昔者王豹处于淇，而河西善讴；绵驹处于高唐，而齐右善歌；华周、杞梁之妻善哭其夫而变国俗。有诸内，必形诸外。为其事而无其功者，髡未尝睹之也。是故无贤者也；有则髡必识之。"

曰："孔子为鲁司寇，不用，从而祭，燔肉不至，不税冕而行。不知者以为为肉也，其知者以为为无礼也。乃孔子则欲以微罪行，不欲为苟去。君子之所为，众人固不识也。"

淳于髡，战国时期齐国的政治家和思想家，以博学多才、善于辩论著称。本章记载的是他与孟子之间的辩论，他对孟子的政治主张是持质疑态度的。

"先名实者，为人也；后名实者，自为也。""名"是名誉，"实"是实际的业绩。把名和实放在前面的这种情况，是为了别人，把名和实放在后面的这种做法，是为了自己。换句话说，若是为他人着想，我们应该追求建功立业，不仅使自己享有名誉，更重要的是通过我们实际取得的业绩造福他人；若是仅仅为自己着想，我们才能把名誉、业绩等放在一边，看得无足轻重，对我们自己而言，这些都是身外之物，是可有可无的东西。“夫子在三卿之中，名实未加于上下而去之，仁者固如此乎？”然后他指责孟子。您老人家是三卿之一，您不管是名还是实，都没能够让上上下下受到您的影响，然后您就离开了。说得直白点儿，孟子你也没发挥什么作用就离开了，仁者本来就是这样办事的吗？

孟子回答：“居下位，不以贤事不肖者，伯夷也。”孟子举了几位古人的例子，第一位是伯夷，身居下位，当个小官，但是不用自己的贤去侍奉那些不肖的人、不贤的人，这是伯夷的做法。第二个例子，“五就汤、五就桀者，伊尹也”。伊尹的做法就不一样了，五次来找商汤，五次去找夏桀。商汤是商朝第一个君主，历史上有名的圣明君主，夏桀是夏朝最后一个君主，历史上著名的昏君。商汤灭掉了夏桀，建立了商朝，这段历史我们都知道。伊尹想给自己找个官当，五次跑到商汤这边，五次跑到夏桀那边，不管是谁，就想找一个能任用自己的人，到夏桀这边待上一段时间，夏桀没有任用他，他就跑到商汤那边去，商汤也没用他，他再跑回夏桀这里，来来回回反复五次，这是伊尹。伊尹最终成为辅佐商汤的贤相。第三个例子，“不恶污君，不辞小官者，柳下惠也”。不讨厌昏君，给一个小官也不推辞，这是柳下惠的做法。然后孟子评价：“三子者不同道，其趋一也。”这三个人的做法虽然是截然不同的，但是他们的价值取向是一样的。“一者何也？”那他们一样的地方是什么？“曰仁也”，都有仁者爱人的精神。“君子亦仁而已矣，何必同？”作为一个君子也就是追求仁字罢了，何必追求方式方法相同？孟子以古人的例子论证，君子应该追求的是仁，为人处事的方法虽然不同，以仁为准则却是相同的，所追求的、用作指导自己行动指南的标准不是名实，而是仁。

淳于髡说："鲁缪公之时，公仪子为政，子柳、子思为臣，鲁之削也滋甚。若是乎贤者之无益于国也。"鲁缪公就是鲁穆公，他在位的时候，公仪子执政，子柳、子思做大臣。子思就是孔子的孙子孔伋，孟子的学问传承自子思，历史上将儒家的这一系称为"思孟学派"。"思"是指子思，"孟"是指孟子。淳于髡给孟子出了一个难题，公仪子、子柳、子思都是贤人，可是在他们执政的时候鲁国的削弱却越来越严重，鲁国一天不如一天，由此来看，贤人对国家也没什么益处啊。

孟子回答："虞不用百里奚而亡，秦穆公用之而霸。不用贤则亡，削何可得与？"虞国没有任用百里奚，最后灭亡了，秦穆公用了百里奚，最后称霸了，不任用贤能的人，国家会灭亡，哪里仅仅是削弱？言外之意，鲁国不是没亡吗？鲁国没亡是因为用了这几个人，虽然看着是削弱了，但是因为用了这几个人才没灭亡，若是不用这几个人，鲁国早灭亡了。有前车之鉴，虞国不就因为没有任用百里奚而导致灭亡吗？

淳于髡说："昔者王豹处于淇，而河西善讴。""王豹"一位著名的歌唱家。他住在淇这个地方的时候，整个河西地区全体人民的歌唱水平都提升了。"讴"是唱歌。"绵驹处于高唐，而齐右善歌"，绵驹是另一位歌唱家，他住在高唐这个地方的时候，齐右地区整个的歌唱水平就上来了。"华周、杞梁之妻善哭其夫"，华周、杞梁两个人的妻子都非常擅于哭她的丈夫，人死了哭得好。"而变国俗"，使整个国家的风俗为之改变。淳于髡举这几个例子意在说明"有诸内，必形诸外"，如果内心有，一定会向外表现出来。这些歌者、痛哭的人，他们不是有意的要教别人唱歌，或是教别人哭，但是他们内在有，就对外表现出来了，就对别人产生了影响。“为其事而无其功者，髡未尝睹之也”，做一件事却做不出成就来，这样的人我从来没有见过。“是故无贤者也，有则髡必识之”，因此我认为根本没有你所说的贤人，若是有的话，我一定会识别出来。淳于髡的意思是，你把贤人的地位说得这么重要，“有诸内，必行诸外”，若真的是贤者一定会有所表现，一定会对国家产生影响，鲁国就不应该一天不如一天。

孟子说“孔子为鲁司寇，不用”，孔子担任鲁国司寇的时候，没有受到重用。“从而祭”，跟从着大家一起去祭祀。“燔肉不至”，祭祀完了肉却没有到来，就是忘了分给他祭祀的肉。按当时的礼俗，国君祭祀之后要把用来祭祀的肉切成小块，重要的大臣都能分到，可是却把孔子落下了。“不税冕而行。”。孔子都没等着把礼帽换下来就走了，从此离开了鲁国，周游列国去了。因为国君忘了他，忽视了他，再留下来就没有意义了。“不知者以为为肉也，其知者以为为无礼也。”不知道、不了解这个情况的人，以为孔子是为了肉赌气走了；知道的人认为，孔子是因为国君对他无礼才离开的。而孟子认为，这两种人都不是真正了解孔子。

“乃孔子则欲以微罪行，不欲为苟去。”孔子是想找国君的一个小的错误作为借口离开，孔子本身早就想离开了，但是不能没有原因地走，因为那样做不符合礼。“不欲为苟去也”，孔子不想随随便便地离开，会让人说自己不负责任。他现在毕竟是鲁国大司寇，说不干就不干了，这就太不负责任了。所以他想找一个小事作借口，然后可以名正言顺地离开。既达到离开的目的，也不至于把他和国君的责任都搞得很严重。这是孟子的理解。

孟子以孔子为例说出下面的道理，“君子之所为，众人固不识也”。君子的所作所为，普通人本来是无法理解，无法识别的。孟子用这个例子去驳斥淳于髡上面的话，贤者的所作所为是你根本认识不到的，理解不了的，即使你身边就有贤者，你都识别不了的。

两人的谈话到此为止，聊不下去了，谈不下去的原因在于，立论就不一样。淳于髡一开始提出一个问题，你若是重视名誉、重视业绩，就是为别人，能把这些抛开才是为自己。实际上这不符合儒家的精神。孔子讲“无可无不可”，对这一点孟子的理解是非常深刻的。所以，从这个出发点来看，两人继续探讨，探讨来探讨去是说不到一起的。因为淳于髡辩不过孟子，就开始有人身攻击了，那几个贤人在鲁国执政的时候，鲁国一天不如一天，就证明你所说的贤人对国家根本没有任何好处。孟子也就不跟他客气了，最后的结论是“君子之所为，众人固不识也”，君子的所作所为，不是你这个档次的人能理解的。

12·7　孟子曰："五霸者，三王之罪人也；今之诸侯，五霸之罪人也；今之大夫，今之诸侯之罪人也。天子适诸侯曰巡狩，诸侯朝于天子曰述职。春省耕而补不足，秋省敛而助不给。入其疆，土地辟，田野治，养老尊贤，俊杰在位，则有庆，庆以地。入其疆，土地荒芜，遗老失贤，掊克在位，则有让。一不朝，则贬其爵；再不朝，则削其地；三不朝，则六师移之。是故天子讨而不伐，诸侯伐而不讨。五霸者，搂诸侯以伐诸侯者也，故曰：五霸者，三王之罪人也。五霸，桓公为盛。葵丘之会，诸侯束牲载书而不歃血。初命曰：诛不孝，无易树子，无以妾为妻。再命曰：尊贤育才，以彰有德。三命

曰：敬老慈幼，无忘宾旅。四命曰：士无世官，官事无摄，取士必得，无专杀大夫。五命曰：无曲防，无遏籴，无有封而不告。曰：凡我同盟之人，既盟之后，言归于好。今之诸侯皆犯此五禁，故曰：今之诸侯，五霸之罪人也。长君之恶其罪小，逢君之恶其罪大。今之大夫皆逢君之恶，故曰：今之大夫，今之诸侯之罪人也。”

孟子先说出了自己的结论，然后再对自己的结论加以论证。其结论是“五霸者，三王之罪人也”，春秋五霸是三王的罪人。所谓“三王”是指夏、商、周，传统认为那是中国古代的黄金时期。孟子说春秋五霸是三王的罪人，我们引申一下，在三代圣王来看，春秋五霸都是有罪之人。“今之诸侯，五霸之罪人也”，今天这些诸侯，让春秋五霸来看，也都是有罪之人。春秋五霸是齐桓公、晋文公、楚庄王、吴王阖闾、越王勾践。“今之大夫，今之诸侯之罪人也”，现在这些大夫，这些诸侯国的臣子，实际上都是诸侯的罪人。

接下来孟子逐一论证自己的观点。“天子适诸侯曰巡狩，诸侯朝于天子曰述职。”这是周朝的礼俗或者说政治体制。周天子到各诸侯国去视察，这叫作“巡狩”，诸侯去朝见周天子，叫作“述职”。“春省耕而补不足，秋省敛而助不给。”周天子到诸侯国视察，春天去视察播种的情况，对于那些力量不足的给予一定的补助，秋天去视察秋收的情况，对于那些能力不足的也要给予一定的帮助。“入其疆，土地辟，田野治，养老尊贤，俊杰在位。”周天子进入到诸侯国的疆域之后，发现这个诸侯国土地都得到了开垦，田野都得到了治理，老人也能得到奉养，贤人也能受到尊重，在位的官员都是俊杰，说明这个诸侯国治理得很好。“则有庆”，就要对这个诸侯进行赏赐。赏什么？“庆以地”，赏他土地，增加他的封地。因为他管理得很好，就扩大他的辖区。“入其疆，土地荒芜，遗老失贤，掊克在位。”假如进入诸侯国的疆域，发现这个诸侯国土地荒芜，老人被遗弃，贤人失去应有的位置，一些很刻薄的官员在其位。“则有让”，就要对这个诸侯进行处分。以上说的是天子到诸侯国的“巡狩”，下面说的是诸侯王朝见周天子的“述职”。

诸侯要定期去朝见周天子，不来的怎么办？“一不朝”，第一次没有去朝见周天子的，“贬其爵”，降低他的爵位；“再不朝”，少来两次，“削其地”，减少他的封地；“三不朝，则六师移之”，如果第三次不朝，就派部队去讨伐他了。简单说，缺席一次降级，缺席两次减少封地，缺席三次就要进行武力打击了。“是故天子讨而不伐，诸侯伐而不讨”，因此天子是声讨而不是讨伐，诸侯是讨伐而不能声讨。要想声讨首先得有那个位置，得有那个高度，上级对下级才能做出声讨来。以上说的是“三王”的正常做法。

春秋五霸是怎么做的呢？“五霸者，搂诸侯以伐诸侯者也，故曰：五霸者，三王之罪人也。”春秋五霸是集合一群诸侯去讨伐另一个诸侯，这种做法根本就不符合周朝的体制，所以才说五霸是三王的罪人。

下面举出春秋五霸的第一个霸主齐桓公为例。“五霸，桓公为盛”，春秋五霸中，齐桓公是最强盛、最有名的一个。“葵丘之会，诸侯束牲载书而不歃血”，齐桓公召集很多诸侯在葵丘这个地方会盟。“歃血”是古代举行盟誓的仪式，也称歃血为盟，是杀牲畜祭天，表示在老天面前立下誓约，然后把牲口的血涂在嘴唇上。齐桓公在葵丘率领诸侯们举行盟誓的时候没有歃血这个环节，而是“束牲”，把牲口捆起来但是没杀，“载书”是把盟书放在牲口上。

葵丘之会代表着齐桓公的霸业走向了巅峰。那么在葵丘之会的时候，齐桓公给诸侯定了哪些规矩呢？“初命曰”，第一条。“诛不孝”，要讨伐不孝的人。“无易树子”，要立嫡长子做接班人，轻易不要改变。“无以妾为妻”，不要把小老婆扶正。“再命”，第二条。“尊贤育才”，要尊重贤能的人，要养育人才。“以彰有德”，表彰有德的人。“三命”，第三条。“敬老慈幼”，尊敬老人，慈爱孩子；“无忘宾旅”，不要遗忘旅客。第四条，“士无世官，官事无摄”，士的官位不能世袭，政府官员不能一个人兼几个职务。“取士必得”，任用士一定要得当、恰当。“无专杀大夫”，不要随随便便就把手下大夫这个级别的官员处死。“五命曰”，第五条。“无曲防”，不要四处乱修水坝。这一项涉及水利工程。“无遏籴”，不要阻止别的国家来买粮。前一条说的是水利工程上要有协作精神，后一条说的是救灾方面要有协作精神。我们国家受灾了，粮食不够吃，去你们国家采购粮食，结果你坚决禁止粮食出口，这是不行的。“无有封而不告”，不要封某个人做官不和大家通报一声。以上是葵丘会盟的内容，各国商定的条约，也是大家都要遵守的内容，涉及的方面是很多的，就不细解释了，因为对我们今天没有太大意义。

最后大家发誓，“凡我同盟之人，既盟之后，言归于好”。凡是今天一起来结盟的人，在订立盟约之后，全都言归于好，以前的矛盾一笔勾销。这是当年齐桓公在葵丘之会领着各国立下的盟约。然后孟子说“今之诸侯，皆犯此五禁”，上面这五条，现在的诸侯没有一个不违犯的。“故曰：今之诸侯，五霸之罪人也。”所以我才说今天的诸侯是五霸的罪人。

“长君之恶其罪小，逢君之恶其罪大。”这是孟子的名言。助长君主的恶，罪过小；逢迎君主的恶，罪过大。这不仅是对君主，对所有人都是如此。“长恶”罪还小一点，“逢恶”罪才大。这两点的区别是什么？“长”是助长，是帮助他去实现他的恶，“逢”是引导、逢迎，引导他去作恶。“今之大夫，皆逢君之恶。”孟子说，现在这些大臣都是逢君之恶，都专门诱导国君干坏事。“故曰：今之大夫，今之诸侯之罪人也。”所以说，现在的大夫是诸侯的罪人。

孟子这段话，对他那个年代所有国家的政治进行了激烈的抨击，已经说到骨子里了。

12·8 **鲁欲使慎子为将军。孟子曰：“不教民而用之，谓之殃民。殃民者，不容于尧舜之世。一战胜齐，遂有南阳，然且不可。”**

慎子勃然不悦曰：“此则滑厘所不识也。”

曰：“吾明告子。天子之地方千里；不千里不足以待诸侯。诸侯之地方百里；不百里不足以守宗庙之典籍。周公之封于鲁为方百里也；地非不足，而俭于百里。太公之封于齐也亦为方百里也；地非不足也；而俭于百里。今鲁方百里者五，子以为有王者作，则鲁在所损乎，在所益乎？徒取诸彼以与此，然且仁者不为，况于杀人以求之乎？君子之事君也，务引其君以当道，志于仁而已。”

慎子名慎到，法家代表人物，他的思想也有接近道家的地方，他的著作《慎子》流传后世。孟子提到的“慎子”是不是慎到，现在还有争议，这里就不多说了。

“鲁欲使慎子为将军”，鲁国想任用慎子做将军，将要发动战争。孟子说：“不教民而用之，谓之殃民。”不教老百姓，就直接用老百姓，这叫作殃民，是祸害老百姓。“殃民者，不容于尧舜之世。”在尧舜时代，这种殃民的做法是得不到容忍的，是不能允许的。“一战胜齐，遂有南阳，然且不可。”孟子对慎子讲，即使你一战就打败齐国，占有了南阳地区，也是不可以的，原因是你在殃民。由此看来，鲁国任用慎子为将军，是准备与齐国作战。

“慎子勃然不悦”，慎子很不高兴地说：“此则滑厘所不识也。”你说的这些是我所不了解的，别跟我说了。“滑厘”应该是慎子的名字。

孟子说：“吾明告子。”我明明白白地告诉你。“天子之地方千里，不千里不足以待诸侯。”周天子的直辖区有方圆一千里，如果不到一千里的话，是不足以接待来朝觐的诸侯的。有了这一千里的直辖地，其物产、税收才能让周天子有接待诸侯的经济实力，不然要求诸侯来朝觐，今天你来，明天他来，拿什么招待？所以要有千里直辖的土地。

“诸侯之地方百里”，如果诸侯之地不到一百里。“不足以守宗庙之典籍”，就没有办法守住他的宗庙，他的物资、资源就不足以让他守住他的宗庙、制度和典籍。换句话说，国家若是小于一百里，这个国家的物产就维持不了一个政府的正常运转。

“周公之封于鲁为方百里也”，鲁国第一个国君是周公，辅佐周成王的周公，当时是方百里的诸侯国。“地非不足，而俭于百里”，他的土地并不是不够用的，但实际上控制区是少于一百里的，因为当时有很多荒地。“太公之封于齐也亦为方百里也”，齐国第一个受封的国君是姜太公，他封到齐国的时候也是方圆百里，也不是因为土地不足，但也少于一百里。这是齐鲁两国刚刚受封时候的状况。而现在，“方百里者五”，鲁国要按方圆百里算的话，有五倍了。“子以为有王者作，则鲁在所损乎？在所益乎？”您考虑一下，如果现在有一个王者兴起，按照鲁国的土地面积、国家规模，是应该被削减，还是应该被增加？

“徒取诸彼以与此”，不用发动战争就可以白白地将别国的土地拿来给鲁国；“然且仁者不为”，仁者尚且不会去做；“况于杀人以求之乎”，更何况需要杀人才能达到这个目的呢？“君子之事君也，务引其君以当道，志于仁而已。”君子侍奉君主是致力于引导他的君主走向道，走向正路，把他的志向放在行仁义上，如此而已。

孟子这一段话阐释的是他的仁政思想，反对不义的战争。一方面，孟子认为鲁国想要用慎子当将军去打仗是不应该的，另一方面，孟子认为君主根本没管好老百姓，直接就把老百姓征发来投放到战场上，这叫殃民。这体现了孟子的仁政思想、民本思想。孟子指出，作为大臣不应该劝国君争夺疆域，开疆拓土，而应该引导国君行仁义，奉行道。

12·9 **孟子曰：“今之事君者曰：‘我能为君辟土地，充府库。’今之所谓良臣，古之所谓民贼也。君不乡道，不志于仁，而求富之，是富桀也。‘我能为君约与国，战必克。’今之所谓良臣，古之所谓民贼也。君不乡道，不志于仁，而求为之强战，是辅桀也。由今之道，无变今之俗，虽与之天下，不能一朝居也。”**

现在侍奉君主的人，都说能为君主开辟土地、充实仓库。“今之所谓良臣，古之所谓民贼也”，现在我们所说的良臣、好大臣，是古人所说的民贼。“君不乡道，不志于仁，而求富之，是富桀也。”君主不倾向于道，不志向于仁，大臣却追求让君主发财，这就等于让夏桀那种昏君发财。然而，居然有的大臣还说能为君主“约于国”，联络同盟的国家，战争一定能打赢。同样的道理，君主不追求道，不追求仁，大臣却追求为这个国君去努力作战，还要打赢，这是在辅佐夏桀那样的昏君。

“由今之道，无变今之俗，虽与之天下，不能一朝居也。”通过今天的这种方法，不改变今天的这种风俗的话，即使把天下都给你，一天你也坐不稳当。这实际还是说孟子仁政的主张。

12·10　白圭曰：“吾欲二十而取一，何如？”

孟子曰：“子之道，貉道也。万室之国，一人陶，则可乎？”

曰：“不可，器不足用也。”

曰：“夫貉，五谷不生，惟黍生之；无城郭、宫室、宗庙、祭祀之礼，无诸侯币帛饔飧，无百官有司，故二十取一而足也。今居中国，去人伦，无君子，如之何其可也？陶以寡，且不可以为国，况无君子乎？欲轻之于尧舜之道者，大貉、小貉也；欲重之于尧舜之道者，大桀、小桀也。”

白圭是人名。“吾欲二十而取一，何如？”对于征税，我想收二十分之一，怎么样？相当轻的税，当时一般是十分之一或者五分之一。白圭要降低税收。

孟子评价：“子之道，貉道也。”你这是貉人的方法。“貉”是当时北方的一个少数民族，一般认为，当时貉人还没有进入国家形态，没有完整的政府组织架构，所以没有花钱的地方，税收也就极低。接着孟子问白圭：“万室之国，一人陶，则可乎？”有一万户人家的国家，只有一个人来做陶器，可以吗？白圭说“不可，器不足用也”，因为陶器会不够用的。

孟子接着说，貉这个族群所在的地方不生长五谷，只生长黍子。“黍”是黏米，只生长黍子这种耐旱作物。而且没有城郭，没有宫殿，没有宗庙，没有祭祀之礼，没有诸侯和诸侯之间的“币帛饔飧”。“币帛”是诸侯国之间外交时互相送的礼物，“饔飧”是指接待外交人员的宴请。貉人不建城郭，不建宫殿，没有这种大规模的工程，也不建宗庙，又没有祭祀之礼，这些花钱的地方都没有，也不和诸侯国往来，所以也不需要外交方面的开支。“无百官有司”，甚至他们连政府的官员、机构都没有，也就不用支付政府办公经费和官员的俸禄，因为支出非常少，所以征税只收二十分之一就够用了。

“今居中国。”这个“中国”和我们今天的“中国”内涵不一样，古时的“中国”是指中原地区。现在你居住在中原地区，能抛弃人伦吗？能抛弃人际关系吗？你能够没有君子吗？这里的君子指的是统治阶层，“如之何其可也”？这么做怎么可以？“陶以寡，且不可以为国，况无君子乎？”制陶器的人太少了，这个国家是不可能成立的，更何况没有君子呢？

孟子认为，统治阶层是维持社会正常运转的，不能没有。统治阶层是靠税收来养活的，税收太低肯定不够支出，那么白圭想收税二十分之一是不现实的。减税目的是好的，仁者爱人，减低老百姓的负担，但你得考虑政府能不能维持正常的运转。如果是貉人，收二十分之一是可以的，因为他们没有花钱的地方，而我们做不到。

最后孟子总结道：“欲轻之于尧舜之道者，大貉、小貉也；欲重之于尧舜之道者，大桀、小桀也。”如果让税收的标准比尧舜还要轻，就会是大大小小的貉人部落，会使社会退回到落后状态。税收若是比尧舜的税收要重，那就是大大小小的桀。桀是夏朝最后一个君主，在历史上已经成为暴君的代名词了。

孟子说，税收如果比尧舜重，那就是大大小小的暴君。

12·11　**白圭曰：“丹之治水也愈于禹。”孟子曰：“子过矣。禹之治水，水之道也，是故禹以四海为壑。今吾子以邻国为壑。水逆行谓之洚水。洚水者，洪水也，仁人之所恶也。吾子过矣。”**

“丹之治水也愈于禹”，白圭说，我治水比大禹还要强。这话说得挺大。孟子说“子过矣”，你错了。“禹之治水，水之道也”，大禹治水，是本着水的本性。“是故禹以四海为壑”，所以大禹是把四海当作沟壑，引导水流到大海里去。“今吾子以邻国为壑”，而现在您是把别的国家当作沟壑，把你们国家的水患治好了，水都排到邻国去了。“水逆行谓之洚水。洚水者，洪水也。”水逆行、逆着流称为洚水，洚水就是洪水，这样邻国就发洪水了。“仁人之所恶也”，这是有仁爱之心的人所讨厌的。“吾子过矣”，先生您错了。

12·12　**孟子曰：“君子不亮，恶乎执？”**

君子如果没有诚信，哪里又能有操守？所以诚信才是操守。

12·13　**鲁欲使乐正子为政。孟子曰：“吾闻之，喜而不寐。”**

公孙丑曰：“乐正子强乎？”

曰：“否。”

“有知虑乎？”

曰："否。"

"多闻识乎？"

曰："否。"

"然则奚为喜而不寐？"

曰："其为人也好善。"

"好善足乎？"

曰："好善优于天下，而况鲁国乎？夫苟好善，则四海之内，皆将轻千里而来告之以善；夫苟不好善，则人将曰：'訑訑，予既已知之矣。'訑訑之声音颜色距人于千里之外。士止于千里之外，则谗谄面谀之人至矣。与谗谄面谀之人居，国欲治，可得乎？"

乐正子名乐正克。"鲁欲使乐正子为政"，鲁国想要让乐正克主持政务。孟子说："吾闻之，喜而不寐。"听说这件事之后，我高兴得都睡不着了。公孙丑见孟子听说乐正子要执政了这么高兴，就问"乐正子强乎"？乐子正很坚强吗？孟子回答说不是。他有智虑吗？不是。他多闻多识吗？不是。那么您为什么高兴得睡不着觉了？"其为人也好善"，因为这个人喜欢听取善言。孟子对乐正子评价为什么这么高？乐正子不坚强，也不智慧，知识方面也不够渊博，但他有一个优点。孟子把这条看得比什么都重要，是他喜欢听善言。

公孙丑问："好善足乎？"喜欢听善言就足够了吗？孟子说："好善优于天下，而况鲁国乎？"一个人要是喜欢善言，就能轻松地治理天下，更何况是治理一个鲁国。"夫苟好善，则四海之内，皆将轻千里而来告之以善。"假如你喜欢听善言，那么四海之内的人都会不远千里来告诉你好话、告诉你善言。"夫苟不好善"，假如你不喜欢听善言。"则人将曰：'訑訑，予既已知之矣’。”有人就会讲，这件事我已经知道了。你这种声音，这种面色是拒人于千里之外的态度。“士止于千里之外”，士人被你拒之千里之外，被你推离很远了，那么你身边的人，近处的人又都是什么人？“谗谄面谀之人至矣”，溜须拍马、顺情说好话这些人就都来到你身边了。“与谗谄面谀之人居，国欲治，可得乎”，你和这些人相处，想把国家治理好，怎么可能。

总而言之，作为统治者可以不坚强，可以没有智慧，知识方面也可以有所欠缺，但一定得拿出虚心纳谏的态度，一定得拿出喜好善言的态度。然后周边围着你转的人才都是正人君子，他们能给你提供一些好的建议，国家就自然能治理好，所以这一条才是最关键的。

12·14　陈子曰：“古之君子何如则仕？”

孟子曰：“所就三，所去三。迎之致敬以有礼，言，将行其言也，则就之。礼貌未衰，言弗行也，则去之。其次，虽未行其言也，迎之致敬以有礼，则就之。礼貌衰，则去之。其下，朝不食，夕不食，饥饿不能出门户，君闻之，曰：‘吾大者不能行其道，又不能从其言也，使饥饿于我土地，吾耻之。’周之，亦可受也，免死而已矣。”

陈子问：“古之君子何如则仕？”古代的君子在什么情况下出来当官？孟子答：“所就三，所去三。”有三种情况出来当官，有三种情况辞官不做。

第一种情况，“迎之致敬以有礼，言，将行其言也，则就之”，国君来请他并且很尊敬、很有礼貌，给国君提的建议国君将会执行，这种情况就来当这个官。“礼貌未衰，言弗行也，则去之”，对于他的礼貌、尊敬虽然没有减弱，但是给国君出主意、提建议国君却不照着做，那么就不当这个官。

第二种情况，“虽未行其言也”，虽然没有落实他的建议。“迎之致敬以有礼，则就之”，但是很礼貌、很尊敬地来请你，也可以当官。“礼貌衰，则去之”，在这种情况下，如果对你的尊敬程度减弱了，那么也离开。

最后一种情况，“朝不食，夕不食，饥饿不能出门户”，是这个君子早上饭也没有，晚上饭也没有，吃不上饭了，饿得都不行了，走不出家门了。国君听说，“吾大者不能行其道，又不能从其言也”，从大的方面说，我不能推行他的那个道，我也不能听从他的那个建议。“使饥饿于我土地，吾耻之”，但是让他饿死在我的地界上，我觉得这是我的耻辱。“周之”，周济他、救济他。“亦可受也”，这种情况下君子也可以接受。“免死而已矣”，是为了免于死亡罢了。

归纳起来，孟子谈的三种情况的共性在于，为何而来就要为何而去。第一种情况，为实现自己的政治主张而来，所以一旦君主不听从自己的建议，也就意味着自己的政治理想实现不了，就应该离开；第二种情况，因为国君尊敬、恭敬而来，那么不论国君听不听自己的建议，只要国君对自己的尊敬、恭敬不变，就留下来，而国君的恭敬如果减退了，就应该离开了；第三种情况，因为脱贫免死而来。孟子下面没有讲，但我们可以推导出来，一旦可以脱贫、免于死亡了，有谋生之道了，就应该离开了。作为臣下应该想明白自己为何而来，然后才知道自己是应该留下还是应该离开。

12·15 **孟子曰：“舜发于畎亩之中，傅说举于版筑之间，胶鬲举于鱼盐之中，管夷吾举于士，孙叔敖举于海，百里奚举**

于市。故天将降大任于是人也，必先苦其心志，劳其筋骨，饿其体肤，空乏其身，行拂乱其所为，所以动心忍性，曾益其所不能。人恒过，然后能改；困于心，衡于虑，而后作；征于色，发于声，而后喻。入则无法家拂士，出则无敌国外患者，国恒亡。然后知生于忧患而死于安乐也。”

孟子以几位大贤为例。舜兴起于畎亩之中，是作为一个农民被选拔出来的；傅说的地位更低，是筑墙的劳工，最后成为商朝著名的宰相；“胶鬲举于鱼盐之中”，胶鬲是从事打鱼晒盐工作的；“管夷吾举于士”，管仲是一个普通的读书人；“孙叔敖举于海”，孙叔敖在海边隐居；“百里奚举于市”，百里奚在市场上被卖为奴隶。这几位后来都成了非常有名的贤人、圣人，但是他们出身都很低贱。舜就算高的了，毕竟是农民，剩下几位在当时的社会地位比农民还低，都是在普通的劳动人民当中被选拔出来，脱颖而出的，而后又都成为著名的君主、著名的宰相。

举上面的这些例子，孟子是为了证明下面这段话。这也是孟子的名言。“故天将降大任于是人也，必先苦其心志，劳其筋骨，饿其体肤，空乏其身，行拂乱其所为。”老天将要给一个人降大任的时候，一定先使他的心志劳苦，使他的筋骨劳累，还要使他的身体受到饥饿，使他本人受到困厄，他的所作所为老天都给他打乱，让他因为达不到目的而不如意。为什么要这么做？“所以动心忍性”，是老天要提拔这个人，给他重大任务之前，一定先要对他进行考验，一定先使他经历种种挫折，目的是提振他的心，培养他忍耐的性情。“曾益其所不能”，靠这种方法提升他的能力。

人总是会犯错误的，然后能改；“困于心，衡于虑，而后作”，心受到困苦，思虑受到阻碍，然后才能奋发；“征于色，发于声，而后喻。”要在面色上表现出来，在声音上表现出来，然后才能被人理解。“入则无法家拂士，出则无敌国外患者，国恒亡。”“入”是国内，“法家”是能守法度的大臣，能守规矩的大臣。国内没有守法度的大臣，没有指能够辅佐君主的士人，国外没有一个敌对的国家，这样的国家永远是要被消灭的。这个国家对内来讲没有像样的大臣，对外来讲还没有外患，那这个国家就会灭亡。外患在孟子看来也不是坏事，它能刺激你努力自强。

“然后知生于忧患而死于安乐也。”孟子总结，忧患能使人生存，安乐能使人灭亡。“生于忧患，死于安乐”这句话是孟子的名言。

12·16　**孟子曰：“教亦多术矣，予不屑之教诲也者，是亦教诲之而已矣。”**

“教亦多术矣”，教育也有很多的方式方法。“予不屑之教诲也者”，我不屑于去教诲他。“是亦教诲之而已矣”，这也是对他的一种教诲。说白了，我不屑于教你，这实际也是对你的一种教，是刺激你让你奋发。

卷十三　尽心上

13·1　**孟子曰："尽其心者，知其性也。知其性，则知天矣。存其心，养其性，所以事天也。夭寿不贰，修身以俟之，所以立命也。"**

"尽其心者，知其性也。知其性，则知天矣。"一个人能够充分了解自己的心，就懂得了、知道了自己的本性；一个人若能了解自己的本性，就懂得了天。

孟子这段话和《中庸》"天命之谓性"是配套的。孟子为什么这么说？就是因为"天命之谓性"，老天给我们的那个东西才叫作先天本性。你若能了解自己身上老天赋予你的先天本性，就能透过本性理解老天了。

所以，君子的修行应该"存其心，养其性"，存心养性是一个成语；保存你的本心，培养你的本性。"所以事天也"，这是对待天命的方法。"不贰"是没有二心，坚持存心养性。"夭寿不贰"，不管是短命，也不管是长寿，都不会三心二意，都要坚持存心养性。"修身以俟之"，通过修身来等待天命，等待机遇。"所以立命也"，这才是君子安身立命的方法。

我们做好自己该做的事情，做好自己可以把握的事情，是修身。别的事我们管不了，当然也改变不了别人，改变不了社会，甚至改变不了自己的命运，也无法把握老天给不给我们机遇，所以就不要去考虑，也不要去试图把握那些你无法把握的东西，应该把注意力放在那些你能把握的东西上。那么我们能把握的是什么？修身。修身是我们自己能把握的，只要你修，就能修好。

从哲学的意义上讲，什么是尽心，什么叫知性，什么叫存心养性？宋明理学说了很多，但那些内容对我们现实意义似乎并不大，最重要的在“修身以俟”这四个字。这是一种人生态度，而且我认为是相当正确的人生态度。我们把自己修好了，努力完善自己，然后等待命运的安排。我们现在经常犯的一个错误是，总试图去把握那些你把握不了的东西，而没有把时间、精力用在那些能把握的东西上，结果能把握的却被忽略了，没有去把握，导致两边都做不好，这样的人生也就走向失败了。

正确的人生态度是，应该分清楚哪些是你能管的事，哪些是你管不了的事。管不了的，把握不了的，也不用花时间精力去想，也不要往那个方向努力，反正这是一个不可控的，用我们今天的话说，不可抗力造成的。对于人生中的这些不可控因素、不可抗力，顺其自然，随缘就是了，不要在这方面花精力去努力，而要把时间、精力用到那些能把握的人生方面。

人生的有些方面是我们可以把握的，做和不做是不一样的，想和不想是不一样的。那么你去想、去做，就能将这方面把握得好，反之，不想、不做，这方面就把握不住。这样的事情才是我们应该专心致志的事情，才是我们应该努力的方向。总之，人生应该努力的方向是那些你可以把握的因素。

在儒家看来，人生可以把握的方向，最重要的是“修身”二字。修身是谁都干涉不了的，而且只要肯修就能修出来，这才是我们能把握的东西。而你通过修身，就能改变很多东西。这个能把握的而且很重要的因素你不去关注，不修身，却总是在想着那些自己把握不了的东西，这是人生方向性的错误。孟子这段话给我们的启示就在这里。

正确的人生态度应该是“修身以俟”，即不去管那些我无法把握、无法预见的东西，专注修身，通过修身完善自我，然后等待机遇到来，一旦机遇到来了，我们就可以把握住机遇。因为我们已经修身，自身的能力、素质、道德各方面都没有问题，一旦有机遇我就能把握住。如果不修身，即使机遇到来了，也有可能把握不住，最后错过机遇，这才是人生最大的遗憾。

人生的机遇、机会都是均等的，成功的人是能够把握好每一次机遇，失败的人是浪费了每一次机遇，这才是问题的关键。在儒家看来，能否把握住机遇取决于是否修身，所以我们要做的事情是修身并等待机遇到来。

13·2　**孟子曰：“莫非命也，顺受其正；是故知命者不立乎岩墙之下。尽其道而死者，正命也；桎梏死者，非正命也。”**

“莫非命也”，没有不是命的，一切都是命。“顺受其正”，要顺着这个理来行，然后去接受那些“正”的东西，即所谓“正命”。人生的一切没有不是命的，但我们应该顺理才行，让自己的命运走向正确的轨道。

“是故知命者不立乎岩墙之下”，因此真正知道命运的人，是不会站在将要倒的墙下面的，如果这样就不是知命了。“尽其道而死者，正命也”，尽力去行正道，最后死了，这才是正确的命，是命该如此。“桎梏死者，非正命也。”“桎梏”是两种刑具，一种戴在脚上，一种戴在手上。既然你都戴上刑具了，说明你犯法了，判刑了，因触犯法律判刑而死的，这不是正命。

同样是死，但一个是完全实行正道的死，是命该如此；如果是犯了法，被枪决了，那不是正命，也不是命该如此，那是自己找死。

13·3 **孟子曰："求则得之，舍则失之，是求有益于得也，求在我者也。求之有道，得之有命，是求无益于得也，求在外者也。"**

"求则得之，舍则失之，是求有益于得也。"一件事你去追求，就能得到，放弃就会丢掉，这种追求才是有收获的追求，才是能给自己带来益处的追求。"求在我者"，因为你追求的是你自己身上有的。

"求之有道，得之有命"，用各种各样的方法去追求，至于能不能得到，就得看命了。"求无益于得也"，这种追求跟你能不能得到没有关系，你是不能从中获益的。之所以如此，是因为"求在外者也"。你是在向外追求，你所追求的不是你自己本来拥有的。

孟子这段话，是对儒家的重要理念"反求诸己"的最佳注解。儒家提倡"反求诸己"，是回过头来到自己身上找原因，到自己身上找解决问题的方法，是"求在我者"。这种追求，只要你去追求就能得到，如果你舍弃了，当然也就会丢失。反求诸己是向内求，如何向外求？向外求也有很多的方法，不管采用什么方法，能不能得到都不一定，所以这种追求对人是无益的。

什么叫"求在我者也"？我们自身有什么？是"四端""四

心”。“仁义礼智，非由外铄我也”，仁义礼智都是我们先天就有的美好素质，不是后天从外面强加到我们身上的。仁义礼智，因为先天你身上就有，所以只要你去求就能得到。有的人身上为什么我们看不到仁义礼智？因为他放弃了，没有去追求，所以他失去了。向内求，就是唤醒我们先天的那些美好的素质，就是《大学》上讲的“明明德”。而且这个得到，不仅是得到了道德，还能得到人生的成功。

从孟子的角度来讲，这就叫“内外兼得”。对内我们通过修身得到了道德，对外我们通过修身得到了成功，这也是佛家说的“福慧双修”，也是儒家追求的人生最高境界——“内圣外王”。向内具有圣人那样的品质，向外可以称王于天下，获得最大的成功。不管是内圣外王，不管是内外兼得，也不管是福慧双修，起点都是修身，而修身就需要我们向内求。“求在我者”，这种求才靠谱，然后才能“求则得之”，这才是人生走向成功的一个必然之路。

战国时期各个诸侯国都在追求打败对手，统一中国。按孟子的方法，应该向内求，通过修身，也就是《大学》上讲的“自天子以至于庶人，壹是皆以修身为本”，通过修身达到明明德，然后亲民，止于至善。之后仁者无敌，就能够无敌于天下了。这是孟子的一套理论。但当时的国君没有用孟子这套理论的，没有向内求的，没有“求在我者”的，都是向外求。那向外求什么？要打败对手，首先部队得多，就得想办法扩军，然后想办法把武器打造得更精良，再调整作战技术，之后发现部队作战还需要粮食，再去储备军粮，搞好运输，这都是向外求。这种求也有很多的方法，但最后能不能达到目的？能不能统一中国？“得之有命”，那得看命了。所以战国七雄都追求统一中国，最后是秦国胜出，这好像没什么道理可讲。

这是我们从大的方向去理解孟子这段话。向外求最后的结果是“求之有道，得之有命”，具有非常大的不确定性。而向内求才能“求则得之”。人生的成功具有必然性，而且这种成功之路是可以复制的。这是儒家强调修身的一种理论指导，也是儒家强调“反求诸己”的原因。

13·4 **孟子曰：“万物皆备于我矣。反身而诚，乐莫大焉。强恕而行，求仁莫近焉。”**

“万物皆备于我矣”，万物在我身上一切都具备。“反身而诚，乐莫大焉”，反过头来向自己身上求，而且要体现诚，所谓“诚其意者，勿自欺也”，能够本着不自欺的精神，回过头来在自己身上找解决问题的方法，这是人生最大的快乐了。

“强恕而行，求仁莫近焉”，顽强地去推行恕道，所谓恕道是“己所不欲，勿施于人”，能够坚定地去推行恕道，是追求仁的最切近的方法，这是追求仁的一条捷径。

“求在我者”讲向内求，因为“万物皆备于我矣”，万物在我身上一切都具备了，所以不必向外求，只是“求在我者”，因为自己身上什么都有。我们说的庸俗一点，问题的原因在自己身上，解决问题的方法也在自己身上，找原因、找方法，在自己身上都能找到，你还向外求什么？能够内省、向内求，本着不自欺的精神，最后就能找到解决问题的方法，人生就能走向成功，就能给我们自己带来人生的最大快乐。

但在落实的过程当中，还要体现“强恕”，要坚定地去推行恕道，因为恕道是儒家基本理念仁的体现。“仁者爱人”怎么体现？是恕道，“己所不欲，勿施于人”。当你落实事情的时候，要坚定地推行恕道，这是追求仁的一条捷径，只要你坚持恕道，基本上就做到了“仁者爱人”。

13·5　**孟子曰：“行之而不著焉，习矣而不察焉，终身由之而不知其道者，众也。”**

“众人”是普通人、一般人，没有修行的人。对于普通人来讲，只知道去做，但是搞不明白里边的原理是什么。有些事情因为习惯了也不思考、也不体察。一生都是通过这种方法去做，却不了解什么是道。孟子归纳的普通人或者说众人的三个特点，其一，只知道做事却弄不明白事情的原理，搞不清楚人生的道理；其二，对日常事情因为习惯了而不加思考；其三，一辈子就这样处理事务、面对人生，始终不知道什么是道。说得更直白点儿，是活得糊涂、活的不明白。

人这一辈子都是在忙忙碌碌中度过的，但很多人每天都在处理一件事，却弄不明白这件事的关键是什么，然后就靠着习惯，靠着惯性去推进人生，因为习惯了而根本就不去思考。就像每天早起八点上班似的，什么想法没有，反正早上起来赶紧赶奔单位，这是众人的一个特点。结果他这一辈子就这么忙忙碌碌地过去了，根本就没有认识到人生的道是什么。这是我所说的没活明白的人生。一直到最后，也不明白人生的道理。

孟子说，这样的人是普通人、众人、一般人，或者就是个庸人，没活明白的人。而儒家提倡修身，是要我们摆脱这种状态，能够活明白。

13·6　**孟子曰：“人不可以无耻。无耻之耻，无耻矣。”**

人不可以不知道耻辱，无耻才是真的不知道耻辱。人生最大的无耻是什么？是他不知道什么是可耻的。不知羞耻才是人生最大的耻辱。

13·7 **孟子曰："耻之于人大矣，为机变之巧者，无所用耻焉。不耻不若人，何若人有？"**

"耻之于人大矣"，羞耻之心对于人来说太重要了。"为机变之巧者"，这种人非常狡诈善变，专门琢磨狡诈的技巧。"无所用耻焉"，对他来讲没有什么地方能用上羞耻心。言外之意，这种人没有底线，没有羞耻心，专门在歪门邪道上下功夫，就琢磨怎么把歪门邪道运用到极致。对于这种人，羞耻之心对他来讲没有什么用，他根本不考虑羞耻这件事，所以是无耻之徒。

孟子说为什么羞耻心对人来说这么重要？"不耻不若人，何若人有？"如果你不把比不上别人当作一种耻辱，那你怎么能比得上别人？人要有羞耻之心，而羞耻之心最重要的体现就是以不若人为耻，以比不上别人为耻，这样你才能提升和超越，如果没有这种耻，这辈子也就没什么出息了。反之，一个人要连羞耻心都没有，最后还想比过别人，那就只有去研究歪门邪道了。这是缺德无底线，什么都可以做了，也就彻底烂掉了。所以孟子才说羞耻之心对于人来讲是最重要的。儒家提倡八德，孝悌忠信礼义廉耻，最后一个是耻。

羞耻之心要用到正地方，以"不若人"为耻。比如，为什么我学问不如你，为什么我为人不如你，为什么我处事不如你明白，应以这些为耻。不能比物质、虚浮的东西，如，为什么我衣裳不如你，为什么我吃得不如你，比这些就不对了。"不若人"指的是比正能量的方面，不能比负能量的方面。比如，我骂人怎么就骂不过你？比这个就适得其反了。

对儒家来讲真正应该比的是什么？“舜人也，吾亦人也”，尧舜也是人，我也是人，那为什么我比不上尧舜？要以这个为耻辱，这才是修行的动力。前面孟子和曹交的对话是一个典型的例子。若是比身高，我现在身高跟尧舜差不多，但是人家是圣人，而我呢？就饭量还行，这是人生的耻辱。“知耻而后勇”，我们要把比不上尧舜作为人生的耻辱，在修行上才能勇猛精进，才能快速提升，最后才能达到一个较高的境界。

13·8　**孟子曰：“古之贤王好善而忘势，古之贤士何独不然？乐其道而忘人之势。故王公不致敬尽礼，则不得亟见之。见且由不得亟，而况得而臣之乎？”**

“古之贤王好善而忘势”，古代那些贤明的君主，因为喜欢善，而忘掉了他自己的权势。他在追求善的过程当中，忘了自己是一国之君，什么权力、什么地位，他都能放下。“古之贤士何独不然？”古代那些贤能的士人难道不是这样吗？跟古代贤王是一样的，喜欢的是这个道，而忘掉了他人的权势，这样的士人是不把他人的权势放在眼里的。“故王公不致敬尽礼，则不得亟见之。”因此，王公对我若是不够恭敬，没有尽到礼貌，那么想让我多次和你见面都是做不到的。“见且由不得亟，而况得而臣之乎？”就连见面都不能多次见到，更何况是给他做臣下？

这种贤能的读书人，不把君主的权势、王公贵族的权势看在眼里，所以这些王公对他如果没有恭敬心，没有做到礼的话，他连见一面都不见，更别说让他当大臣了。

13·9　**孟子谓宋勾践曰：“子好游乎？吾语子游。人知**

之，亦嚣嚣；人不知，亦嚣嚣。”

曰：“何如斯可以嚣嚣矣?”

曰：“尊德乐义，则可以嚣嚣矣。故士穷不失义，达不离道。穷不失义，故士得己焉；达不离道，故民不失望焉。古之人，得志，泽加于民；不得志，修身见于世。穷则独善其身，达则兼善天下。”

“子好游乎?”孟子对宋勾践说，你喜欢游说各国的君主吗？“吾语子游”，我告诉你怎么去游说。“人知之，亦嚣嚣；人不知，亦嚣嚣。”人家了解你，你也能够自得其乐，人家不了解，你也能够自得其乐，始终保持一份自信，不因为人家了不了解而有所改变。

宋勾践问：“何如斯可以嚣嚣矣?”我怎么能够做到自得其乐？孟子说“尊德乐义”，你要尊重、崇尚德，喜欢义，就能做到自得其乐。“故士穷不失义，达不离道”，作为士人，在穷困的时候，陷入困境的时候，也不会失掉义，在通达的时候，人生得意的时候也不会离开道。“穷不失义，故士得己焉”，穷困的时候因为他没有失去义，所以能够自得其乐。“达不离道，故民不失望焉”，发达的时候也不离开道，不抛弃道，因此老百姓不会对他失望。“古之人，得志，泽加于民；不得志，修身见于世。”古代的人，得意的时候，他的恩泽能够给到老百姓，使老百姓从他这里得到恩惠。他人生不得意的时候，也能坚持修身，用修身表现给世人，让世人，让他身边的人，让当代的人都看到他的修行。

孟子的名言：“穷则独善其身，达则兼善天下。”穷困的时候，没有人生机遇的时候，君子能够独善其身，通达、发达的时候，他能够使天下人都跟着他走向善道，这才是一个君子。

13·10　孟子曰："待文王而后兴者，凡民也。若夫豪杰之士，虽无文王犹兴。"

"待文王而后兴者，凡民也。"等待周文王这样的圣王到来，而后才能兴起，才能发奋的，这是凡人。"若夫豪杰之士"，至于那些豪杰之士。"虽无文王犹兴"，即使没有周文王这样的英明领导，也能够发奋。这是一个修行的人和一个不修行的人的区别。

不修行的人要受别人感召，受别人影响，所以要有一个像周文王这样的领导出现，他们才能跟着奋发图强。而真正的豪杰之士，不管外在环境是什么样子，有没有优秀的领导，都能自己奋发图强。

13·11　孟子曰："附之以韩魏之家，如其自视欿然，则过人远矣。"

"附"是增加。"韩魏"，指两个国名。"家"是"修身齐家"的家，和我们现在说的家庭不一样，指诸侯大臣的采邑。这句话是说，我们现在增加韩国、魏国大夫的采邑，他们自己看自己，并不自满，这样的人就已经超过别人很多了。

韩、魏是两个强大的国家，当然他们的大臣之家也是相当有势力的，而用这种权势来给他们增加助力，增强之后，他们也不自满，也不骄傲，这样的人"则过人远矣"，已经超过别人很多了。我们说得更直白点儿，当你有外在的强大助力的时候，你还是你，没有因之而骄傲自满，就说明你的修养超过别人很多了，这是一般人做不到的。

13·12　孟子曰："以佚道使民，虽劳不怨。以生道杀民，虽死不怨杀者。"

用一种安逸的方法去支使老百姓，即使劳累，他们也不会抱怨。用一种使老百姓生的方法去杀了他，即使死了，他也不会怨这个杀他的人。

这是孟子一种理想化的论证，也是孟子的政治理想。孟子认为，这是一个优秀的统治者应该做到的。你让老百姓非常劳累，非常辛苦，但是他却一点怨言都没有，怎么能做到这一点？"以佚道使民"，你的出发点，或者说你的方法、目的，都是为了让老百姓能过上安逸的生活，在这种情况下，即使你的所作所为使他很辛苦，他也不会有怨言。比如，今天我们讲绩效薪酬，工人非常辛苦也不会有怨言，因为他干得越多就赚得越多，赚得多了就能更好地享受生活，这就是"以佚道使民"。

你追求一种让百姓生存的方法，即使他死了，他也不怨杀他这个人。这说得可能比较夸张。举个例子，比方说眼看黄河要决口了，黄河一旦决口，下面这几个村子就全完了，这时候你带着老百姓上大堤去抗洪，最后他即使死于治河，也不会怨。因为一旦决口之后，他还是死，而你现在领着他守大坝，是要给他谋一个生存之道，是带着他求生，这是以"生道杀民"。

总之，这是孟子一种很高的政治理想，他认为统治者如果能做到这两点，最后的结果是百姓"虽劳不怨"，"虽死不怨杀者"，这样的统治者也就能无敌于天下了。

13·13　孟子曰："霸者之民欢虞如也，王者之民皞皞如也。杀之而不怨，利之而不庸，民日迁善而不知为之者。夫君

子所过者化，所存者神，上下与天地同流，岂曰小补之哉!”

“霸者之民欢虞如也，王者之民皞皞如也。”称霸于天下的统治者，他治下的老百姓是“欢虞如也”，是过得很欢快的样子。而称王于天下的统治者，他治下的老百姓是“皞皞如也”，是心情愉快的样子。“杀之而不怨”，百姓即使被杀也不怨恨。“利之而不庸”，从中获利，老百姓也不认为这是一件多么大不了的事情。“民日迁善而不知为之者”，老百姓每天都在向善，而不知道是谁使他们这样的。

“夫君子所过者化，所存者神”，君子所经过的地方，老百姓都会受到他的感化，他所停留的地方，老百姓都会发现他的所作所为非常神奇。“上下与天地同流”，君子上与天、下与地同时运转。“岂曰小补之哉!”“小补”是小小的补益，这对于百姓而言哪里只是小小的补益啊!

孟子认为，这是统治者应该追求的一种政治理念，如果你达到了上面那个状态的话，在百姓眼里会是什么样子，或者说，是实现这个政治理念之后所带来的“裨益”。

13·14　**孟子曰：“仁言不如仁声之入人深也，善政不如善教之得民也。善政，民畏之；善教，民爱之。善政得民财，善教得民心。”**

“言”和“声”在古代的含义是不一样的，“言”是指语言，“声”是指音乐。“仁言不如仁声之入人深也”，仁德的语言不如仁德的音乐能够更加地深入人心。“善政不如善教之得民也”，美好的政治不如美好的教化更能得到老百姓的心。“善政，民畏之；善教，民爱之。”政府的各项政令、法规和政策都非常好，老百姓也是心存敬畏的，而只有给老百姓带来特别美好的教化，老百姓才能发自内心的爱戴统治者和国家。“善政得民财，善教得民心。”国家要有美好的政治举措，才能得到老百姓的财富，统治者能够带来很美好的教化，才能得到老百姓的真心拥护。以上孟子这些话是说给统治者的。

显然“仁言不如仁声之入人深也”是一个比喻，孟子用这个比喻引出他要谈的内容。语言怎么也没有音乐更能打动人心，更能感染人，再好的政治、政策，也不如美好的教化能够打动人心。“教”不是教育，而是教化，移风易俗，文化、风俗方面的举措叫作教化。“政”是政策法规，它是刚性的，教化是柔性的。孟子对统治者讲，不管你的政令、法规、规章制度如何好，如何完善，但如果你对民众没有好的教化，那么始终还是有缺欠的。如果只有一个好的政治，那么只能得到财，政府经济能搞上去、税收能搞上去，而且老百姓也能对政府怀有敬畏心，但是百姓不会真心爱戴这个政府，必须再加上教化政策，对老百姓进行教化，然后才能真正地得到民心。

不管到什么时候，这一条都是需要每一个统治者反思的真理。说到民心，也应该是所有带团队、治企业的管理者应该去反思的事情，你的企业、你的团队不管有多么好的政策、规章制度，但如果没有对员工的教化，管理者就始终得不到员工真心的爱戴。

13·15 **孟子曰：“人之所不学而能者，其良能也；所不虑而知者，其良知也。孩提之童无不知爱其亲者；及其长也，无不知敬其兄也。亲亲，仁也；敬长，义也；无他，达之天下也。”**

这里提出了“良能”“良知”两个概念，王阳明提出的

“致良知”理念就是出自孟子这句话。

“人之所不学而能者，其良能也”，这件事你不学就做到了，这是“良能”。“所不虑而知者，其良知也”，这件事不用思考就能明白，这叫良知。把这两句话结合到一起，用现代的表达方式就是人的先天本能。这件事不是学的，也不是后天思考想明白的，是你本来先天就知道，先天就能做到的。所谓良知、良能，我们可以理解为是人的先天本能、先天的智慧。

孟子首先做了一个概念的界定，然后给我们举了两个例子。“孩提之童无不知爱其亲者”，小孩子没有不知道爱父母的，这是良知、良能。“及其长也”，等他长大了之后；“无不知敬其兄也”，没有不知道应该尊敬兄长的，这个也属于良知、良能。“亲亲，仁也”，知道爱自己的父母双亲，这就是仁的体现。“敬长，义也”，知道尊敬比自己年长的人，这就是义的体现。小孩子天生就都知道爱父母、尊敬哥哥，证明仁、义不是后天培养起来的，而是出自人的先天本性。

“无他，达之天下也。”“达”是通达，“达之天下”是通行于天下。对这句话的理解是，这没有别的原因，因为仁义能够通行于天下，是全天下的人都认同的。若是从修身的角度，我觉得也可以做另一种理解。不论个人的修行也好，还是治国平天下也好，没有其他的方法，就是使仁义通行于天下而已。

孟子认为，仁义是人的先天本能，属于人的良知、良能的组成部分，因此是能够通行于天下的。由爱父母、敬兄长做起，将仁义不断向外扩充，这就是修身，这就是齐家、治国、平天下最通达的方法。

13·16　**孟子曰：“舜之居深山之中，与木石居，与鹿豕游，其所以异于深山之野人者几希；及其闻一善言，见一善**

行，若决江河，沛然莫之能御也。”

舜当年隐居在深山的时候，和木头、石头居住在一起，同鹿、野猪混在一起，虽然舜后来成为大圣人，但之前他隐居深山时的时候，外在表现和野人几乎没有区别。可是，“及其闻一善言，见一善行”，当舜听见一句好的言语，见到一件善行的时候，他就会照着做，而且做的力量像江河决口那样没有人能抵御。孟子用这个比喻来形容舜向善。舜听见好的言语，看见善行就要奉行，而且这个时候没有什么力量能让他不去那么做，就像江河决口，不可阻挡。

舜是靠着这一点，跟山中的野人有了区别，而这一点才是根本点，是“明明德”。他保持了先天的美好智慧和素质，因此他才成为了圣人，而没有成为野人。所以看人要看他内心的追求，而不是外在的表现。

13·17　**孟子曰：“无为其所不为，无欲其所不欲，如此而已矣。”**

这句话说的是修行的基本功。修行最基础的是：“无为其所不为，无欲其所不欲。”不要去做你不应该做的事，不要想得到那些你不应该得到的，这是修行的出发点、起点。所以，孟子说“如此而已矣”，仅此而已。修行，在儒家看来，仅此而已。

如果你没有坚守的话，不仅修行无从谈起，人生的烦恼也都由此而来。

13·18　**孟子曰：“人之有德慧术知者，恒存乎疢疾。独**

孤臣孽子，其操心也危，其虑患也深，故达。”

“德”是德行，“慧”是智慧，“术”是指道术，“知”是指才智。孟子说，人的这四个方面往往表现在灾患当中。人要想有德、慧、术、知，一定是从患难中得来，千锤百炼中得来。

“独孤臣孽子”是指两种人。“孽子”是庶子，古代妾所生的孩子，不论在家里还是在社会上，地位都是比较低的；“独孤臣”，是孤单的、特立独行的臣子。举这两种人的例子，“独孤臣”是得不到大家认同的，“孽子”是出身低的，这两种人社会给予他们的起点是相当低的，社会对他们是不公平的。

“其操心也危，其虑患也深，故达。”“达”可以从两方面去理解，一是通达，二是发达。从通达的角度讲，是他明白事理，从发达的角度讲，他能飞黄腾达。这两种人社会对他们并不十分公正，他们的起点并不高，环境对他们是不利的，但最后他们能通达、发达，原因就在于“操心也危，虑患也深”。“操”是操守，“危”是不安的状态。他们的这颗心始终感到不安，始终带着一种忧患意识，是对患难思考得相当深，能做到这一点，即使环境不利，先天不足，最后也能发达、通达。

孟子说的是两个层面的事情。“操心也危”，是道德操守，“虑患也深”，是处事原则。如果你能做到“操心也危”，那么必然不会放纵自己的心。觉得自己始终处在不安定之中，有这种忧患意识，就不会放纵自己的心，这样就自然做到了儒家说的“求放心”。人有时是因为安逸，心才跑出去的，所以说“生于忧患，死于安乐”。日子过得顺、舒服，就容易放纵，心就跑丢了，心为物役了，然后出现纵欲、纵情，最后受情欲干扰，先天智慧就被蒙蔽了，看问题就看不清了。如果能觉得自己处在不安定当中，用忧患意识来保守自己的心，那么自己的心就不会跑出去，自然就达到了“收放心”，就将跑出去的心收回来了。

“其操心也危”说的是修行，“其虑患也深”说的是为人处事的方法。对事情要有敬畏之心，未思成，先思败，先考虑灾患，而且对灾患、对负面的东西考虑得比较深。在修行上和人生问题地处理上，要有忧患意识，才能做到敬慎，能修到这一点，人生也就立于不败之地了。

13·19 **孟子曰：“有事君人者，事是君则为容悦者也；有安社稷臣者，以安社稷为悦者也；有天民者，达可行于天下而后行之者也；有大人者，正己而物正者也。”**

孟子说的是，有一类臣子，侍奉君主时就来讨好君主；另一种臣子，可以使社稷和国家得到安定，他乐于国家安定并以此为自己的追求。“有天民者，达可行于天下而后行之者也。”所谓天民，是考虑他的做法是不是可以通达于天下。“有大人者，正己而物正者也。”所谓大人，是端正自己从而使事物达到端正的人，通过自己的修行把事情摆正，把事情解决，这样的人叫大人。

孟子界定了四种人，前两种说的是大臣，一种以侍奉国君为目的，一种以安定国家为目的。孟子在这里对其一褒一贬。孟子认为一个有操守的臣子应该是安社稷的臣子，把安定国家作为自己追求的目标。“事君人者”是把得到君主的喜欢作为自己的追求。这两种追求是截然不同的。两者效忠的对象也不同，一种情况效忠的是君主个人，另一种情况效忠的是国家，这是两个不同的层面。

前面两类人是当官的，后面两类人没谈当不当官，所以可以说是每个普通人、每个修行者都应该达到的境界。天民，是指每一件事都在想，怎么做才能通行于天下？行得通才去做，行不通不做。大人，是通过修正自己使外在的事情得到端正。这两个都是儒家提倡的，相比较而言，后者更具有普遍意义，是每个修行人都能照做并且能达到的境界。因此儒家才有《大学》的学问，只要照做，是每个人都能达到并且应该达到的一种境界。

13·20　**孟子曰："君子有三乐，而王天下不与存焉。父母俱存，兄弟无故，一乐也；仰不愧于天，俯不怍于人，二乐也；得天下英才而教育之，三乐也。君子有三乐，而王天下不与存焉。"**

君子有三件人生的乐事，称王天下不在其中。那么君子享受人生的三件乐事都有什么？父母都健在，兄弟都没有灾难，没麻烦，过得都挺好，这是人生第一件乐事；向上不愧于天，向下不愧于人，反思自己一生所作所为，问心无愧，这是君子人生的第二件乐事；能够找到天下的优秀人才来培养他们，这是君子的第三件乐事。"君子有三乐，而王天下不与存焉。"孟子又重复了一遍，是强调，也是感叹。

13·21　**孟子曰："广土众民，君子欲之，所乐不存焉；中天下而立，定四海之民，君子乐之，所性不存焉。君子所性，虽大行不加焉，虽穷居不损焉，分定故也。君子所性，仁义礼智根于心。其生色也睟然，见于面，盎于背，施于四体，四体不言而喻。"**

"广土众民，君子欲之，所乐不存焉。"拥有广阔的土地、众多的人民，这是君子想得到的，但是人生的乐趣、快乐并不在这里。“中天下而立，定四海之民，君子乐之，所性不存焉。”在天下之中立定、立得住，使四海的民众都得到安定，这件事是君子的快乐，但是他的“性”并不存在于其中。这个“性”怎么解释，我们先看下一句。

“君子所性，虽大行不加焉，虽穷居不损焉。”“大行”是最大的品行。君子有一种最根本的品行，即使他这种最大的品行，这种追求得到实现，对他也没有增加什么。即使他生活在困境之中，对他也没有减少什么。总体来说，君子本身有一种固定的东西，即使他的理想能够推行，也不会增加，即使没有实现理想，他生活在困境之中，也不会减少。“分定故也”，他的这个本分已经确定了。

我们理解了后面这句话之后，再去看“君子所性”的“性”，指的应该是君子的根本。君子身上有一种根本的东西，不管他通达还是困穷，都不为之增减，始终能保守住，这个才是君子的“性”。那么这种君子的属性是什么？“君子所性，仁义礼智根于心。”君子的根本属性在于他的内心有仁义礼智，仁义礼智深深扎根在他的心中，这才是君子的属性。

“其生色也睟然”，由于内心当中深深根植着仁义礼智，在他的相貌上就会表现出一种特有的生机，甚至“盎于背”，在背部也能体现出来，而且“施于四体”，在四肢上都能体现出来，这叫“四体不言而喻”。不用说话就能体现出来，这才是君子的属性。

修行到君子的境界之后，让仁义礼智深深地扎根于心中，然后你的外在自然地就能够表露出来一种独特的气质，他人不仅从你的相貌、仪表、举止上能够分辨出来，甚至从背面都能看出来，你都不用开口和别人说话，他人都能感受到你身上这种君子的独特气质。

13·22　孟子曰："伯夷辟纣，居北海之滨，闻文王作兴，曰：'盍归乎来，吾闻西伯善养老者。'太公辟纣，居东海之滨，闻文王作兴，曰：'盍归乎来，吾闻西伯善养老者。'天下有善养老，则仁人以为己归矣。五亩之宅，树墙下以桑，匹妇蚕之，则老者足以衣帛矣。五母鸡，二母彘，无失其时，老者足以无失肉矣。百亩之田，匹夫耕之，八口之家足以无饥矣。所谓西伯善养老者，制其田里，教之树畜，导其妻子，使养其老。五十非帛不暖，七十非肉不饱。不饱不暖，谓之冻馁。文王之民无冻馁之老者，此之谓也。"

伯夷躲避商纣王，居住在北海边上，听说周文王兴起，站起来感叹，我为什么不去他那里。"西伯"指周文王。姜太公躲避商纣王，居住在东海的边上，听说周文王兴起，也站起感叹，我为什么不去他那里呢！"天下有善养老，则仁人以为己归矣"，天下若是有一个善于奉养老人的地方，仁人就都会把那里作为自己的归宿。伯夷和姜太公这两位仁人都来投奔周文王，是因为天下的仁人都把周文王这里当成自己的归宿，都来投奔他，所以周朝才得以兴起，灭掉了商纣王。

怎么能达到"善养老"，下面说的是具体措施："五亩之宅，树墙下以桑，匹妇蚕之，则老者足以衣帛矣。"有五亩的宅基地，在墙边种上桑树，普通的家庭妇女，养蚕纺织，这样老者就可以穿上丝绸做的衣服了。有五只母鸡，两只母猪，不要失去时机，使母猪繁殖、母鸡下蛋再孵小鸡。"老者足以无失肉矣"，这样老人就不会没有肉吃了。"百亩之田，匹夫耕之，八口之家足以无饥矣"，有一百亩的地，给普通的农民耕种，这样就足以养活一个八口之家，八口之家就不会挨饿了。

“所谓西伯善养老者，制其田里，教之树畜，导其妻子，使养其老。”周文王给老百姓制定了田地的制度，每家都能有地种，然后教百姓种植桑树、养蚕纺织，饲养家畜，引导他们的妻子，让他们奉养自己的老人，最后达到能够养老人的境界。“五十非帛不暖，七十非肉不饱”，人到了五十岁不穿丝绸就得不到保暖，到了七十岁没有肉吃就吃不饱了。“不饱不暖，谓之冻馁”，衣不暖、吃不饱称之为“冻馁”。“文王之民无冻馁之老者，此之谓也”，我们说周文王的百姓没有老人受到冻馁的，说的就是这种情况。

13·23　**孟子曰：“易其田畴，薄其税敛，民可使富也。食之以时，用之以礼，财不可胜用也。民非水火不生活，昏暮叩人之门户求水火，无弗与者，至足矣。圣人治天下，使有菽粟如水火。菽粟如水火，而民焉有不仁者乎?”**

“易其田畴，薄其税敛，民可使富也。”好好治理一下土地，税收要减轻，那么老百姓就可以致富了，过上好日子了。“食之以时，用之以礼，财不可胜用也。”按照“时”去消费，按照“礼”去消费，那么你的财富是用不尽的。只要别过分、别过时，那么你的财富是用不尽的。

“民非水火不生活，昏暮叩人之门户求水火，无弗与者，至足矣。”水和火是老百姓日常生活必需品，老百姓没有水、没有火就没法生活。黄昏的时候敲别人家门，跟人家借水、借火，没有人不给。为什么？因为每家的水火都是极其充足的、用不完的。

“圣人治天下，使有菽粟如水火。”“菽”是豆子，“粟”是小米，两者通常指粮食。圣人治理天下的时候，要让粮食像水火那样极其充足，多到用不完，“而民焉有不仁者乎”？那么老百姓还有不仁的吗？水、火是老百姓日常生活的必需品，粮食也是，为什么我们向人家借水火谁都会给，问人家借粮食就都不给了呢？因为水火极为充足，取之不尽、用之不竭。如果家家的粮食都像水火那样用不完，再向人家借粮食，还有谁会不借呢？在那种情况下，老百姓就都显得非常仁义了吧。孟子指出，让百姓行仁义，首先要有相应的物质基础。老百姓自私自利的原因主要在于物资不够用，因而才首先考虑自己。

13·24　**孟子曰：“孔子登东山而小鲁，登泰山而小天下。故观于海者难为水，游于圣人之门者难为言。观水有术，必观其澜。日月有明，容光必照焉。流水之为物也，不盈科不行；君子之志于道也，不成章不达。”**

孔子登上了东山，往山下一看，觉得鲁国很小，登上了泰山，往下一看，觉得天下也挺小。“故观于海者难为水”，曾经看过大海的人，再让他看什么水他都没有感觉了。看完海回来再看江河湖泊，就会觉得都太小了。“游于圣人之门者难为言”，一个人在圣人门下学习过，再跟他说什么，他都对你的话没有感觉了。在圣人门下待过，圣人每天讲那么多精妙的话，如果现在想用言语打动他，让他觉得你说的话挺精彩，那是做不到的。

“观水有术，必观其澜。”看水是有一定方法的，一定要去观察水的波澜，这样才是真正的观水。“日月有明，容光必照焉。”“容光”是容纳光。日和月都是有光明的，凡是能容纳光线的地方，它一定都能照得到，这是日月光明的特点。

“流水之为物也，不盈科不行。”“科”是低洼的地方，“盈”是满。流水的特点是，不把低洼的地方填满就不会往前流。“君子之志于道也，不成章不达。”君子如果有志于修道的话，那么不达到一定的阶段，不达到一定的境界，就不会通达。

孟子用两个比喻来凸显这句话的意义。首先，君子若是有志于修道，要学日月的特点，凡是能容纳光明的地方，必然都会照到，哪怕有一点点缝隙，都能照到。人也是如此，哪怕有一点点缝隙，也要见缝插针地修，让内心的光明照到每一个地方，就是在每件事上都要用心。其次，“盈科而行”，像水往前流的时候，一定把低洼的地方填满才继续往前流。在修行的时候，有缺欠不要回避，水没有绕着坑走的，一定先致力于将自己的缺点和毛病填平，然后才能继续前进、继续提高。孟子用两个比喻来说明修行上的道理，“不成章不达”，修行不达到一定的阶段就不会通达。

修行是有一定次第的，要达到一定的次第才能通达，不是修了马上就能通达。今天学完《大学》，明天就想发财，没发财就抱怨儒家这套方法不好用，那是不对的。修行是有阶段性的，到哪个阶段，能达到哪个境界，才能体现出哪种效果，关键是要“成章”。三天打鱼两天晒网不行，得坚持修到一定境界，然后相应的现象才能出现，才能有所收获。这也就是孟子前面说过的，修行像谷物一样，也存在一个熟不熟的问题。谷物长到熟我们才收获，修行也是修到熟才会带给我们收获，这就是“成章”，需要修到一定阶段。

13·25　**孟子曰：“鸡鸣而起，孳孳为善者，舜之徒也；鸡鸣而起，孳孳为利者，蹠之徒也。欲知舜与蹠之分，无他，利与善之间也。”**

鸡叫就起床，一心一意地来行善，是舜这一类人的事。

“蹠”是盗蹠。传说是先秦时代一个很有名的强盗头子，有人说他是大圣人柳下惠的弟弟，这些都无从考究了。鸡鸣就起床，一心一意去逐利，那是盗蹠一类人的事。

“欲知舜与蹠之分，无他，利与善之间也。”想要知道舜和蹠他们两人的区别是什么吗？从表面上看没区别，都是鸡叫就起来了，实际他们的区别就在“利与善”的不同。他们的外在表现一样，都是鸡鸣而起，但他们的本质区别在于，一个是为利，一个是为善，所以为善这些人，后来成为舜那样的圣人，为利这些人，就成为蹠那样的强盗。

13·26　**孟子曰：“杨子取为我，拔一毛而利天下，不为也。墨子兼爱，摩顶放踵利天下，为之。子莫执中，执中为近之。执中无权，犹执一也。所恶执一者，为其贼道也，举一而废百也。”**

杨子是孟子之前一位有名的思想家，他的著作没有流传下来，我们仅从先秦其他古书里知道有这么一个人，在当时应该是非常有影响力的思想家，自成一派，也是先秦诸子之一。孟子认为，杨子的思想核心是为我，即主张以自我为中心，不能为他人。有人跟他辩论，打了个比方，如果拔你腿上的一根毫毛能使天下人受益，这样的事你也不干吗？杨子不干。使天下人受益是好事，但为什么要拔我的毫毛？这是杨子的主张。

墨子，先秦诸子之一，主张兼爱，对所有人都爱。“摩顶放踵利天下，为之”，把自己头发都搞秃了，把自己脚后跟都磨没了，为了天下人奔走呼号。虽然把自己弄得惨兮兮的，但只要利于天下，墨子就去做。

孟子这里举出先秦两个极端的思想流派。扬子是极端地为我，墨子是极端地利他，当然孟子对这两个流派的思想都是不赞同的，也代表了儒家对这两种思想都不赞同。

子莫是鲁国的一位思想家，他强调并主张执中，坚守中道。孟子指出“执中为近之”，子莫坚守中道可以说是接近了，我们可以理解为接近中庸，或者说接近真理，但接近并不是等于。“执中无权，犹执一也”，如果坚守中道，没有变通，那么是执着于一件事了，执着于一个方面了，但那还是不对的。执着于中，也是执着于一个片面，与其他的执着没有区别，这是儒家反对的。

儒家强调的是中庸，是“君子而时中”。“时中”就是孟子讲的“权”，是变通，要根据时间地点的不同，时机的不同进行变通，这才是儒家提倡的中庸。如果坚守着一个死规矩，像子莫执着于一件事或一个方面，那就不对了，不是儒家的中庸了。

孟子说为什么要反对“执一”？因为执一妨碍了道，如果对某一件事执着，会妨碍你对道的修行。如果执一，也就只成就了这一个方面，把其他的方面都抛开，就太片面了。

孟子对儒家和其他三家的区别说得相当清晰，强调“君子而时中”，强调“权”、变通，这才是儒家最大的特点。

13·27 **孟子曰：“饥者甘食，渴者甘饮，是未得饮食之正也，饥渴害之也。岂惟口腹有饥渴之害？人心亦皆有害。人能无以饥渴之害为心害，则不及人不为忧矣。”**

“饥者甘食”，正饿的人，吃什么都好吃。“渴者甘饮”，正渴的人，喝什么都甘甜。这个时候他没有得到饮食的“正”。什么叫饮食之正？饿极了的人，你给他吃什么东西他都说好吃，你可不能信他，以为这个东西真的那么好吃。

刘宝瑞的相声《珍珠翡翠白玉汤》中说朱元璋饿了好几天，碰见两个要饭的，刷锅水、馊豆腐、烂菜叶熬在一起，朱元璋饿坏了，吃了之后感觉太好吃了，问这是什么汤？要饭的编了一个名字，说叫“珍珠翡翠白玉汤”。后来朱元璋当了皇帝，山珍海味都吃腻了，吃什么都不香了，就想起当年的珍珠翡翠白玉汤，专门想办法把那两个人找来做这个汤。这就是典型的“饥者甘食，渴者甘饮”。

人在这种状态下对饮食的评价是不正确的，“饥渴害之也”，是因为饥渴导致他对饮食的评价不正确了。“岂为口腹有饥渴之害，人心亦皆有害”，不是只有口腹有饥渴的损害，人心也有这种损害。

孟子举这样一个例子让我们去思考，如果不能把自己的心放正，不能做到诚意正心，而自己的心却饥渴于某种事物的话，对事物的评价是不能正确的。而我们的心怎么能有饥渴？如果你放纵了自己的欲望，心就会出现饥渴，之所以儒家强调要控情扼欲，是因为一旦放纵了自己的欲望，心就饥渴了。比如，你总是想，我的房子不够大，放纵了自己对房子的欲望，心中就出现了对房子的渴望，然后你人生的方向就会出现偏差，处理问题就不可能正确了。不仅口腹之欲妨碍我们对事物做出正确判断，心里面的欲望更妨碍我们对事物做出正确的判断，所以修行要遏制欲望，不能纵欲。

“人能无以饥渴之害为心害，则不及人不为忧矣。”人能够不把饥渴的妨碍作为心的妨碍，要能够做到不让这些饥渴去妨碍自己的心，自己的心不受这些欲望妨碍的话，即使赶不上别人，也不会为之感到忧虑。当然，孟子这里说的赶不上别人，说的是物质生活条件。比如：人家开的车比我的好，我心里就忧虑了，我各方面都比他强，怎么开的车就没他的好，有此忧虑、渴望之后，心就不正了，之后就会天天为换车去奋斗。这就是心为物役，你的心就被车这件事奴役了。如此一来，看事情自然就要跑偏了。

儒家修心首先要控制欲望，不要心为物役，不要让心处于那个饥渴的状态。否则，就不会对事物做出正确的评判，人生的目标和方向就彻底被蒙蔽了。

13·28　**孟子曰："柳下惠不以三公易其介。"**

柳下惠不用"三公"这种高官交换他的操守。前面讲到了控欲，接着就说了一个针对控欲比较极端的例子。柳下惠为了守住操守，给"三公"都不换。"三公"是最大的官职了，给这么大的官，也不能改变他的操守。这是控欲控得最好的一个例子。

13·29　**孟子曰："有为者辟若掘井，掘井九轫而不及泉，犹为弃井也。"**

"轫"通"仞"，古代长度单位。挖井挖了"九轫"深，是说挖得相当深了，但还没挖出水来，这还是一个废弃的井，没有用。孟子用打井来比喻修行，要想有所作为的话，一定要坚持到底，不见水不罢休，这才是修行人应有的态度。

这是指对修行的态度，不是指处理人生的问题，如果处理人生问题抱这种态度，那是死心眼儿。但在修行上要抱着这个态度。想有大的作为一定要善于坚持，不管你做了多少，最后没有见到效果就停止了，和没做没什么区别。

13·30　孟子曰："尧舜，性之也；汤武，身之也；五霸，假之也。久假而不归，恶知其非有也。"

尧舜是保持了先天美好的本性没有丧失，商汤和周武王是身体力行地修炼，才达到"明明德"的，才恢复了先天美好的本性。"五霸，假之也"，五霸是假借这些名义而不是真修行。孟子认为："久假而不归，恶知其非有。"虽然五霸是假借名义而不是真修，但东西借了之后，长久不还，那就成他自己的了。总是借这些名号来做人做事，长久下去，你身上就有了这些品德。用今天的话说，一开始是喊喊口号而已，喊着喊着自己就信了。

13·31　公孙丑曰："伊尹曰：'予不狎于不顺'。放太甲于桐，民大悦。太甲贤，又反之，民大悦。贤者之为人臣也，其君不贤，则固可放与？"

孟子曰："有伊尹之志，则可；无伊尹之志，则篡也。"

伊尹说，我不和那些做事情不顺乎民心的人亲近，所以把太甲流放到桐这个地方。太甲是商朝的皇帝，伊尹是宰相，宰相把国君流放了。"民大悦"，但是老百姓非常高兴。因为当时太甲胡作非为，伊尹劝不了，于是就把他流放到桐，伊尹自己执政。"太甲贤，又反之，民大悦。"太甲贤能了，伊尹又把太甲接回来，老百姓也非常高兴。前后两句"民大悦"，证明伊尹是以民心为转移：百姓讨厌太甲，他就把太甲流放；百姓喜欢太甲，他就把太甲接回来，重新让他执政。伊尹的做法正符合孟子提倡的民本精神，一切以百姓为本，统治者关键是要顺应民心。

公孙丑对这件事不是很理解，他来问孟子："贤者之为人臣也，其君不贤，则固可放与?"贤者做臣子，而他的君主若是不贤能的话，就可以把君主给流放了吗？这不是犯上作乱吗？孟子说："有伊尹之志，则可；无伊尹之志，则篡也。"如果你有伊尹那样的心智是可以的，如果没有，那就叫篡位。

那什么是"伊尹之志"？民本，以百姓为本，以百姓的意志为转移，前提标准是"民大悦"，若是你有这样的心，那是可以的，如果没有伊尹这样的心，那就是篡位。

读完本章我们知道为什么各国诸侯不喜欢孟子了。孟子说得很明白，为了老百姓，可以把国君流放，国君如果不得民心可以把他推翻，这是合理的。孟子有很深刻的民本思想、民本精神，这在今天看来是进步的。

13·32　**公孙丑曰："《诗》曰，'不素餐兮'，君子之不耕而食，何也?"**

孟子曰："君子居是国也，其君用之，则安富尊荣；其子弟从之，则孝悌忠信。'不素餐兮'，孰大于是?"

公孙丑引的诗，见于《诗经·魏风》的《伐檀》，"素"是白白的，"餐"是吃饭，指君子不白吃饭。然后公孙丑问孟子："君子之不耕而食，何也?"既然《诗经》上说君子不白吃饭，但君子本身不种地、不耕田，也来吃饭，这是为什么？公孙丑对《诗经》上的这段话有点不理解。

孟子说："君子居是国也，其君用之，则安富尊荣。"君子居住在一个国家，如果君主任用了他，就能使这个国家达到安稳、富裕、尊贵、荣耀。"其子弟从之，则孝悌忠信"，这个国家的年轻人追随这位君子的话，就能达到孝、悌、忠、信。“孰大於是?”还有比这更大的作用了吗?

言外之意，君子能发挥这么大的作用，虽然没种地，也不是白吃饭。

13·33　王子垫问曰：“士何事?”

孟子曰：“尚志。”

曰：“何谓尚志?”

曰：“仁义而已矣。杀一无罪，非仁也；非其有而取之，非义也。居恶在? 仁是也；路恶在? 义是也。居仁由义，大人之事备矣。”

王子垫问孟子“士何事”，士人追求什么，致力于什么?孟子说“尚志”，追求使自己的志向高尚。“何谓尚志?”什么是“尚志”?“仁义而已矣”，追求仁义而已。

于是，孟子做了具体解释：“杀一无罪，非仁也。”哪怕是杀了一个没有罪的人，这也不是仁了。“非其有而取之，非义也。”这个东西不是他应该有的，他却拿过来据为己有，这就不是义了。“居恶在?”平常他处在什么状态?“仁是也”，君子平时要处在仁的状态。“路恶在?”路在哪里?“义是也”，不论处理什么事情都要用义的方法，走义的道路。君子要“居仁由义”，君子要从仁出发，要通过义来行动，“大人之事备矣”，大人的品质就具备了。

所以，修大人之道有两点：一个是“居”，出发点；一个是“由”，途径、方法。君子或者大人的出发点是“仁者爱人”，以爱人、利他为出发点，处理方法要守着义，追求妥当、恰如其分，这才是大人，这才是君子。

13・34　**孟子曰："仲子，不义与之齐国而弗受，人皆信之，是舍箪食豆羹之义也。人莫大焉亡亲戚、君臣、上下。以其小者信其大者，奚可哉？"**

仲子是陈仲子。如果不符合道义地把齐国交给他，他也不会接受，所以人们都相信他。"是舍箪食豆羹之义也"，但孟子对他这种道义的评价是，相当于能够放弃一箕食物和一罐汤的道义而已，说白了是小义，不是大义。

"人莫大焉亡亲戚、君臣、上下。"人生最重要的是丧失了亲戚，就是血缘关系，君臣、上下就是社会关系。如果断绝了血缘关系和社会关系，这个人就不是生活在社会之中了，已经一个人游离于人类社会之外了，所以孟子才说没有比这件事更重要的。陈仲子追求的道义，最后搞到和亲戚不来往了，不参加社会活动，没有社会关系了，"以其小者信其大者，奚可哉"？是相信了一个小义而丧失了一个大义，这是不可以的。这是孟子对陈仲子的评价。

孟子暗示我们要遵守大的道义，最重要的是不能自绝于人类社会。按照西方的学说，人本身就是社会的动物，人生的成功必须是在社会中的成功。

13・35　**桃应问曰："舜为天子，皋陶为士，瞽瞍杀人，则如之何？"**

孟子曰："执之而已矣。"

"然则舜不禁与？"

曰："夫舜恶得而禁之？夫有所受之也。"

"然则舜如之何？"

曰：“舜视弃天下犹弃敝蹝也。窃负而逃，遵海滨而处，终身䜣然，乐而忘天下。”

孟子的学生桃应，虚拟了一个案例。假设舜当天子的时候，皋陶是舜手下管司法的官员。史书记载皋陶是非常公正的，若是舜的父亲杀了人，那么皋陶怎么处理？“执之而已矣”，孟子说，把他抓起来。“然则舜不禁与？”难道舜不禁止吗？言外之意，看着自己老爸被抓能算孝吗？我们之前反复说过，舜被认为是大孝，那么舜不会禁止皋陶抓他爸爸吗？

孟子说：“夫舜恶得而禁之？”他怎么能够去禁止？“夫有所受之也”，因为逮捕他父亲是有理由的，他杀人了，犯法了。桃应又问：“然则舜如之何？”那么舜应该怎么做？孟子说：“舜视弃天下犹弃敝蹝也。”舜抛弃天下就像抛弃一双破旧的草鞋那样，他作为天子，并不重视自己的这个位置。他会偷偷地背着他爸跑掉，沿着海边找个地方住下来，逃到一个别人找不到的地方，终生过得很快乐，而忘记了天下。

这个虚拟的案例，实际上是在探讨孝和法的关系。作为最高统治者，即使父亲犯了法，也不能以权谋私，不能用手中的权力干涉司法公正。但眼睁睁地看着老爸受刑，那也有违孝道，怎么办呢？别当领导了，背着爸爸偷偷跑吧，这是可以的，是符合儒家精神的。

13·36　**孟子自范之齐，望见齐王之子，喟然叹曰：“居移气，养移体，大哉居乎！夫非尽人之子与？”**

孟子曰：“王子宫室、车马、衣服多与人同，而王子若彼者，其居使之然也；况居天下之广居者乎？鲁君之宋，呼于垤泽之门。守者曰：‘此非吾君也，何其声之似我君也？’此无

他，居相似也。”

孟子从范地到齐国，远远地看见齐王的儿子，叹了口气说，居处的环境会改变一个人的气质，所受的滋养能够改变人的身体。所以所处的环境对人来说实在是太重要了。“夫非尽人之子与?”他难道不也是人的儿子吗？从这句话中我们可以看出，齐王的儿子可能本来不太好，但是他作为国君的儿子，所处的环境不一样，所受的滋养不一样，时间长了以后，他的气质包括造型都发生了改变。孟子再一次见到他，发现他变化很大，所以才有这番感慨。

他的变化从哪里来的呢？不是我们说的内在修养，不是“明明德”那种由内而外的变化，而是受外在环境影响导致的一种变化。所以孟子感慨“大哉居乎”，所处环境实在是太重要了，环境具有改变人的力量。一个普通的孩子，处在国君的位置上，慢慢就发生了变化，就具有了领导人的气质，一举一动都不一样了，所以“居移气，养移体”，居处环境能够改变人的气质，所受滋养能够改变人的身体。

“王子宫室、车马、衣服多与人同，而王子若彼者。”国君儿子的住处、车马、衣服大多数和别人是一样的，可是王子却像那个样子了，他改变了，为什么？“其居使之然也”，是他所居处的环境导致他是这个样子的。“况居天下之广居者乎?”更何况你处在这个天下最广阔的居室之中呢。

下面是孟子举的例子。鲁国的君主去宋国，在垤泽门外喊，让人给开城门。守门的人说，这不是我们的国君，为什么他的声音这么像我们的国君呢？“此无他，居相似也”，孟子说，这没有什么别的原因，因为两国国君所处的环境是相似的。“居移气，养移体”，最后导致他们与人说话的语气都差不多，所以守城门的士兵觉得他像自己的国君，像的不是声音，像的是语气。

13·37　**孟子曰：“食而弗爱，豕交之也；爱而不敬，兽畜之也。恭敬者，币之未将者也。恭敬而无实，君子不可虚拘。”**

给一个人饭吃，养活他，但并不爱他，就等于养猪，就是按照对待猪那样跟一个人交往；爱这个人，但是对他没有恭敬心，这是养禽兽的态度。这两句话虽然是比喻，却告诉我们，人与人之间的相处跟养禽兽和养猪是不一样的，人与人之间的交往不仅要有爱还要有敬，否则的话，不论给人什么好处，那都不是尊重。

“恭敬者，币之未将者也。”在没有给他礼物之前，就已经对这个人有恭敬之心了，所以恭敬心不是通过礼物来表达的，而是在赠送礼物之前，就要有恭敬之心。如果你只是送他礼物但没有恭敬之心，那就等于前面说的给猪吃的，这两者之间是有本质区别的。

孟子的话是比较苛刻的，但人与人交往首先要有恭敬心，倘若没有，送什么都白送，有时还会送出笑话来。因为没有恭敬之心，在送礼的时候你就不能做到敬慎，那么在礼物的选择上以及送的时间上，就不能处理妥当，有可能适得其反，把人家惹怒了，这种情况也是常有的。

今天我们与人交往要记住孟子的这句话，要有爱，要有敬，有了恭敬之心就会用心，这样才能达到预期的效果。“恭敬而无实，君子不可虚拘”，如果没有恭敬之实，君子就不要被虚的东西所拘泥。

13·38　**孟子曰："形色，天性也；惟圣人然后可以践形。"**

"形"是人的外形，"色"是人的相貌。人的身体相貌是天生的。"惟圣人，然后可以践形"，只有达到圣人的境界，你才能对得起这个形，对得起这个身，如果没有内心的修养，就达不到那个状态，对不起自己的身。

人能生为人形，这是很难得的，自己的所作所为，能不能对得起自己的人形，这就需要修养了。否则，长的是人的形状，所做的一切却是禽兽不如，那就对不起人的形象了。

13·39　**齐宣王欲短丧。公孙丑曰："为朞之丧，犹愈于已乎？"**

孟子曰："是犹或紾其兄之臂，子谓之姑徐徐云尔，亦教之孝悌而已矣。"

王子有其母死者，其傅为之请数月之丧。公孙丑曰："若此者，何如也？"

曰："是欲终之而不可得也。虽加一日愈于已，谓夫莫之禁而弗为者也。"

齐宣王想要缩短丧期，孟子的弟子公孙丑对此的评价是，他若是能守一年的丧也行，这不比停止守丧、干脆一天也不守要好吗？孟子打个比方，就好比他要拧他哥哥的胳膊，然后你在旁边告诉他，姑且慢慢地来，别用力拧，那不还是拧了吗？"亦教之孝悌而已矣"，你这种做法也是教他尽孝、友爱兄弟而已。公孙丑的出发点是好的，是想教齐宣王孝悌，但是方法却未必妥当。

下面是另一件事。“王子有其母死者，其傅为之请数月之丧。”傅是王子的老师。王子的母亲去世，他的老师替王子申请只守丧几个月。公孙丑问孟子：“若此者，何如也?”这么做怎么样？孟子回答：“是欲终之而不可得也。”王子是想守满但是做不到，“虽加一日愈于已”，即使多守一天也比终止要好。“谓夫莫之禁而弗为者也”，但是没有人禁止，他却不去做，那就是另一回事了。

13·40　**孟子曰：“君子之所以教者五：有如时雨化之者，有成德者，有达财者，有答问者，有私淑艾者。此五者，君子之所以教也。”**

孟子说君子的教育方法有五种：第一种，就好像是及时雨滋润万物那样，去教育人，使人发生变化。第二种“成德者”，成就他人美德的教育。第三种“达财者”，是成就他人才能的，培养他人能力的教育。第四种是回答问题的。第五种“私淑艾”，是没有直接地教育这个人，但是老师的所作所为对其产生了影响。“此五者，君子之所以教也”，这五种都是君子教育人的方法。

这五种教育方式的次序应该是等而下之的，最高的应该是第一种，前两种都是对人品德上、修行上加以改变。“达财”是培养人的能力，这在孟子看来又低一等了。“答问”是回答他的问题，跟修养、才能没有什么必然联系，属于传授知识，更加等而下之。

13·41　**公孙丑曰：“道则高矣，美矣，宜若登天然，似不可及也；何不使彼为可几及而日孳孳也?”孟子曰：“大匠不**

为拙工改废绳墨，羿不为拙射变其彀率。君子引而不发，跃如也。中道而立，能者从之。”

公孙丑说，道非常高，非常美好，几乎像登天那样很难，似乎是不可实现的，不能达到的，为什么不能让这个道给人的感觉是可以接触到的？那样，人们才能每天向着这个方向去努力。言外之意，老师您把这个道说得那么高，那么美，让人感觉比登天还难，所以大家就都放弃了，不修了，为什么不把道降低点，让每个人都觉得自己能做到，那么我们就都愿意去努力了。

孟子说，最好的工匠不会因为那些拙劣的工匠而改变标准；后羿是最善于射箭的人，他不会因为一些拙劣的射手而改变他的标准。孟子用两个比喻来说明，如果做不到那是你的事，我不能因为将就你而改规矩、降标准，否则你也不会进步了。“君子引而不发，跃如也。”孟子用射箭做比喻，说君子应该把箭搭在弦上，把弓拉满，但不放出去，保持一种跃跃欲试的样子，就像随时放出去一样，给人做一种示范。“中道而立，能者从之。”要符合正道，才能立得住，能够做到的人就会跟随你。言外之意，若是觉得做不到，就别跟着学了，反正我不能因为你做不到，就改变我的标准。

13·42　**孟子曰：“天下有道，以道殉身；天下无道，以身殉道；未闻以道殉乎人者也。”**

天道，是不为世俗而改变自己的人生准则，这也是君子应该做到的。在天下有道的时候，“以道殉身”，要用这个道来造就自我；在天下无道的时候，要用自我来成全这个道。两种情况，天下有道的时候完善自我，天下无道的时候也要坚守道义不改变，以身殉道。“未闻以道殉乎人者也”，我从来没听说过用道来成全别人的。不管在什么情况下，不能因为他人的原因而放弃道，不坚守道了。

13·43　**公都子曰：“滕更之在门也，若在所礼，而不答，何也?”**

孟子曰：“挟贵而问，挟贤而问，挟长而问，挟有勋劳而问，挟故而问，皆所不答也。滕更有二焉。”

滕更是孟子曾经的一个弟子。公都子说，滕更在做您弟子的时候，好像应该在以礼相待之列，但他问问题，您不回答他，这是为什么?

孟子说五种情况下问问题我不回答。“挟贵而问，挟贤而问，挟长而问，挟有勋劳而问，挟故而问，皆所不答也。”依仗着地位高而问，我不回答；认为自己贤能而问，我不回答，名义上是向我请教问题，但表现得比我还懂，那还问我干吗?我不回答；仗着自己年龄大，资格老来问，我不回答；依仗自己有功劳来问，我不回答；依仗着老交情来问，我不回答。孟子总结了五种情况，“滕更有二焉”，这五条滕更占了两条，所以不回答。滕更是滕国国君的弟弟，所以他肯定占“挟贵”，可能还占“挟功劳”，或许“挟贤”，这个就不清楚了。总之孟子评价说，在五个不回答里，他占了两条，那我当然不回答。

总之，向人请教问题，就要拿出请教应有的态度，简单地说，要低姿态、谦逊，才是请教的态度。

13·44　**孟子曰：“于不可已而已者，无所不已。于所厚**

者薄，无所不薄也。其进锐者，其退速。”

不可以停下来的时候，却停下来了，那就没有什么事不能停下来了。人如果在不应该停止的事情上停了下来，那么任何一件事都坚持不下去，没有坚持之心。“于所厚者薄，无所不薄也”，关系比较亲厚的人，你待他都比较薄，那你对谁能不薄？“其进锐者，其退速”，前进太猛的，后退也快。

孟子这里讲了人生的一个现象，是我们修行上应该注意的，也是我们观察他人的一种方法，也可以说是儒家的识人术。如果是该他做的事情，可他做到一半停下来了，那这个人就不靠谱，这种状态的人，任何事情都能半途而废。作为修行人应有的心态是，不问喜不喜欢，但问应不应该。这件事只要是你应该做的，就必须做下去，而不要讲喜不喜欢。一旦涉及喜不喜欢，往往就是给自己终止此事找一个借口而已，是典型的自欺。

第一句话说的是做事，第二句话说的是做人，做事要有所坚持，而做人要厚道。如果对你好的人，你对他都很薄，那你还能对谁厚？这样下去谁还会跟你做朋友？最后你是没朋友的。我们应该明白，一个人，对他好的人他对人家都不好，那他对谁都不会好。你不要心存幻想，不要幻想对你会例外。

第三种“进锐者，其退速”，这种人，用东北方言说是一阵松一阵紧，这阵热情上来了，进步可快了，过两天热情没了，就退了。

孟子说的这三种人，第一种是不靠谱的，第二种是没良心的，第三种是一阵子松一阵子紧的，为人处事发挥极其不稳定的，这都应该在屏蔽之列，不要与之交朋友。

既然我们不想和这几种人交往，那么我们修身的时候要注意，我们自己不要成为这样的人。如果我们成为这样的人，那么注定的结局是没朋友，没人脉。所以，这三点是修身的时候要回避的。

13·45　**孟子曰："君子之于物也，爱之而弗仁；于民也，仁之而弗亲。亲亲而仁民，仁民而爱物。"**

君子对于万物是爱而不是仁。仁和爱是有区别的，对于老百姓而言是仁而不是亲，对百姓是仁，对万物是爱。这三个概念就需要区分了，亲、爱、仁，很明显是三种不同层次的爱，亲是最重的爱，仁是其次的爱，爱是最低的爱。孟子告诉我们一个道理，爱有等差，这是儒家的特点。

儒家和墨家最大的区别就在这里，墨子主张对所有的人无差别地爱，那叫"兼爱"。儒家不是，儒家讲爱有等差，亲疏远近不同，对待父母双亲跟普通百姓怎么能在一个层面上？老百姓是人，能跟动物一样吗？所以要分出亲疏远近，爱是有区别的，程度是不一样的。儒家也提倡仁者爱人，墨家也提倡仁者爱人，但一个讲无差别的爱，一个讲有差别的爱。

实际上，提倡无差别的爱不符合人性，提倡有差别的爱才符合人性。另外，无差别的爱本身也不符合道义。比如，对外边街上的老头能跟对自己父亲一样吗？这不合理，爸爸从小把你养大，让你受教育，给你娶媳妇，然后你对他和对街上的老头一视同仁，那能对吗?！所以儒家提倡的有等差的爱才符合人性，才合理。

"亲亲而仁民，仁民而爱物"，这个是执政者应该有的态度。对亲人要亲，讲究亲情，对百姓是仁，是一种仅次于亲情的爱，对万物是爱，也要泛泛地爱。将自己的爱由近及远地推广开来，这也是修行者应有的态度。但儒家强调爱是有等差的，要本着亲亲、仁民、爱物的次第展开，不能将人民弃之不顾，反而去关爱动物，也不能将亲人弃之不顾，反而去关爱陌生人。体现仁者爱人和行善都要本着亲亲、仁民、爱物的次第展开。

13·46　**孟子曰："知者无不知也，当务之为急；仁者无不爱也，急亲贤之为务。尧舜之知而不遍物，急先务也；尧舜之仁不遍爱人，急亲贤也。不能三年之丧，而缌、小功之察；放饭流歠，而问无齿决，是之谓不知务。"**

"知者无所不知，当务之为急"，对于智者而言，没有什么是不应该知道的，但最应该知道的是当下最急迫的事情。成语"当务之急"是从这来的。"仁者无不爱也，急亲贤之为务"，仁者没有不爱的，而这个爱是有等差的，亲近贤能的人才是第一要务。"尧舜之知而不遍物"，尧舜的智慧也不能遍及一切事物，他们也会把一些事物放在前面，应该知道轻重缓急。"尧舜之仁不遍爱人，急亲贤也"，尧舜的仁爱精神也不能遍及所有的人，要以亲近贤人为第一要务。

孟子告诉我们，人生的所有事情都有等差，人的时间精力有限，想了解一切事物是不可能的，想做到爱所有的人也是不可能的，因此无论面对什么事务，都要能够分辨轻重缓急，这才是智慧。

"不能三年之丧，而缌、小功之察。"还做不到三年之丧，就去考查缌麻、小功两种最次要的丧服的细节，这不是没分出主次，没分出轻重缓急吗？"放饭流歠"，非常放得开地吃饭，像流水一样喝汤，形容吃饭没规矩，非常放肆，没有礼仪。"而问无齿决"，古代餐食礼仪，湿肉用嘴嚼，干肉要用手撕开放嘴里吃，这样能保持风度和礼节。这在餐桌上这是一个比较次要的礼仪。随便吃饭，大口灌汤，很不礼貌，却去注意，不要咬断干肉而是用手撕开，那是忽视了重要的，重视了次要的。“是之谓不知务”，这就是分不清什么是当务之急，分不清事情的轻重缓急。孟子举的几个例子都是在说这个道理，不能因为细枝末节忽略了大的问题。

能分清人生事情的轻重缓急就是智慧。

卷十四　尽心下

14·1　孟子曰："不仁哉，梁惠王也。仁者以其所爱及其所不爱，不仁者以其所不爱及其所爱。"

公孙丑问曰："何谓也？"

"梁惠王以其土地之故，糜烂其民而战之，大败，将复之，恐不能胜，故驱其所爱子弟以殉之，是之谓以其所不爱及其所爱也。"

孟子说，梁惠王不够仁义。仁者是把他所爱的那个人和事，那种心情、恩惠，推及他不爱的那个人或事上，就是爱屋及乌。这个房子你很喜欢，房顶上落了一只乌鸦，乌鸦被认为是不吉利的象征，厄运的象征，但由于喜欢这个房屋的缘故，顺带着也喜欢这只乌鸦，这叫"爱屋及乌"。孟子强调"老吾老以及人之老，幼吾幼以及人之幼"，爱自己的孩子，把这份对孩子的爱心推及别人的孩子身上，这就是"以其所爱及其所不爱"。仁者是拿出对自己孩子的那颗心，去关照和爱护你不喜欢的孩子，这样心态就变了，就会有怜悯之心、恻隐之心，这就是仁。"不仁者以其所不爱及其所爱"，不仁者反过来，把不喜欢的心情放到喜欢的人身上，比如，拿出对犯人的态度去对儿子，这就是孟子批判的不仁者，这是不对的。

公孙丑不是很理解，问为什么？孟子举了一个具体的例子。梁惠王为了争夺土地的原因，“糜烂其民而战之”，祸害百姓发动战争，结果打了一个大败仗。“将复之”，之后还要继续战争。“恐不能胜”，又担心打不了胜仗，怎么办？“故驱其所爱子弟以殉之”，因此驱赶他所爱的子弟投入到战事中，并让他们先战死，用这种方法来激励士气。“是之谓以其所不爱及其所爱也”，这是孟子对梁惠王的评价，所以说他不仁。

14·2　**孟子曰：“春秋无义战。彼善于此，则有之矣。征者，上伐下也，敌国不相征也。”**

这是孟子的名言。春秋时代没有正义的战争，所有的战争都是不正义的。可能这个战役比那个略好一点，这种情况是有的，但总结下来都不是正义的。“征者，上伐下也，敌国不相征也。”上级讨伐下级才能称为征，“敌国”是对等的国家，是不能用“征”这个概念的。

14·3　**孟子曰：“尽信书，则不如无书。吾于《武成》，取二三策而已矣。仁人无敌于天下，以至仁伐至不仁，而何其血之流杵也?”**

这句是孟子的名言。完全相信书，那还不如没有书了，如果相信书上每一句话都是真理，那就不如没有书了。我们读书贵在能疑，你若是觉得古书上句句都是对的，那还不如不学了，太偏激了。

孟子举例说，他对《武成》这篇文章“取其二三策而已”，也就能信那两三片竹简上的内容，其他的都不信。孟子以此证明“尽信书，则不如无书”。

孟子为什么举《武成》这个例子？因为《武成》里面有一段记载。周武王讨伐商纣王，双方发生战争的时候，死了很多人，世人称之为“流血漂杵”，形容死人很多，血流成河，血多得都能把棒槌浮起来。因为这个记载孟子不信《武成》，他不信的理由是：“仁人无敌于天下，以至仁伐至不仁，而何其血之流杵也？”周武王是最仁义的人，商纣王是最不仁义的人，最仁义的人去讨伐最不仁义的人，怎么还能达到血流成河的地步，怎么可能死那么多人？按孟子的想法，仁者无敌于天下，仁者去讨伐那些不仁的敌人，他们肯定是会投降的，应该兵不血刃才对，哪里还能死那么多人，流那么多血，所以他认为《武成》的记载不可信。显然孟子太主观了。

应该说，孟子总结的结论，“尽信书，则不如无书”，这是对的，但他举的例子却是不恰当的。

14·4　**孟子曰：“有人曰：‘我善为陈，我善为战。’大罪也。国君好仁，天下无敌焉。南面而征，北狄怨；东面而征，西夷怨，曰：‘奚为后我？’武王之伐殷也，革车三百两，虎贲三千人。王曰：‘无畏！宁尔也，非敌百姓也。’若崩厥角稽首。征之为言正也，各欲正己也，焉用战？”**

孟子说，如果有人声称自己善于布阵、善于作战，这就是大罪。国君喜好仁就能天下无敌。向南边讨伐，北边的人就抱怨，向东边打仗，西边的人就抱怨，都说，为什么把我们放在后面，不先讨伐我们这里。周武王讨伐商纣王的时候，兵车有三百多辆，战士才三千多人。周武王发布命令说，不要害怕，我是来使你们安宁的，我不是来跟百姓为敌的，老百姓都叩头迎接周武王。如果各自都想着端正自己，那么哪里用得着战争？

这是孟子的一个核心观念，也是一种理想化的思想。孟子认为仁者无敌，不用打仗，战争可以取消，这显然不现实。从春秋无义战开始，孟子一直在说一个“征”字，到这里孟子给了一个解释，为什么“敌国不相征”？形容战争的词有好多，征、伐、讨等等，但孟子认为唯独“征”不能随便用，因为“征”是正，你征谁，就是你去端正谁，也就是说你是正义的。“春秋无义战”，春秋时代没有正义的战争，都不能用征字，王者之师去讨伐别人才能用征字。“自欲正己也，焉用战”，如果每个人都带着一颗端正自己的心，哪里还用得着战争呢，又有什么事必须用战争来解决呢！

14·5　孟子曰：“梓匠轮舆能与人规矩，不能使人巧。”

“梓匠”是木匠，“轮舆”是做车轮的工匠，他们能够教给人规、矩。规、矩是两种工具，规是画圆用的，矩是画方用的。一个好的工匠，能够教给你工具和方法，但是不能让你拥有技巧。想拥有技巧，只能自己练、自己修。

这句话，引申来说，无论道德、智慧、才能，都不是别人能给你的，也都是学不来的，都得靠自己去修炼。老师能教你的只有方法，甚至能给你工具，但是没有办法让你拥有才能、拥有智慧，更没有办法让你拥有道德，这些都需要靠自己去修。说白了，方法能学到，但才能和智慧是学不来的，只能靠自己修炼出来。这才是修行的重要性。

14·6　孟子曰：“舜之饭糗茹草也，若将终身焉；及其为

天子也，被袗衣、鼓琴，二女果，若固有之。”

孟子讲的是舜在成为天子前后的两种不同生存状态。“糗”是干饭，“饭”在这里是动词，意思是吃，“饭糗”就是吃干饭；“茹草”指草本食物。是舜在成为天子之前吃的是很平常的饭菜。“若将终身焉”，好像一辈子就要过这样的生活一样。说明舜在成为天子之前，看不出来他对他的生存状态有什么不满意的地方，他就吃着普通的饭菜，过着平凡的日子，而且给人的感觉，好像他一辈子就要这么过下去那样，这是之前的生存状态。

“及其为天子也”，等到他成为天子之后；“被袗衣、鼓琴”，舜穿着特殊的服装，弹着琴。“二女果”，尧的两个女儿侍奉着他。他是这样一种生存状态。舜表现出来的是，“若固有之”，就好像他本来就应该是这个状态，好像这一切是他本来就拥有，显得非常自然。

舜对两种反差极大的生存状态都非常适应。孟子下面没有再加以解释，只是点出了这个现象，这是让我们思考，孟子的用意也在其中了。

《中庸》上讲“素其位而行”。“素富贵，行乎富贵；素贫贱，行乎贫贱。”舜在贫贱的时候，他就按照普通人应该的方式去生活，也非常自然，等到成为天子之后，就按天子应有的状态表现出来，也非常自然。这才是人生真正的随缘，你该是一个什么状态，就在这种状态下随遇而安，这才是人应有的心态。不能因为做平民，吃着普通的饭菜，就觉得很郁闷、很苦恼，天天不知足。而一旦发达之后，马上就开始炫耀、傲慢，那都是心境修炼不够的一种体现，也是人肤浅的一种表现。从舜的表现中可以发现，他的心境修炼已经达到了比较高的境界。

14·7　孟子曰："吾今而后知杀人亲之重也：杀人之父，人亦杀其父；杀人之兄，人亦杀其兄。然则非自杀之也，一间耳。"

孟子说"吾今而后知杀人亲之重也"，我从今而后知道杀人家亲人是非常重的罪了。古代的"亲"广义上指亲属、亲人，非常近的亲属关系，狭义上指父母双亲。因为下文提到了"父"，所以这里的"亲"应该不是狭义的用法，不仅仅指父亲，是指亲人。

"杀人之父，人亦杀其父；杀人之兄，人亦杀其兄。"孟子解释为什么说杀别人亲属是很重的罪，因为你杀了别人的父亲，别人也会反过来杀你的父亲；你杀了别人的哥哥，别人也会反过来杀你的哥哥。"然则非自杀之也，一间耳"，虽然你不是自己杀了父亲和哥哥，但这和你自己把父亲和哥哥杀了区别是不大的。孟子在讲这样一个道理。

在我们日常生活当中，这一条需要引申去理解。譬如骂别人父母，也是一样的道理，你和别人打架、暴粗口骂人家父母，人家必然还嘴骂你的父母。按照孟子的理解，这和你自己骂自己的父母区别就不大了，中间的差别是很小很小的。《礼记》上讲"忿言不出于口，恶言不反于身"，你要不对他人恶语相向，别人也不会对你恶语相向，挨骂往往是自己找的。如果自己和别人恶言恶语，导致别人用恶言恶语攻击自己，这个毛病还算小，只是你自身受到了侮辱，如果你骂人家父母，导致人家反过来骂你的父母，那毛病就大了，等于你自己骂自己的父母。

孟子讲的最重的事情是杀人，但实际上很多事情可以跟孟子说的这句话做类比，很多事情我们在自我修身的时候是应该反思的，也是和他人交往的时候应该注意的。你生气了骂人家父母，导致人家回嘴骂你父母，这和自己骂自己父母没太大区别，我们若有这种意识的话，在语言上自然就会检点。

14·8 **孟子曰："古之为关也，将以御暴；今之为关也，将以为暴。"**

"关"是关卡，"为关"是建立关卡。孟子说，古代设立关卡，是将要用来防御残暴的事情，而今天设立关卡，是将要用来做残暴的事情。孟子借古讽今，关卡发挥的功能，应该是类似于我们今天说的治安功能，设立关卡是从治安的角度考虑的，可以防范一些残暴的事情，可以稽查一下犯罪的人，所以说"古之为关也，将以御暴"。但关卡一旦设立之后，也可以发挥另外的职能，是收税，不让过往商旅通行，甚至还会造成很大的麻烦，不仅是收税的问题，借着搜查禁物，开包检查，甚至还会没收一些东西。如果是这种情况，关卡就变成一个制造残暴的地方了。

这是孟子对他那个时代现实的一个讥讽，当然"古代"是不是像孟子形容得那么美好，那是另外一个问题，他的重点是要对那个时代进行讥讽。孟子生活在战国时代，显然战国时代的关卡已经脱离了正面效果，而把负面的东西发挥出来了。

14·9 **孟子曰："身不行道，不行于妻子；使人不以道，不能行于妻子。"**

如果你自身不能行道，不能按照道的要求去做、去行，道也不会在你妻子身上得到推行，得到落实。

实际上，孟子说的是用反求诸己的精神来看修行。修行首先是要自己做到，而不是要求别人做到，这也是儒家一以贯之的主张。你若是追求道义，追求正道，先别管你妻子追不追求正道，你自己先得做到，就是我们今天说的以身作则。如果你自身不去行道，你妻子肯定也不会行道，儒家讲究对人要影响，而不是命令和要求，你没有资格去命令他人。如果自己不想改变自己，也没有谁能改变你，外在的命令也没有用。儒家认为，反求诸己，从自己修身开始，你自己向好的方面转变，你身边的人就会受到潜移默化的影响，受到你的感召，也都会发生一些变化，而不是你去改变他们。如果你自身不能够推行道义，你却希望你妻子能够践行道义，这是根本做不到的。

“使人不以道”，你和别人打交道的时候不能守着道。“不能行于妻子”，道就不会在你妻子身上体现出来。孟子这句话，前半句说的是自身要践行道，后半句说的是和别人打交道的时候要守着道，但这两个层面说的都是要先自己做到，这是问题的关键。

我觉得，孟子给了我们非常重要的提示，我们现在提倡儒家的修身方式，一定是要求自己，不要求别人，你如果觉得这套方法好，是你自己按照这套方法修身，而不是拿这套方法来要求别人，绝不能把儒家提倡的修身原则作为指责别人的理由和借口，这是绝对错误的。我们修身的时候，时刻要提醒自己，不能学完儒家的理论之后，自己不做，而是拿着理论去要求别人，那就不是修行了。

除了孟子说的之外，还有一种错误，也可以归到孟子说的后半句里。“使人不以道，不能行于妻子”，有的人学完了儒家修身方式之后，把这个道当成了术来用，学完儒家思想和修身原则，当成对付别人的阴谋诡计来用，这就更等而下之了。比如，儒家提倡仁者爱人，以爱为出发点，如果没有做到诚意正心，就会假借爱的名义骗人、利用人。我有好吃的留给你吃，实际上是我不想吃，用这种方法糊弄别人吃。这是对儒家修身方法最大的败坏。最后给人的感觉是，学完儒家修身方式的人，真是满肚子的阴谋诡计，以后可得离远点儿，不知道什么时候就上当了，所以说，这种做法是对儒家最大的败坏，这样的话就真不如不学了。

在强调修身的过程当中，要注意这两大偏差，第一，不要用儒家的修身方法作为检验别人的标准，作为指责别人的依据；第二，更不能容忍的是用儒家的修身方法作为对付别人的阴谋诡计。这两点是我们一定要回避的。

14·10 **孟子曰："周于利者，凶年不能杀；周于德者，邪世不能乱。"**

"周"是周全、充足。在利的这方面若能做到周全的话，即使碰到灾年也不能对你构成伤害；在德的方面若能做到周全的话，即使处在一个邪恶的时代也不能使你迷乱，也不能使你同流合污。

孟子前半句说的是物质生活，后半句说的是道德修养，这两个方面的关键点都在一个"周"字。在利的方面，如果考虑得比较全面，做得比较周全，即使处在非常恶劣的外在环境中，也不能对你构成伤害，也能够保全自己。在道德修养上，如果做得比较周全，考虑得比较全面，即使处在非常邪恶的环境里，也不会因此而迷失自我，同流合污。

孟子说过一个比喻，修身和谷物种植一样，都有一个熟不熟的问题。这里说的"周"，实际就是前面说的"熟"，修行达到成熟才能达到全面、周全。达到那种境界，环境就不会对你构成影响了。

前半句谈的利是次要的，后面这半句才是重要的。在自我修养方面，在品德修养方面，我们要追求“周”，这样才有用。要是能够做到“周”，打个比喻来讲，就像粮食作物成熟了，然后它能给人提供饮食，给人带来滋养，它才是价值很高的东西。如果谷子刚抽穗没成熟，这个时候它对人的作用就和野草没太大的区别了。所以在修身的道路上，我们要追求“周”，追求“全”，这样它对你的作用才大，否则的话，跟没修身的区别就不大了。这是孟子这句话给我们的启示。

14·11　**孟子曰：“好名之人，能让千乘之国；苟非其人，箪食豆羹见于色。”**

好名之人，能够把拥有一千辆兵车的国家让给别人，能做到这一点的人，我们怎么还能说他是好名？是不是他已经修为到很高的境界，有非常大的胸怀了？有非常大胸怀的人才能做到这一点，这是毫无疑问的，但是有好名之心的人，也能做到这一点。他是真正修到位的大德之人，还是一个好名之人，两者的区别不在于此，而在于孟子下面说的表现。

“苟非其人”，假如不是那样的人，不是他喜欢的人。“箪”是古代用竹子编的像小筐箩的东西，装主食的，“箪食”是一小筐箩食物，“豆”是一种陶器，装汤的，“豆羹”是一小罐汤。假如对方不是他喜欢的人，就是一小筐箩食物、一小罐汤，要他让给别人的话，他都不高兴。“见于色”，在脸色上就能表现出不愿意、不高兴。显然真正的有德之人是不会这样做的，这才是真正的有德之人和好名之人的区别之所在。

好名之人，就连一箪食一豆羹他都不肯让，而让他把国家让出去，他却可以做到，因为把国家让出去能得到美名，得到大家的赞扬，他喜好的就是这个名啊。别人会说这人真好，让他当国家领导人都不干，让给别人，礼贤下士，这样就能有一个美名。但把吃的喝的让给人却没有这种效果。譬如，你来到我这里，我问你吃没吃？没吃，正好我这里有一张饼，我吃一半给你一半，这能得到美名吗？电视也不会报道，报纸也不会报道。而要是让国，那是大事了，传遍天下，大家都会称赞。为什么小事不做大事做，关键是能不能因此得到一个美名。所以，孟子说好名之人在大的方面的表现和有德之人是一样的，但他之所以那样做是为了给自己换来名誉，因为是这样的出发点，所以小事他就不做了。

每一种付出都是有回报的，但如果为了名而付出，得到名了，这个付出就已经有回报了，再想从这里得到福报，就没有了。因为你想要名，付出是为了名，给你名了，也上报纸了，也上电视了，你已经得到回报了，所以这里边就没有福报了。古人提倡积阴德，原因就在这里。好名之人从表面上看起来，很像一个有德之人，而且他的付出也是不小的。就像孟子说的，把国家都让给别人了，但是从他的付出中能得到的回报却是非常小的，而且只是虚名，是没有福报的。这是一种似是而非的修身，这是一种似是而非的行善。

孟子这段话，我们今天可以应用到很多的生活领域，仔细想想这段话，我们能对很多问题有一个参悟，对我们人生有很重要的指导意义。我们应该参悟，怎样做才能给自己带来最大的回报，修德和好名的区别到底是什么？这是值得我们去思考的。一旦有好名的嫌疑，善行的付出有没有福报就不好说了。这是值得我们思考的。

14・12　孟子曰："不信仁贤，则国空虚；无礼义，则上下乱；无政事，则财用不足。"

孟子谈治国的三个方面。第一个方面是用人，国君如果不能信任仁者贤人，国家就会变得空虚。第二个方面，没有礼仪的话，上下级的关系就会混乱。第三个方面，没有好的政治，就会财用不足，国家经济就会出现危机。

孟子谈了三个方面，第一个方面是用人；第二个方面我们可以理解为制度，是上下级关系；第三个方面我们可以理解为经济。这三个方面，也是孟子认为最重要的三个方面，而把用人放在了首位。治理国家最重要的是用人，要任用仁人、贤人，否则国家将会陷入空虚。但有礼仪、有规范、有制度、有文化也很重要，这样上下级才能找对自己的位置，否则，每个人都找不对自己的位置，上下级关系就要混乱了，社会各阶层之间就会出现矛盾和对抗，社会就不能稳定。而行政事务如果处理不好的话，经济就会出现危机。

孟子谈的这三点，对我们今天仍旧是适用的。不仅国家是这样，企业也是一样，把国家换成企业，这三条仍旧是成立的。用人不当的话，企业会变得空虚；没有一套礼仪和规范，没有内部的一套规章制度，没有企业文化，上下级的关系就会是混乱的；而具体事务若是处理不好，那钱也是挣不来的。

14・13　孟子曰："不行仁而得国者，有之矣；不行仁而得天下者，未之有也。"

"不行仁而得国者"，不仁的人能够得到国家，成为国家的领导；“有之矣”，这样的情况是有的，出现过这样的情况。“不行仁而得天下者”，不仁而能够得到天下的；“未之有也”，这是从来没有的。

两个概念需要强调一下，古代的“国”和“天下”，和我们今天的概念是不一样的。我们今天说的“国”是国家，“天下”是全世界，但那个年代不是。“天下”相当于今天的中国，而“国”指的是诸侯国、地方诸侯。这两个概念要把握准。所以，孟子的意思是，不仁的人能成为一方诸侯，这种情况是有的，但是不仁的人可从来没有能够掌握整个国家，得到整个天下的。

俗话说“小胜靠术，大胜靠德”，实际和孟子的观点不谋而合。一个人无德，有可能会在小的方面取得胜利，取得一定的成就，但是要想有大的成就，那就必须有德。

14·14 **孟子曰：“民为贵，社稷次之，君为轻。是故得乎丘民而为天子，得乎天子为诸侯，得乎诸侯为大夫。诸侯危社稷，则变置。牺牲既成，粢盛既絜，祭祀以时，然而旱干水溢，则变置社稷。”**

“民为贵，社稷次之，君为轻”，这句话是孟子的名言，在古代影响非常大。“民”是老百姓，“社稷”是国家，“君”是皇帝、君主，孟子按重要性排了一下次序，最重要的是百姓，其次是国家，君主的地位是最次要的。

古代一些比较残暴的、比较专权的统治者，对孟子这句话都是感觉相当别扭的。但是，《孟子》是儒家经典之一，流传非常广，读书人从小都读，都背得滚瓜烂熟，你想把这里边删掉一句，想让人家不知道，这是基本做不到的。孟子这句话，在古代发挥着我们今天意想不到的作用，对古代的君主集权是一种制约。

我们今天的研究者经常引孟子这段话，证明孟子具有民本精神。民本主义思想在欧洲的兴起是比较晚的事情，而孟子在战国时期，就已经明确地表达了他的民本主义思想，这足以证明孟子思想的先进性。

“是故得乎丘民而为天子”，因此能够得到众多老百姓的拥护才能成为天子，才能成为最高领袖，才能得天下，也就是得民心者得天下的意思。然而，要成为诸侯该怎么办？“得乎天子为诸侯”，能得到天子的欣赏和信任，就能成为诸侯，因为诸侯是天子封的。“得乎诸侯为大夫”，能得到诸侯的信任，就能成为大夫，因为大夫是诸侯封的。

孟子一针见血地指出了问题的关键。对于想得天下的人，那是最高领导，不是哪个人能任命的，只有老百姓认可才行。当然孟子的理解和我们当下的理解不一样，“天聪明，自我民聪明”，在孟子的思想逻辑里边，得到民众的认可，才能得到老天的认可，天子不是哪个人任命的，是老天任命的，谁能当天子是出于老天的意志。那老天看什么来定？能得到民众的认可，才能得到老天的认可，才能成为天子，这是他的思维逻辑。我们不能理解为“是故得乎丘民而为天子”，是得到民众拥护，得到老百姓大选获胜，就能成为天子。这是孟子在他那个时代的理解。但他说的这个道理在今天仍旧是成立的，就要得到百姓的认可。

孟子先是给民、社稷、君按重要性排了一下次序，然后谈的是民的重要性，为什么把民排在首位，因为君要顺应民意。下面孟子接着谈社稷了。

“诸侯危社稷，则变置”，如果诸侯危害了国家，就应该换人了。君是次于社稷的嘛，不能因为君危害到社稷。“牺牲既成，粢盛既絜，祭祀以时，然而旱干水溢，则变置社稷。”用于祭祀的牲畜已经养成了，用于祭祀的谷物已经整理得非常干净了，按照时间来进行祭祀就可以了，指的是祭祀方面都做到位了。“社”指土神，“稷”指谷神，古代祭祀这两种神是为了保佑风调雨顺、粮食丰收的。“然而旱干水溢”，结果是要么旱、要么涝，说明土神、谷神太不负责任了，就要“变置社稷”，就是改立土谷之神。这是传统的解释，但我觉得不大妥当。前面一句的“社稷”与民、君并列，显然是指国家，这一句里的社稷不仅指土谷之神，也应该是指国家。如果祭祀到位了，还是旱涝不定，证明神不是对祭祀仪式不满意，而是对祭祀的人不满意，所以不肯保佑。主持祭祀的是君主，也就是说旱涝这些自然灾害是神对君主不满的体现，既然老天都对现任君主表示不满了，就应该顺从天意，“变置社稷”，就是换一个国家，也就是改朝换代了。

为什么要改朝换代？要么旱、要么涝，受罪的是老百姓，老天降灾，说明对这个朝代和国家不满。如果还维持这个让老天爷不满的朝代，那老天爷就一直降天灾，最后受苦受难的是老百姓。为了老百姓，这时候就必须改朝换代，把皇帝换了，换老天爷喜欢的，就不降天灾了，老百姓才能过上好日子。这才体现了孟子的民本思想，“民为贵，社稷次之，君为轻”，不符合民众利益的政府就必须换掉，不符合民众利益的君主就必须换掉，这才叫民本精神。那为什么不能把老百姓换掉？主要原因在于换不了。君主和人民如果有矛盾，人民可以换掉君主，君主怎么能把人民换掉？因为老百姓是改变不了的，没有这个群体，没有人民，就没有国家。没有国家，又哪来的君主？孟子说的是这样一个逻辑关系，所以从这个角度来讲，最重要的、最根本的是百姓，百姓是变不了的，只能变诸侯，只能变社稷，一切以民为本。

14·15　**孟子曰："圣人，百世之师也，伯夷、柳下惠是也。故闻伯夷之风者，顽夫廉，懦夫有立志；闻柳下惠之风者，薄夫敦，鄙夫宽。奋乎百世之上，百世之下，闻者莫不兴起也。非圣人而能若是乎？而况于亲炙之者乎？"**

圣人能成为百代人的老师，伯夷、柳下惠就是这样的人。"故闻伯夷之风者，顽夫廉，懦夫有立志。"所以听到伯夷的风范的人，即使是"顽夫"，是贪得无厌而又比较低级的人，也能想着怎么变得清廉；即使是懦弱的人，也会有自立的志向，这是受到伯夷这种风范的感召和影响。"闻柳下惠之风者，薄夫敦，鄙夫宽。"听到柳下惠的风范的人，刻薄的人也都想着怎么变得厚道一点，粗鄙的人受到他的影响和感召，也想着怎么能心胸宽一点。

"奋乎百世之上，百世之下，闻者莫不兴起也。"伯夷和柳下惠，他们在一百代人之前奋发，而到一百代人之后，听到他们事迹的人，还没有不为此而振奋的。"非圣人而能若是乎"，如果不是圣人能够达到这个境界吗？"而况于亲炙之者乎"，一百代之后，没有见过他们的人，听到他们的事迹都会因而奋发，那更何况是当年见过他们，得到他们教诲的人呢？

14·16　**孟子曰："仁也者，人也。合而言之，道也。"**

仁是儒家的核心概念，孔子说"仁者爱人"，仁就是爱人。孟子说"仁也者，人也"，仁就是做人的道理。"合而言之，道也"，把"仁"和"人"合在一起来说就是道，意思是，做人要以仁者爱人为出发点，这就是儒家的道。

14·17　**孟子曰：“孔子之去鲁，曰：‘迟迟吾行也，去父母国之道也。’去齐，接淅而行，去他国之道也。”**

孔子离开鲁国的时候说，离开祖国的时候，要慢点走，表现出一种依恋来。而离开齐国的时候，正要淘米做饭，都来不及把米焖熟就走，把淘了一半的米，水澄出去拿着就走了，因为不是他的祖国，没有感情。

14·18　**孟子曰：“君子之厄于陈、蔡之间，无上下之交也。”**

这里的“君子”指的是孔子，孔子受困于陈、蔡之间。孔子率弟子周游列国的时候，曾经被困在陈国、蔡国交界的地方，好几天没吃上饭。这是历史上非常有名的孔子绝粮于陈蔡。孟子评价这件事情，“无上下之交也”，因为他对上对下都没有交往，是指对于当时陈蔡两国的政界，不论是上级还是下级，都没有交往，所以在这个时候孔子没有发挥出人际关系的作用来。这是孟子的一个解释，当然是很俗的一个解释。

14·19　**貉稽曰：“稽大不理于口。”孟子曰：“无伤也。士憎兹多口。《诗》云：‘忧心悄悄，愠于群小。’孔子也。‘肆不殄厥愠，亦不殒厥问。’文王也。”**

“稽大不理于口”，貉稽跟孟子讲，在他人嘴里我被说得很不像样子。孟子说“无伤也”，这没关系。“士憎兹多口”，作为士人来讲，我们应该憎恨那种多嘴多舌的事情。然后孟子引

《诗经》上的一句诗，“忧心悄悄，愠于群小。”“忧心”是烦恼忧虑，把它压在心中，“群小”指那一群小人，“愠”是憎恨。我被那些小人们憎恨。“孔子也”，孔子就是诗中说的情况啊。孔子当年也是受到小人的憎恨，这些人背后也说孔子的坏话，所以有人背后说你坏话，不要忧虑，这没什么。

“肆不殄厥愠，亦不殒厥问”，这两句也是引自《诗经》。“厥”是他，“愠”是恨。你没有办法消灭他人对你的憎恨，但也不要失去自己的名声。孟子认为这个说的是周文王。

貉稽因为口碑不太好，觉得比较郁闷，来跟孟子倾诉。孟子就引了两句诗劝解他。孔子也好，周文王也好，这些伟大的圣人，背地里也有人对他们说三道四的，所以别人说你什么不用放在心上，关键是你自己修得怎么样。

14·20　**孟子曰：“贤者以其昭昭，使人昭昭；今以其昏昏，使人昭昭。”**

“昭昭”，很明白的样子，明了；“昏昏”是糊涂。贤者是用他自己的明了，使别人明了；而现在的人，是用自己的糊涂，来使别人明了。

这句话讽刺意味很强，贤人是自己先明了，然后再帮助别人明了。现在这些人，人家在他这里受到启发都明了了，实际他自己都没明白，还是稀里糊涂的。

14·21　**孟子谓高子曰：“山径之蹊，间介然用之而成路；为间不用，则茅塞之矣。今茅塞子心矣。”**

山间的小路要经常有人走，才能成为路。如果有一段时间没有人走，茅草就长满了，路就没有了。这是打个比方，然后孟子接着对高子讲“今茅塞子心矣”，你现在的心已经让草给长满了。

孟子指的虽然是一个人，但这句话是有普遍意义的。修行就是这样，就好比是山间小路，你时时刻刻在走，这条路就走通了，就成了路。但如果修一段之后就不修了，忙别的事去了，草就长满了，这条路就没有了。实际孟子用这个比喻在告诉我们，修行上要持之以恒，一段时间不修，你的心就被草占据了，这条路就没有了。

14·22　**高子曰：“禹之声尚文王之声。”孟子曰：“何以言之?”曰：“以追蠡。”曰：“是奚足哉? 城门之轨，两马之力与?”**

“禹之声尚文王之声”，禹的音乐超过了文王的音乐。“何以言之?”孟子反问，为什么这么说?“以追蠡”，“追”是悬挂乐器的纽，“蠡”是摇摇欲坠的样子。为什么说禹的音乐超过文王?因为演奏禹的音乐的那套乐器，上面悬挂乐器的纽都要用坏了，说明经常演奏，从演奏的频繁性来讲，他推测可能这个音乐更受人喜欢。

孟子说“是奚足哉”，这哪里值得称道?“城门之轨，两马之力与?”你看看城门那里的路，你能说那里的车辙是两匹马造成的吗?不是，因为无数的马车天天从这里经过，才轧出车辙来。你只看到乐器要坏了，但那不是只演奏这一个音乐造成的，以此判断禹的音乐超过文王的音乐，显然是不能成立的。

14·23　**齐饥。陈臻曰：“国人皆以夫子将复为发棠，殆**

不可复。”孟子曰：“是为冯妇也。晋人有冯妇者，善搏虎，卒为善士。则之野，有众逐虎。虎负嵎，莫之敢攖。望见冯妇，趋而迎之。冯妇攘臂下车，众皆悦之。其为士者笑之。”

“齐饥”，齐国闹灾荒了。陈臻说：“国人皆以夫子将复为发棠。”据说从前有过一次灾荒，当时孟子跟齐国的国君请求，把棠地的国家粮仓打开救济灾民，所以这一次齐国闹灾荒，陈臻说，老百姓都觉得您还会去跟齐国君主说，打开棠地的粮仓来救济。“殆不可复”，恐怕这件事不能再这么做了吧。

孟子解释：“是为冯妇也”。如果这么做的话，就变成了冯妇。冯妇是人名，不是指姓冯的妇女。那为什么这么做是冯妇？下面是孟子的解释。

晋国有一个人名叫冯妇，他善于和老虎搏斗，而最终成为一个很受人称道的读书人。有一次他到野外去，有众人在追一只老虎，老虎跑到山脚，没地方跑了，就倚靠在山脚回过头来，这时候追的人谁都不敢上去和这只老虎搏斗。正好大家看见冯妇来了，就都过来迎接冯妇，然后冯妇就撸胳膊挽袖子从车上下来，追老虎这些人都高兴了，因为冯妇要出手了，他最善于跟老虎搏斗。“其为士者笑之”，而那些读书人却笑话他了。

孟子讲了这么一个故事，放到我们今天可能不是很好理解。儒家不以武力出名，讲究的是斯文，讲究的是修养。他本来是一个武人，善于打虎，比武松还厉害，而最后他成为读书人了，可是积习难改，看见老虎的时候，还是忍不住下来动手，这些读书人因此笑话他。因为这不是你该干的事了，你如果是猎户，这是你的本职工作，就应该去打，而你现在身份不一样了，是坐着车来的，是读书人，不应该再亲身参与这个事情了。所以这些读书人笑话他，我们相信你功夫很好，身手很好，但问题是，这不是你应该去露一手的时候。

14·24 **孟子曰："口之于味也，目之于色也，耳之于声也，鼻之于臭也，四肢之于安佚也，性也，有命焉，君子不谓性也。仁之于父子也，义之于君臣也，礼之于宾主也，知之于贤者也，圣人之于天道也，命也，有性焉，君子不谓命也。"**

嘴喜欢好吃的味道，鼻子喜欢闻好的气味，耳朵喜欢听好的声音，眼睛喜欢看好的颜色，四肢追求安逸，这都是人的本性，但其中也包含着"命"，君子不把这些称为是人的本性。父子之间知道仁爱，君臣之间讲究义，宾主之间讲究礼，贤者追求智，圣人追求天道，这些都属于"命"，但其中也包含着人的本性，但是君子不把这些称为"命"。

孟子把性和命当作两个概念。《中庸》第一句"天命之谓性"，有人讲命和性是两个概念，"命"不是动词。要从孟子的角度看，是有一定道理的，天、命、性是三个概念。

孟子这句话要阐释什么？我们把前面这些内容归纳一下，嘴喜欢吃好吃的，四肢追求安逸，等等，这些都是身体的本能，属于人的本性。但君子不把这些称为人的本性，讨论人的本性的时候不涉及这些身体的方面。为什么呢？是免得给人们追求口舌的享受，四肢的安逸，找到借口和理由。如果把这些视为人的本性，就为好吃懒做找到理论依据了。这是人的本性，我要明心见性，那我得按照我的本性来，"率性之谓道"嘛，所以我每天就好吃懒做。这是负面的影响？

孟子接下来讲的仁、义、礼、智、天道，说的是道德规范，孟子认为这些属于"命"。但君子不把这些说成是"命"，讨论"命"的时候不涉及这些内容。理由与前面类似，如果把这些视为“命”，是命运的安排，就会影响修行的精进。既然我有没有仁义礼智、有多少都是命，那我修与不修岂不没有任何影响。

孟子真正的想法是，身体的本能和欲望，既是性也是命，可以看成是人的本性，也可以视为命运的安排；道德修养也一样，既包含人的本性，也包含命运的安排。从人的本性的角度看，人与人就应该是近似的，“性相近”，从命运的安排的角度看，人与人之间的差距就很大了。但两者都是先天的。这应该是孟子真实的想法，可是他表述出来的思想却不是这个样子。孟子宣扬的是，道德范畴仁义礼智属于人的本性，而身体的本能和欲望属于命运的安排。就是说，在仁义礼智等道德修养方面，人与人的先天素质是一样的，而在身体的本能和欲望方面，人与人先天就存在比较大的差异。在这里，孟子明确地告诉我们，他之所以要这样阐述，是因为不能把身体的本能和欲望说成性，以免给人放纵欲望带来借口，也不能把仁义礼智等道德层面的东西说成命，以免人们把在道德方面有差距的原因归结为命，而放弃道德修养方面的努力。一句话，这尽管不是孟子的真实想法，但他这么说是为了传播正能量。

14·25　**浩生不害问曰：“乐正子何人也?”孟子曰：“善人也，信人也。”**

“何谓善？何谓信?”

曰：“可欲之谓善，有诸己之谓信，充实之谓美，充实而有光辉之谓大，大而化之之谓圣，圣而不可知之之谓神。乐正子，二之中、四之下也。”

浩生不害是人名，他问孟子：“乐正子何人也?”乐正子是一个什么样的人？孟子回答："善人也，信人也。"是善人，守诚信的人。"何谓善？何谓信？"什么是善？什么是信？

孟子做了一系列概念界定，"可欲之谓善"，值得得到，叫作善；"有诸己之谓信"，自己身上有，叫作信；"充实之谓美"，身上不仅有，而且有很多，充满全身，这叫作美；"充实而有光辉之谓大"，不仅充满而且有光辉，这叫作大；"大而化之之谓圣"，大而且还能使别人为之改变，发生变化，那叫作圣；"圣而不可知之之谓神"，圣再加上有一点让人无法了解，有一种神秘性，就叫神。孟子连着阐明了六个概念，善、信、美、大、圣、神，而且这六个概念是递进的。

想得到，但身上不一定有，叫善。得到了，具有这种美好的品德了，这叫信。不仅得到了，还得到了很多，而且自己充实、充满了，这叫美。不仅充满了，充满之后还能发光，充实而光辉，这叫大。不仅能发光，还能照亮别人，使别人发生变化，这叫圣。不仅能使别人发生变化，照亮别人的人生旅途，而且别人还无法理解你，具有神秘性，这叫神。这里是逻辑的递进关系，层层递进，也可以说是修行的次第，由低到高，一层一层往上进。

孟子提出六个概念是为了评价乐正子，因为浩生不害来问他乐正子何人也？孟子说"善人也，信人也"。浩生不害不理解，然后孟子说了六个概念，也是修行的六个次第，结论是"二之中、四之下"，乐正子处在前两个之中，处在另四个的下面。也就是说，乐正子现在修到了前两个境界，善和信，后面四个境界美、大、圣、神他还没有达到。我觉得，孟子是担心浩生不害把乐正子理解得太高，后面又谈出四个境界，虽说乐正子是"善人也，信人也"，听着确实不错，但从儒家修行的角度来讲，他还在较低层次，后面还有四个境界没达到呢。那么这都是什么境界？我们可以去思考。

实际上第一个善是对修行的向往，“可欲之”是想得到，这是修行的起点，没有对修行的向往，是不会走向这条路的。对修行的向往是善，是修行的第一步，要有向往之心，要觉得是好事，然后才能去修。走上修行的道路之后，就是“有诸己”，就具有美好品德了，这是第二步。一点点扩充这些美德，充实自己，就是“美”，这是第三步。如果能够修到圆满，就是前面孟子讲的“周”，修到圆满之后，就能放出光辉，身上就能散发出一种独特的气质，充实而光辉，心才能发出光亮，才能照亮你自己的人生旅程，这是第四步。达到这种境界之后还能照亮别人的人生旅途，让他人为之改变，这叫“圣”，是第五步。修到那种境界之后，在普通人眼里，你是非常神奇的一个人了，所以叫“神”。这是我的理解。

我理解，第一步有向往之心还没开始修，最后的神，是他人眼中的修行人，或他人对修行人的印象。准确地说，两者不是修行的次第，那么孟子说的修行次第实际一共是四个，用孟子的话说，分别是“有诸己”“充实”“充实而有光辉”“大而化之”。

14·26　**孟子曰：“逃墨必归于杨，逃杨必归于儒。归，斯受之而已矣。今之与杨、墨辩者，如追放豚，既入其苙，又从而招之。”**

“逃墨必归于杨，逃杨必归于儒。”“逃”是离开，“杨”即杨朱。杨朱这一派的学问强调为我，不肯拔一毛利天下，孟子说离开墨家的人，一定会归入到杨朱这一派去，离开杨朱这一派的人，一定会归到儒家这里来。他说的是一种当时的社会现象，但也是人的一种心路历程。

墨家讲究的是大公无私，“摩顶放踵利天下为之”，杨朱讲究的是为我，绝对的自我为中心，墨、杨两家可以说是针锋相对，截然相反。一开始学习墨家的人，若是从墨家离开，说明对墨家这种大公无私的思想不满意，那就容易走向另一个极端，就是极端个人主义的杨朱，所以离开了墨家就会跑到杨朱那里去。若是最终他又离开了杨朱，说明他对杨朱的极端个人主义也不满意。既然对两个极端的思想体系都不满意，这个人就必然会选择一条中间路线，儒家才是持中的，所以这个人就会来到儒家。

孟子这番话说出了在追求思想的过程当中，人的心路历程会出现怎样的变化，先走向一个极端，然后再走向另一个极端。两个极端都碰壁之后，还在追求，还在思考，才能走到正确的道路上来，这是人思想的一种必然历程。但前提条件是，这个人一直在追求，什么都不想的人是没有这样的心路历程的。所以，人都有走极端的过程，这并不可怕，当你走完极端之后，才能回归到正道上来。

“归，斯受之而已矣。”他既然来到我们儒家了，那我们就接受他，言外之意，不要再说从前怎么样。孟子告诉我们，别想那么多，他来了就接受好了，这是一个正常的心路历程。“今之与杨、墨辩者，如追放豚，既入其苙，又从而招之。”当下去和杨、墨两家进行辩论的人，就好比是追跑掉的猪，等到把猪都追回来了，放在牲口圈里，把它捆上，防止它再跑。

孟子的意思是，与杨墨两家的辩论很没有必要，因为只要离开那两家的人最终自然会归到儒家来。就好比跑丢的猪回到了圈里，就没必要再把它的脚捆上了，不仅没有必要，而且还束缚住了它的手脚。正确的态度是，对于离开杨墨两家来到儒家的人，接受他而已，没必要再跟他批判杨墨两家，这样不仅没有必要，反而会束缚住他的手脚，使他施展不开，没有发展。

14·27　**孟子曰："有布缕之征，粟米之征，力役之征。君子用其一，缓其二。用其二而民有殍，用其三而父子离。"**

"布缕之征"，是征收布帛之类的东西作为国家的税收；"粟米之征"，征收粮食作为税收；"力役之征"，是征发劳役，免费去给政府服劳役。在古代这也属于税收的一种，是百姓对政府的义务之一。

孟子归纳古代三种对老百姓的比较通用的税收手段。孟子认为，应该重点使用其中的一个，对其他的两项要延缓。如果征收布帛，那么对于粮食和力役就要缓征或干脆不征，若是征发了劳役，那对征粮食、布匹就要缓征或干脆免除。这是"用其一，缓其二"。

"用其二而民有殍"，这三项如果同时征收两项，老百姓就有饿死的了。"用其三而父子离"，若是这三项都征收的话，那么老百姓就会父子离散，家破人亡了。这里体现着孟子对税收的态度。

14·28　**孟子曰："诸侯之宝三：土地，人民，政事。宝珠玉者，殃必及身。"**

诸侯的宝贝有三个：土地、人民和政治。"宝珠玉者，殃必及身"，把珍珠美玉当成宝贝的诸侯，灾祸一定会追赶到他。

作为统治者，要以土地、人民、政事为宝，而不能以珍珠美玉这些东西为宝。若是以珍珠美玉为宝，把这些看得很重要，就会把土地、人民、政事看得很轻，那国家就治理不好，就一定会有灾难。

14·29 **盆成括仕于齐，孟子曰："死矣盆成括。"**

盆成括见杀。门人问曰："夫子何以知其将见杀？"

曰："其为人也小有才，未闻君子之大道也，则足以杀其躯而已矣。"

盆成括，在齐国当官，孟子就做出预言，说这人恐怕会死在那里，随后盆成括真的被杀。门人问孟子："夫子何以知其将见杀？"你怎么能提前预知他要被杀？孟子说："其为人也小有才，未闻君子之大道也，则足以杀其躯而已矣。"他的为人有点小聪明，但是没听说过君子的大道，有小聪明却不了解大道，这就足以给他招来杀身之祸了。

这件事我们仔细思考，实际是一个很可怕的事情，要耍小聪明不知道大道，是足以引来杀身之祸的，会引来大难的。按孟子的预言来看，他们没死都已经是侥幸了，还想追求人生成功是不可能的。

14·30 **孟子之滕，馆于上宫。有业屦于牖上，馆人求之弗得。**

或问之曰："若是乎从者之廋也？"

曰："子以是为窃屦来与？"

曰："殆非也。夫子之设科也，往者不追，来者不拒。苟以是心至，斯受之而已矣。"

"孟子之滕"，孟子到滕国去。"馆于上宫"，住在上宫。

“有业屦于牖上”，有一个人把一只正在编织的草鞋放在了窗户上。“馆人求之弗得”，孟子住处的那个人，找草鞋找不到了。然后就有人来问孟子：“若是乎从者之廋也？”是不是你的随从们把这个草鞋藏起来了？言外之意是把它偷走了。

孟子说：“子以是为窃屦来与？”你以为我们这帮人是来偷草鞋的吗？那个人说“殆非也”，恐怕不是。“夫子之设科也，往者不追，来者不拒”，您老人家设立科目对学生的要求是“往者不追，来者不拒”，离开的不追，不往回找，来学的不拒绝。“苟以是心至，斯受之而已矣”，只要他带着这种学习的心到来，那你就接受他。言外之意，您老人家门下人员也挺杂，为什么我怀疑草鞋是你们的人偷的，因为您也不挑选，谁来您都留，谁走您也不管，您门下无组织、无纪律。

我是比不了孟子的，基本上我是“往者不追”，谁爱退出师门我不挽留，但“来者不拒”我做不到，我得先考察一下，免得人们以为我的门下都是偷草鞋的。

14·31　**孟子曰：“人皆有所不忍，达之于其所忍，仁也；人皆有所不为，达之于其所为，义也。人能充无欲害人之心，而仁不可胜用也；人能充无穿踰之心，而义不可胜用也；人能充无受尔汝之实，无所往而不为义也。士未可以言而言，是以言餂之也；可以言而不言，是以不言餂之也，是皆穿踰之类也。”**

“人皆有所不忍，达之于其所忍，仁也。”每个人都有不忍心做的事情，把这个心态往外扩充，扩充到所有事情上。思考一下，有些事你不忍去做，为什么不忍去做，是一种什么样的心态心境，把这种心态和心境扩充到其他领域，就是儒家提倡的“仁者爱人”的“仁”。“人皆有所不为”，每个人都有一些事是他不去做的。“达之于其所为，义也”，你把“不为”的心态，用到所有的事情上，这就是儒家说的“义”。

孟子在教我们怎样修仁义二字。先去找你不忍心做的事，那种心态、心境就是仁；将之扩充到其他的事情上，这就是修仁。想想自己有没有不忍心的时候、下不去手的时候，当下不去手的时候，你是一个什么样的心态、心境，把这种心态和心境往外扩充，对待所有的事情，都是这个心态和心境，那你就修成了“仁”。人生有哪些事是你不肯去做的？觉得做这件事非常丢面子，非常可耻，有没有那个时候？那个时候的你是什么样的心态和心境，将这种心境运用到所有的事情上，就修成了“义”。

“人能充无欲害人之心，而仁不可胜用也。”如果人能够扩充不想害人的这颗心，那么你的仁就是用不完的了，就很充足了。“人能充无穿踰之心，而义不可胜用也。”如果你能够把这种不肯翻墙打洞的心加以扩充，那么你身上的“义”就用不完了。“人能充无受尔汝之实，无所往而不为义也。”“无受尔汝之实”，孟子的时代称别人为“尔”是不尊敬、不礼貌的，别人称你为“尔”时是不能忍受的，如果你把这种心态加以扩充，应用到所有的事情上，那你不论做什么事情都能守着义了。

“士未可以言而言，是以言餂之也，可以言而不言，是以不言餂之也，是皆穿踰之类也。”“餂”是取，是用好话去诱惑别人。这个人你不应该和他说这些话，你却和他说了，这是用言语来挑逗他、引诱他；你可以跟他说这些话，你却不说，这是用不说来挑逗他、引诱他，这都是不义的行为，都和打洞跳墙没什么区别。孟子最后落实到一个具体的问题，言谈妥当与否是要区分对象的，应该和他说才说，不应该说就不说，分寸地把握取决于谈话对象。

14·32　**孟子曰："言近而指远者，善言也；守约而施博者，善道也。君子之言也，不下带而道存焉；君子之守，修其身而天下平。人病舍其田而芸人之田，所求于人者重，而所以自任者轻。"**

"言近而指远者，善言也。"言语浅近，字面很容易理解，但其中包含的含义深远，这是好的言语，善言。"守约而施博者，善道也。""施"是指对外的效果，需要你坚守的很少，一旦守住之后给你带来的效果非常广、非常博，这是最好的道，善道。

我们也可以比较庸俗地把"道"理解为方法。什么是好的方法？是需要做的很少，需要坚守的很少，达到的效果却非常广，能取得多方面的效果，这是最好的办法。

古人讲视不下于带，与人谈话或与人交往的时候，你的视线不能低于对方的腰带，当然往天上看也是不行的。交往的时候视线落到腰带以下，是不平等交往了。"君子之言，不下带而道存焉"，君子和人讲话的时候，视线不能低于腰带，这里边就有道存在其中。"君子之守，修其身而天下平。"君子的操守是通过修身而达到天下太平。这两句话是对前面两句话的注解。

"言近而指远者，善言也；守约而施博者，善道也。"具体点说什么叫善言？和人说话的时候，你的视线放在哪儿？如果你的视线都放到对方腰带以下了，就表明你说话没那么理直气壮。我们理直气壮的时候是瞪着眼睛和对方讲理的，你心里没鬼，觉得问心无愧，那时你的视线是盯着对方的，是绝对不会把视线放到腰带以下的。而视线放在对方腰带以下，就表明你在回避对方的目光，这个时候说的话能是善言吗？这时候说的话肯定是有毛病的。什么叫善道？“守约而施博”，坚守的少，而效果非常广大，儒家讲究的君子的操守，就能体现这一点，要求你坚守的很少，就是修身，而得到的效果是齐家、治国、平天下，效果非常广大。这是对前面两句话的解释。

“人病舍其田而芸人之田。”“芸”是除草。孟子接着说另一个方面的问题，人的毛病是把自己家的地放在一边，去给别人家的地除草，帮人家种地。这是孟子的比喻，他要说明的问题在后面。对别人的要求很多，这叫“所求于人者重”。“而所以自任者轻”，自己能承担的却很少、很轻。责人重，责己轻，对别人要求多，对自己要求少，这是人的大毛病。君子应该正相反，修行的人应该正相反，对自己要求严，对别人要求松，就是“严以律己，宽以待人”。

孟子从另一个角度告诉我们，这么做为什么不好，他打了个比方，这就像放着自己家的地不种，去种别人家的地，你能有收获吗？没事天天跑别人家地里忙活去，到秋收的时候打的粮食归你吗？你严格要求别人，不要求自己，最后的结果是你自己没有收获，别人有收获。孟子用这个比喻告诉我们，总要求别人不要求自己，相当于天天给别人种地，把自己家的地撂荒了，最后一无所获，这是很愚蠢的行为。

14·33　**孟子曰：“尧舜，性者也；汤武，反之也。动容周旋中礼者，盛德之至也。哭死而哀，非为生者也。经德不回，非以干禄也。言语必信，非以正行也。君子行法，以俟命而已矣。”**

“尧舜，性者也；汤武，反之也。”尧舜的所作所为是出自本性，商汤和周武王是回归到了本性。尧舜、汤武从后来的结局上看是一样的，但孟子认为他们有一个细微的差异，尧舜是先天美好本性一直都在，汤武中间可能迷失了一阵，通过修行又回来了。

“动容周旋中礼者，盛德之至也。”“动容周旋”，一举一动，“中礼”都符合礼的要求，“盛德”是最盛大的美德。“非为生者也”，不是给活人看的。“哭死而哀，非为生者也”，哭死去的人，表现出的悲哀也不是给活人看的。“经德不回，非以干禄也”，这不是为了追求俸禄，也不是为了做给别人看的。“言语必信，非以正行也”，说出来的话一定要诚信，这也不是为了让别人知道我有这样美好的行为。这三句是排比句，表达的意思是，做事不是给别人看的，不是为别人而做。家里有亲人去世，哭得很悲痛，不是哭给别人看的。与此类似，按照道德的要求去行动，也不是为了给别人看。为什么要修德？为什么要诚信？要发自内心，不要作秀，不是给别人看的，不是为别人而做，是为我们自己而做。

“君子行法，以俟命而已矣。”君子的行为要守着法度，以此来等待命运的安排而已。能修德、能诚信这是行法，是守着法度来行动，那么这一定就有好结果吗？不一定，还是要等待命运的安排，这叫“俟命”。但修与不修的区别在于，修才能把握住命运中的机遇，不修可能就会与机遇失之交臂。

14·34　**孟子曰：“说大人，则藐之，勿视其巍巍然。堂高数仞，榱题数尺，我得志，弗为也。食前方丈，侍妾数百人，我得志，弗为也。般乐饮酒，驱骋田猎，后车千乘，我得志，弗为也。在彼者，皆我所不为也；在我者，皆古之制也，吾何畏彼哉？”**

“说大人，则藐之，勿视其巍巍然。”你去游说大人物的时候，要藐视他，不要看他那高高在上的样子。为什么？从最俗的角度讲，那样你就紧张了，就发挥不正常了。

“堂高数仞，榱题数尺，我得志，弗为也。”他的堂有几仞高，而且雕梁画栋，形容这个大人物的房子非常高大、华丽。孟子说，这时你心里想的是，如果我将来得志了，发达了，我不会这么做，因为这种物质追求没有什么意义。所以将来我飞黄腾达的时候，我是不屑于这么做的。“食前方丈”，饭菜摆满面前一丈宽的地方，形容很多菜。“侍妾数百人”，身边的丫鬟仆人好几百人。“我得志，弗为也”，我将来如果能得志，是不会这么做的。“般乐饮酒，驱骋田猎，后车千乘，我得志，弗为也。”游乐、饮酒、打猎、驰骋，带着一千辆车，非常豪华的队伍，我将来如果能得志，是不会这么做的。

连着三个排比句，表现出对物质生活的轻视。要有这种心态，才能做到藐视大人，不然是做不到的。虽然我现在什么也没有，但是将来即使有钱了，也不准备那么做，要有这样一个心态，要有对物质生活藐视的心态，才会有能力藐视那些大人物。如果把这些物质生活都不看在眼里，那么他还有什么比你强的地方？要有这样一个心态才能藐视他。如果你把物质生活看得很重，就没有办法藐视他。“在彼者，皆我所不为也”，在他身上的，他所拥有的那些东西，都是我不屑于去做的。抛开这些他还有什么？

“在我者，皆古之制也”，我身上有的是古代的典章制度。宽泛一点说，我身上有学问。“吾何畏彼哉？”我为什么要怕他？现在他要来听我讲，就说明他希望得到我的知识和学问，而我却不想得到他的豪宅、豪车。在这样一个状态下，我凭什么怕他？有这样的心态才能做到藐视大人。

我们刚才说藐视大人为了游说侃侃而谈，达到预期效果，这是从最世俗的角度去理解。孟子指的是人生的一种心态，也是修行者应有的一种心态。作为修行者要有愿景，有更高的理想和追求，而不要把眼睛盯着那点物质利益。只有把物质利益看轻，内心才能洒脱，所谓“无欲则刚”，然后才能达到修行的另一个境界。孟子这段话我们应该从这个角度去理解。

我们有修行、有德行、有学问、有知识，这是人生最宝贵的，甚至有智慧，还有对生活的通达、对生命的明了，这是人生最宝贵的东西了。而那些外在的物质的东西是次要的。在这样一种心态下，我们的修为才能增进。反过来，把物质的东西看得比人生的境界还要重，那么只能永远追逐着物质，永远在这个层面里打转，这一辈子是心为物役，就被这些外在的物质的东西奴役了。

14·35　**孟子曰：“养心莫善于寡欲。其为人也寡欲，虽有不存焉者，寡矣；其为人也多欲，虽有存焉者，寡矣。”**

“养心莫善于寡欲”，这是接着上一章说的，滋养我们这颗心的方法没有比“寡欲”更好的了。“寡欲”是减少对物质的需求和欲望。“其为人也寡欲，虽有不存焉者，寡矣。”如果能够把物质的需求降低，他也许会丧失一些善良的本性，但丧失的是比较少的，不会丧失很多。“其为人也多欲，虽有存焉者，寡矣。”为人如果欲望很多，把物质的东西看得很重，即使善良本性在他身上有所保存，保存下来的也会很少。

孟子说的是修心的关键在于“寡欲”，“寡欲”才能“明明德”，才能保存善良本性，欲望多了之后，善良本性就不存在了。

14·36 曾皙嗜羊枣。而曾子不忍食羊枣。公孙丑问曰："脍炙与羊枣孰美？"

孟子曰："脍炙哉！"

公孙丑曰："然则曾子何为食脍炙而不食羊枣？"

曰："脍炙所同也，羊枣所独也。讳名不讳姓，姓所同也，名所独也。"

羊枣是一种植物。曾皙是曾子的父亲。曾子的父亲喜欢吃羊枣。曾子父亲去世之后，曾子就不吃这个东西了，因为每当看到这个东西就会想起他父亲，就会伤心，所以不吃了。

公孙丑为这件事请教孟子："脍炙与羊枣孰美？"烤肉和羊枣相比哪一个更美味？孟子说，脍炙啊！公孙丑问，那么曾子为什么能够吃脍炙，却不吃羊枣？

公孙丑把问题理解偏了。他认为曾子不吃羊枣是出于守丧的礼俗，守丧期间不吃好吃的，那为什么他吃烤肉？烤肉不是更好吃吗？按他的逻辑，曾子更应该拒绝的是"脍炙"才对。

孟子解释："脍炙所同也，羊枣所独也。"脍炙是所有人同样喜欢的，所有人都认为是美食，但羊枣是只有他老爸才认为是美食，这是独特的。那曾皙喜不喜欢吃脍炙？也喜欢，但所有人都喜欢，所以曾子吃烤肉的时候是想不起他父亲来的，因为这不是他父亲的特点。但羊枣是他父亲特别喜欢的，喜欢羊枣的人没有几个，所以看到羊枣才想到父亲。"羊枣所独也"，羊枣是唯独他父亲喜欢的东西。

"讳名不讳姓，姓所同也，名所独也。"接着孟子又解释了另一个道理，我们避讳人的名字，却不避讳他的姓氏，为什么？姓是所有人相同的，名才是你自己独有的。所以需要避讳的时候，没有避讳姓的。所以古人避讳的原则是，讳名不讳姓，也是“同”还是“独”的问题。同样道理，曾子避讳的是唯独他父亲喜欢的东西，而不是所有人都喜欢的东西。

简单地讲是睹物思情，睹物思人，看见这个东西就能想起这个人来，所以才把这个东西回避掉。如果看着这个东西想不起那个人来，也就不用回避了。

14·37　万章问曰：“孔子在陈曰：‘盍归乎来！吾党之小子狂简，进取，不忘其初。’孔子在陈，何思鲁之狂士？”

孟子曰：“孔子‘不得中道而与之，必也狂狷乎！狂者进取，狷者有所不为也’。孔子岂不欲中道哉？不可必得，故思其次也。”

“敢问何如斯可谓狂矣？”

曰：“如琴张、曾皙、牧皮者，孔子之所谓狂矣。”

“何以谓之狂也？”

曰：“其志嘐嘐然，曰‘古之人，古之人’。夷考其行，而不掩焉者也。狂者又不可得，欲得不屑不絜之士而与之，是獧也，是又其次也。孔子曰：‘过我门而不入我室，我不憾焉者，其惟乡原乎！乡原，德之贼也。’”

曰：“何如斯可谓之乡原矣？”

曰：“‘何以是嘐嘐也？’言不顾行，行不顾言，则曰‘古之人，古之人’。‘行何为踽踽凉凉？生斯世也，为斯世也，善斯可矣。’阉然媚于世也者，是乡原也。”

万子曰：“一乡皆称原人焉，无所往而不为原人，孔子以为德之贼，何哉？”

曰：“非之无举也，刺之无刺也，同乎流俗，合乎污世，居之似忠信，行之似廉絜，众皆悦之，自以为是，而不可与入尧舜之道，故曰‘德之贼’也。孔子曰：‘恶似而非者：恶莠，

恐其乱苗也；恶佞，恐其乱义也；恶利口，恐其乱信也；恶郑声，恐其乱乐也；恶紫，恐其乱朱也；恶乡原，恐其乱德也。'君子反经而已矣。经正，则庶民兴；庶民兴，斯无邪慝矣。"

万章请教孟子怎么理解孔子这段话。这段话在《论语》上也有记载，不过《论语》的原文和这里小有出入，但意思是一样的。孔子在陈国的时候曾经说过"盍归乎来"，我何不回去呢？就是想回鲁国，这时他已经周游列国许多年了。我家乡那个地方的年轻人，志向高远而处事疏阔，而且"不忘其初"。用当下的时髦话说，是不忘初心。万章问："孔子在陈，何思鲁之狂士？"孔老夫子在陈国的时候，为什么想起了鲁国这些狂士？

孟子解释，孔子说过："不得中道而与之，必也狂狷乎！"这句话也见于《论语》。孔子说，我如果不能得到那些行中庸之道的人，和他们一起来实现我的政治理想和主张的话，就退而求其次，找"狂"和"狷"两种人。为什么呢？"狂者进取"，用今天的话说，"狂者"是有点儿张扬过激，还带点傲慢心的人，但这种人的优点是进取心非常强。"狷者有所不为也"，"狷者"用当下的话说就是愤青，这种人的优点是有操守，有些事是他绝对不会去做的，他们有人生的底线，也有人生的准则，不过毛病也是很清楚的，是比较愤青，喜欢发牢骚，喜欢质疑，喜欢批判。孟子引孔子这句话是要说明，孔子解释他退而求其次，要找狂和狷这两种人的原因。当然，能够遵守儒家的中庸之道的人是最好的，如果没有，退而求其次，去找狂、狷这两种人。这两种人都不够中庸，都走极端，缺点、优点都相当明显。孟子接着解释："孔子岂不欲中道哉？不可必得，故思其次也。"孔子难道不希望找到行中庸之道的人吗？但是孔子周游列国这些年，也没有碰到能行中庸之道的人。孔子作为老师，退而求其次，认为狂、狷两种人也是值得培养的。

万章问："敢问何如斯可谓狂矣？"我请问一下，什么样的人可以被称为狂？孟子说："如琴张、曾皙、牧皮者，孔子之所谓狂矣。"这是孔门三个弟子，孟子举例，说这三个孔子的弟子就可以称之为狂。万章问："何以谓之狂也？"为什么说这三个人是狂？"其志嘐嘐然"，他们的志向非常狂妄。"曰'古之人，古之人'"，说古代那个人，古代那个人。没有下文，言外之意就是那么回事，这是狂的表现。

孟子为什么说他们志向狂妄？因为他们说古代那个人，言外之意是没把古人放在眼里，觉得自己比古人强，这是典型的狂妄。我们要尊重古人，原因很简单，不是说古代的人都比我们强，但是，中国古代五千年的历史，过去的古人有多少，可到今天我们还能知道名字的能有多少？还能有著作、言论流传下来的又有多少？不是说古代拿出一个普通人来就比我们强，但我们今天还能知道的古人，有著作、有言论流传下来的古人，是成千上万的古人中才能出现这么一个，你怎么能觉得他不如你？那是精挑细选经过历史考验最后才流传到今天的，那得是多么优秀的，你怎么敢说不如你？所以说这是典型的狂妄。就拿当下来讲，我认为轻易对古人进行批判的都是狂妄的表现。

孟子说："夷考其行，而不掩焉者也。"如果有人说话连古人都没放在眼里，瞧不起古人，那就要考察一下他的品行了，话说得大，行动却跟不上，这是典型的狂。

"狂者又不可得，欲得不屑不洁之士而与之，是獧也。""獧"即"狷"，孟子在这里把狷放在了狂的下面，如果狂者都得不到的话，那么想要得到不屑不洁的士人和他交往，这种人称为狷。“是又其次也”，这又是更次一等的了。我个人觉得这是孟子的理解。从《论语》来看，对狂和狷好像是等量齐观的，没有分出高下来，但孟子觉得狂更好一点。

孔子曾说过：“过我门而不入我室，我不憾焉者，其惟乡原乎！乡原，德之贼也。”从我的门口路过而不进来，我不感觉遗憾的，只有乡原这种人。而乡原是对美德构成伤害的一种人。乡原，我们一般理解为老好人，没有原则、没有立场，谁都不得罪。孔子认为这种人是“德之贼也”，对于道德修养有伤害，只有这种人“过我门而不入我室”，从我门前路过却不进来，我是没什么遗憾的。

接着万章问：“何如斯可谓之乡原矣?”怎样才被称为是乡原?“何以是嘐嘐也”，这是孟子替乡原说出的一句话，如果乡原碰见那种志向很狂妄的人，乡原的态度是，何必这么张扬?有什么必要吗？要什么志向理想，有必要吗？“言不顾行，行不顾言”，乡原说的时候不会考虑做，做的时候也不会考虑说。即说话的时候不会考虑兑不兑现，也不会考虑这件事能不能解释清楚为什么这么做，说白了是言行不一，说一套做一套。

乡原也说“古之人，古之人”，而他不是瞧不起的意思，不是藐视的态度，而是不当回事的态度，把古人就放在一边，说古代的人，言外之意是，那是古代的人你还提他干什么?“行何为踽踽凉凉?生斯世也，为斯世也。”乡原对人的态度是，品行上为什么要追求特立独行?既然生活在这个世道了，就活在当下好了，别去谈什么古人了。

“阉然媚于世也者，是乡原也。”他抱着一个媚世的态度，取悦于世俗，跟世俗同流合污。这是乡原的最大特点。

万章说：“一乡皆称原人焉，无所往而不为原人，孔子以为德之贼，何哉？”这个人，整个乡里都称他是好人，不管他走到哪里，大家都称他是好人，为什么孔子说他是“德之贼”？

“非之无举也，刺之无刺也。”这是孔子的话，要想挑他的毛病，发现还拿不出具体的事例来。要讥刺他，也找不出具体的证据来。这是乡原最大的特点。为什么说他是“德之贼”？若是说这人不好，这人不好在哪里？这个人的缺点是什么？还真不好找出具体事例来。

“同乎流俗，合乎污世”，这是成语同流合污的出处，他跟那污浊的世俗完全打成一片。“居之似忠信，行之似廉洁”，平常日子表现出来的好像是忠信，处理问题好像是廉洁，而实际却不是。“众皆悦之”，大家都喜欢他。“自以为是”，他也认为自己这套做法是正确的。“而不可与入尧舜之道”，对于这种人，却没有办法让他进入尧舜的正道。所以说他是“德之贼也”。

孟子引述孔子的话，孔老夫子说“恶似而非者”，我讨厌那种似是而非的东西，因为会以假乱真。然后孔子举了几个例子。“恶莠，恐其乱苗也”，“莠”是长得和谷子很像的一种杂草，为什么讨厌它，因为它能够扰乱谷子的苗，除草的时候，一不小心就会把它当成谷子，就留下没铲，结果它会影响苗的生长。“恶佞，恐其乱义也”，“佞”是顺情说好话，为什么讨厌这事？恐怕他扰乱义。“恶利口，恐其乱信也”，讨厌那种非常犀利的语言，辩才非常好，因为担心会扰乱信。“恶郑声”，讨厌郑国的音乐。当时郑国出现一种新的音乐，被称为靡靡之音，孔子认为对人的修养没有好处，讨厌这种音乐。“恐其乱乐也”，因为担心它扰乱了好的音乐。“恶紫，恐其乱朱也”，讨厌紫色的原因，是因为担心它扰乱了红色。古人认为红色才是正色，紫色是偏色、杂色。

那么，孔子真正想表达的则是“恶乡原，恐其乱德也”，讨厌乡原的原因是担心他扰乱了美德。乡原这套自以为是、同流合污的做法，不是真正的道德修养，然而和真正的道德修养还有点像，所以容易以假乱真，让不知道的人以为这种做法是真正的德，然后跟着他学，就会误入歧途。

“君子反经而已矣。”“经”，根本、正道。君子追求的是回到正道而已。“经正，则庶民兴；庶民兴，斯无邪慝矣。”把根本和正道树立起来，老百姓就能奋发，就没有邪恶了。君子要想对社会有贡献，就应该树立经，把常规的根本性的问题提倡起来，老百姓会因此而奋发，这样邪的恶的自然就消退了，社会就安定了。

《论语》上讲“君子务本，本立而道生”，应该和此章结合起来理解。君子要在根本问题上下功夫，根本问题得到解决，其他问题就都迎刃而解了。

14·38　**孟子曰：“由尧舜至于汤，五百有余岁；若禹、皋陶，则见而知之；若汤，则闻而知之。由汤至于文王，五百有余岁，若伊尹、莱朱，则见而知之；若文王，则闻而知之。由文王至于孔子，五百有余岁，若太公望、散宜生，则见而知之；若孔子，则闻而知之。由孔子而来至于今，百有余岁，去圣人之世若此其未远也；近圣人之居若此其甚也，然而无有乎尔，则亦无有乎尔。”**

孟子说，从尧、舜到商汤，中间经历了五百多年，对于禹、皋陶来说，他们见到过尧、舜。禹和皋陶都是尧、舜的臣子，和尧、舜是同时代的人，知道尧、舜，这叫“见而知之”。商汤比尧、舜的时代晚了五百多年，他没见过尧、舜，对于商汤来说，是听说过尧、舜的事迹，才知道尧、舜。

从商汤到周文王又经历了五百多年，对于伊尹、莱朱来说，他们都是商汤的臣子，都见过商汤。对周文王来说，他比商汤晚了五百多年，只是听说过商汤的事迹。从周文王到孔子又过了五百多年，对于太公望、散宜生来说，他们都是周文王的臣子，都见过周文王。对于孔子来说，比周文王晚了五百多年，只是听说过周文王的事迹，而不是亲身经历。

“由孔子而来至于今，百有余岁，去圣人之世若此其未远也；近圣人之居若此其甚也。”孟子说的圣人是指孔子，从孔子到现在，就是到孟子的时代，才经历了一百多年，不像前面那几位大圣人之间都间隔了五百多年，他们那些美好的言行还能传下来，影响世人达五百多年，可是，现在跟孔子的时代相距还不是太远，孟子和孔子生活的地方离得也很近，都在山东。第一句话讲时间，第二句话讲空间，合到一起是，我们今天这个时代跟孔子那个时代非常接近，我们现在生活的空间，跟孔子当年活动的地域几乎是重合的，离得非常非常近，可是我们受到孔子的影响了吗？我们接受孔子的教诲了吗？“然而无有乎尔”，然而什么都没有了。“无有乎尔”，孔子的思想在我们这里已经没有了。“则亦无有尔”，真的没有了。这是孟子的感慨。

《尽心下》是《孟子》这本书的最后一章。在战国时期，孟子是没有市场的。孟子生活的地方离孔子的故乡很近，他感受到孔子的思想在当时没有影响力，编辑《孟子》这本书的人，实际也是带着一种悲观情绪的。离孔子时代那么近，地域又那么近，孟子都感慨看不到孔子思想的影响了，那么儒家思想还能不能传下去？能不能传播开？从他把这一章编在全书的最后，我们就能体会到一种悲观的情绪。

而古人在读《孟子》的时候，却反过来理解，根据这一章总结历史的发展规律，是“每五百年必有王者兴”。尧、舜大圣人到商汤大圣人经历了五百年，商汤大圣人到周文王大圣人经历了五百年，周文王大圣人到孔子大圣人经历了五百年，因此认为，每过五百年就有大圣人兴起。古人是这么理解这一章的。这种对历史规律的总结未必是科学的，未必是可信的，但这样去理解才能体现出积极向上的乐观精神，才更符合儒家的思想。

跋

我从 2016 年 11 月 5 日开始给弟子讲述《孟子》，至 2017 年 7 月 1 日讲完，共讲了 14 次。本书主要是由再传弟子们根据录音整理成文字稿，在此基础上，由王慧家天安、李晓秋顺明、王昱骁顺慧、谢婉莹顺瑾、刘铁山明屹、杨柳明壹、周园顺雅、刘春阳明晟、陈一丰明焕、石秋盈顺瑶、隋志勇明睿、刘晓平顺衡、程继超明越、林琳顺璇、徐小喻顺安、蔡谊荞顺和做进一步整理，最后我又校改了一遍。

我于《孟子》理解有限，错误之处在所难免，尚请读者诸君批评指正。

杨　军

2019 年 9 月 16 日于闲置斋